Jüri Lina

Bajo el Signo del Escorpión

El ascenso y la caída del Imperio Soviético

Jüri Lina

Primera edición:
" *Under Skorpionens tecken : Sovjetmaktes uppkomst och fall* ",
Stockholm 1994.

Bajo el Signo del Escorpión
El ascenso y la caída del Imperio Soviético

Traducido del inglés y publicado por

Omnia Veritas Ltd

www.omnia-veritas.com

© Omnia Veritas Ltd – Jüri Lina -. 2016

Reservados todos los derechos. No se permite la reproducción total o parcial de esta obra, sin autorización previa y por escrito de los titulares del *copyright*. La infracción de dichos derechos puede constituir un delito contra la propiedad intelectual.

INTRODUCCIÓN 11
MITOS QUE INVOLUCRAN A FALSOS COMUNISTAS Y FALSOS CRISTIANOS 15
EL ILLUMINATI: EL TRIUNFO DE LA TRAICIÓN 23
- La base ideológica de los Illuminati 24
- Los primeros descubrimientos 31
- Los asesinatos de Schiller y Mozart 34
- Los Illuminati como infiltrados 39
- El totalitarismo jesuita como prototipo 44
- El primer golpe de estado de los Illuminati 46
- La senda del Illuminati al poder mundial 58

KARL MARX – EL ÍDOLO DEL MAL 67
- Moses Hess – maestro de Marx y Engels 70
- El trasfondo de la visión de Marx acerca de la humanidad 72
- Las increíbles confesiones de Marx, Disraeli y otros 75
- Marx y Engels como Illuminati 78
- 1848: el año de la revolución - la primera ola - 81
- Marzo de 1848 – el preparado plan 83
- La segunda ola 1848 – 1849 85
- El terror illuminista continúa... 87
- La verdad detrás del mito 89
- Marx como publicista 90
- El quiebre moral del marxismo 93

EL DESCONOCIDO VLADIMIR ULYANOV 95
- Lenín como francmasón 99
- Los primeros francmasones en Rusia 100
- La naturaleza de Lenín 103
- El terror de Lenín 108
- El trasfondo ideológico del terror 113
- Los últimos días de Lenín 128

LEÓN TROTSKY – CÍNICO Y SÁDICO 135
- Trotsky como francmasón 136
- Parvus el profesor de Trotsky 138
- El intento de golpe de estado en 1905 139
- Trotsky en el extranjero 149
- Trotsky un déspota implacable 153
- Los camaradas de Trotsky 158
- La sentencia del almirante Shchastny 162
- La rebelión de Kronstadt 164
- Trotsky como una eminencia gris 168

Trotsky como anti-intelectual 171
El asesinato de Sergei Yesenin 172
Stalin victorioso 175
El asesinato de trotsky 176

CÓMO LOS COMUNISTAS TOMARON EL PODER 179

El trasfondo de la primera guerra mundial 180
¿Dónde se originan los judíos rusos? 184
El golpe en febrero de 1917 187
Similaridad con el derrocamiento del shah 193
El regreso de Lenín y Trotsky 195
Las revelaciones de la prensa 202
La revuelta de kornilov 208
La toma del poder 211
La ayuda alemana 222
El comienzo del gobierno del terror 224

A TRAVÉS DEL LABERINTO DE ASESINATOS 247

EL LOBO SANGUINARIO DEL KREMLIN LAZAR KAGANOVICH 275

Kaganovich como eminencia gris 277
La destrucción de la cultura rusa 286
La gran hambruna y otros crímenes 289
El Gran Terror 292
La contribución de beria 298
El asesinato de Stalin 303
La lucha por el poder después de la muerte de Stalin 307

LA AYUDA NORTEAMERICANA A LA UNIÓN SOVIÉTICA 313

La intervención como distracción 314
La hambrunacomo arma 323
Tratos con los Bolcheviques 327
La colectivización como arma 330
Promoviendo el régimen soviético 334
El creciente apoyo norteamericano 336
La ayuda militar a moscú 338
Los esclavos extranjeros en la Unión Soviética 345
La guerra santa de Stalin 348
La ayuda durante la "Guerra Fría" 352
El desmantelamiento de la Unión Soviética 355
El derrumbe progresivo del comunismo en Europa oriental 360
EEUU ayudó a los comunistas chinos a ganar el poder 364

LOS COMUNISTAS TOMAN EL PODER EN ESTONIA 369

SUMARIO: ALGUNAS CONCLUSIONES 391
BIBLIOGRAPHIA SELECTIVA 409
OTROS LIBROS PUBLICADO POR OMNIA VERITAS 416

"Nadie sabe que el Sionismo apareció como un movimiento Marxista, uno de tipo socialista... el Sionismo en realidad es una revolución."
Sergei Lezov, científico en la Academia soviética de Ciencias, Instituto para la Información Científica.
Revista *Strana i Mir* (Munich),
No. 3, pág. 94. 1988

"Los ideales del Bolchevismo en muchos puntos son consonantes con los ideales más puros del Judaísmo."
Jewish Chronicle, 4 de abril de 1919 (Londres).

JÜRI LINA

Introducción

El Imperio Soviético fue establecido cuatro minutos pasadas las dos, el 8 de noviembre de 1917 en la capital rusa, Petrogrado. En términos astrológicos, el sol estaba entonces precisamente en el centro del signo del Escorpión.

Así Escorpión puede considerarse como el símbolo y guardián del Poder Soviético.

El planeta Plutón a su vez, afecta a aquellos bajo la influencia directa de Escorpión. En el pasado se decía que Marte gobernaba a Escorpión, pero desde el descubrimiento de Plutón en 1930 y su posterior integración en el sistema astrológico, ha asumido su lugar justo en el signo Escorpión. Los efectos de Plutón, incluso antes de su descubrimiento, siempre han sido los mismos, tanto si se atribuyen o no a otro planeta.

El hecho que el imperio soviético nació bajo el planeta "equivocado" demuestra la naturaleza inescrutable de Plutón que no muestra su verdadera cara hasta que el tiempo está maduro para reestructurar el poder en su propia ventaja. Se ha revelado recientemente que los bolcheviques eran bien versados en la astrología.

El campo de influencia de Escorpión incluye el poder y los desarrollos financieros a expensas de otros. Esto es por qué los traficantes de poder de Escorpión necesitan golpear juntos - en otros términos necesitan establecer una Mafia Política. Plutón en Escorpión también involucra ciertas circunstancias ocultas que sólo se revelan con el paso de tiempo. El astrólogo E. Troinsky declaró ya en 1956 que el Imperio soviético se desintegraría a principio de los años noventa.

Debido a su carácter vengativo, destreza, brutalidad y arte de disimular, los pupilos de Escorpión se caracterizan como antagonistas sumamente peligrosos.

Aquellos bajo el poder de Escorpión son extremistas profundamente materialistas que gustan de aprovecharse de otros y ni perdonan ni olvidan. Si sus objetivos son interpuestos se transforman en poseídos de la furia. Ellos no se detienen ante nada para alcanzar estos objetivos. Su verdadera naturaleza permanece amortajada en el misterio. El color de Escorpión es rojo y sus símbolos son el buitre, la serpiente y el desierto inanimado.

En el reino animal, el Escorpión es conocido como una criatura venenosa que prefiere mantenerse en la oscuridad. Se sabe que pica otros de su especie si se interpone en su camino.

El lector verá que esta descripción calza con el sistema soviético, su ideología y sus líderes. La brutalidad del poder soviético está bien documentada. Su ideología dio nacimiento a algo distinto, algo semejante como los espejismos del desierto, ya que ninguno de los dos tienen que ver en absoluto con la realidad.

A pesar de la experiencia personal del Comunismo, el ciudadano medio del Imperio Soviético no conoció en nada los principios o puntos esenciales del Marxismo-leninismo, o de sus verdaderos orígenes e historia. Todo lo de importancia o en lo más mínimo comprometedor, ha sido disimulado tanto en los libros de la historia Occidental como en los soviéticos.

El ex presidente de los Estados Unidos, Ronald Reagan, declaró que este ocultamiento era una forma de falsedad. Por ello al autor le gustaría, revelar unos hechos que los historiadores corruptos normalmente pasan por encima en silencio.

Este libro trata de Adán Weishaupt que fundó el Illuminismo - el movimiento Socialista en el pueblo Bávaro de Ingolstadt el primero mayo de 1776, y de Moisés Hess, guía y maestro de Karl Marx, dos nombres que generalmente no se conocen entre aquellos que han atravesado las instituciones educativas marxistas.

Hay un refrán: **'El Comunismo es el más sangriento, más difícil y la forma más terrible de pasar de Capitalismo a Capitalismo.'** La verdad es que esto parece ser demostrado por la realidad ahora.

Los representantes criminales del poder que detuvieron el desarrollo de Rusia y lanzaron el país al caos han admitido ahora, que la vida era mejor en la Rusia zarista que en la Unión Soviética. Como ejemplo de esto, un empleado tipo en la rusia soviética en 1968 vivía con un estándar que era sólo un 18 por ciento de lo que un empleado ruso normal disfrutaba en 1914. También ha sido calculado que un jornalero ruso en 1968 vivía con un estándar que era sólo la mitad de su colega en 1914, incluso contando una proporción de inflación del 8 por ciento por año. Aun así, la vida en la Rusia no era tan dura en 1968 como en 1991, el último año del Poder Soviético. Los obreros durante el régimen zarista ganaron 30 rublos por mes, y los profesores y doctores 200.

Una barra de pan (410 g.) costaba 3 kopecks; 410 g. de carne 15 kopecks, 410 g. de mantequilla 45 kopecks, 410 g. de caviar 3 rublos y 45 kopecks.

Si nosotros comparamos las condiciones en la URSS con aquellas en Occidente, encontramos contrastes aún más agudos. En 1968, el estándar de vida media en el Reino Unido era 4.6 veces superior que en la Unión Soviética. Las cifras son tomadas del libro de Anatoli Fedoseyev "Sobre la Nueva Rusia" (Londres, 1980).

El último dictador de la Unión Soviética, Mikhail Gorbachev (Miembro de la Comisión Trilateral), sólo buscó remendar el tejado de su gigante imperio, cuando sus fundaciones socialistas estaban podridas hasta la médula. En Occidente e incluso en el Oriente, se han discutido los síntomas de la enfermedad Socialista pero no sus causas ideológicas, políticas, o económicas.

Por esta razón, me gustaría aprovechar esta oportunidad de informar al lector sobre las fundaciones ideológicas del poder soviético y sobre las razones reales detrás de la decisión de extender el Socialismo-Comunismo a lo largo del mundo usando la destreza y la violencia, una decisión que ha producido la más grande catástrofe espiritual, social y ecológica en la historia de la humanidad.

Los hechos importantes, hasta aquí desconocido, sobre el Comunismo soviéticos, sus crímenes y sus criminales, se publican continuamente en la Rusia actual. Por consiguiente, los rusos inteligentes están conscientes de cosas esenciales que son muy poco conocidas en Occidente. He incluido muchos de tales hechos en esta segunda edición de "Bajo el Signo del Escorpión", y puedo presentar un trabajo más amplio al lector.

Juri Lina
Stockholm, enero del 2002.

JÜRI LINA

MITOS QUE INVOLUCRAN A FALSOS COMUNISTAS Y FALSOS CRISTIANOS

En el otoño de 1989, los crímenes del dictador rumano, Nicolae Ceausescu, contra el pueblo rumano y la minoría húngara fueron discutidos en la televisión sueca. En el estudio estaba Jorn Svensson, funcionario del partido de Izquierda Comunista (VPK), quién afirmaba que los comunistas de Europa oriental no eran verdaderos seguidores de la ideología de los obreros porque ellos se habían desviado de la doctrina Marxista.

Desde entonces, los crímenes de los comunistas de Europa oriental han llamado cada vez más la atención del público. Por consiguiente, sus simpatizantes en Occidente buscaron tomar una distancia simbólica de ellos, para no arriesgar sus propias oportunidades en las misiones en el futuro. Naturalmente, ellos se consideraron como verdaderos comunistas, a pesar de haber dado previamente todo su apoyo a los Bolcheviques en el Este.

Esto se ha transformado en una materia tan seria que ellos afirman ahora, que estas simpatías fueron un grave error. Algunos de los Partidos comunistas occidentales comenzaron a camuflarse para esconder sus verdaderos principios, tal como el Partido Comunista de Suecia que cambió su nombre a Partido de Izquierda.

Los comunistas franceses exigieron que su líder, Georges Marchais, dimitiera porque había tomado vacaciones en el Mar Negro como invitado de Ceausescu. Marchais intentó salvarse a sí mismo con un truco barato: declaró que él se había distanciado del régimen comunista en Rumania un año antes, cuando dijo en televisión que el gobierno de Bucarest no tenía nada en común con el socialismo. El 28 de diciembre de 1989, él expresó su esperanza en el periódico l'Humanite que el verdadero socialismo podría comenzar a ser construido ahora en Rumania.

Probablemente, los trescientos millones de víctimas del comunismo no son suficientes para que ciertas personas ingenuas puedan percibir el mal en la doctrina Marxista. No existe ninguna persona honesta que aceptaría una visión similar de los males de los nacional socialistas alemanes, el pensar que los líderes pasaron a ser delincuentes que partieron de una "doctrina verdadera y benévola", a pesar del hecho que las víctimas del régimen Nazi estaban muy lejanas del número de aquellos que perecieron en los países que los comunistas tomaron.

Milovan Djilas, uno de los más conocidos expositores del comunismo, declaró en una entrevista para la revista alemana Der Spiegel (también publicada en el diario sueco Svenska Dagbladet, 13 de abril de 1983) que él creía que la idea del comunismo había evolucionado desde la cultura Occidental, del Judaísmo, de la filosofía Utópica, de la Cristiandad y las sectas medievales.

Nosotros encontramos de hecho, algunas similitudes entre el sistema comunista y la estructura de poder de la iglesia cristiana, sobre todo con respecto a la ideología y a la actitud intolerante.

Incluso unos pocos cristianos (no muchos) han, en retrospectiva, condenado a los Padres de la Iglesia por sus atroces actos de violencia y por poner las bases de un sistema de totalitarismo religioso en Europa. Ciertos Cristianos han llamado a estos criminales Padres de la Iglesia y otros: bárbaros laicos "Cristianos que fingen serlo".

Al mismo tiempo ellos hacen notar un punto afirmando que no hay nada intrínsecamente equivocado en la doctrina; que la falta está en la oveja que se ha desviado del camino de la verdadera doctrina. Es bastante improbable que tal doctrina estuviese sin error. Los Budistas no han emprendido ninguna guerra religiosa, ni han torturado a alguno de sus disidentes.

Ellos tampoco, como los Cristianos y los comunistas, han forzado sus enseñanzas sobre alguien con violencia. Los Cristianos y los comunistas, ambos, han sido especialmente intolerantes hacia sus disidentes.

Ambos, tanto la Iglesia y el Marxismo fueron creados con una visión de esclavitud. Ambas doctrinas se han escindido en diferentes facciones, y las dos también han exigido el monopolio de la verdad. El desarrollo en los veinte siglos de historia y ciencia han demostrado que estas doctrinas están intrínsecamente equivocadas y han explotado sus dogmas.

Sovietólogos han revelado los penosos hechos sobre el Marxismo, y muchas ideas cristianas han sido derrocadas por la investigación en la física cuántica. (Paul Davies, "Dios y las Nuevas Físicas", 1983.)

Incluso una mirada superficial al Nuevo Testamento que se afirmaba era sagrado, revela que las descripciones no tiene apoyo de alguna evidencia. Por ejemplo, la descripción de Herodes el Grande es completamente errónea - no hay ninguna evidencia que él ordenó alguna matanza masiva de niños en su vida.

Comparado a otros, él parece haber sido un rey benévolo. Evidencias históricas muestran que él, durante la gran hambruna en Judea, 24 años antes de la era cristiana, compró alimentos en Egipto con dineros del gobierno y de su propio dinero, después de lo cual él organizó una flota para traer los suministros y distribuirlos dentro de su reino. "Su generosidad se probó ser espectacular", según el historiador Michael Grant ("Herodes el Grande", Nueva York, 1967, Londres, 1971).

Cuando parte de la mitad del norte (y más pobre) de Suecia padeció hambre, a finales del siglo diecinueve, el Obispo de Harnosand se negó a distribuir alimentos entre las personas, para que ellos no se acostumbraran a la idea, que tenían derecho gratuitamente a algo; era mejor que la congregación padeciera hambre hasta la muerte. (Dagens Nyheter, 24 de diciembre de 1989.)

Los Comunistas son tristemente famosos de causar el hambre masiva, confiscando el grano de todos los campesinos. Nacionalizaron la tierra de los campesinos para hacerlos dependiente al estado. Cristianos y comunistas confiscaron las tierras y posesiones de sus "enemigos" más peligrosos.

El emperador romano Gaius Julius Caesar (100-44 B. C.) hizo lo contrario comprando tierra él mismo y regalándola a sus soldados para hacerlos independientes del estado.

En los años veinte, los ideólogos soviéticos sostuvieron que el "Estado Comunista" fundado por Johannes Bockelson en Munster en 1534 era un ejemplo. Un grupo de fanáticos Anabaptistas (grupo religioso protestante que se opone al bautismo infantil) guiados por Johannes Bockelson tomaron el poder en Müster, Westfalia el 23 de febrero de 1534, dónde proclamaron la Comuna Müster, también llamada "Nueva Jerusalén". Esta comunidad se tranformó en morada de una crueldad extrema.

Tres días después de la toma del poder, el primer líder de la comunidad, Jan Matthijs, expulsó a todos aquellos que no estaban dispuestos a aceptar sus creencias.

Después, el liderazgo pasó al judío bautizado, Johann Leiden, que se proclamó a sí mismo, Rey del Nuevo Sión (Münster), y el Concejo del Pueblo fue reemplazado por un Concejo de doce apóstoles.

Ellos confiscaron la propiedad de la iglesia y la riqueza de aquellos que habían huido. Prohibieron el comercio, obligaron al deber de trabajo y abolieron el dinero. Todo sería poseído colectivamente -a las personas sólo se les permitió mantener sus herramientas- todo lo que se producía fue confiscado por la comuna y la poligamia fue introducida.

Se pensaba que esta comunidad se transformaría en el "Reino de los Mil Años de Paz" (El Milenium).

El mal reinó en Münster durante dieciséis meses hasta que las tropas del Obispo arribaron el 25 de junio de 1535 y ejecutara a todos los líderes de la comunidad. Después, los Bautistas y los Mennonites surgieron de la ideología de los Anabaptistas. Los Anabaptistas también tomaron parte en el levantamiento campesino e incitaron a los pobres a sublevarse en varias ciudades en Alemania y Holanda.

Los propagandistas soviéticos se impresionaron particularmente por el terror político que era la base de las tácticas Anabaptistas. Ambos, Joseph Stalin y Félix Dzerzhinsky fueron ordenados como sacerdotes, y tenía los ejemplos a mano. En los años treinta, Stalin comenzó oficialmente a comparar el Partido Comunista con los Caballeros Teutónicos de la Espada (Fratres Militiae Christi) del Siglo XIII.

El fanático religioso Taborite, Thomas Muntzer, intentó tomarse el poder en Alemania central durante 1524-25 con la ayuda de enfurecidos campesinos. Creía que las reformas de Martin Luthero eran insuficientes y quiso abolir la propiedad y derrocar la aristocracia.

También pueden encontrarse descripciones de eventos similares de una fecha aún más temprana.

Los Hermanos de los Apóstoles, guiados por el fanático Fra Dolcino, tomó el poder en Vercelli, al norte de Italia, a principios del 1300. Sólo la pobreza le parecía virtuosa, y por ellos mataron a todas las personas adineradas en la ciudad.

El régimen terrorista de los Hermanos de los Apóstoles duró tres años, de 1304 a 1307. No lograron alguna forma de igualdad social.

Las raíces del comunismo también se encuentren en el libro "El Príncipe", escrito por Niccolo Machiavelli (1469-1527) quién fue secretario del Concejo de Diez en la república de Florencia.

El libro presenta técnicas de manipulación cínica y falsedades para apoyar una dictadura ilimitada.

Se publicó después de su muerte, en 1532.

Un chiste soviético decía: "El Cristianismo sólo predicó las ventajas de la pobreza, los comunistas la impusieron."

Las similitudes entre la historia del comunismo y la Cristiandad son a veces sorprendentes. Los líderes Bolcheviques no se asustaban de matar a nueve personas inocentes si la décima víctima era un verdadero opositor.

Los cruzados ocuparon el pueblo francés Beziers en el año 1208, y su líder, Arnold Amalric, un judío bautizado, dio una orden típica de ese tiempo: "¡Dadle muerte a todos - Dios reconocerá a los suyos!"

Cuando el jefe de la Cheka (policía política), Félix Dzerzhinsky informó a Lenín en el verano de 1918 que quinientos intelectuales (científicos y figuras de la cultura) habían sido ejecutados, Lenín se puso eufórico.

Cuando el Papa Gregory XIII supo que 60.000 Huguenotes habían sido asesinados por herejes, entre el 24 al 26 de agosto de 1572, él se puso igualmente eufórico y dio una gran fiesta, dirigió un servicio de la iglesia, e incluso acuñó una nueva moneda para celebrar la matanza. Esta información viene del libro de Buchwald "La Historia de la Iglesia."

En 1198, la iglesia estableció una comisión para perseguir y procesar a los herejes. Esto se transformó después en la Santa Inquisición.

En 1483, Tomás Torquemada (1420-1498), un Marrano (judío bautizado), fue designado Gran Inquisidor de Castilla y Aragón. En 1492, expulsó a todos los judíos que se negaron a volverse Marranos.

Torquemada trabajó intensivamente durante 18 años y quemó a las personas en la estaca. Se dice que habría ejecutado a muchos niños personalmente. Se quemaron simbólicos muñecos de paja en lugar de aquellos que habían sido acusados en ausencia. Muchas personas fueron encarceladas de por vida, y Torquemada envió a miles a las galeras.

El terror de la Iglesia en España fue, sin embargo, substancialmente menor que en el resto de Europa. Los profesores Henry Kamen (Barcelona) y Stephen Haliczer (Illinois) han hecho revisiones importantes a la información con respecto a la magnitud de la administración de justicia por la Inquisición.

Según el profesor José Alvarez-Junco de la Universidad de Tuft, la Inquisición sólo ejecutó, a lo más, 5.000 españoles durante 350 años, mientras por lo menos 150.000 personas ("brujas") fueron quemadas en la estaca como herejes en los otros países cristianos. Él concluye que todos los historiadores han extendido la exagerada información e incluso los mitos sobre la Inquisición.

Este Gran Inquisidor hizo de la tortura una herramienta eficaz: se quemaban ciertas partes del cuerpo, a ciertas partes se le martillaban clavos a través de ellas, ciertas víctimas escogidas fueron desolladas vivas. Para asegurar sus posesiones, él acusó a otros Marranos de falsificar su obediencia a la Cristiandad.

Otro Marrano, Isaac Abrabael, controlaba las finanzas españolas en ese momento.

En diciembre de 1917, una comisión especial para enfrentar a los contrarrevolucionarios fue creada en Petrogrado. Esta organización se llamó 'Cheka' en la Rusia soviética, y fue especialmente infame bajo sus abreviaciones siguientes - OGPU, NKVD, y por último como la KGB.

La Inquisición animó a que los niños traicionaran a sus padres "herejes" y a los matrimonios para entregarse unos a otros. Cada denunciante era pagado con cuatro monedas de plata. Los oficiales soviéticos animaron a un tipo similar de traición. Hay todavía más similitudes entre las instituciones de los Bolcheviques, la Iglesia católica romana, y los francmasones. Las altas figuras de la iglesia tenían comisarios que portaban cartas autorizándoles a ejercer la autoridad de sus maestros. Similares oficiales fueron usados en relación con la llamada revolución francesa y también por los Bolcheviques.

Los espías usados por la iglesia y la Inquisición se llamaron 'Milicia de Cristo'; los agentes y los órganos de reconocimiento de los dictadores comunistas fueron llamados "Milicia del Pueblo". El sistema soviético tenía una jerarquía de concejos, o los Soviet como eran conocidos, de los cuales sólo el más alto, el Soviet Supremo, tenían el derecho de perdón - un sistema evocativo del Kahal Judaico.

Los comunistas y los Cristianos han practicado un barbarismo terrible contra sus opositores.

Después que los cruzados llegaron al río Carnascio el 23 de marzo de 1307, tomaron prisionero al líder de los Hermanos del Apóstol, Fra Dolcino, después de destruir primero su ejército de mil hombres.

Fue horriblemente torturado y luego ejecutado el 1º de junio de 1307. Durante un día completo fue mostrado a través de las calles de Vercelli en un carro, mientras pedazos de su cuerpo eran arrancados con un par de tenazas al rojo. Sus hombros se estremecieron un poco al parecer, cuando ellos arrancaron su nariz, pero él se había mantenido callado el resto del tiempo.

Lenín y Stalin mostraron un sadismo similar cuando liquidaban a sus antagonistas.

Los Cristianos y los comunistas han empleado a criminales a sabiendas. En 1095, el Papa Urbano II Clermonti liberó a los asesinos, ladrones y a otros delincuentes para que ellos pudieran tomar parte en la cruzada en 1096. En su camino a través de Europa, estos criminales robaron todo cuanto pudieron. (Mikhail Sheinman, "Paavstlus" / "El Papado", Tallinn, 1963, pág. 32.)

El líder bolchevique León Trotsky liberó a los delincuentes para aterrorizar la población.

Mao Tse Tong hizo lo mismo.

La religión del Marxismo tuvo raíces en la Cristiandad. Tal como Bertrand Russell señalara:

Yahweh	=	Marxismo dialéctico.
El Mesías	=	Karl Marx.
Los Elegidos	=	Proletariado.
La iglesia	=	El Partido Comunista.
La Segunda Venida de Cristo	=	La Revolución.
El infierno	=	El castigo a los capitalistas.
El millenium o mil años del reino de paz	=	Comunismo.

Los Bolcheviques tenían sus propios diez mandamientos, tal como la iglesia, se burlaban también de sus antagonistas.

El totalitarismo de la iglesia pertenece al pasado, pero si la iglesia recobrara alguna vez su poder anterior, sus atrocidades probablemente se repetirían. El historiador jesuita Luigi Ciccutini creía en 1950, que la iglesia tenía el derecho divino para juzgar e intervenir totalmente en cualquier materia.

Afirma que la iglesia estaba justificada en quemar a Filippo Giordano Bruno en la estaca en febrero del 1600.

Un peligro similar nos espera si los comunistas (con la ayuda de la elite financiera) llegaran a ser nuevamente fuertes. Después de todas sus atrocidades, debemos ignorar sus hermosos eslóganes.

Uno puede caracterizar la Cristiandad y el comunismo como ideologías sumamente anti-culturales, ambas persiguieron a las figuras culturales líderes.

Los dos han impedido el desarrollo libre de la ciencia. Debido a la actitud reaccionaria de la iglesia, muchas verdades científicas, religiosas y esotéricas aún no se han aceptado.

Uno de los peores crímenes de la Cristiandad fue el incendio ordenado por el patriarca Theophilus que llevó a la destrucción completa de la biblioteca más grande del mundo antiguo en el templo de Serapis en Alejandría en el año 391 A. D.

La raíz de este crimen era el odio de la iglesia y la intolerancia al conocimiento que emanaba de la cultura Greco-romana clásica pagana. Otro ejemplo es el asesinato de la filósofa y matemática Hypatia, en Alejandría en el año 415 A. D.

Los comunistas también quemaron libros y persiguieron las figuras culturales.

Prohibieron incluso la profesión del Director de Orquesta porque "las orquestas podían tocar absolutamente bien sin Directores". Más tarde, viendo que sus orquesta no funcionaban sin sus líderes, los comunistas tuvieron que cambiar su melodía.

El Papa León X (1513-1521) creyó legal y apropiado usar "cuentos maravillosos sobre Jesús Cristo que nos han dado tantas ventajas", cuando estaba ante el panel festivo y levantó su vaso. (Henry T. Laurency, "Livskunskap Fyra", Skovde, 1995, pág. 179.)

Moisés Hess, uno de los fundadores más importantes de la ideología comunista, creía que el comunismo era la mentira perfecta para extender la destrucción.(Moisés Hess, "Correspondencia" / "Briefwechsel", La Haya, 1959.)

Es lamentable que ideologías cuyo principio fundamental es aún la intolerancia, detengan el desarrollo moral. Dos obispos suecos, Gottfrid Billing en Vasteras, 1888, y Bo Giertz en Gothenburg, 1950, creían que sería mejor aplastar la cabeza de un niño con una piedra que no bautizarlo (Henry T. Laurency, "Livskunskap Fyra", Skovde, 1995, pág. 185). Incluso hoy en día, Protestantes y Cristianos católicos se continúan aterrorizando y asesinando brutalmente unos a otros en Irlanda del Norte.

Hacia el final de su reino, bajo Mikhail Gorbachev, los líderes comunistas en la Rusia se preparaban para pedirle a la Iglesia Ortodoxa

Oriental rusa ayuda para conservar su poder. Sin embargo, lo que es creado con violencia no puede sobrevivir mucho tiempo.

A pesar del hecho que ninguno fue permitido dejar el partido comunista soviético sin retribución, aún así, se derrumbó cuando miles de personas comenzaron a dejar esta institución criminal en 1990. En agosto de 1991, después de que el partido comunista intentó derrocar las reformas de Gorbachev, el presidente ruso Boris Yeltsin declaró ilegal al Partido comunista, tal como el Partido Nacional Socialista (Nazi) fue proscrito después de la Segunda Guerra Mundial.

La vida misma les obligó a repudiar su primitivo e irreal materialismo dialéctico como una dogma infalible, comenzando con el libro "sagrado" "Das Kapital", y los "profetas" - Lenín, Mao, y otros asesinos masivos.

Estos adoradores de la violencia aún tienen su "urna santa" - el Mausoleo de Lenín - pero más pronto o más tarde ellos comprenderán que su Mesías, Marx, está tan muerto como su 'ismo'.

Pero la más preocupante y desafiante pregunta aún permanece - ¿Podremos percibir las nuevas reencarnaciones de este mal?

El Illuminati:
El Triunfo de la Traición

En la noche del miércoles, el primero de Mayo de 1776, tres hombres se reunieron en la casa de un joven profesor de leyes, Adam Weishaupt, en el pueblo Bávaro de Ingolstadt. Habían decidido fundar una orden secreta para minar el sistema social, al principio se llamó 'Orden der Perfektibilisten' (La Orden de los Perfectibles). Weishaupt había estado trabajando en los planes de esta orden desde 1770.

Entre los tres invitados habían dos alumnos de Weishaupt: el Príncipe Anton von Massenhausen que habían ayudado a afinar las reglas de la Orden, y Franz Xaver Zwack, sólo registrado como miembro el 22 de febrero de 1778. También estaba otro hombre que más tarde usó el seudónimo 'Tiberius', aunque nada más se conoce sobre él. El historiador Nesta Webster (en la realidad Julian Stern) afirmó que el Conde francés, Honore Gabriel Riqueti de Mirabeau, miembro de una Logia Masónica holandesa, también estaba entre los miembros fundadores.

Todos los miembros usaban seudónimos en relación con su trabajo.

Weishaupt se hacía llamar a sí mismo, Spartacus, Massenhausen se transformó en Áyax y Zwack en Cato. El histórico Porcius Cato había ordenado la destrucción total de la ciudad-estado de Carthago. Mirabeau was called Arcesilas, but in 1786 su alias se transformó en Leonidas (Nesta H. Webster, "Secret Societies and Subversive Movements"/"Sociedades Secretas y Movimientos Subversivos", Londres, 1924, pág. 205).

Mirabeau era un famoso orador francés que había contraído enormes deudas. Weishaupt entró en contacto con Mirabeau a través de ciertos banqueros judíos. Mirabeau fue chantajeado para unirse al Illuminati. (Nikolai Dobrolyubov, "Sociedades Secretas en el Vigésimo Siglo", St. Petersburgo, 1996, pág. 23.)

Las Ciudades y áreas que eran importantes para el Illuminati recibieron nombres antiguos: Ingolstadt se llamó Ephesus, Munich: Atenas, Baviera: Achaia, Viena: Roma, Landshut: Delphi, Austria: Egipto y así sucesivamente. Con la ayuda de los documentos confiscados, puede verse que el Illuminati usó el calendario Pérsico, dónde octubre se llamó Meharmeh, noviembre Abenmeh, diciembre Adarmeh, enero Dimeh, etc.,

El abogado Franz X. Zwack recibió el grado de doctor y llegó a ser consejero para el Condado Salm en Landshut, hasta dónde una gran parte de los archivos del Illuminati fueron llevados.

No mucho tiempo después, en 1779, la Orden fue renombrada 'Orden der Illuminaten'. Su contraseña principal fue: "¡El Illuminati debe controlar el mundo!" Pero primero, Adam Weishaupt deseaba la unificación alemana. En 1779, Spartacus (Weishaupt) había escrito una carta a Marius (Jakob Anton von Hertel) y Cato (Franz Zwack) y sugirió un cambio de nombre. Ellos pensaron en llamarse "Bienenorden" (la Orden de las Abejas) pero finalmente mantuvieron la "Orden der Illuminaten". ("Einigen el des de Originalschriften Illuminaten-ordens" / Escrituras Originales recolectadas de la Orden der Illuminati", Munich, 1787, pág. 320.)

El Illuminati ("Los Iluminados") en el futuro se tranformaron en una poderosa y despótica organización en Baviera. Sus miembros incluyeron al Barón Thomas von Bassus, al Marqués Constantin Costanzo, al Barón Mengenhoffen, Friedrich Munter y otras personas influyentes.

La Orden se fundó con aproximadamente los mismos principios de la Orden Jesuíta. Adam Weishaupt había trabajado cinco años para desarrollar un sistema que lo dejara satisfecho. La Orden estaba dividida en tres clases (los Jesuitas tenían cuatro). La primera clase era para los novicios y el menos iluminado (Minerval), la segunda era para los francmasones (incluyendo a los Scottish Knights, Caballeros Escoceses), y la tercera, la clase misteriosa, estaba comprendida de sacerdotes, regentes, magos y un rey (los Jesuitas tenían un general).

Su meta era imponer el Novus Ordo Seclorum: el Nuevo Orden Mundial.

LA BASE IDEOLÓGICA DE LOS ILLUMINATI

En 1492, el movimiento el Alumbrado (el Ilustrado), fue fundado por Marranos españoles (judíos bautizados que en secreto mantenían su fe Talmúdica) y una organización similar fue fundada en Francia en 1623 - "Guerients" que cambió su nombre a Illuminati en 1722. Las autoridades españolas intentaron detener el movimiento Alumbrado ya en 1527 cuando Ignatius Loyola fue arrestado temporalmente por sus actividades con el Illuminati.

Loyola (Iñigo López de Regalde), quién era de sangre judía, nació en 1490. En 1534, él fundó su propia orden - los Jesuitas - tomando un préstamo para ese propósito. El Papa reconoció la Orden Jesuíta el 5 de abril de 1540.

Benjamín Disraeli, autor y Primer Ministro de Gran Bretaña en 1868, y 1874-76, siendo él mismo judío, escribió en su libro "Coningsby" (Londres, 1844) que los primeros Jesuitas eran judíos. En esta nueva orden, todos los miembros estaban bajo la supervisión de Loyola.

Fue el judío Cardenal Jesuíta, Roberto Bellarmino (1542-1621) quién ordenó que el filósofo Filippo Giordano Bruno fuese quemado en la estaca el 17 de febero de 1600.

En 1771, Weishaupt de 23 años, se reune con Kolmer, un judío Cabalista de Dinamarca que recientemente había vuelto de Egipto.

Kolmer inició a Weishaupt en los secretos de la magia de Osiris, en la Cábala y en el movimiento del Alumbrado. Nesta Webster asumió que él había sido conocido en Italia como Altotas, Maestro del Cagliostro. El conocimiento oculto de Kolmer dejó una profunda impresión en Weishaupt quien posteriormente escogió la pirámide egipcia como el símbolo de poder del Illuminati probablemente usando una ilustración del libro "Pyramidography" (1646) de Jean Greaves, profesor de astronomía en Oxford.

Un año antes (1770), Weishaupt había recibido un puesto como disertante en ley eclesiástica en la Universidad de Ingolstadt. Él recibió después el grado de doctor y en 1773, a la edad de 25 años, llegó a ser profesor en la misma universidad. Durante un corto período él sostuvo incluso, el puesto de Rector. En 1800, la universidad se trasladó a Landshut y de allí a Munich en 1826.

No fue ninguna coincidencia que la Orden del Illuminati fuese fundada el primero de mayo. Entre los judíos Cabalistas, esta fecha, 15 (1.5), simboliza el sagrado número de Yahweh y así se transformó en su fiesta oculta.

Según Johann Wolfgang von Goethe, el primero de mayo - el día siguiente de la Noche de Walpurgis - es cuando las fuerzas místicas oscuras son celebradas.

En ese momento un joven judío llanado Mayer Amschel (nacido el 23 de febrero de 1744) estaba siendo formado para hacerse rabino. Amschel vivía con sus padres en el ghetto judío de Frankfut am Main. Posteriormente adoptó el nombre de Rothschild (Escudo Rojo). Fue Mayer Amschel Rothschild quien convenció a Weishaupt que aceptara totalmente la doctrina Cabalista Frankista y quién después financió el Illuminati. Rothschild le había dado la tarea a Weishaupt de reestablecer el antiguo movimiento "Alumbrado" para los judíos cabalistas.

La Cábala teórica contiene sólo enseñanzas secretas sobre Dios y la naturaleza. Pero la Cábala práctica (como el Frankismo) intenta afectar materias terrenales. Involucra el uso de amuletos y números mágicos así como conjurar espíritus malignos. Ambos, el Talmud y Midrash contienen información Cabalista. ("Doctrinas Secretas Antiguas Orientales y Judías", Leipzig, 1805.)

Jakob Frank (1726-1791) fue el fenómeno más aterrador en la historia judía, según el profesor judío, Gershom G. Scholem.

Sus acciones fueron totalmente inmorales. El rabino Marvin S. Antelman muestra en su libro "Para Eliminar el Opiato" (Nueva York, 1974) que había una clara conexión entre el Frankismo y el Illuminismo de Weishaupt. La meta de los Frankistas era trabajar en secreto para establecer la supremacía mundial judía.

El Profesor Scholem ha documentado claramente que ellos lograron un extenso poder político.

Jakob Frank (en realidad Leibowicz) nació en 1726, en la Galicia polaca.

Se convirtió oficialmente al Catolicismo, pero éste era sólo camuflaje. Jakob Frank fue encarcelado en 1760 por continuar enseñando la Cábala (Zohar) y por practicar rituales judíos secretos.

En 1773, los rusos atacaron la región de Polonia dónde Frank estaba prisionero. Fue liberado y se mudó a Offenbach (cerca de Frankfurt am Main) en Alemania, dónde comenzó a llevar una vida lujosa y salvaje. Sus actos eran malvados, su personalidad torcida.

Esta información viene de los libros del Profesor Gershom G. Scholem "Cábala" (Nueva York y Scarborough, 1974), Sabbatai Zevi" (New Jersey, 1973) y "La Idea Mesiánica en Judaísmo" (Nueva York, 1971).

Jakob Frank resumió su doctrina en su libro "Las Palabras del Señor". Afirma que el creador Dios, no era el mismo que el que se había revelado a los Israelitas. Él creía que Dios era malvado.

Frank se proclamó a sí mismo como el verdadero Mesías. Juró no decir la verdad, rechazó cada ley moral, y declaró que la única forma hacia una nueva sociedad sería a través de la destrucción total de la civilización presente. Asesinatos, violaciones, incesto y el beber sangre eran acciones absolutamente aceptables y rituales necesarios.

Frank fue uno de esos judíos obstinados que rendían culto al diablo.

Los judíos extremistas eran particularmente seguidores de un diablo llamado Sammael. (C. M. Ekbohrn, "100.000 "frammande ord / "100.000 palabras extranjeras",Stockholm, 1936, pág. 1173.)

Joseph Johann Adam Weishaupt nació el 6 de febrero de 1748 en Ingolstadt, junto al Danubio, en Baviera, en una familia judía asimilada. (Pouget de San Andrés, Les auteurs caches de la revolution francaise", pág. 16.) Su padre era un profesor en la Universidad de Ingolstadt. ("El Sendero de la Serpiente", Hawthorne, 1936, Pág. 68.)

Fue educado en un monasterio Jesuita y estudió leyes, literatura y filosofía ateísta. En 1773, a los 25 años, Weishaupt dejó la Orden Jesuita.

Esto puede haber sido porque él había desarrollado su ideología independiente, pero la subsiguiente disolución de la Orden Jesuita en 1773 por el Papa Clement XIV también pueden haber sido un factor.

La Orden Jesuita en Francia, España, Portugal, Nápoles y Austria fue disuelta. Unos años después, la Orden de los Perfectibles" de Weishaupt comenzó a trabajar contra la Iglesia católica romana. En 1814, sin embargo, la Orden Jesuita fue restablecida y por medio de nuevas infiltraciones se volvió más poderosa de lo que fue antes.

En 1775, el Profesor Weishaupt se transformó en un miembro de la logia Theodor zum guten Rat dentro de la francmasonería ecléctica.

Más tarde, Weishaupt usaría esta posición en Munich para permitir que su Illuminati infiltrara todas las otras logias Masónicas, debido al hecho que él manejaba una gran influencia sobre la logia a través de su Gran Maestro, el Profesor Franz Benedict (Xaver) von Baader que se había unido al Illuminati.

Fue el Barón Adolfo von Knigge (nacido el 16 de octubre de 1752 en Bredenbeck, murió el 6 de mayo de 1796 en Bremen), el colaborador más cercano de Adam Weishaupt quién después le ayudó a lograr la entrada a diferentes organizaciones Masónicas. (Pat Brooks, "El Retorno de los Puritanos", Carolina del Norte, 1976, Pág. 68-69.)

En 1777, recibió el grado más alto de los Caballeros Templarios (Knight of Cyprus: Caballero de Chipre) en Hanau.

Adolf von Knigge, de 27 años se une al Illuminati en Frankfurt bajo el alias de Philo (el original Philo fue un estudioso judío). El Illuminati comenzó a trabajar especialmente activo después de la entrada de Adolfo von Knigge, en julio de 1779. El Barón von Knigge también escribió el libro "Acerca de la Asociación con el pueblo". Reunió a muchos hombres poderosos.

Fue en mayor medida gracias a Philo que la organización se extendió a través de toda Alemania. Favores financieros y sexuales fueron usados para ganar control de personas en altas posiciones.

Con el tiempo, el Illuminati ganó el control de cada orden Masónica en el mundo.

Importantes financieros se unieron a la organización: Speyer, Schuster, Stern y otros. Los judíos por consiguiente habían ganado una posición muy poderosa. Su base de funcionamientos era Frankfurt am Main.

En Hamburgo, una poderosa familia Judía-Cabalista se desarrolló. Su nombre era (Samuel Moses) Warburg y ellos también se unieron a esta conspiración de supremacía mundial.

Los Jesuitas le había enseñado mucho a Weishaupt, no menor fue la su dudosa moral.

Animaba a sus colaboradores más cercanos a usar la mentira como herramienta y evitar entregar alguna explicación verdadera al público. Los líderes del Illuminati se las arreglaron para que sus opositores más peligrosos y otros que podrían ser una amenaza a los secretos de la Orden fueran envenenados. (Gerald B. Winrod, "Adam Weishaupt - "A Human Devil".)

Weishaupt dejó embarazada a la hermana de su esposa y no siendo capaz pagar los 50 marcos por una operación ilegal, intentó sin éxito provocarle un aborto con el uso de drogas. Un muchacho nació el 30 de enero de1784.

Después, Weishaupt se hizo rico de repente...

Weishaupt

En 1777, el Illuminati empezó a cooperar con todas las logias Masónicas (sobre todo del Gran Oriente) para infiltrarlos. El Duque de Brunswick, el Gran Maestro de Alemania, dijo en 1794 que las Logias Masónicas eran controladas por el Illuminati. Cuando Weishaupt llegó a ser un miembro del Gran Oriente, la Logia fue apoyada financieramente por Mayer Amschel Rothschild (1743-1812), según el historiador británico Nesta Webster.

Bernard Lazar, un conocido autor judío, escribió en su "L'Antisemitisme", en 1894, que exclusivamente judíos Cabalistas rodeaban a Weishaupt.

Los documentos confiscados muestran que de 39 Illuminati que tenían posiciones menos importantes, 17 eran judíos (es decir, 40%). Mientras más alto se mire en los rangos, más grande era el porcentaje de judíos. Incluso el hecho que la oficina principal del Illuminati en Ingolstadt se convirtiera posteriormente en una sinagoga fue simbólico de esta conspiración. Lazar declaró que todos estos judíos se hicieron agentes revolucionarios porque ellos tenían "almas revolucionarias".

Hubo cuatro judíos especialmente importantes en la dirección del Illuminati: Hartwig (Naphtali Herz) Wessely, Moisés Mendelssohn, el banquero Daniel von Itzig (1723-1799) y el hombre de negocios David Friedlander. (La Vieille Francia, 31 de marzo, 1921.)

Todos al comienzo habían hecho un voto de "silencio eterno y recta lealtad y sumisión total a la Orden ". Cada miembro tenía que prometer: "Yo prometo tener en cuenta que lo mejor para la Orden como lo mejor para mi, estoy listo para servir con mi fortuna personal, mi honor y mi sangre... los amigos y enemigos de la Orden también serán mis amigos y enemigos... "

Por último, cada nuevo miembro fue advertido: "Si usted es un traidor y un perjuro, entonces sabe que los hermanos tomarán las armas contra usted. No espere huir o encontrar un lugar para esconderse. Dondequiera que usted esté, la vergüenza, el desprecio y la ira de los hermanos le seguirán y lo atormentarán a hasta lo más profundo de sus entrañas."

La mayoría de los miembros fueron llevados a creer que los grados más bajos de misterio que ellos habían alcanzado eran los más altos. Pocos miembros habían sido informados sobre el verdadero propósito de la Orden.

El códice del Illuminati fue presentado en términos Masónicos y prescribió la mentira, traición, violencia, torturas y asesinatos en orden de alcanzar todos sus objetivos.

Muchos miembros creían que ellos estaban trabajando para mejorar el mundo. Nunca se dieron cuenta que el verdadero propósito de Weishaupt, era establecer el 'Novus Ordo Seclorum', un programa global para el dominio mundial.

Los príncipes protestantes y gobernantes en Alemania estaban bien dispuestos al plan oficial de Weishaupt de destruir la Iglesia católica y ellos buscaron membresía en su Orden. A través de estos hombres, Weishaupt ganó el control de las Órdenes Masónicas en la que él y sus otros camaradas judíos habían sido iniciados en 1777.

Para impedir que los gobernantes entendieran los verdaderos objetivos del Illuminati, obstruyó su contacto con los grados más altos.

Durante el año siguiente a su fundación, la Orden se extendió exclusivamente a través del sur de Baviera. Después, ganó también una posición en Frankfurt am Main, en Eichstadt y en otras ciudades, según "Vagledning for frimurare" / "Guía para los Francmasones", Estocolmo, 1906, pág. 166.

Oficialmente, se suponía que los Illuminati propagaban la virtud y la sabiduría que eran dominar el mal y la estupidez. Ellos querían hacer grandes descubrimientos en todas las áreas de la ciencia. El Illuminati sería cultivado en personas nobles y eminentes, también según la "Guía para los Francmasones".

Con el tiempo los siguientes hombres se unieron al Illuminati: el editor y escritor Christoph Friedrich Nicolai (1733-1811) cuyo seudónimo era Lucian, el Duque Ernst von Gotha, Heinrich Pestalozzi, (cuyo sistema pedagógico comenzó a aplicar en la Rusia Soviética, Nadezhda Krupskaya, esposa de Lenín), el Duque Karl August, el Barón Herbert von Dalberg, Count Stolberg, Barón Tomás Franz Maria von Bassus (cuyo alias era Hannibal el 13 de diciembre de 1778), el autor, folklorista y filósofo Johann Gottfried Herder (1744-1803), el autor judío y prominente francmasón, Johann Christoph Bode (1730-1793) cuyo seudónimo era Amelius, Ferdinand of Brunswick, Profesor Semmer de Ingolstadt, el filósofo Franz Baader de Munich y otros.

Adán Weishaupt empezó a trabajar estrechamente con el líder Masónico judío Moisés Mendelssohn (1729-1786). Mendelssohn se transformó, por así decirlo, en el guía invisible de Weishaupt. Moisés Mendelssohn fue oficialmente conocido por los judíos como un escritor pobre que se volvió uno de los principales filósofos de Alemania durante la "edad del esclarecimiento". Él se llamó a sí mismo filósofo y una personalidad cultural. Oficialmente, el objetivo de Mendelssohn era "modernizar" el Judaísmo para que el público pudiera aceptar a los judíos cuando ellos dejaran claramente el Talmudismo y se "asimilaran" a la cultura occidental.

El Illuminatus Mirabeau escribió un libro en 1787 sobre las "reformas" políticas de Moisés Mendelssohn, extendiendo en forma aún más fantástica los mitos sobre él. En secreto sin embargo, Mendelssohn animaba a los judíos que guardaran fielmente las creencias de sus padres. Él guiaba el Illuminati en Berlín.

LOS PRIMEROS DESCUBRIMIENTOS

Desde 1781 en adelante, la resistencia al movimiento de Adam Weishaupt comenzó a crecer. El primer ataque oficial contra el Illuminati fue hecho en 1783, hace 215 años. Un Candidato rechazado, el editor Johann Baptist Strobl de Munich, fue el primero en dar la alarma. Weishaupt declaró inmediatamente que el hombre era un calumniador ignorante, áspero en modales y discurso.

Pero otros vinieron detrás de Strobl: los profesores Westenrieder and Danzer también advirtieron sobre la verdadera actividad del Illuminati, según "Vagledning for frimurare" / "Guía para los Francmasones", Estocolmo, 1906, pág. 166. La Duquesa María Anna y el profesor Joseph Utzschneider en la Academia Militar en Munich (quién había dejado el Illuminati en 1783) también salió con advertencias públicas.

En 1784 la Orden tenía ya 3.000 miembros esparcidos sobre Francia, Bélgica, Holanda, Dinamarca, Suecia, Polonia, Hungría e Italia. Eventualmente, varios miembros dejaron la organización: Zaupser y los profesores Grunberg, Renner y Cosandey de Munich. El 1° de julio de 1784 inclusive von Knigge dejó todas sus responsabilidades dentro de la Orden debido a un conflicto con Weishaupt.

Este último, aunque aceptó totalmente el pulido plan de reformas de Philo (von Knigge), aún deseaba hacer agregados y cambios aquí y allí. Philo retornaría más tarde.

La empresa de Strobl comenzó a publicar varias piezas polémicas apuntadas al Illuminati. Es suficiente mencionar: "Babo, Gemalde aus dem menschlichen Leben" ("Babo, Impresiones de la Vida Humana"). Estas publicaciones trabajaron con el efecto planeado. Cuando un regente más conservador y patriótico, el Duque Charles Philipp Theodore (1724-1799), alcanzó el poder en Baviera, emitió una prohibición sobre las sociedades secretas el 22 de junio de 1784. Los Illuminati y los francmasones cerraron sus Logias.

Los francmasones buscaron defenderse públicamente. Los Illuminati incluso ofrecieron presentar todos sus documentos y dejar que ellos fueran sometidos a un juicio público pero nada ayudó.

El 11 de febrero de 1785, Weishaupt fue despedido y le fue prohibido vivir en Ingolstadt y Munich. Al mismo tiempo, la universidad fue informada que Weishaupt sería arrestado. El 16 febrero, entró en la clandestinidad y fue ocultado por su hermano en el Illuminati, Joseph Martin que trabajaba como cerrajero. Después de unos días, él huyó de Ingolstadt a Nuremberg vistiendo la ropa de trabajo de un artesano. Se quedó en Nuremberg un corto tiempo y luego viajó a la ciudad libre de Regensburg dónde él continuó sus actividades, pero entonces ocurrió un golpe del destino que puso a la policía tras las huellas del Illuminati. (Condesa Sofia Toll, "Los Hermanos de la Noche", Moscú, 2000, pág. 291.)

Durante la investigación, aparecieron más y más horribles evidencias contra el Illuminati, pero ellos continuaron sus actividades a pesar de la prohibición. Por consiguiente, el 2 de marzo de 1785, un decreto extenso fue emitido qué hizo posible la confiscación de los recursos del Illuminati.

El 20 de julio de 1785, el mensajero del Illuminati, Jakob Lanz (quién trabajaba como sacerdote) fue impactado por un rayo en Regensburg y murió. Weishaupt estaba junto a él. Lanz pensaba viajar hacia Berlín y Silesia y recibió las últimas instrucciones de Weishaupt antes del accidente y su muerte. Había cosido una lista de los Illuminatis y algunos papeles comprometedores en la túnica sacerdotal.

Weishaupt no supo de esto y cayó víctima de su propia conspiración. (Condesa Sofia Toll, "Los Hermanos de la Noche", Moscú, 2000, pág. 291.)

La policía local encontró otros importantes documentos en la casa de Lanz, incluyendo detalladas instrucciones para la revolución francesa planeada. Algunos de los papeles iban dirigidos al Gran Maestro de la Logia Gran Oriente en París. Todo fue entregado al gobierno Bávaro y el 4 de agosto de 1785 una nueva prohibición de las sociedades secretas fue emitido.

El 31 de agosto, se emitió una orden para arrestar a Weishaupt. Un precio fue puesto sobre la cabeza de Adam Weishaupt en Baviera. Weishaupt huyó a Gotha dónde los Illuminatus, Ernst, el Gran Duque de Saxe-Gotha, podría protegerlo.

Él le dio a Weishaupt el título de Concejero Privado, dándole un santuario.

Weishaupt se quedó en Gotha para el resto de su vida. Murió el 18 de noviembre de 1830.

Un busto de él está expuesto en el Museo Germánico de Nuremberg.

La policía comenzó a buscar a los miembros conocidos de la Orden. El Illuminati había logrado infiltrar muchos puestos importantes en la sociedad. Por esta razón la investigación policial era muy lenta. El allanamiento a la casa de Zwack que tenía una ligazón directa a los documentos secretos del Illuminati encontrados en la casa de Lanz, fue realizado sólo un año y dos meses después que Lanz fue impactado por el rayo.

mit ich indeſſen ſpeculiren, und die Leute ge=
ſchickt rangieren kann; denn davon hängt alles
ab. Ich werde in dieſer Figur mit ihnen operieren.

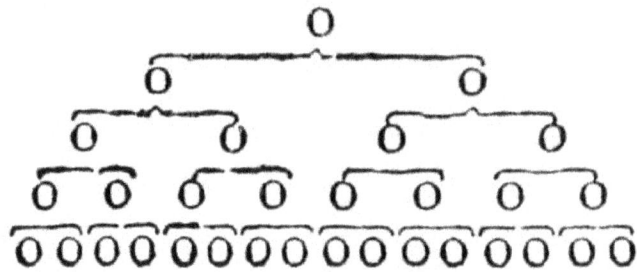

Esquema del Illuminati

El 11 y 12 de octubre de 1786 ellos allanaron la casa del Dr Franz Xaver Zwack (Cato) en Landshut, dónde el Illuminati guardaba sus documentos más importantes. Al año siguiente el castillo del Barón Bassus (Hannibal) en Sandersdorf también fue allanado y la policía confiscó aún más documentos acerca de la conspiración del Illuminati contra el mundo entero.

En estos documentos que yo estudié cuidadosamente en el verano de 1986 en el archivo de Ingolstadt, estaban los planes que fueron diseñados para una revolución global y estos documentos declaran claramente que esta operación destructiva iba a ser el trabajo de sociedades secretas.

Varios hombres importantes en Ingolstadt y Baviera perdieron sus puestos, algunos incluso fueron encarcelados o expulsados del país - pero algunos de aquellos involucrados eran tan poderosos que se salvaron del castigo merecido. Los francmasones no creyeron haber recibido un juicio justo, cuando no se permitió algún tipo de defensa. En el otoño de 1786, el miembro del colegio electoral, Karl Theodor, demandó que el Illuminati cesara sus actividades. Ellos no lo hicieron.

En 1786, se publicaron dos libros notables sobre el Illuminati: "Drei merkwurdige Aussagen" ("Tres Notables Testigos" en que los Profesores Grünberg, Cosandey y Renner testificaron) y "Grosse Absichten des Ordens der Illuminaten" ("Grandes Propósitos de la Orden de los Illuminati") con el testimonio del Profesor Joseph Utzschneider.

Después de un larga investigación, el Elector ordenó dos trabajos que contienen documentos secretos confiscados que fueron impresos bajo los títulos: "Einige Originalschriften des Illuminaten- Ordens" y "Nachtrag von weitern Originalschriften" ("Algunos Documentos Originales de la Orden de los Illuminati" y "Suplemento extenso de

Documentos Originales). Estos libros se enviaron a los gobiernos en París, Londres y St. Petersburgo, pero no se tomaron en serio (hasta que fue demasiado tarde). Johann Baptist Strobl también imprimió una nueva colección de documentos acerca del Illuminati en 1787.

Según la "Guía para los Francmasones", Weishaupt, von Knigge, Bode y los otros "los más distiguidos Illuminati" eran hombres nobles, honestos y bien-intencionados que aspiraban hacia la bondad y la justicia. Algunas personalidades culturales de muy alto nivel permitieron ser engañados por la hábil propaganda de los Illuminati. Adam Weishaupt, como propagandista experimentado, había escrito previamente los libros "Una Disculpa para el Illuminati" (1786) "Das Verbesserte System der Illuminaten" / "El Sistema mejorado del Illuminati" (1788), y "Spartacus y Philo" (1794), y otros.

Cuando los Illuminati fueron prohibidos el 4 de agosto de 1785, Zwack huyó a Augsburg y desde allí a Weslar. Después de la muerte del Elector, Zwack volvió a Baviera dónde él se reintegró como funcionario. Von Knigge viajó a Bremen dónde él murió como funcionario británico el 6 de mayo de 1796. Muchos otros miembros fueros despedidos de sus puestos. Todo esto según el Gran Maestro del lluminati, Leopold Engel.

Incluso el gran poeta, Johann Wolfgang von Goethe llegó a ser francmasón en 1780 y se unió al Illuminati algo después en los 80. Su seudónimo dentro del Orden era Abaris. ("Geschichte des Illuminaten-Ordens" / "Historia de la Orden del Illuminati" por Leopold Engel, Berlín, 1906, pag. 355-356). pero eventualmente pudo ver a través del engaño.

El Illuminatus Goethe escribió a Bode, un compañero miembro, el 22 de junio de 1784: "Créame, nuestro mundo moral está minado por túneles subterráneos, sótanos y cloacas, tal como es normalmente un pueblo grande, sin que alguien esté normalmente pensando en sus conexiones. Es comprensible para mi o para cualquier otra persona ilustrada si a veces el humo sube de una rotura o si se oyen voces extrañas... "

LOS ASESINATOS DE SCHILLER Y MOZART

El gran poeta y dramaturgo Friedrich von Schiller se mudó a Mannheim el 27 de julio de 1783. En junio 1784, Christian Gottfried Korner (1756 - 1831), un importante Illuminatus, le envió una carta a Schiller en que le sugiere que se una al Illuminati. Korner se las arregló para que todas las deudas de Schiller fuesen pagadas y después de esto, él se unió a la Orden.

Un Illuminatus estaba limitado por el códice de la Orden: "Realizaré una acción, si es pedida por la orden, a la cual no puedo no consentir, aún cuando (vista en su conjunto) fuese verdaderamente incorrecta. Además, aún cuando podría parecer así desde un cierto punto de vista, dejaría de ser impropia y mala si sirviera como un medio para lograr beatitud o el objetivo final del todo". Esta cita viene de los documentos de la Orden que se encontraron durante la búsqueda policial en el castillo del Barón Bassus en Sandersdorf y después publicadas bajo el título colectivo "Nachtrag von weitern Originalschriften" en Munich, 1787.

Dos desertores de la Orden - los Profesores Cosandey y Renner - también confirmaron en abril de 1785 que un principio de los Illuminati era que "el fin justifica los medios."

Sólo fue más tarde que Schiller pudo ver a través del engaño.

La decepción y el chantaje eran las formas de la orden para alcanzar sus objetivos. Weishaupt había aconsejado a sus hermanos del Illuminati más cercanos: "Conságrense ustedes mismos al arte del engaño, el arte de enmascararse, espiando en otros y percibiendo sus más profundo pensamientos".

Para asegurarse que no se filtraran los secretos de la Orden, Weishaupt creó un cuerpos policial secreto dentro de la Orden al cual llamó a "hermanos insinuando". Éstos trabajaron de la misma forma como la Cheka bolchevique y sus sucesores: denuncias, provocaciones, chantajes y terrorismo. Los "hermanos insinuando" actuaron con plena fuerza durante el reino de terror que se llamó la "Gran revolución francesa" que fue mayoritariamente el trabajo de los agentes del Illuminati. Después de la Revolución francesa, Johann Wolfgang von Goethe declaró su rechazo a esto a Eckermann. Él dijo que los cambios súbitos llevados a cabo por la violencia eran para él repugnantes porque ellos eran contra el orden de la naturaleza ("Goethe" por Karl Victor, Estocolmo, 1953, pág. 100).

Naturalmente, Friedrich von Schiller no podía sospechar que Heinrich Voss, un jóven doctor que cuidó de él, era uno de los "hermanos insinuando" que informaron todo él escuchó y vio a Weishaupt.

Schiller, Pestalozzi y varios otros Illuminati de Alemania recibieron la ciudadanía francesa como "extranjeros prominentes" en 1792. Schiller leyó sobre esto en el periódico Moniteur.

Después de darse cuenta de la malvada naturaleza del Illuminati, Schiller planeó escribir una obra llamada "Demetrius", el título título de trabajo que luego se llamó "La Carnicería en Moscú". Esta obra era para destapar algunas de las atrocidades entre bastidores de aquellos en el poder.

Heinrich Voss informó esto a Weishaupt, que deseó detener esta obra a cualquier costo. Afortunadamente para el Illuminati, Schiller murió después de una larga enfermedad, alrededor de las seis de la tarde del 9 de mayo de 1805. Hermann Ahlwardt afirma en su libro "Mehr Licht" / "Más Luz" (1925, pag. 60-69) que Schiller fue asesinado por el Illuminati.

Un colectivo de expertos alemanes y extranjeros (incluyendo a Sten Forshufvud de Gothenburg y el Profesor Hamilton Smith de Glasgow) encontraron arsénico en las muestras del pelo de Schiller. El trabajo de Schiller de 45 años nunca fue completado; en cambio él terminó en una fosa común. (Henning Fikentscher, "Los Últimos Desarrollos en la Investigación de los Restos Mortales de Schiller".)

El 5 de diciembre de 1784, los francmasones le pidieron al brillante compositor austriaco Wolfgang Amadeus Mozart que ingresara a la francmasonería. Él se unió a la Logia Zur Wohltatigkeit (A la Caridad) el 14 de diciembre de 1784. Él fue también miembro de otra Logia, "Zur wahren Eintracht" (para Arreglar la Concordia).

Ésta era una Logia doble. Pronto Mozart alcanzó el grado más alto, el 33. Mozart escribió muchas composiciones para las ceremonias Masónicas.

Los francmasones más importantes en Viena eran al mismo tiempo Illuminati. En 1783, 36 de los 83 hermanos en 'Zur wahren Eintracht' eran Illuminati. Hubo también muchos conspiradores entre los miembros de "A la Caridad". El amigo poderoso de Mozart, Barón Gottfried van Swieten era un Illuminatus.

También su cercano amigo Conde August von Hatzfeld era un Illuminatus. En su obituario para Hatzfeld en 1787, el líder local del Illuminati,, Christian Gottlob Neefe, lo alabó en 'Magazin der Musik'. Neefe fue un maestro de Beethoven. Fue por esta razón que Beethoven llegó a ser francmasón y ganó lazos íntimos con muchos Illuminati, incluyendo a Gemmingen que había ayudado a Mozart en Mannheim y lo había reclutado como miembro de 'A la Caridad'.

Mozart estaba impresionado por las intenciones oficiales del Illuminati. Él no supo más detalles. Él no tenía ninguna idea lo que sus influyentes amigos realmente pensaban. No hay información clara sobre si Mozart incluso sabía que sus amigos eran miembros del subversivo Illuminati. Ellos sólo revelaban su membresía a aquéllos quienes ellos podrían reclutar.

Adam Weishaupt había enseñado: "A algunos de estos francmasones no les revelaremos ni siquiera que nosotros tenemos algo más de lo que los francmasones tienen... Todos aquellos que no son aptos para el trabajo permanecerán en la logia Masónica y avanzarán allí sin saber algo sobre el sistema adicional". ("Einige Originalschriften des Illuminatenordens", Munich, 1787, pág. 300.)

En diciembre de 1785, las actividades de los Illuminati en Viena fueron prohibidas.

Los Illuminati fueron obligados a dejar sus Logias. A pesar de la prohibición, ellos continuaron actuando como simples francmasones. Ellos se fueron a "La Esperanza Coronada" (The Crowned Hope). El Illuminati Ignaz von Born, Joseph von Sonnefells y Otto von Gemmingen fundaron una nueva Logia, "La Verdad", Born fue el Gran Maestro de ella. Los Illuminati creen que ellos predican la última verdad.

El 14 de enero de 1786, Mozart se unió a la nueva Logia "La Esperanza Coronada".

Pero él no estaba presente en la ceremonia de apertura y después raramente asistió a sus reuniones. Durante este período, Mozart escribió raramente música Masónica.

Mozart perteneció a las sociedades dónde los Illuminati todavía dominaban.

Sólo durante el último año de su vida, 1791, él produjo nuevas piezas de música para los francmasones. Esta música contenía códigos secretos y estados de ánimo.

Mozart deseaba amigos verdaderos. Esta fue la razón por la que llegó a ser un francmasón.

Todos sus amigos eran francmasones.

Como persona muy sociable, Mozart no podía estar solo y por consiguiente necesitaba que sus amigos estuviesen cerca.

Se ha observado que Mozart, debido a su membresía en las Logias Masónicas, le fue fácil tener éxito y hacerse de un nombre en Europa, ya que hermanos Masones de alto nivel le apoyaron. Casi la mitad de los miembros de "To true Armony" eran aristócratas que ayudaron a Mozart, por ejemplo Esterhazy. Los que publicaban a Mozart también eran francmasones: Pasquale Artaria, Cristophe Torricella y Franz Anton Hoffmeister.

Mozart siempre podría contar con la hospitalidad fraternal de los francmasones, y durante sus estancias en el extranjero, él recibió siempre apoyo económico y alojamientos gratuitos. Durante sus viajes 1787-1791, los francmasones en Praga y otros lugares ayudaron a Mozart de varias maneras. Existe evidencia escrita que demuestra esto. Amigos entre los francmasones jugaron un papel crucial ayudando a Mozart financieramente: Lichnowsky, Franz Hofdemel y Michael Puchberg estaban entre sus acreedores más importantes. Mozart, a su vez, ayudó a otros francmasones adquiriendo préstamos para ellos.

En diciembre de 1787, Mozart fue designado compositor de la cámara imperial. Esto le entregó peticiones para óperas mayores. El Illuminati se había vuelto un estado dentro del estado. A pesar de todas las prohibiciones, ellos continuaron con sus actividades subversivas contra la sociedad. En ese momento a las personas les faltaba la experiencia y los recursos para protegerse contra francmasonería que estaba bajo la influencia del Illuminati.

El prominente compositor austriaco, Franz Schubert, no era un francmasón y murió pobre e ignorado.

Como un hombre dotado, Mozart finalmente se dio cuenta de la malignidad del Illuminati, a pesar del hecho que parecía ser un ángel de luz. Él pensó en proteger a la sociedad fundando una sociedad secreta con algunos de sus amigos, "Die Grotte" ("La Caverna"). Mozart estaba bien consciente del riesgo mortal que estaba corriendo. Ya en abril de 1787, escribió en una carta a su padre diciendo que la muerte realmente era la amiga de hombre y que él nunca podía dormir sin pensar que él, a pesar de su juventud, podría no ver el día siguiente. (Maynard Solomon, "Mozart", Estocolmo, 1995.)

Él deseaba exponer la magia y la conspiración de los francmasones al público. Para este propósito pensó en usar su ópera "Die Zauberflote" ("La Flauta" Mágica), dónde el prototipo de Sarastro era el Gran Maestro de los francmasones, Ignaz von Born. Mozart tenía una memoria perfecta. Una vez él había oído una melodía, podía tocarla nuevamente sin cometer algún error.

"La Flauta" Mágica (1791) contenía muchas revelaciones sobre los secretos de la francmasonería. Usó la pirámide del Illuminati, los ojos que todo lo ven, el templo y otros símbolos secretos. Estas metáforas fueron después sacadas. Mozart también usó medios de expresión musical contrastando los temas líricos y trágicos, elegancia y folklore, detalles fantásticos y la atmósfera sólida de la orquesta. La premier de la ópera fue en el otoño de 1791. El Illuminati no podría perdonar a Mozart por esto.

"Requiem" le fue solicitada anónimamente para celebrar su propia muerte. También recibió el dinero por adelantado. Los francmasones envenenaron lentamente al objeto de su odio. "Requiem" fue dejada hasta la penúltima línea del verso: "lacrymosa dies ilia". Franz Sussmayr terminó el opus.

Hermann Ahlwardt afirmó en su libro "Mehr Licht! " (Más Luz") que Mozart fue asesinado. Él murió el 5 de diciembre de 1791, precisamente siete años después de su iniciación en la Logia Masónica. Salieri fue después el chivo expiatorio. Hermann Wagener "Staats - und Gesellschaftslexikon" (volumen 18, 1865) confirma que Mozart fue envenenado.

En 1990, varios doctores intentaron aseverar que Mozart murió de una enfermedad al riñón. (Dagens Nyheter, 19 septiembre de 1990) Pero si él hubiese muerto de forma natural, los francmasones no se habrían llevado el cuerpo de Mozart para evitar una autopsia después que murió, y no lo habrían puesto en una tumba para pobres, cubierto con cal viva.

Si Mozart hubiera sido fiel a los francmasones, él habría sido enterrado con grandes honores. Sus hipócritas "amigos Masones" lloraron lágrimas de cocodrilo. Si "La Flauta" Mágica hubiese sido aceptada, aquellos en el poder no habrían enviado a Johann Emanuel Schikaneder, el autor del texto de la ópera, a un asilo de dementes, dónde él murió en 1812.

En Austria, la francmasonería fue prohibida a mitad de 1790.

La sociedad logró mantener la prohibición de este movimiento subversivo hasta 1918, cuando los francmasones en Austria llegaron al poder con la ayuda de la falsa doctrina socialista. Los francmasones continúan difamando y despreciando a Mozart hoy en día (por ejemplo el "Amadeus" cinematográfico de Milos Forman).

LOS ILLUMINATI COMO INFILTRADOS

Los Illuminati se movieron libremente dentro de las muchas sociedades secretas a través del tiempo, buscando utilizar la ideología liberal de la francmasonería como cebo para aquellos que no tenían el conocimiento de sus verdaderos propósitos. "Todos los Illuminati son francmasones pero al contrario no todos los francmasones son Illuminati", declararon los Profesores Cosandey y Renner de Munich en sus testimonios de abril de 1785.

Sólo a una minoría se le permitía alcanzar los misteriosos grados más altos. Sólo esos pocos conocían las verdaderas intenciones de la orden. Cosandey y Renner, junto con varios testigos, afirmaron que "había una charla constante del propósito" sin alguna explicación de lo que esto era. Aquellos de los grados más bajos (los "tontos útiles") estaban sólo para obedecer, sin entender por qué.

El plan de Weishaupt para tomarse el poder era ingeniosamente simple. Los moldeadores de la opinión pública (sacerdotes, escritores, funcionarios públicos) serían trasformados en herramientas obedientes, después de lo cual ellos, en las palabras de Weishaupt, "rodearían a los príncipes". Como "consejeros" ellos influirían en las decisiones políticas en favor de los objetivos del Illuminati. Al entrar en la Orden, los nuevos hermanos habían jurado: "Yo nunca usaré mi posición o mi puesto contra otro hermano."

Esta corrupta lealtad de grupo, sin embargo, no se relacionaba con los hermanos como individuos, ellos eran sólo herramientas para los poderes invisibles dentro de la Orden. Así fácilmente podía volverse contra cualquier hermano en particular, si el "propósito", (es decir, el propio Weishaupt) lo decretaba.

Así, a los hermanos de los grados inferiores se les hizo proporcionar información (en formularios impresos) mensualmente sobre sus propias acciones y aquellas de compañeros hermanos (el llamado "Quibus Licet").

Los líderes de la Orden compilaron la información de estas "confesiones" que ellos podrían usar después contra cualquier hermano reacio. Weishaupt también animó que los Illuminati robaran o copiaran documentos gubernamentales secretos. La Orden necesitaba estos documentos para sus actividades revolucionarias, pero también quería que los hermanos perdieran cualquier sentimiento de lealtad por el orden establecido, teniéndolos constantemente en búsqueda de traicionarlo.

Religión, nacionalismo, patriotismo, lealtad al gobernante, lazos familiares - todos estos sentimientos deberían ser reemplazados por una sola y fuerte lealtad a la causa del Illuminati. Un desertor, Joseph Utzschneider, profesor en la Academia Militar en Munich, reveló que la constante prédica contra la patria lo hastió tanto, que él dejó la Orden.

El poder supranacional socialista a que el Illuminati aspiraba se resumió en el concepto Novus Ordo Seclorum (Nuevo Orden Mundial). Algunos de los puntos principales de este programa eran:

1. la supresión de toda las religiones, incluyendo todas las comuniones y doctrinas que no pudieran estar sujetas como herramientas para el Illuminismo.

2. la supresión de todo los sentimientos de nacionalidad y - en el largo término - la abolición de todas las naciones e introducción de un mundo- estado Iluminado.

3. la transferencia sucesiva de la propiedad, tanto privada como nacional en las manos del Illuminati. Los métodos para lograr esto eran las nuevas leyes taxativas que los funcionarios del Illuminismo introducirían. Los planes originales de Weishaupt también incluían un impuesto progresivo a los ingresos (así que esto no es una ninguna nueva invención!) y un, aún más alto, impuesto de herencia confiscatorio. Karl Marx, también, deseaba un impuesto progresivo más alto a los ingresos en su "Manifiesto comunista". La intención era debilitar la sociedad.

4. un sistema de espionaje y denuncias que lo abarque todo con los "hermanos insinuando" como prototipo. El símbolo de esto era el ojo que todo lo ve, un ojo dentro de una pirámide que era el símbolo del poder del Illuminati. Y finalmente:

5. una regla moral global, un estandarización completa de la más profunda voluntad de todas las personas, deseos y aspiraciones bajo "la única voluntad"; la voluntad del Illuminati.

El Illuminati simplemente deseaba abolir todas las formas de gobierno, patriotismo, religión y familia para finalmente instaurar un gobierno mundial.

Las personas honorables nunca trabajarían para tal programa detestable, así el "normal" Illuminati estaba lleno con frases justas sobre el amor, la caridad y cosas parecidas que nosotros llamamos hoy en día "ideología". Mientras más arriba se avanza, más primitivos eran los miembros. Mientras más primitivos son los individuos, más bajo son los ideales que los entusiasman.

Por consiguiente, los Illuminati han usado todas las clases de ideologías (el Nihilismo, el Liberalismo, el Fascismo) o los construyeron ellos mismos (Marxismo, Comunismo, Socialismo) mientras que ellos son absolutamente independientes de toda la ideología.

En 1933 La Gran Enciclopedia Soviética publicó una gran cantidad de información sobre Adam Weishaupt y el Illuminati, pero después de este año, la información fue descaradamente inconsecuente.

Una conferencia fue llevada a cabo en el castillo de Mayer Amschel Rothschild en Wilhelmsbad el 16 de julio de1782, dónde los francmasones e Illuminati forjaron una alianza completa.

De esta forma, las principales sociedades secretas comenzaron un co-funcionamiento más íntimo con el Illuminati. Con esto, Weishaupt ganó nada menos que tres millones de herramientas para trabajar con ellas. Con el tiempo, el Illuminati traería la muerte y el sufrimiento a centenares de millones de personas.

En la conferencia Masónica en Wilhelmsbad, se tomó la decisión de asesinar a Louis XVI de Francia y a Gustavus III de Suecia. (Charles de Hericault, "La Revolución", pág. 104.) La iniciativa para esta conferencia fue judía. (A. Cowan, "Los Rayos X en la Francmasonería", Londres, 1901, pág. 122.)

Una decisión para asesinar al emperador Leopold de Austria también fue tomada en la conferencia. Él fue envenenado el 1 de marzo de 1792 por el francmasón judío Martinowitz. Gustavus III de Suecia fue asesinado el mismo mes.

Los francmasones se habían reunido en Lyon en 1778 discutir la revolución venidera. Otros congresos se llevaron a cabo en París en 1785 y 1787 y en Frankfurt am Main (donde Rothschild tenía su banco) en 1786.

El Illuminati buscó tomar el control de la prensa y comenzó a poner sus infiltrados tras bastidores como "expertos". La Orden también quería influir en las escuelas.

En 1800, el Illuminati estaba activo en Suecia, Austria, Rusia y en muchos otros países. Tres años antes, el Profesor John Robison había escrito una exposición completa del complot del Illuminismo en su libro "Pruebas de una Conspiración" (Londres, 1797).

El poeta inglés, Percy Bysshe Shelley fue también inicialmente engañado por la propaganda del Illuminati, a pesar que Weishaupt había declarado claramente que el propósito del Illuminati era actuar incansablemente hasta que los "líderes y las naciones desaparezcan sin violencia de la Tierra, la humanidad se vuelva una gran familia y el mundo una residencia para las personas sensatas".

Pero Shelley más tarde, se encontró con una copia del sensacional libro de Abbe Barruels, "Memorias, Ilustrando la Historia del Jacobinismo" que se había publicado en 1798.

Este libro reveló, con la ayuda de ciertos documentos de Bavaria, la conspiración de los judíos en el Illuminismo.

Shelley tomó estas revelaciones en serio y recomendó el libro a sus amigos. Él comenzó a considerar el Illuminati como el mal encarnado e incluso sugirió a Leigh Hunt, el sincero autor, que fundaran una sociedad dónde sus sensatos miembros enfrentarían a la sociedad de "los enemigos de la libertad". Shelley continuó en el tiempo, dándose cuenta de las maquinaciones del Illuminati detrás de las escenas políticas.

Los norteamericanos Thomas Jefferson and Alexander Hamilton llegaron a conocer la doctrina de Weishaupt después de 1790. Jefferson y Hamilton abrieron las Logias Masónicas en los Estados Unidos de América a los Illuminati europeos, a pesar de las muchas voces que se levantaron advirtiendo contra esta acción. Entre estos que protestaban estaba John Quincy Adams que más tarde sería elegido presidente (1825). Él escribió una carta a Coronel William L. Revelándole cómo Jefferson se aprovechó de la Orden Masónica para minar la sociedad. El Illuminati se desquitó haciendo imposible el intento de re-elección de Adams.

Adams fue sujeto de una viciosa campaña de difamación por la prensa nacional que ya estaba bajo el control del Illuminati. Adams también intentó publicar un libro revelador sobre el Illuminati pero el manuscrito fue robado.

El capitán William Morgan, que había alcanzado un alto grado dentro de la francmasonería y tenía una posición importante en la orden, encontró algunos de los terribles secretos del Illuminati en su Logia "Batavia No. 433" en Batavia, Nueva York. Se dio cuenta de las metas del Illuminati y viajó a través de EE.UU. para advertir a las Logias Masónicas. En 1826, él explicó que era su deber advertir al público acerca de los planes secretos del Illuminati.

Morgan quiso exponer las sombrías actividades de la élite Masónica en un libro. Él firmó un contrato con el editor, Coronel David C. Miller. El libro, la "Francmasonería Expuesta", fue publicado en 1826.

Esto llevó a los miembros de las logias involucradas al borde de derrumbe nervioso. En ese momento había 50.000 francmasones en EE.UU.. Después de la publicación de este libro, 45.000 francmasones dejaron sus Logias.

Casi 2000 Logias fueron cerradas. Muchas de las restante Logias cancelaron sus actividades. En el estado de Nueva York solamente, habían

30.000 francmasones. Después que el libro de Morgan fue publicado, el número de miembros disminuyó a 300. (William J. Whalen, "Cristiandad y la Francmasonería norteamericana", 1987, pág. 9.)

Richard Howard, un Illuminatus inglés, fue enviado a EEUU para asesinar a Morgan. Junto con otros cuatro secuestró Morgan y lo ahogó en un lago, la intención era asustar a otros francmasones hasta la sumisión. (Michael di Gargano, "Francmasones irlandeses e ingleses y sus Hermanos Extranjeros", Londres, 1878, s. 73.)

El historiador norteamericano Emanuel M. Josephson reveló en su libro el "Manifiesto Comunista de Roosevelt" (Nueva York, 1955, pág. 24) que la Logia Columbia del Illuminati fue fundada en Nueva York en 1785. Su primer líder fue el Gobernador DeWitt Clinton, seguido por Clinton Roosevelt.

En 1786 fue fundada la logia de los Illuminati en Virginia y Thomas Jefferson se transformó en su líder. Cuando Weishaupt fue expuesto en Baviera, Jefferson lo defendió como un "entusiasta filántropo". Dentro de un corto tiempo el Illuminati había abierto quince Logias en Norteamérica.

Thomas Jefferson hizo todo lo que él pudo para conseguir que finalmente la pirámide del Illuminati fuese aceptada por el Congreso como el (Gran) Sello Nacional el 15 de septiembre de 1789.

En 1789, el publicista, estadista y científico, Benjamín Franklin, (1706 - 1790), siendo el mismo francmasón, demandó que los Estados Unidos de América se defiendan contra la inmigración e influencia judía con la ayuda de la constitución, ya que los judíos se habían transformado en un Estado dentro del Estado. Esta demanda fue negada y en cambio la Estrella de David se transformó en el símbolo del ejército y de la policía en Norteamérica.

George Washington que era francmasón desde 1752, cuando tenía 20 años, también intentó oponerse al trabajo del Illuminati en Norteamérica, después que se convenció, en 1796, que significaban una amenaza para la nación. Debido a esto, Weishaupt había hecho planes para asesinar a Washington si él se era demasiado molesto. (Neal Wilgus, "Los Illuminoides", Nueva York, 1978, pág. 33.)

David Pappen, Presidente de Universidad de Harvard, también salió con una advertencia contra el Illuminati el 19 de julio de 1798, y algo más tarde, Timothy Dwight, Presidente de Universidad de Yale hizo lo mismo.

Esto llevó Henry Dana Ward, Thurlow Weed y William H. Seward a formar un Partido anti- masónico en los Estados Unidos de América en 1829. El Partido tomó parte en las elecciones presidenciales en 1832 pero en 1840 ya había perdido el rumbo...

Weishaupt, tal como Niccolo Machiavelli (1469-1527) en la República de Florencia, creyó que el poder debe ser mantenido exclusivamente por ciertas personas escogidas - todos los otros eran inestables "don nadie". En su libro póstumamente publicado "El Príncipe" (1532), Machiavelli defendió la introducción de una dictadura ilimitada.

EL TOTALITARISMO JESUITA COMO PROTOTIPO

Algunas fuentes, sobre todo las cristianas, afirman que el prototipo ideológico de Weishaupt fue la "República" de Platón. Estas afirmaciones están desencaminadas. Weishaupt (a pesar de su odio por ellos) admiró las tácticas, la disciplina y la habilidad de organización de los Jesuitas, su habilidad de poner los talentos al buen uso y su devoción por su causa.

Ya que fueron los Jesuitas quienes educaron a Weishaupt, él estaba familiarizado con sus experiencias de crear sociedades totalitarias y su prototipo fue sobre todo el control totalitario y teocráticos, el cual los Jesuita implementaron, a pesar del poder central español, en Paraguay en 1609. Este estado esclavo existió oficialmente durante 159 años, hasta 1768 cuando Weishaupt era un estudiante de veinte años. Los Jesuitas le llamaron a este "encomienda de servidumbre", significando misión o protección.

Los hechos que yo encontré en la disertación de Carl Morner "Una Cuenta de la Historia del Paraguay y las Misiones Jesuitas en Relación con el Descubrimiento del País hasta 1813" (Uppsala, 1858, pag. 92-102) requiere consideración. Según Morner, cada misión tenía un concilio municipal, que llevaba a cabo las órdenes de los Jesuitas. Los Jesuitas seguían un método de tipo comunista, usando habilidad y violencia. Indios Guaranís de ambos sexos y de todas las edades fueron forzados a trabajar para la misión. Los indios no tenían ninguna propiedad personal. Todo el producto se recogía en almacenes comunales. La comida o vestimenta que los indios necesitasen, así como las necesidades generales de la comunidad, eran distribuidos desde éstos almacenes.

Los Jesuitas vigilaban el trabajo de la misma forma que en una fábrica.

El Jesuitas habían introducido el deber de trabajar. El suministro de comida y de otras necesidades de los indios dependían de los resultados de producción. La estructura de poder era centralizada y el trabajo se realizaba en grupos. La comunidad incluso organizaba entretenciones. Cuando se aplicaba el castigo, los indios debían besar la mano del ejecutor de justicia, agradecerle y expresar su remordimiento.

La dirección de la comunidad comprendía sacerdotes Jesuitas de Italia, Inglaterra y Alemania. Ellos habían acordonado el área de una forma que recuerda un ghetto o Europa Oriental detrás de la cortina de hierro. Todos esto fortaleció la idea que los Jesuitas aspiraban a crear un estado independiente.

Se tentaba a los nativos "salvajes" de las áreas cercanas a entrar en las comunidades cerradas, con buena comida, bondad, fiestas y música. No había ninguna sugerencia de la coerción y servidumbre que vendría. Luego la trampa se cerraba alrededor de ellos. Los Jesuitas distribuyeron a los "salvajes" entre las misiones en el Río de Paraná. Muchos huyeron a sus casas en las selvas sólo para ser esclavizados nuevamente más adelante.

Los indios fueron convertidos en criaturas desvalidas, dependientes. Sus oportunidades para el desarrollo espiritual fueron truncadas. Los sacerdotes Jesuitas especiales (como el politruks) adoctrinaban a los indios para no expresar su descontento.

La Cristiandad, originalmente una religión diseñada para los esclavos, fue usada hábilmente.

Al mismo tiempo, ellos intentaron acostumbrar a los indios a una actitud militarista y de esta manera se transformaban en las herramientas de sus amos, sin pensamiento o voluntad propia.

Paraguay fue un ejemplo de estandarización, del "derecho de co-determinación", la mentalidad de fábrica, el método comunista, una cortina de hierro (el área se convirtió en un ghetto), politruks, servidumbre, violencia, propaganda y militarismo.

Un hecho interesante es que principalmente Jesuitas centro-europeos (de origen judío) fueron escogido como líderes de las misiones de Paraguay.

La información sobre las condiciones reales, en determinado momento, alcanzaron el mundo externo a pesar de toda la hipocresía y falsía. En 1759, a los Jesuitas se les ordenó liberar a los indios y abolir su sistema de aislamiento. Naturalmente, los Jesuitas afirmaron que todas las imputaciones en su contra eran falsas pero aún así admitieron que algo debía hacerse y se ofrecieron para ayudar a los indios a adquirir gradualmente nuevamente su independencia. Ellos no tenían alguna intención de mantener su promesa.

Entretanto, en Europa, la animosidad contra la Orden Jesuita creció y el Rey Carlos III de España expulsó a los Jesuitas de todas sus provincias en 1767. Los Jesuitas en Paraguay compartieron el destino de sus hermanos. Un año después, en 1768, dejaron sus misiones oficialmente sin resistencia - misiones que habían, a través de su estilo de vida comunista, ahogado el desarrollo espiritual de los indios. Con esto, los Jesuitas habían recogido la experiencia en adoctrinar naciones indias sumamente amantes de la libertad, y de transformarlos en esclavos obedientes en su "comunidad."

Dentro de sólo ocho años, en 1776, el desertor Jesuita Adam Weishaupt formó la Orden del Illuminati. En el hecho real, los Jesuitas mantuvieron sus ghettos hasta el XIX. La esclavitud fue abolida en 1843.

EL PRIMER GOLPE DE ESTADO DE LOS ILLUMINATI

Adam Weishaupt también trabajó intensamente como miembro de la orden Masónica Gran Oriente para preparar la así llamada 'revolución'. (Nesta Webster, "La Revolución" francesa, Londres, 1919, Pág. 20-21.) Al mismo tiempo, el Illuminati había ganado una fundación segura en Francia.

Un judío portugués, Martínez Paschalis, había formado grupos del Illuminati por el país en 1787. El Conde Honore Gabriel Riqueti de Mirabeau (alias Leonidas) se tranformó en el líder Illuminati más importante.

Otro Illuminatus importante, el escritor y editor, Johann Joachim Christoph Presagia (1730- 1793), alias Amelius, había viajado a París en el mismo año para organizar la revolución francesa y dar la señal 'vamos' para la rebelión dos años después, según el libro de Johannes Rogalla von Bieberstein "Die These von der Verschwörung 1776-1945" (Frankfurt am Main, 1978).

Como Illuminatus, Presagie había tenido éxito haciendo los contactos con otros francmasones, también en Suecia. Él publicó la primera revista Masónica durante los años 1116- 1119. Él también tomó parte en la convención Masónica en Wilhelmsbad en 1782.

Weishaupt había enviado al judío Giuseppe Balsamo (nacido el 8 de junio de 1743 en Palermo), quién se presentó bajo el falso título Conde Alessandro Cagliostro, en Francia para que los Illuminati controlaran las órdenes Masónicas francesas. Cagliostro-Balsamo había sido reclutado en Frankfurt am Main en 1781. ("El Sendero de la Serpiente", Hawthorne, California, 1936, pág. 163.)

Un año antes, se había declarado líder de la francmasonería egipcia. Cagliostro también tomó parte en el importante Congreso Masónico en París el 15 de febrero de 1785.

Cagliostro fue expulsado de Francia en 1786 en relación con el "asunto del collar". Él fue encarcelado en Roma en 1789, después de intentar levantar una Logia Masónica y fue sentenciado al encarcelamiento por vida. Él murió el 26 de agosto de 1795.

El lacayo más importante de Rothschild, Adam Weishaupt, también fue enviado a París con fondos ilimitados para sobornar a hombres importantes, organizar una revuelta y deponer al rey. Un comité secreto fue designado en la convención Masónica de febrero de 1785 para coordinar las acciones de la revolución. Esta incluía a San-Martin, Etrilla, Franz Anton Mesmer, Cagliostro, Mirabeau, Charles Maurice de Talleyrand (en realidad T. Perigord), Bode, Dahlberg, Barón de Gleichen, Lavater, Conde Louis de Hesse, y representantes del Gran Oriente de Polonia y Lituania. ("El Sendero de la Serpiente", Pág. 73.)

Weishaupt siempre jugó el papel principal a las reuniones del Illuminati en París. Él invitó a miles de asesinos a París.

Muchos pasquines contra la Reina Marie Antoinette comenzaron a circular en París (Svenska Dagbladet, 27 de sept de 1987). Después de esto, se lanzaron hojas impresas para incitar al pueblo a sublevarse. El objetivo de los francmasones era destronar al rey. La máquina de propaganda fue hábilmente tendida. Marie Antoinette fue transformada en el símbolo de todo el mal en el reino.

Estos llamados revolucionarios que trabajaron para minar el orden establecido eran a menudo jóvenes y muchos entre ellos era judíos o francmasones, según el historiador Henrik Berggren, Ph. D. (Dagens Syheter, 20 de enero de 1987, "La Gramática de la Revolución").

Los trescientos hombres que tomaron el poder bajo la Revolución francesa eran todos Illuminati. (Gerald B. Winrod, "Adam Weishaupt - "Un Diablo Humano", pág. 37.)

Marat y Robespierre pertenecían oficialmente a la organización "revolucionaria" 'Los Amargados'. La 'Asociación de los Iguales' también había estado activa en París desde 1786. Esta organización había ya decidido en el mismo año, dónde encarcelar a los "enemigos del pueblo."

Los líderes revolucionarios Mirabeau, Garat, Robespierre, Marat, Danton, Desmoulins y muchos otros eran Illuminati, según Gerald B. Winrod, "Adam Weishaupt - "Un Diablo Humano" (pág. 36).

Según Nesta Webster, Danton y Mirabeau eran originalmente miembros de la Logia Masónica "Les Amis Reunis" (Los Amigos Reunidos) sobre la cual el Illuminati también puso su marca. Louis Leon Saint-Just, llamado uno de los padres del totalitarismo, también era francmasón.

El Illuminati se tomó los clubes Jacobinos en 1789. 152 de estos clubes estaban activos el 10 de agosto de 1790, según la Enciclopedia Británica. Los Jacobinos tenían una red centralizada sobre toda Francia.

El primer club fue tomado por los colaboradores cercanos de Weishaupt, Bode y el Barón de Busche.

Los fondos de los Jacobinos sumaban 30 millones de libras en 1791. Los investigadores honestos han señalado que la historia de los Jacobinos es de hecho una parte de la historia del Illuminati. No debemos olvidar que uno de los títulos de Weishaupt fue "Patriarca de los Jacobinos". Los Jacobinos también llevaron gorras rojas las cuales llamaba las "gorras de la libertad" o gorras Jacobinas.

Según la propaganda actualmente conocida, Louis XVI eran un tirano implacable y estúpido. En la realidad, él era afable, una persona bien intencionada, un hombre de familia expresivamente religioso y, además extremadamente ágil de mente y un literato, según la biografía del Rey del historiador francés Eric Le Nabour, "Le pouvoir et la fatalite" ("El Poder y la Fatalidad"). Leía a menudo sus enciclopedias. Louis era tan miope que tenía dificultad para reconocer a las personas a una distancia de sólo unos pasos. Era un buen cerrajero y tenía conocimientos de mecánicas que sorprendieron a los expertos contemporáneos. Le gustaban la carpintería y el trabajo en madera. El rey no tenía interés en los glamorosos aspectos de vida en la corte. Louis tenía 16 años cuando se casó con Marie Antoinette de 14 años de edad. Nunca viajó al extranjero.

Los Illuminati han logrado presentar tan negativa como sea posible la imagen de Louis XVI y su Francia al mundo pos-revolucionario. No fue la extravagancia y el malgasto de la corte lo que causó el enorme déficit estatal, sino el apoyo de Francia a la Revolución norteamericana.

Los costos de la guerra contra Inglaterra fueron astronómicos. Louis XVI fue la primera cabeza de estado del Viejo Mundo en reconocer esta nueva república. Gustavus III fue el segundo.

Louis XVI habían reformado el sistema judicial, abolido la tortura en 1788, humanizó las prisiones y desarrolló un servicio de salud. Pavimentó el camino a la caída de la monarquía a través de las constantes pequeñas concesiones a los francmasones y a los Illuminati. La revolución no fue organizada en un país indigente, sino en una nación floreciente. Las exportaciones de Francia se habían multiplicado diez veces durante el siglo. La industria y la agricultura habían hecho grandes adelantos.

La red francesa de más de 40.000 kilómetros de caminos empedrados era admirada por un asombrado mundo. (René Sedillot, "Le cout de la Revolution francaise" / "Los Costos de la Revolución francesa", París, 1986.)

Un presagio de la catástrofe por venir ocurrió casi exactamente un año antes, en la mañana del 13 de julio de 1788, una gran tormenta asoló por el país. En pocos minutos la temperatura bajó 13 grados, el sol se ocultó y granizos como piedras, del tamaño de la cabeza de un bebé, cayeron sobre los campos de cultivo más ricos del país -900.000 hectáreas fueron afectadas, los árboles fueron arrancados de raíz, las viñas fueron destruidas y las cosechas se estropearon. Más de mil pueblos sufrieron.

Los tejados fueron barridos por el viento y las torres de las iglesias se derrumbaron. No pasó tiempo antes que los supersticiosos se demostraran en lo correcto - era una terrible señal de calamidad y violencia, de súbita muerte. Tampoco fue una buena señal que el precio del pan comenzara a subir día a día, las hordas de mendigos marchaban por los caminos y más de 100.000 indigentes marcharon a París.

Otro mal agüero fue que el invierno de 1788-1789 en Francia, fue sumamente severo. El puerto de Marsella se congeló totalmente. Todo el tráfico entre Dover y Calais se detuvo. Los molinos se congelaron y no podían moler el trigo, por lo cual la escasez de pan se puso desastrosa.

Por esto el populacho pudo ser incitado a sublevarse. Los alborotos siguieron a lo largo del invierno. El 1° de marzo de 1789, el teniente de 19 años, Napoleón Bonaparte, fue enviado a Dijon para aplastar un alboroto pero se negó a tomar el lado del rey. Escogió entregarse a los revolucionarios.

Las fuerzas oscuras del Illuminati fomentaron los alborotos en el campo francés. Las deudas debidos al déficit estatal consumieron la mitad del presupuesto francés. Todo este dinero encontró su camino a las manos de usureros prestamistas judíos.

Todos estos factores fueron explotados. El tiempo para el golpe había llegado para los conspiradores que habían unido a los clubes Jacobinos.

Como un firma del preludio, Mirabeau llamó al Estado General el 5 de mayo de 1789, justo después del treceavo aniversario de la fundación del Illuminati. Marx describió a Mirabeau como "el león de la revolución."

En el comienzo de la Revolución existían 282 Logias Masónicas en Francia, de las cuales 266 estaban controladas por el Illuminati, según Nesta Webster (la Revolución" "Mundial, Londres, 1921, pág. 28). Fueron esto mismos grupos quienes organizaron todos los alborotos y problemas.

El 13 de julio de 1789, a las 11 hrs., los conspiradores se reunieron en la iglesia Prix San- Antoine dónde prepararon un comité revolucionario y discutieron cómo organizar la milicia revolucionaria. Dufour del Gran Oriente presidió la reunión. Incluso la caída de la Bastilla fue planificada por estos francmasones, según el testimonio de Gustave Bord. (V. Ivanov, "Los Secretos de Francmasonería", Moscú, 1992, pág. 120.)

Al día siguiente, el 14 de julio, el pueblo fue incitado a marchar hacia la fortaleza de la Bastilla con hachas en sus manos. Contrariamente a lo que el mito de los Illuminati dice acerca de esto, no hubo asalto y captura de la Bastilla. Simplemente capituló ante las amenazas de cuatro francmasones. De esta manera fue tomada la Bastilla. En la realidad, no tenía mucho sentido tomar la Bastilla - las autoridades ya habían decidido demolerla para construir una área de albergue.

Ni un solo prisionero político se encontraba en la Bastilla. Había sólo siete personas encarceladas. Cuatro de éstos eran tristemente famosos estafadores y falsificadores. El joven Comte de Solages había sido encarcelado a petición de su padre ya que había cometido severas ofensas (incesto). Dos de los presos de la Bastilla estaban mentalmente enfermos; uno de éstos era un irlandés con una barba de 1 metro de larga que afirmaba ser el propio Dios.

Los revolucionarios continuaron desinformando al pueblo mostrándoles una prensa, diciéndoles que era un instrumento de tortura. Ellos también afirmaron que una vieja armadura se había usado como camisa de fuerza para los prisioneros tercos.

En la realidad, los prisioneros la habían tenido bastante fácil. Tenían su propio mobiliario y les era permitido llevar su ropa normal. Ellos también recibieron varios tipos de comidas. Los calabozos habían sido usados para guardar vino. Los carceleros habían sido decentes y las visita de los amigos y parientes se habían permitido frecuentemente. La biblioteca era de un estándar alto. Los paseos diarios en el pequeño jardín de la Bastilla habían sido agradables.

Los francmasones, encabezados por Camille Desmoulins, agitaron al pueblo más y más intensivamente con los gritos de "Abajo la Bastilla! " El tumulto costó la vida de 83 asaltantes.

Otros 73 fueron heridos de los cuales 15 murieron después por sus lesiones (Svenska Dagbladet, 25 de junio de 1989). Poco antes, el gobernador liberal de la Bastilla, ¡Había invitado a los mensajeros de los francmasones incluso a cenar!

Él fue torturado y asesinado por la muchedumbre. Su cabeza fue cortada y llevada como trofeo en un palo a través de París. Después, tres funcionarios fueron asesinados y dos inválidos fueron colgados. Los "revolucionarios" ondeaban sus banderas rojas.

Después, los agentes de los francmasones fueron enviados por el país.

Su tarea principal era crear el pánico simultáneamente en la mayoría de las provincias. Durante este verano del hambre, comenzaron a diseminar mentiras en los pueblos y ciudades acerca de las bandas de mendigos y desempleado, llamándolos bandoleros e incendiarios, que mataban a las mujeres y niños. Ellos también mintieron sobre un inminente ataque por parte de los alemanes y de los ingleses. Dentro de 36 horas estos malvados rumores habían alcanzado las grandes masas a lo largo del país y habían creado un enorme pánico al 22 de julio.

Los panfletos impresos parecían ser declaraciones oficiales. Ellos decían: "Por orden de su Majestad, la quema de todos los castillos está permitida y colgar a cualquiera que se oponga, desde el 1º agosto hasta el 1º noviembre."

Las personas creyeron estas mentiras. Los campesinos tomaron las armas. Atacaron y saquearon feudos y castillos. Quemaron inventarios y otros documentos y así también, quemaron su propia historia.

Detrás de la idea del "Día del Terror" estaba el francmasón Adrien Dupont, quien quiso aprovecharse del pueblo tanto como pudo por razones "revolucionarias", según Nesta Webster ("La Revolución Mundial", Londres, 1921, pág. 31-32). Para acelerar su propio objetivo de tomar el poder, los francmasones controlaron cualquiera intento de reformas.

La Asamblea Nacional se mudó a una vieja escuela de monturas en la Rue de Rivoli en octubre de 1789. Los radicales se sentaron a la izquierda del presidente, los conservadores a la derecha. De esto el Illuminati creó "izquierda y derecha" como conceptos ideológicos en la política mundial. Todo lo que tenía que ver con la izquierda fue considerado progresista después de esto, la verdad es que era Illuminismo.

Los asesinatos comenzaron bajo el estandarte rojo de Rothschild y los eslogan de los Illuministas: "¡Libertad, Igualdad y Fraternidad! " y "¡Libertad o Muerte!" En Lyon los "enemigos del pueblo" fueron muertos con tiros de cañones, en Nantes, después de la matanza de 500 niños, 144 costureras fueron ahogadas en las viejas barcazas en el Río Loira. Su "crimen": habían cosido las camisas para el ejército.

Las personas eran ejecutadas sin juicio, a pesar de la ostensible introducción de los llamados "tribunales revolucionarios" en septiembre de 1789. Uno de los jueces que presiden estos tribunales era el pervertido Marqués Donatien Alphonse François de Sade, quien había sido traído directamente de un hospital mental. De Sade fue responsable de darle nombre al concepto "sadismo". Él también murió posteriormente en un hospital mental.

El golpe de los Illuministas en Francia no trajo ninguna de las mejoras que los historiadores corruptos intentan hacernos creer; por el contrario produjo una orgía de violencia e intrigas.

Para hacer el asesinato más eficiente, los "revolucionarios" comenzaron a usar la guillotina en abril de 1792. La idea vino originalmente de Joseph-Ignace Guillotin, un profesor en anatomía. El doctor y francmasón Antoine Louis construyó la máquina para los asesinatos. El record de Henri Samson, el verdugo jefe, fue de 21 cabezas en 38 minutos.

El verdadero reino del terror, sin embargo, empezó el 10 de agosto de 1792, que es un día de Yahweh, cuando la monarquía fue abolida y la comunidad de París fue establecida. Los líderes de la Comuna incluían a 288 Illuminati encabezados por Chaumette, Danton y Robespierre. Los líderes de los Jacobinos y sobre todo "Les Enrages" (los enfurecidos) quisieron destruir a todos aquellos que habían mostrado cualquier tipo de dudas con respecto a la "revolución". Georges Jacques Danton, famoso como malvado, era Ministro de Justicia. Deseaba que todo sospechoso fuese encarcelado. También se encarcelaron muchos sacerdotes y parientes de emigrantes.

De esta manera los líderes de la revolución ganaron acceso a enormes recursos. El propio Danton se hizo increíblemente rico. Antes, ya había aceptado grandes sobornos de aquellos que deseaban salvar sus vidas. Al principio de septiembre de 1792, Danton animó a las chusmas para hacer una matanza de los "enemigos del pueblo".

Sólo en París, 2.800 personas fueron asesinadas entre el 2 y el 4 de septiembre, según el historiador Nesta Webster. Entre las víctimas de esta carnicería estaba una amiga de la reina, la Princesa de Lamballe, quien fue atacada en la calle y fue cortada a pedazos.

Todo aristócrata era automáticamente culpable, pero sólo aquellos que amenazaban la posición de los Jacobinos perecieron. Los Jacobinos habían comenzado a cerrar las Logias Masónicas - ellas ya habían jugado su rol. En 1794 quedaban solamente 12 Logias, las más útiles al Illuminati.

El primo del rey, el Duque de Orleans que había comenzado a llamarse Philippe Egalite (igualdad) también fue guillotinado a pesar de haber renunciado a su título y en 1792 había dejando su posición como Gran Maestro de la Logia Gran Oriente que él había dirigido durante 20 años, desde la fundación de la Orden. Él sabía demasiado sobre las preparaciones para la revolución. Había trabajado con los Jacobinos con la esperanza que podrían permitirle tomar el trono como monarca constitucional.

Philippe Egalite explicó por qué dejó la Logia Gran Oriente de la siguiente manera: "... Yo ya no sé a quién pertenece el Gran Oriente. Por consiguiente, creo que la República ya no puede permitir ninguna sociedad secreta. Ya no quiero tener algo que ver con el Gran Oriente y las reuniones Masónicas". El Illuminati no podía perdonar esto y exigió la venganza sobre él, a pesar del hecho que su voto había sido decisivo en el proceso de deponer al rey.

Nada se dijo sobre los campesinos y obreros culpados, pero fueron ellos principalmente quiénes padecieron los castigos "revolucionarios." Marat quería guillotinar a 100.000 personas para asustar a los enemigos de la "revolución".

Louis de Sanit-Just prometió en nombre de la República eliminar a todos los adversarios. El Terrorismo de los Jacobinos (El terror de los Illuminati) cobró la vida de 300.000 personas, según Nesta Webster ("La Revolución Mundial", Londres, 1921, pág. 47).

El historiador René Sedillot, en su libro "El Costo de la Revolución Francesa", calcula que la "revolución", a causa del terrorismo y la guerra civil, cobró 600.000 víctimas por lo menos.

Charlotte Corday asesinó al poderoso y sanguinario francmasón Marat, el 13 de julio de 1793.

Menos de uno de cada diez de aquellos guillotinados eran aristócratas. Esto fue revelado justo antes del 200 aniversario de la revolución. Esta información está basada en los protocolos de los tribunales revolucionarios que incluyen los nombres de todos aquellos ejecutados. Nueve por ciento de los "enemigos del pueblo" decapitados eran nobles, 28 por ciento eran campesinos y el 30 por ciento eran obreros. El resto eran sirvientes. (Dagens Nyheter, 1 de julio de 1989)

En otros términos, los asesinados eran personas bastante simples. Sólo en París, se ejecutaban 30 personas todos los días. Los verdugos Jacobinos normalmente preferían las víctimas rubias.

En 1903, Lenín proclamó: "Un social demócrata ruso debe ser un Jacobino."

Éste fue simplemente el principio. Después de la "revolución" vinieron las guerras. Los Jacobinos explicaban en sus inflamados discursos cómo "una guerra sería una bendición para la nación. La peor cosa que nos podría pasar ahora es que no podamos conseguir una guerra". El 20 de abril de 1792, Francia declaró la guerra a Austria. Después de eso, invadieron Bélgica, Holanda y partes de Alemania. Todas esas guerras cobraron más de dos millones de vidas. Todos, los 27 millones de habitantes de Francia fueron hechos padecer esta locura.

Con la ayuda de las tropas "revolucionarias" francesas, la República o Comunidad de Mainz, Alemania, fue proclamada el 18 de marzo de 1793.

El 18 de marzo tenían una importancia especial para los conspiradores Illuministas.

En el mismo día, en 1314, el Gran Maestro judío de los Caballeros Templarios, Jacques de Molay, fue quemado en la estaca. Debido a esto, algunas de las acciones más importantes del Illuminati fueron planeadas justamente este día, como una forma de venganza por su ejecución.

Se organizaron revueltas para que irrumpieran el 18 de marzo de 1848 en varios países europeos. Un golpe fue organizado en París en este día (1871) después que el Illuminati proclamó la Comuna de París.

Gracias a los esfuerzos del ejército Prusiano, el nido de la serpiente en Mainz fue liquidado sólo cuatro meses después - el 23 de julio de 1793. Goethe acompañaba al ejército Prusiano ya en 1792 en su campaña contra los "franceses sin ley". (Dagens Nyheter, 4 de febrero de 1989.)

El 17 de enero de 1795, un revolucionario "Estado-hermana" fue fundado en los Países Bajos - la república de Batavia, dónde Ámsterdam se transformó en su capital. Napoleón dirigió la conversión de este estado en el reino de Holanda en 1806.

Los "revolucionarios" judíos inmediatamente facilitaron que todos los judíos recibieran la ciudadanía plena y así tendrían las manos libres para actuar.

Maximilien Marie Isidore Robespierre (1758-1794) publicó un trabajo titulado "Para Proteger los Derechos Políticos de los Judíos" ya en en 1789. La protección de los derechos de los judíos fue considerada obviamente la prioridad principal. Louis Joseph Marchand, amigo de Napoleón Bonaparte, escribió en 1895 que Robespierre, en la realidad, era un judío de nombre Ruban, de Alsacia ("A la Sombra de Napoleón", San Francisco, 1998).

El eslogan que mejor resumió los objetivos de los Jacobinos fue: "¡Todo el Poder a la Burguesía! " (¡a los Illuminati!). Y el poder ciertamente se centralizó en Francia, según Leo Gershoy, "La Era de la Revolución Francesa 1789-1799" francesa (Nueva York, 1957, pág. 41).

Todo lo que era no-esencial fue presentado de pronto como esencial.

Sin embargo, el trabajo budista Dhammapada (11-12) dice de esto: "Aquellos que toman lo no real por real y lo real por no-real y por ende caen víctimas de nociones erróneas, nunca alcanzarán la esencia de la realidad. Habiendo comprendido lo esencial como lo esencial y lo no-esencial como lo no-esencial, ellos siguiendo el pensamiento correcto lograrán así la esencia".

Los judíos Illuministas lograron que todo lo que era bueno en Francia fuese destruido durante la "revolución". Lo que era bueno desapareció en la misma proporción como creció el mal. La red de caminos fue dejada sin reparar, el comercio de ultramar cesó casi completamente y tomó hasta 1809 para que la producción industrial alcanzara los niveles pre-revolución nuevamente, según el historiador René Sedillot (Le cout de la Revolution Francaise"/"El Costo de la Revolución Francesa").

Muchos pueblos fueron arrasados totalmente, se destruyeron iglesias y castillos a propósito. La herencia cultural fue asolada, incluyendo los edificios medievales. La estructura arquitectónica Romanesca más grande, la abadía del siglo X en Cluny, fue destruida. Sólo una torre resta hoy. Esos bárbaros incluso comenzaron a romper el Palacio Papal en Aviñón. El campanario de Notre-Dame en París fue considerado altamente ofensivo y lo destruyeron.

Al mismo tiempo, los "revolucionarios" empezaron el pillaje de los tesoros de arte en los castillos. La escritora judía, Anatole France describió en su libro "Los Dioses Sedientos" cómo los inspectores con cintas tricolores alrededor de sus cuellos comenzaron a ingresar a las casas de los adinerados en búsqueda de las riquezas.

Encantados comerciantes de arte extranjeros, compraron las esculturas y fragmentos de las pinturas.

Carga tras carga de colecciones de arte confiscadas, fueron embarcadas a través del canal a Inglaterra. La "revolución" fue lucrativa para los Illuminati y los especuladores.

Todo esto fue repetido durante y después de la llamada revolución rusa. La poderosa dinastía de las finanzas, los Rothschilds, nació a partir de la "revolución" francesa. Los Rothschilds, aún hoy están controlando detrás de bastidores, especialmente dentro de la Unión Europea.

El gobierno alcanzó un déficit que hizo que las deudas de antes de la revolución parecieran bastante modestas en comparación. La deuda equivalía a 800 toneladas de oro, o el 40 por ciento de la producción total del oro del mundo durante todo el siglo 18.

Los verdaderos perdedores en la "revolución" fueron las herramientas del Illuminati - el pueblo común. Los derechos de tierra de los pequeños campesinos fueron quitados. La caridad de la iglesia cesó abruptamente y cualquier intento de mejorar las condiciones para aquellos que solicitaban préstamos fue considerado como una conspiración contra el estado. El rango de 'propiedad abandonada' se infló. Durante los días de Napoleón, uno de cada cinco parisienses vivía mendigando.

El mito mantiene que esto fue hecho para quitar el yugo de la tiranía y proteger los derechos humanos. En el hecho real, el reino del terror Illuminista abolió los derechos humanos en su totalidad. Se prohibió que los obreros se organizaran e hicieran huelgas por mejores condiciones. Esta prohibición se legisló el 14 de junio de 1791. (Etienne Martin-Saint-Leon, "Les deux C.G.T., syndicalisme et communisme", París, 1923, pág. 7.)

A los actores de teatro se les dio libertad en un principio, pero después, los actores comenzaron a ser castigados por las producciones indeseables. La Academia de Arte fue cerrada y cualquiera que quisiera podía hacerse llamar 'un artista'. Cualquiera que deseara podía hacerse llamar doctor y mezclar medicinas, lo que tuvo un efecto muy negativo en el estado de salud general en Francia - pero entonces, quizás, ¿Era ésta la intención?

El 21 de enero de 1793, el verdugo judío y francmasón, Samson, y su hijo Henry, ejecutaron a Louis XVI. Samson dijo: "¡Louis, hijo de un santo, sube al cielo!" La ejecución del rey fue celebrada todos los años hasta el golpe de Napoleón en Bruimare (noviembre) 1799. (Dagens Nyheter, 25 de enero de 1989)

Incluso la palabra "roi" (Rey) fue abolida. Marie Antoinette fue ejecutada el 16 de octubre (Día del Juicio Final de Yahweh) en 1793.

El joven filósofo húngaro Ferenc Feher, discípulo de Lukacs, viviendo en Nueva York, afirmó en 1989 que Louis XVI fue juzgado políticamente y no judicialmente. Debido a esto, él determinó que fue terrorismo, no democracia lo que se introdujo en Francia. Feher cree que lo que construido después de la revolución francesa fue simplemente una infundada anarquía. (Expressen, 21 de agosto de 1989) El dramaturgo Eugenio Ionesco observó en 1990, que esta revolución fue un gran error que llevó a diseminar la falsa doctrina más terrible en la historia.

El Illuminati quería un estado policial total. Éste fue el trabajo de los "hermanos insinuando" bajo el nombre de "Comité de Seguridad Nacional" con su jefe principal, Chauvelin. Al mismo tiempo, la sociedad comenzó a ser minada a través de las Logias secretas que comenzaron a preparar una dictadura y una revolución mundial que se pensaba derrocaría el orden social absolutamente.

Esta revolución mundial fue diseñada para ser implementada por un puñado de conductores del Illuminati. (Svenska Dagbladet, 16 de agosto de 1989) El homosexual Robespierre fue públicamente considerado como un tirano o dictador.

Los nuevos gobernantes exigieron, que el populacho se dirigieran unos a otros como "ciudadanos". El año comenzaría en un nuevo día, los meses fueron renombrados, y la semana se cambió por un período de 10 días. Una hora comprendería 100 minutos. Todas estas idioteces fueron abolidas por Napoleón en 1806.

Los campesinos en la provincia de Vendee habían tenido bastante de toda esta estupidez "revolucionaria": su rey había sido asesinado, la educación había sido abolida y sus hijos mayores habían sido todos enrolados en el ejército. El 10 de marzo de 1793, ellos se rebelaron. Al principio tuvieron bastante éxito, pero cuando los Jacobinos comprendieron que el populacho estaba empezando a amenazar sus posiciones, impusieron su dictadura que empezó el 31 de mayo de 1793 y duró hasta marzo de 1794.

El terrorismo durante ese período fue peor al antes visto. Virtualmente como criminales enrabiados asesinarons a todos en la provincia de Vendee. Sólo 12.000 personas en toda la provincia sobrevivirían a los ataques. Un general informó a París: Vendee ha dejado de existir". Otro escribió que su banda de asaltantes armados logró asesinar a 2.000 personas diariamente. Una nueva rebelión le siguió durante los años 1794-95. En total, se extinguieron 600.000 vidas en la provincia de Vendee.

En sus luchas por el poder, algunos "revolucionarios" comenzaron a ejecutarse unos a otros.

Algunos líderes, sobre todos aquellos que quisieron limitar la magnitud del terrorismo, fueron apartados con la guillotina (Georges Danton, Camille Desmoulins y otro Dantonistas fueron a la guillotina el 5 de abril de 1794 como "enemigos del Pueblo"). Este horrible fin también le esperaba a Robespierre.

El 27 de julio de 1794, el líder de los Jacobinos fue arrestado junto con otro líderes de la Comuna (su hermano Augustín, Saint-Just y Georges Gouthon) y fueron guillotinados sin juicio. El reino del terror había terminado. Los directores disolvieron la Comuna de París el 26 de octubre de 1795.

El famoso historiador francés, Urbain Gohier, reveló en su libro "La Vieja Francia" (1922) cómo un cierto discurso, que Robespierre sostuvo durante dos horas en la convención del 26 de julio de 1794, había significado su fin. Condenó a todos los ávidos agentes extranjeros que intentaban dirigir el desarrollo del comercio en Francia demasiado intensivamente y exigió que esos agentes se declaren sin valer. Al día siguiente fue arrestado junto con su hermano, Saint-Just y Georges Gouthon. Todos ellos fueron ejecutados sin juicio el 28 de julio. Este discurso se ha omitido de la versión oficial de los eventos. Oficialmente, los "revolucionarios" justificaron su sed de poder como "moral", pero las personas fueron obligadas ser "virtuosas" y cambiar sus mentes.

Estas experiencias fueron explotadas posteriormente en Rusia cuando los Illuminati, que se llamaban a sí mismos Bolcheviques, rindieron homenaje al hombre responsable de este terrorismo revolucionario: una estatua de Robespierre (Ruban) cuya familia había inmigrado a Francia desde Irlanda, fue erigida y un macizo crucero acorazado (así como varias fábricas) recibieron el nombre Marat (en la realidad Mosessohn).

¿Qué han dicho los ideólogos judíos sobre esta "revolución" en Francia?

Archivos israelitas admiten muy ambiguamente, el 6 de junio de 1889: "La Revolución francesa tiene un carácter Hebraico muy expresivo". El objetivo de esta nueva política, perseguido por el propio bien del pueblo (propio bien del Illuminati), fue indudablemente totalitario (Svenska Dagbladet, 14 de marzo de 1989).

Después, se levantó la pregunta si esta conspiración para derrocar a la iglesia y el estado había empezado en alguna parte en Alemania (Svenska Dagbladet, 16 augusto 1989). Otros estados buscaron ahora defenderse contra los Illuminati. Los Turcos desecharon las sugerencias de Rusia de tomar una acción conjunta contra Francia.

Gustavus III estaba también preparado para enviar a 16.000 soldados suecos para ayudar a forjar una alianza europea y aplastar la Revolución Francesa. Prohibió la Marseillaise en Suecia.

Debido a esto, la decisión tomada anteriormente para asesinar al rey se llevó a cabo. El 16 de marzo de 1792, Gustavus III fue fatalmente herido en una fiesta de máscaras por el francmasón, Jakob Johan Anckarstrom. El rey había sido advertido sobre el posible intento de asesinato, pero no había tomado estas advertencias en serio. Un busto de Anckarstrom está en la sala de entrada de la Logia del Gran Oriente en París. En 1818 los francmasones pusieron a uno de sus agentes de Francia en el trono sueco - Jean Baptiste Bernadotte.

LA SENDA DEL ILLUMINATI
AL PODER MUNDIAL

A pesar de los retrocesos ocasionales, (por la traición de Napoleón), el Illuminati continuó en su senda para ganar el poder mundial. La Reina Marie Antoinette había advertido a su hermano, el Emperador Leopold II, sobre esto en una carta,: "Ten mucho cuidado de las Logias Masónicas; ya pueden haberte dicho sobre ésto. Las bestias aquí, cuentan con lograr sus objetivos en todos los países. ¡Oh Dios!, ¡Proteje a mi patria y a ti mismo de tal destino! "

Los líderes internacionales del lluminati sostuvieron una conferencia en Nueva York en 1850. Hicieron las preparaciones para comenzar una Internacional. Un comité norteamericano fue erigido. Clinton Roosevelt, Horace Greeley y Charles Dana se transformaron en sus líderes. Otro grupo fue formado para coordinar actos de terrorismo. El judío italiano Giuseppe Mazzini (nacido en 1805 en Génova) fue seleccionado para liderar este grupo. Él había sido un Illuminatus desde 1837 y fue un francmasón del nivel más alto, (grado 33). Asumió la dirección del Illuminati en Bávaria.

Después de la muerte de Mazzini en 1872 su posición fue tomada por el judío Adriano Lemmi que era un conspirador revolucionario y Gran Maestro de la Logia del Gran Oriente en Italia. El primer entusiasta del Illuminismo en Italia fue el Conde Filippo Struzzi que fundó muchas Logias a través de Italia y actuó como su líder. (Charles William Heckethorn, "Las Sociedades Secretas", Moscú, 1993, pág. 206.) Giuseppe Garibaldi también era un Illuminatus. Los miembros del movimiento Garibaldi usaban camisas rojas.

Terribles atrocidades comenzaron a tener lugar en Italia, Francia, España, Austria y Rusia después de la conferencia mencionada. Mazzini había asesinado al Duque de Parma en 1854, así como a los jueces que sentenciaron a los asesinos. Los violentos anarquistas estuvieron enfurecidos hasta principio de la Primera Guerra Mundial. Decenas de miles de personas perdieron sus vidas. El mundo sería dividido en bloques diferentes que serían puestos en violenta oposición uno contra otros. Esta operación fue controlada desde Londres. El 29 de julio de 1900, el Rey

Umberto fue asesinado por el francmasón Gaetano Bresci en Monza, a pesar del hecho que él era un miembro de la Logia Savoia Illuminata. El asesino Bresci pertenecía a una Logia norteamericana en Paterson, New Jersey.

En 1861, Abraham Lincoln fue elegido Presidente de E.E.U.U. Él se tranformó, sin embargo, en un bloque obstructivo para el Illuminati. Primero, la Guerra Civil fue comenzada (la Confederación fue fundada por la Illuminista Francia). El Illuminati había trabajado duro para conseguir que los Estados Unidos usaran el mismo sistema bancario como los países europeos, dónde los bancos privados manejaban la emisión del dinero de tal manera que se obligara a los gobiernos a que incurrieran en deudas con altas tasas de interés.

Lincoln se opuso a esto y se negó a darle el control al banco de Rothschild sobre la economía norteamericana. Por consiguiente, el judío Illuminatus John Wilkes Booth lo asesinó el 15 de abril de 1865 en Washington, sólo unos días después del fin de la guerra. El asesino de Lincoln también estaba secundado por Judah P. Benjamín, agente de Rothschild, que vigilaba detrás de Booth. (William Guy Carr, "La Niebla Roja sobre Norteamérica", 1968, pág. 194.)

El general confederado, Albert Pike, (nacido el 19 de diciembre de 1809 en Boston) llegó a ser como un francmasón, miembro del grupo Illuminati norteamericano hacia el fin de 1850. Las actividades del revolucionario de Mazzini (violencia anárquica) trajo el descrédito sobre la Logia del Gran Oriente. Por consiguiente, Mazzini sugirió fundar una nueva y sumamente secreta organización, el Palladium. Ninguna mención de ésta se haría en las asambleas de las Logias o en los santuarios de otros ritos. Para mantener el secreto de la nueva institución sólo sería divulgado con la cautela más grande a unos pocos escogidos que pertenecieran a los más altos grados, según el historiador Domenico Margiotta en su libro "Adriano Lemmi" (Grenoble, 1894, pág. 97).

Giuseppe Mazzini envió una carta a Albert Pike el 22 de enero de 1870 en que escribió entre otras cosas: "Con este rito más alto, nosotros gobernaremos toda la francmasonería; se transformará en el centro internacional que nos hará a todos más poderosos porque su liderazgo es desconocida."

Este mismo Albert Pike, preparó esta organización sumamente secreta que se llamó "El Nuevo y Reformado Rito Palladian. La organización al principio tenían tres centros importantes: Charleston en los Estados Unidos de América, Roma en Italia y Berlín en Alemania. A través del trabajo de Mazzini, las organizaciones prepararon en total 23 concejos subordinados en locaciones estratégicas alrededor del mundo.

Palladianismo se transformó en realidad en un culto satánico. Este culto o religión, adoraba a Lucifer como un Dios. Su juramento lo demuestra: "La religión Masónica debería ser, por todos nosotros los iniciado en los más altos grados, mantenida en la pureza de la doctrina Luciferiana".

El general Pike era un hombre excepcionalmente malvado. Durante la Guerra Civil norteamericana, cuando sirvió bajo la bandera Confederada, su ejército, compuesto de bandas indias de diferentes tribus, perpetró tales atroces masacres, que Gran Bretaña amenazó con entrar en la guerra "por razones humanitarias".

Por consiguiente, el presidente Confederado Jefferson Davis, (1809-1889), fue obligado a intervenir contra su propio general y disolver sus tropas.

Después de la guerra civil, Pike fue llevado a juicio y sentenciado a prisión por sus crímenes. Los francmasones se dirigieron inmediatamente al Presidente Andrew Johnson, que era un francmasón (Logia Greenville No.19). El 22 de abril de 1866, el Presidente Johnson lo perdonó. Al día siguiente, Pike visitó al presidente en la Casa Blanca. Johnson era subordinado de Pike dentro de la francmasonería. La prensa no informó de este evento hasta nueve meses después. (William T. Still, "El Nuevo Orden Mundial: El Antiguo Plan de las Sociedades Secretas, Lafayette, Louisiana, 1990, pág. 123.)

Albert Pike fue uno de los fundadores de la infame organización racista, el Ku Klux Klan. Él fue el primer Gran Dragón del Klan y escribió el himno y las reglas de la organización. Los francmasones han erigido un monumento en honor a Albert Pike en Judiciary Square en Central Washington D.C. La placa en la estatua presenta a Pike como "soldado" y "poeta."

Albert Pike

Albert Pike estaba muy enamorado de la idea del dominio mundial. Con el tiempo, él se transformó en un Illuminatus del más alto grado (33) y en su mansión en Little Rock, ideó los planes para ganar el control sobre el mundo con ayuda de tres guerras mundiales y varias revoluciones.

En una carta a Mazzini, datada el 15 de agosto de 1871, Pike bosqueja ampliamente los contornos de su plan a largo plazo para la toma del poder en el mundo entero.

Uno podría esperar que el Illuminati tuviera más cuidado con sus papeles, para que sus planes no fueran hechos públicos - pero cualquiera que también conoce la historia, sabe que la humanidad nunca tomará a tiempo la advertencia.

El Profesor Carroll Quigley (también un Illuminatus) comprendió esto. La opinión pública, la mayoría de políticos y los científicos sociales son incapaces de aceptar los hechos de cualquier evento que contradigan sus creencias, profundamente arraigadas, de que ellos comprenden y controlan todo lo que pasan en la sociedad.

Lenín e Hitler revelaron abiertamente sus reales objetivos años antes de que llegaran al poder. ¿Consideraron las naciones la advertencia? No, ellos prefirieron seguir durmiendo. No es diferente de lo que pasa hoy. Los Illuminati saben esto.

El plan de Pike era ingeniosamente simple. El antagonismo inherente entre las diferentes ideologías sería azuzado y hecho explotar en tres guerras mundiales y tres revoluciones.

La Primera Guerra Mundial era para destruir los tres imperios europeos, que en ese momento eran los últimos baluartes que restaban contra Illuminismo. Uno de éstos (Rusia) sería transformado en un centro de totalitarismo ateo (Comunismo).

La Segunda Guerra Mundial erupcionaría de las elevadas tensiones entre la raza judía (y su rencoroso Sionismo) y el nacionalismo europeo extremo (Nazismo y Fascismo). Esta guerra debilitaría a Europa económica y políticamente y el Comunismo se expandiría y llegaría a ser tan fuerte como toda la Cristiandad, pero no más fuerte, hasta que el tiempo estuviera maduro para la última destrucción de la sociedad.

Una tercera razón para la Segunda Guerra Mundial era crear un estado judío en Palestina.

Gradualmente, sería posible elevar las tensiones entre el Judaísmo y el Islam hasta que estallara en una guerra que involucraría a todos los poderes mundiales. Las tres revoluciones que ayudarían esta disolución cuidadosamente planeada de toda la civilización humana eran, la rusa, la china y la Indo-china. El historiador Domenico Margiotta publicó la carta en su libro ("El Palladisme: Culto de Satanás-Lucifer", Grenoble, 1895, pág. 186).

El lector comprenderá que la mayor parte de este malvado plan, ya se ha vuelto realidad. Acerca de la última fase, el General Pike escribió lo siguiente: "Liberaremos a los Nihilistas y Ateos y provocaremos un cataclismo social formidable que en todo su horror mostrará claramente a las naciones, el efecto del ateísmo absoluto, origen del salvajismo y de las turbulencias más sangrientas. Entonces por todas partes, los ciudadanos, obligados a defenderse contra la minoría mundial de revolucionarios, exterminarán a esos destructores de civilización, y la multitud, desilusionada con la Cristiandad, cuyos espíritus deístas estarán desde ese momento sin compás (dirección), ansiosos por un ideal, pero sin saber hacia dónde dirigir su adoración, recibirán la verdadera luz a través de la manifestación universal de la doctrina pura de Lucifer, sacado finalmente a la vista pública, una manifestación que será el resultado del movimiento reaccionario general que seguirá después de la destrucción de la Cristiandad y el ateísmo, ambos conquistados y exterminados al mismo tiempo."

El lector recordará cómo el Comunismo ateo en la Unión Soviética se acabó de pronto en 1991. Más sobre esto al final del libro.

Albert Pike escribió en sus "Moral y Dogma del Antiguo y Aceptado Rito de la Francmasonería Escocesa" (1871): "¡La Masonería no tiene nada, en lo absoluto, que ver con la Biblia, no está fundada en la Biblia, si así fuese, entonces no sería ninguna Masonería, sería otra cosa! "

El político judío Benjamín Disraeli (1804-1881), en Gran Bretaña, un contemporáneo de Pike y Mazzini, estaba, como Frankista que era, bien informado sobre el increíble poder del Illuminati. Él siempre había hecho lo que Rothschild deseaba. En su libro "Lord George Bentinck: Una Biografía Política" (publicada por primera vez en 1852) escribió las siguientes reveladoras palabras que fueron válidas entonces como 146 años más tarde (Londres, 1882, pág. 397-398):

"No fueron ni los parlamentos, ni la población, ni el curso de naturaleza, ni el curso de los eventos quienes derrocaron el trono de Louis Philippe... el trono fue sorprendido por las sociedades secretas, incluso preparadas para asolar Europa... Las asociaciones secretas siempre están vigilantes y siempre preparadas."

El líder Illuminatus judío, Franklin Delano Roosevelt quien llegó a ser Presidente de los Estados Unidos de América en 1933, también admitió: "Nada sucede por casualidad en la política. Si algo sucede, usted puede estar seguro que fue planeado así".

Abert Pike trabajó duro para hacer la francmasonería más eficiente. Entre otras reformas, admitió a las mujeres como miembros.

Durante los años, los Illuminati han movido su oficina principal entre diferentes ciudades. En 1870 estaba en Frankfurt am Main. Según Nordisk Familjebok estaban en Berlín en 1907. Brockhaus Enzyklopadie

(Wiesbaden, 1970) declara que los Illuminati se legalizaron en 1896. Su líder era entonces Leopold Engel que publicó la historia del Illuminati en 1906 ("Geschichte des Illuminatenordens").

Según el "Meyers Enzyklopadisches Lexikon", Varios grupos nacionales del Illuminati se combinaron para formar una asociación mundial en 1925. Según Store Norske Lexikon (Oslo, 1979, Vol. 6, pág. 183), los Illuminati aún continuaban sus actividades como organización secreta.

El Cuartel Central de los Illuminati se mudó a Suiza durante la Primera Guerra Mundial y a Nueva York después de la Segunda Guerra Mundial (The Harold Pratt building, 58, East 68th Street). Los Rockefellers financiaban el Illuminati ahora, en lugar de los Rothschilds. (William Guy Carr, "Peones en el Juego".) Una herramienta especialmente útil del Illuminati en el siglo 20 ha sido la empresa I.G. Farben, dirigida por jefe judío, Max Warburg.

Hoy, los Illuminati controlan todo el movimiento Masónico. También controlan a los Rotarios, a los Leones, la Logia B'nai B'rith, la Comisión Trilateral, el Grupo Bilderberg, el Skull & Bones, el Club Bohemia y otros grupos similares.

Rotary International fue fundada por Paul Harris (miembro de B'nai B'rith) en Chicago en 1905. El Club de Leones fue también fundado por B'nai B'rith en Chicago en 1917.

Hay más de seis millones de francmasones (3.315 Logias) en el mundo hoy en día (cuatro millones en los Estados Unidos de América, 600.000 en Gran Bretaña, 70.000 en Francia). En Suecia hay 16.000 dividido en las Logias.

Un mordaz estudio de varias redes fue publicado en la respetada revista The Economist, el 26 de diciembre de 1992. Los Illuminati fueron presentados como la "Madre de Todas las Redes" y "los Verdaderos Gobernantes del Mundo". La revista nombra a Adam Weishaupt y el 1° de mayo de 1776, y afirma que la "conspiración del Illuminati es inmensa y espantosa" y que "es la red de aquellos que dirigen las redes." Luego continúan para señalar que varios Presidentes norteamericanos han sido Illuminati; que algunos de ellos han sido asesinados por el Illuminati y que el símbolo del Illiminati - la pirámide con el ojo - todavía adorna el billete dólar. Encontré este símbolo en el verano de 1986 entre otros documentos de Illuminati en los archivos de Ingolstadt.

Fue el Presidente norteamericano, Franklin Delano Roosevelt, francmasón del grado 32, quien ordenó que el sello fuese impreso en billetes norteamericanos de 1 dólar en 1933, 144 años después que el Congreso había aceptado este sello. El sello simboliza que los Illuminati controlan Norteamérica, no importa quién sea el Presidente.

Dolar

* El año MDCCLXXVI en la pirámide representa 1776, cuando la Orden del Illuminati fue fundada, pero también cuando la República norteamericana fue proclamada.

* La pirámide representa la conspiración para establecer un Gobierno Mundial. El 'Ojo que todo lo ve', simboliza a la policía secreta que Adam Weishaupt llamó "los Hermanos Insinuando".

* Annuit Coeptis quiere decir "Él ha asentido a (nuestros) los planes."

* El Novus Ordo Seclorum significa "Nuevo Orden Mundial".

El Illuminati parecía sentirse seguro que The Economist, (su propia publicación) fuese permitida de publicar esta información. En contraste, no hay una sola palabra sobre el Illuminati en la nueva Enciclopedia Nacional sueca.

Este libro perfila cómo la ideología más importante del Illuminati – el Comunismo - fue extendido usando la astucia y violencia. El autor revela numerosas mentiras que las personas ignorantes se han tragado de buena fe.

El Illuminati conoce su negocio. El socialista francés e Illuminatus, Louis Blanc, llamó a Adam Weishaupt como el más hábil de los conspiradores a través de los tiempos.

Contar la historia del surgimiento del Comunismo significa revelar las historias de los peores criminales involucrados en el momento. Pero esto es necesario, porque sin los conocimientos de los secretos del mal, no podremos desarrollar el bien, o, tal como escribió el filósofo sueco, Henry T. Laurency: "Sólo aquel que conoce el mal, conoce el bien."

Entonces nosotros apreciaremos la bondad sobre todo lo demás en la tierra. Entonces seremos realmente capaces de dar bienvenida a la verdad, aun cuando está asuste y desechar las mentiras, aún cuando ellas sean agradables.

Karl Marx

KARL MARX – EL ÍDOLO DEL MAL

El 5 de mayo de 1818, en el pueblo alemán de Tréveris, nació un bebe varón y recibió el nombre de Moses Mordecai Levi Marx. En su temprana juventud, fue conocido como cristiano. Su padre, Hirschel ha-Levi Marx, Juez de la Corte Suprema, como buen oportunista, se había convertido al cristianismo en 1816. El padre de Hirschel era un Rabino jefe famoso en Cologne. Su suegro también era un rabino.

El historiador Richard Laufner demostró en 1975 que Karl Marx no nació en una familia cristiana, sino que ellos habían guardado su fe judía en secreto.

Esta fue la razón por la cual le dieron un nombre Mosaico, justo después de su nacimiento. Moses Mordecai Levi sólo fue bautizado cristiano en 1824, a los seis años de edad y le dieron el nombre cristiano de Karl Heinrich.

El joven Marx fue a una escuela Jesuita que se había reestructurado como escuela secundaria secular. Al mismo tiempo, asistía a una escuela Talmúdica dónde él aprendería que los judíos deberían gobernar el mundo. Bernard Lazar (Lazana), (1865-1903), un muy conocido funcionario y publicista dentro del Judaísmo, confirmó que Marx había sido afectado por el Talmudismo.

En agosto de 1835, Marx escribió su tesis de examen para estudios religiosos: "La Unidad del Creyente en Jesús". En él escribió, entre otras cosas, lo siguiente: "A través de nuestro amor a Cristo, volvemos nuestros corazones simultáneamente hacia nuestros hermanos que están ligados espiritualmente a nosotros y por quienes Él se entregó a sí mismo como un sacrificio." (Marx y Engels, "Collected Works" Volumen I, Nueva York, 1979.)

En su ensayo del examen en alemán, "Consideraciones de un Hombre Joven en Escoger su Carrera", él admitió: "La religión misma nos enseña que el ideal hacia el cual todos se esfuerzan por alcanzar, se ha sacrificado a sí mismo por la humanidad, y ¿Quién se atreverá contradecir tal afirmación?"

Después de la escuela secundaria, él estudió en la Universidad de Bonn y más adelante, en el otoño de 1836, en Berlín, pero él tomó su doctorado en Jena dónde los requisitos eran más bajos que en Berlín.

Como joven estudiante, Karl Marx pasó por una transformación total. Comenzó a odiar a Dios. Esto era algo que admitió en su cruda poesía.

Dos de los poemas de Marx fueron publicados durante su vida en el periódico Atheneum en Berlín, bajo el título "Canciones Salvajes", el 23 de enero de 1841. Cuarenta poemas y el drama en verso "Oulanem" escrito por Marx (el título es un anagrama de Emanuel, que significa Dios está con nosotros) han sido encontrados hasta este momento. Él escribió el último a los dieciocho años de edad.

Pero nadie se preocupó de su poesía que mayoritariamente tenía que ver con el fin del mundo y su amor por la muchacha de la casa vecina, Jenny Westphalen. En sus poemas amenaza vengarse de Dios y una y otra vez expresó su odio por el mundo. Juró lanzar a la humanidad al abismo y seguirlo después con una sonrisa en sus labios. Lanzó terribles maldiciones sobre la humanidad. Aún así, no se transformó en un ateo. En su poema "Der Spielmann", ("El Violinista"), admitió:

Ese arte, Dios ni quiere ni rechaza, salta al cerebro desde la negra niebla del Infierno. Hasta el corazón embrujado, hasta que los sentidos titubean: Con Satán he hecho mi trato.

En otro de sus poemas, Marx prometió atraer a la humanidad con él al infierno en compañía de Satán. Estas palabras son reminiscentes de las expresiones de Jakob Frank. Esto muestra que Marx fue influenciado por el Frankismo.

El padre de Karl Marx había entrado en contacto con el Frankismo y también había instruido a sus hijos en esta ideología. Así es cómo el joven Marx consiguió conocer el Frankismo, tal como se reflejó en su poesía. La conversión de su familia a la Cristiandad fue simplemente una maniobra social. El propio Jakob Frank había hecho lo mismo, cuando se convirtió en "Católico". Frank había, en cambio, seguido el ejemplo de Sabbatai Zevi de cambiar de religión por la seguridad de la causa.

Marx estaba encantado con la idea de la ruina moral de la humanidad. En su poesía, soñaba con un pacto con Satán. Estaba especialmente fascinado con la violencia. Después, en su propia ideología, enfatizó que uno debe combatir la violencia con violencia. Llamaba a la humanidad "los monos del Dios frío".

La religión de Marx se revela claramente en su poema "La Invocación de Uno en la Desesperación" (Karl Marx, Collected Works", Vol. I, Nueva York, 1974):

Así que un Dios ha tomado todo de mí. En la maldición y tortura del destino.

¡Todos sus mundos se han ido más allá de la llamada!
Nada más que la venganza queda para mí.

> *Construiré mi trono alto sobre la cabeza,*
> *Fría, tremenda sea su cúspide.*
> *que su baluarte - el miedo supersticioso.*
> *que su Mariscal - la agonía más negra.*
> *Quién mire en él con ojos sanos,*
> *Retrocederá, cadavérico pálido y mudo,*
> *Asido por la ceguera y la fría mortalidad,*
> *Que la felicidad prepare su tumba.*

Aquí está el fin del drama "Oulanem" (Robert Payne "El Karl Marx Desconocido", Nueva York University Press, 1971):

> *Si allí hay algo que devora,*
> *Yo saltaré dentro de él,*
> *aunque lleve el mundo a la ruina -*
> *El mundo que existe entre yo y el abismo*
> *Romperé en pedazos mis permanentes maldiciones.*
> *Lanzaré mis brazos alrededor de su áspera realidad,*
> *Abrazándome, el mundo fallecerá silenciosamente,*
> *Y entonces hundirse sin decir nada,*
> *Perecido, sin existencia - eso sería realmente vivir.*

En su poema "Muchacha Pálida" Marx escribe:

> *Entonces cielo, yo he capitulado,*
> *lo sé perfectamente bien.*
> *Mi alma, una vez fiel a Dios,*
> *fue escogida para el infierno.*

En otro de los poemas de Marx, "Orgullo Humano" (publicado en "Revolución Mundial" por Nesta Webster, pág. 167), escribe lo siguiente:

> *Con desdén lanzaré mi guante directo a la cara del mundo,*
> *Y veré el derrumbe de este gigante enano cuya caída no ahogará mi ardor.*
> *Entonces podré caminar triunfante*
> *Como un dios, sobre las ruinas de su reino.*
> *Cada palabra mía es fuego y acción.*
> *Mi pecho es igual al del Creador.*

El espíritu de estos poemas también era evidente en su "Manifiesto Comunista" y sus discursos posteriores. El 14 de abril de 1856, dijo: "La historia es el juez, el proletariado es el verdugo" (Paul Johnson, "Los Intelectuales", Estocolmo, 1989, pág. 74.)

Marx encontró gran placer hablando sobre el terror, sobre casas marcadas con cruces rojas que indican que los moradores serán asesinados.

MOSES HESS –
MAESTRO DE MARX Y ENGELS

El culto a la violencia de Karl Marx fue fortalecido por un comunista Frankista, a quien encontró en 1841, cuando él tenía 23 años. Este hombre se llamaba Moritz Moses Hess.

Moses Hess nació el 21 de junio de 1812 en Bonn, hijo de un adinerado industrial judío. Murió el 6 de abril de 1875, en París y fue enterrado en Israel. Puede mencionarse que él fundó el Partido Social Demócrata Alemán. En "Judisches Lexikon" (Berlín, 1928, pág. 1577-78) es llamado: Rabino comunista y padre del Socialismo moderno.

En 1841, fundó el periódico Rheinische Zeitung y un año más tarde convirtió a Marx, de 24 años, en su editor. Theodor Zlocist publicó un interesante libro sobre él en 1921, "Moses Hess, der Vorkampfer des Sozialismus und Zionismus." / "Moses Hess, Adalid del Socialismo y el Zionismo"

Parte de las terribles ideas del mundo de Moses Hess se descubren en su libro "Roma y Jerusalén."

Moses Hess transformó rápidamente al joven Marx en un francmasón, un agitador socialista y en su favorito. Marx aún no era comunista. Él escribió en Rheinische Zeitung del cual fue editor durante los años 1842-43: "Los esfuerzos de las masas por llevar a cabo las ideas comunistas pueden ser contestadas por un cañón en cuanto ellos se pongan peligrosos..."

Creía entonces, que estas ideas eran impracticables. Moses Hess, esencialmente corrigió todas estas opiniones. Se transformó en la eminencia gris detrás de Marx, guiando e influyendo intensamente en el trabajo de su protegido.

En París, en el otoño de 1844, Moses Hess presentó a Marx, de 26 años entonces, a Friedrich Engels que era mitad-judío y era dos años más joven. Esta reunión sentó las bases para una larga colaboración. Engels también había expresado ideas cristianas en su juventud: "Tenía sed de una conexión con Dios. Mi religión era y es un mundo pacífico y bendecido y debería estar agradecido de él, ya que va a estar conmigo aún después de mi entierro. No tengo ninguna razón para suponer que Dios debería quitármelo. La persuasión religiosa es una cosa del corazón. Oro todos los días, de hecho casi todo el día, por la verdad. Busco la verdad por todas partes, incluso dónde espero encontrar sólo una sombra de ella. Las lágrimas fluyen cuando escribo esto. Me muevo a través de y por, pero siento que no me perderé. Vendré a Dios por quien mi alma entera anhela." (Marx y Engels, "From Early Works"/"De los trabajos iniciales", Moscú, 1956, pág. 306.)

Pero Engels cayó, una vez que él se encontró con Moses Hess en Cologne. Después de esta reunión Hess escribió: "Él partió de mí lado como un Comunista fanático. Así es como yo produzco estragos..." (Moses Hess, "Trabajos Seleccionados", Cologne, 1962.)

Fue este mismo Moses Hess, quien pensó la rencorosa base de la ideología socialista- comunista. Él también fue el primero en recomendar, como una idea fundamental, que toda la propiedad privada debe ser abolida. Alejandro Volodin llamó a Moses Hess "un filósofo" en su libro "Herzen" (Tallinn, 1972, pág. 97).

¿Cuáles fueron sus notables ideas entonces? En sus escritos, Moses Hess enfatizó la necesidad de agitar las clases sociales, una contra otra y de esta forma imposibilitar la cooperación. Él quería provocar una revolución socialista con la ayuda del Judaísmo, el racismo y la lucha de clases.

Enfatizaba que el Socialismo era inseparable al internacionalismo, ya que los socialistas no tienen patria. El verdadero socialista no puede tener nada que hacer con su nacionalidad. También declaró: ¡Esto no se aplica a los judíos!

Hess creía que el internacionalismo servía a los intereses del Judaísmo. Escribió: "Quienquiera que niegue el nacionalismo judío, no sólo es una apóstata, un renegado en el sentido religioso, sino también un traidor a su pueblo y a su familia." (Moses Hess, "Trabajos Seleccionados", Cologne, 1962.) La bolchevique Rosa Luxemburgo también era simultáneamente una internacionalista y una gran patriota judía - ella incluso comía exclusivamente comida judía kosher.

En su "Catecismo Rojo para el Pueblo Alemán", Moses Hess reveló: "La revolución socialista es mi religión." Convenientemente pensó, que esta lucha brutal por el poder socialista debía ser emprendida bajo el rojo estandarte familiar de Rothschilds. Moses Hess escribió al líder socialista judío Ferdinand Lasalle: "Uso la espada contra cualquiera que se oponga a la lucha del proletariado." (Moses Hess, "Correspondencia", La Haya, 1959).

Lo que él realmente quiso decir era 'a la lucha del Judaísmo'.

El agitador radical Hess, sin embargo, no era ateo, escribió: "He sido educado moralmente por las oraciones hebreas". (Moses Hess, "Roma y Jerusalén", 1860.)

Hess también explicó que el Judaísmo pasaría a ser una ideología atea, socialista y revolucionaria. Enfatizaba que a los judíos se les había dado el rol de cambiar la humanidad en un animal salvaje, tal como describe en su artículo "Acerca del Sistema Monetario". ("Rheinische Jahrbucher", Vol. 1, 1845.) Más tarde, Marx y Engels declararon abiertamente que muchas de las ideas de Hess merecían un amplio reconocimiento.

El judío húngaro, Theodor Herzl, desarrolló aún más la doctrina sionista de Moses Hess en 1890.

Otro de los guías de Marx, Levi Baruch, le enfatizaba que la elite revolucionaria de judíos no rechazarían el Judaísmo y que ellos deberían ser llamados traidores a su propio pueblo si ellos lo hicieran.

Algunos judíos, ocultos como falsos cristianos, habían alcanzado las posiciones más altas en la Iglesia y en la administración civil de los pueblos en España en el siglo XVI, (el Inquisidor Lucero y muchos otros). Baruch propagaba las mismas tácticas para los "judíos revolucionarios" - ellos esconderían su Judaísmo detrás de la fraseología marxista.

Cuando una de las cartas de Baruch a Marx fue publicada, sus contenidos causaron un gran escándalo, el cual quisieron silenciar prontamente. Esta carta explicaba, entre otras cosas, que sería fácil para los Judíos tomar el poder con la ayuda del proletariado. Así los nuevos gobiernos serían dirigidos por judíos, que prohibirían toda la propiedad privada de tal manera que todas estas riquezas llegaran a las manos judías, o harían a los judíos los administradores de las fortunas y propiedades. De esta forma, un viejo sueño del que habla el Talmud, a saber, que todas las riquezas del mundo quedarán en las manos de los judíos, sería cumplido. En su carta, Baruch también le deja claro, que las metas del Judaísmo eran el poder sobre todo el mundo, la mezcla de las razas, la abolición de fronteras nacionales, la eliminación de las familias reales y finalmente la fundación del Estado Mundial Sionista. (Salluste, "Los orígenes secretos del Bolchevismo", París, 1930, pág. 33- 34.)

EL TRASFONDO DE LA VISIÓN DE MARX
ACERCA DE LA HUMANIDAD

Según el Profesor Jan Bergman en Suecia, los Cabalistas consideran a todos los no-judíos como ganado. El Talmud también afirma esta opinión en varios lugares:

"Sólo los judíos son llamados humanos, los goyim son llamados animales". (Baba Batra 114b, Jebamot 61a, Keritot 6b y 7a.)

Las vidas de no-judíos tienen menos valor que las vidas de judíos. Esta suposición es confirmada en el Talmud: **"Si un no-judío asesina a un no-judío o a un Israelita, él será castigado. Pero si un Israelita asesina a un no-judío, la pena de muerte no puede imponerse."** (Sanhedrin 57a, qué en la traducción inglesa de Epstein corresponde a Sanhedrin I, pág. 388.)

El Talmud también exhorta: **"Incluso el mejor de los goyim (Gentiles) debe se asesinado"** (Avodah Zara 26b, Tosefoth.)

Los judíos igualmente creen que los productos del trabajo de los Gentiles pertenecen al pueblo escogido de Dios. **"La propiedad de los Gentiles es como un desierto sin dueño; cualquiera que lo toma ha adquirido un derecho sobre él"** (Baba Batra 54b.)

Como puede verse, el Judaísmo es una doctrina sumamente racista. Esto es confirmado una y otra vez en el Talmud y en la Torah. **"La humanidad ha sido sólamente bendecida por causa de los judíos"** (Talmud, Jebamot 63a.) **"Todos los judíos nacen hijos de reyes." (Shabbat 67a.) "Los judíos son más amados de Dios que los ángeles".** (Chullin 91b.)

El escritor judío y francmasón Heinrich Heine (Chaim Budeburg) ha admitido: "La religión judía no es en absoluto una religión, es una calamidad".

Israel Shahak también cree que el misticismo Cabalístico es profundamente misántropo. ("Historia judía, Religión judía": El Peso de Tres Mil Años", Londres, 1994, pág. 16-19.)

En Deuteronomio 20:10-17 nos informan que todas las otras naciones deben trabajar para los judíos si ellos caen bajo el dominio de los judíos. Si ellos se resisten, deben ser asesinados y su propiedad robada. Donde los judíos se han establecido, todos los goyim (no-judíos deben ser exterminados. En Deuteronomio 7:16 (Biblia King James), uno puede leer lo siguiente: "Y consumirás a todos los pueblos que te entrega Yahve tu Dios; tu ojo no tendrá piedad en ellos."

Los judíos han seguido desafortunadamente, de vez en cuando, estas incitaciones al genocidio. El historiador griego Dio Cassius (quién también era un oficial romano) describió en detalles cómo los judíos en las provincias orientales del Imperio romano, en el año 116 D.C., durante una rebelión comenzaron a asesinar a varias razas entre las cuales ellos vivían.

Los judíos mataron a mujeres y niños, a veces usando terribles torturas. La carnicería más infame fue cometida en la ciudad de Cyrene y en la provincia Cyrenaica (en la parte oriental de Libia actual) y en Chipre, sobretodo en su capital Salamis. El historiador griego Eusebius confirmó esto. También perpetraron asesinatos masivos en Mesopotamia y Palestina. Sólo en Cyrenaica, los judíos mataron a 220.000 romanos y griegos.

En Chipre, sus víctimas fueron estimadas en 240.000. En esta isla, el judío Artemion, dirigió los asesinatos. Comprensiblemente, los judíos ya no fueron bienvenidos en Chipre después de esto.

El Emperador romano Marcus Ulpius Traianus (53-117 D.C.) envió a las tropas para detener la matanza. Le costó un año a Roma controlar la sed de sangre de los judíos.

Dio Cassius nos cuenta cómo los judíos incluso, se comían a sus víctimas y se untaban con su sangre. (William Douglas Morrison, "Los judíos Bajo el Gobierno Romano" Londres y Nueva York, 1890, pag. 191-193.)

Los asesinatos más brutales fueron cometidos en Egipto. Dio Cassius describe cómo los judíos incluso atacaron las naves en las que aterradas personas trataban de escapar. (Dr Emil Schurer, "Geschichte des judischen Volkes im Zeitalter Jesu Christi" / "La Historia del Pueblo Judío en Tiempos de Cristo", Leipzig, 1890, pág. 559.)

Daré algunos ejemplos más de matanzas perpetrados por Judaístas. En el 517 DC, Judaístas encabezados por Joseph (Jussuf) Mashrak Dhu Nuwas, tomaron el poder en el norte de Himyar en Arabia del sur (ahora Arabia Saudita) y luego comenzaron los asesinatos de cristianos y Gentiles en el área. Esta salvaje masacre estremeció a toda Europa. Dhu Nuwas había tomado el poder por la fuerza y había introducido el Judaísmo como la nueva religión nacional.

Tropas aliadas de Byzantium, Arabia y Aksum (Etiopía) lograron derrocar a Dhu Nuwas en mayo del 525, D.C. El asesino de masas fue ejecutado. (Y. Kobistyanov, A. Drizdo, V. Mirimanov, "La Reunión de Civilizaciones en Africa", Tallinn, 1973, pag. 84-85.)

Pero de acuerdo con los judíos, esos no eran crímenes, porque cuando el Talmud nos dice: "Incluso los más buenos de los goyim deben matarse".

Los judíos han escrito ellos mismos sobre sus matanzas en la Biblia. En Esther 9:16, encontramos la historia de cómo los judíos, con Mordocai a la cabeza, asesinaron a 75.000 Persas y miembros de otras naciones. Los Judaístas celebran este genocidio todos los años, en febrero o marzo como la Fiesta del Purim.

Contra la base de estas creencias Cabbalistas podemos explicar el desprecio extremo de Marx por otras razas. Los rusos eran personas totalmente inferiores según él. Llamaba a todos los pueblos eslavos "cloaca étnica". Él también detestaba a los chinos. (The New York Times, 25 de junio de 1963). Rechazaba a todos aquellos que no estuviesen dispuesto a participar en su lucha "revolucionaria" contra Dios. Llamó a los obreros, para quienes había creado su ideología, idiotas y asnos. Llamó cavernícolas a los campesinos.

Otra razón por la que Bakunín más tarde, se distanció del Marxismo, fue que según él, era un desarrollo más amplio del Judaísmo.

Ya que Yahweh le dio el derecho a los judíos para robar las tierras de otros (Deuteronomio 6:10-13, 6:18-19, 7:1-2,). Yahweh también les dio a los israelitas, el derecho para cometer genocidio, para aniquilar totalmente a los pueblos, cuyas tierras ellos tenían el derecho del Dios-dador para tomar como propias (Deuteronomio 7:16). Yahweh le dio el derecho para "destruirles" (a otros pueblos) con una poderosa destrucción, hasta que ellos sean destruidos" (Deuteronomio 7:23). Yahweh le dio el derecho a los israelitas para asesinar y saquear a otras razas de su propiedad (Éxodo 3:20-22).

Yahweh ha hecho de los Israelitas un "pueblo sagrado", una raza de amos entre otras razas (Deuteronomio 7:6).

En su libro "Dios y el Estado", Bakunin declaró: **"De todos los dioses buenos que han sido adorados alguna vez por los hombres, Yahweh es el más celoso, el más vano, el más cruel, el más injusto, el más sediento de sangre, el más déspota y el único que es muy hostil contra la dignidad humana y la libertad..."**

LAS INCREÍBLES CONFESIONES DE MARX, DISRAELI Y OTROS

Para mantener la ilusión que el Judaísmo no tenía nada que ver con el Marxismo y que la religión Mosaica poseía realmente una amenaza ideológica al Comunismo Marxista, varios líderes comunistas (entre otros el propio Marx, Pierre Joseph Proudhon, François Marie Charles Fournier - todos judíos) hicieron algunas declaraciones, así llamadas, 'críticas' sobre los judíos.

Algunos de los líderes comunistas más recientes, también se han asegurado que sean acusados de antisemitismo para desviar las sospechas del Frankismo - Cábala del Comunismo. La mayoría de los así llamados, Sovietólogos e investigadores (que no tienen la experiencia personal del Comunismo) han permitido ser engañados por esta pantomima. Incluso Tommy Hansson cuyas simpatías yacen con la burguesía, disemina este mito más allá en su libro "Ideologi de Marxismens" / "La Ideología del Marxismo" (Estocolmo, 1989).

En 1844, Marx escribió en su artículo "Sobre la Cuestión Judía" que los judíos más o menos controlaban Europa, que su dios mundano era el dinero y que su negocio más importante era estafar el dinero de las personas por medio de opresivas tasas de interés. Marx razonó: "¿Cuál es la base más profunda de la religión judía? Las necesidades prácticas, el egoísmo...¿Qué es lo abstracto en la religión judía? El desprecio por la teoría, por el arte, la historia, para el hombre como objetivo en sí mismo - éste se ha vuelto el hombre que ama el dinero, la verdadera posición consciente del hombre y virtud... Tan pronto como la sociedad haya manejado librarse de la naturaleza empírica del Judaísmo, el trueque y sus condiciones, el judío llegará a ser inimaginable, porque entonces su consciencia ya no tiene un objeto... "

Él afirmó también firmemente: "Detrás de cada tirano, siempre hay un judío."

Marx admitió que la sociedad cristiana estaba siendo Judeizada, poniéndose incluso más capitalista y rindiéndole culto al dinero cada vez más.

Toda persona inteligente sabía esto.

Cómo los judíos tomaron el comercio en la Galicia polaca en el siglo 19 no fue un secreto. Los negocios polacos fueron arruinados por el ingreso de comerciantes judíos. Los complotados negociantes judíos comenzaron de pronto a vender sus mercancías a precios mucho más bajos que los polacos, de tal manera que en determinado momento, los negocios de los polacos fueron a la quiebra. Entonces los negociantes judíos subieron sus precios, ganando así el control total sobre todo el mercado de Galicia.

Siglos antes, el escritor romano Tácitus (54-119 D.C.) declaró: "Los judíos muestran sólo lealtad y misericordia con los miembros de su tribu." Los negociantes judíos no vieron en esta ruina de los comerciantes polacos algo criminal, porque está escrito en el Talmud: "Cualquiera sea el pecado que cometa un judío, Dios igualmente le verá como bueno y sin defectos" (Chagiga 15b.) Tampoco era un crimen que los revolucionarios judíos le mintieran a los cristianos y otras personas que pueden ser engañadas fácilmente.

Según el Talmud, "El nombre de Dios no es profanado si un judío le miente a un Goy". (Baba Kamma 113b.)

En medio de la Guerra de Crimea, el 4 de enero de 1856, Marx reveló arrogantemente al New York Daily Tribune, que había una organización que estaba complotando en Europa y que sería la verdadera ganadora cuando Inglaterra, Francia y Rusia quedaran debilitadas por las pérdidas en las guerras.

Otros judíos también han sido así de abiertos. En su nueva novela "Coningsby", Benjamin Disraeli describió cómo una organización judía secreta gobernaba el mundo por medio de los bancos. Mostró cuán fácil era para esta organización, destruir imperios y establecer otros, derrocar gobernantes e instalar nuevos en su lugar. Disraeli cuyo padre había inmigrado a Inglaterra desde Italia, estaba bien enterado en los secretos de los Frankistas y escribió que Alemania enfrenta una terrible revolución que se está preparando con la ayuda de los judíos; a la cabeza de los comunistas y socialistas están los judíos. El propósito era neutralizar a los cristianos y transformar el mundo en un mundo judío, con valores construidos sobre la violencia, la idea básica es que los problemas sólo pueden ser resueltos por el uso de la fuerza.

Disraeli declaró: "Creamos nuestra suerte y la llamamos destino." Fue Disraeli quien usó por primera vez oficialmente el término "Gran Hermano" (un término Masónico) acerca de un dictador. George Orwell hizo la idea extensamente conocida en su libro "1984."

Disraeli fue, y como es normalmente conocido, Primer Ministro de Gran Bretaña en 1868 y entre los años 1874-80. Él fue ordenado Caballero y luego se transformó en Lord Beaconsfield.

¿No encuentra extraño que Marx fuese acusado posteriormente de antisemitismo pero no se acusara a Disraeli que describió el mismo fenómeno? O ¿Tenía algo que ver con el hecho que Marx se mostró abiertamente como comunista pero no Disraeli que era un conservador?

Tampoco ha sido acusado de antisemitismo uno de los grandes autores ingleses, el autodidacta Herbert George Wells (1866-1946). En 1939, él publicó un libro con el título "El Destino del Homo Sapiens" dónde escribió lo siguiente acerca de los judíos ortodoxos: "Toda la pregunta se dirige hacia la idea del Pueblo Escogido que este remanente adora y mantiene, y que es la "misión" de este remanente de adorar y mantener. Es difícil no considerar esa idea como una conspiración contra el resto del mundo... Casi todas las comunidades con las que los judíos ortodoxos han entrado en contacto, han desarrollado más pronto o más tarde y actuado sobre esa idea de conspiración. Una lectura cuidadosa de la Biblia no hace nada para corregirla; allí de hecho, usted tiene la conspiración clara y llana. No es simplemente la conspiración defensiva de un pueblo inofensivo y bueno, ansioso de mantener sus amadas, elegantes y viejas costumbres de lo que nosotros estamos tratando. Es una conspiración agresiva y vindicativa.

El filósofo judío Erich Fromm también admitió que los revolucionarios eran verdaderos criminales.

MARX Y ENGELS COMO ILLUMINATI

Hoy no existen muchos que saben que Moses Hess estaba conectado al Illuminati. Fue él quién introdujo a Marx y a Engels al Illuminati.

El 5 de julio de 1843, en la Logia 'Le Socialiste' en Bruselas, el líder Masónico Ragon, presentó el proyecto para el plan revolucionario de acción, que después, fue desarrollado en el "El Manifiesto Comunista".

La Logia 'Le Socialiste' envió la propuesta a la autoridad Masónica más grande de Bélgica, el Concejo Supremo de Bélgica, y ellos decidieron aceptar el programa del anarquista Ragon unánimemente ,como correspondiente a la doctrina Masónica con respecto a la cuestión social, y que el mundo que está unido al Gran Oriente debería, con todos los medios concebibles, trabajar para llevarlo a cabo".(Boletín del Gran Oriente, junio de 1843)

El 17 de noviembre de 1845, Karl Marx se incorporó como miembro de la Logia 'Le Socialiste'. En febrero de 1848, Marx publicó su "Manifiesto Comunista" bajo las órdenes de la dirección Masónica.

Marx y Engels fueron francmasones del grado 31. (Vladimir Istarkhov, "La Batalla de los Dioses Rusos", Moscú, 2000, pág. 154.)

En 1847, Marx y Engels se incorporaron a la Liga de los Hombres Justos, una de las ramas ocultas del Illuminati, dónde el judío Jakob Venedey jugó un importante rol.

Esta organización secreta, fue fundada en 1836 en París, por socialistas judíos "revolucionarios." El 12 de mayo de 1839, La Liga de los Justos, junto con otro grupo conspirativo, 'The Season', intentaron tomar el poder en Francia bajo la dirección de los francmasones judíos Joseph Moll, Karl Christian Schapper y el fundador de la organización, el francmasón Louis Auguste Blanqui. El intento falló y Blanqui fue encarcelado. Los líderes escaparon a Londres dónde La Liga de los Justos se transformó en una organización de subversivos internacionales, encabezados por Joseph Moll y Karl Schapper. Un golpe similar también intentaron en Polonia y Francia en 1831 que también fallaron.

La élite financiera y el Illuminati necesitaban una ideología conveniente para camuflar sus aspiraciones por el Poder. Ellos quisieron llevar a cabo ciertos planes conspiracionales y al mismo tiempo propagar el ateísmo.

Los trabajadores pasaron a ser sus "tontos útiles" y que podrían ser usados como excelentes herramientas ciegas, que ellos esperaban poder manipular lo más eficazmente posible. Para llevar a cabo su conspiración en nombre de las clases trabajadoras, ellos tenían que cultivar y formar todos los tipos de comunistas y las Utopías socialistas. Hess y Marx esperaban aprovecharse de la envidia del proletariado tonto, para provocar un infierno en la tierra, dónde el temor, sufrimiento, el terror y la traición controlaran todo - Comunismo.

Esta es la razón por la cual Moses Hess, sugirió transformar La Liga de los justos en un Partido Comunista en noviembre de 1847. Junto con Engels, Marx reorganizaron (término soviético) la Liga antes del fin del año.

Moses Hess, Karl Marx, Friedrich Engels, Wilhelm Weitling, Hermann Kriege, Joseph Weydemeyer, Ernst y Ferdinand Wolf jugaron roles importantes.

Marx fue comisionado para escribir el Manifiesto del Partido Comunista, según la Enciclopedia Soviet-Estonian. Fue Moses Hess quien lo hizo desarrollar la religión de la revolución socialista. Marx hizo esto con el cooperación del tratante de esclavos, Jean Lafitte-Laflinne.

"El Manifiesto Comunista" fue publicado en Londres. En este documento, Marx había desarrollado sólo un poco más allá las ideas de los líderes del Illuminismo, Adam Weishaupt y Clinton Roosevelt. Usó al mismo tiempo, la experiencia conspiracional del comunista Utópico e Illuminatus, François Noel Babeuf (1760-1797) para mostrar el camino a la revolución Socialista (Illuminista).

De esta forma, el Comunismo y el Socialismo se transformaron en los nombres codificados del programa del Illuminati, el cual extinguiría todos los principios morales, inmediatamente después todo sería permitido. Después de esto, el Illuminati, hizo todo lo posible para diseminar la nueva religión cuyo profeta y apóstol sería Karl Marx, quien escribió: "Un fantasma acecha a Europa - el espectro del Comunismo". ("Manifiesto Comunista")

Contra las religiones competidoras, Marx levantó el eslogan "¡La Religión es el opio de los pueblos!" Comenzó a propagar a diestra y siniestra la idea que la vieja sociedad sólo podía acabarse por "un sólo método - con el terrorismo revolucionario".

En "El Manifiesto comunista", Marx y Engels abiertamente declaraban que debe usarse la fuerza para conquistar el mundo: "¡Las clases gobernante temblarán ante la próxima Revolución comunista!". "Podremos alcanzar nuestras metas sólo derrocando violentamente el orden establecido totalmente".

En "Das Kapital" (1867), Marx también creyó completamente necesario enfatizar la necesidad de la violencia en las acciones socialistas. Escribió: "La Violencia es la partera que ayuda a una nueva sociedad en el forcejeo para salir del útero de la antigua."

Los eslóganes como "¡Trabajadores del Mundo, Uníos!" fue necesario para conseguir el ejército de ciegos que ayudaran al Illuminati a tomar el poder, antes de que ellos fueran dominados y finalmente esclavizados - todo esto en nombre de "traer-la-luz" del Comunismo.

La lucha de Clases era para abolir muchas de las libertades individuales y simplificar la extinción de enraizados valores culturales y la creación.

Marx enfatizaba ávidamente que el Socialismo era imposible sin revolución. Naturalmente, estas "teorías" Marxistas estaban llenas de contradicciones. La "doctrina" de Marx sólo se preocupaba de la forma en que el trabajo físico creaba bienes.

En contraste, él no reconocía el pensamiento creativo, que podría decirse que, da forma al mundo en una magnitud aún mayor.

De esta manera demostraba, a cualquiera con algo de visión, que sus teorías sólo estaban dirigidas como señuelo para los trabajadores y osadamente aprovecharse de su inmadurez intelectual. Las personas inteligentes y dotadas que no estuviesen de acuerdo, estarían determinadas a perecer.

Exhortó a los revolucionarios para no ser ni generosos ni honestos y definitivamente para no ponerse nerviosos ante la perspectiva de una guerra civil. (K. Marx y F. Engels, "Trabajos", Moscú, Volumen 33, pág. 772.) El resultado fue, que los marxistas establecieron una nueva y completa forma de propaganda predicando justas mentiras a un pueblo simple y descontento.

Marx recomendaba la industrialización de la sociedad para que las masas encontraran empleo. De esta manera ellos podrían ser reclutados como obreros.

Tanto si se necesitaban o no los productos de la industria no era importante para el Illuminati, tampoco si el proceso de producción dañaba el ambiente. Si las personas quedaban desempleadas y con tiempo para pensar, el violento régimen del Illuminati podría estar en peligro...

1848: EL AÑO DE LA REVOLUCIÓN
- LA PRIMERA OLA -

Sólo unos meses después de la fundación del Partido Comunista, las revoluciones comenzaron a "brotar" en varios países. 1848 se transformó en el gran año de las revoluciones. La familia de Rothschild estaba a cargo del aspecto financiero y la Liga de los Comunistas a cargo de la planificación. Los Rothschilds se habían enriquecido enormemente en su relación con la Revolución francesa, (1789 - 1799) cuando los imperios o los reinos necesitaron pedir dinero prestado en cantidades previamente incomparables.

Los Rothschilds tenían el mejor sistema de información de Europa, con sus propios mensajeros, que siempre se las arreglaban para traerles las noticias decisivas, (ejemplo de esto fue el resultado de la batalla de Waterloo) antes que los gobernantes tuvieran alguna idea de ellas, según Derek Wilson, "La Familia de Rothschild". En 1847, Lionel Rothschild había llegado a a ser el primer judío miembro del Parlamento británico.

El ex oficial prusiano, August Willich, fue nombrado líder de los terroristas. Más tarde llegó a ser General en el ejército de la Unión en la Guerra Civil norteamericana se hizo tristemente famoso por las increíbles atrocidades que cometió. La Liga de los Comunistas tenía 400 miembros en ese tiempo, según la Enciclopedia Soviet-Estonian. Algo más de 40 escandinavos también tomaron parte.

Las "revoluciones" estallaron por la mitad de Europa, principalmente azuzadas por Iluminatis judíos o por secuaces. Todo empezó cuando una mano invisible utilizó la ocasión de una pobre cosecha de granos en 1846. El grano fue comprado súbitamente en grandes cantidades. Durante los años 1847-1848, los precios se duplicaron y triplicaron mientras los comestibles eran enviados a bodegas secretas.

Las poblaciones comenzaron a sentir el hambre y al poco tiempo las condiciones estaban maduras para las sangrientas revueltas. El comprador de todo el grano fue el empresario judío Ephrasi, que actuaba como un frente para James Rothschild.

Una conferencia Masónica fue organizada en Estrasburgo, Alsacia, en mayo de 1847, dónde se tomó la decisión de organizar la revolución para la primavera de 1848. Entre los delegados habían importantes judíos Illuminati y francmasones tales como Alphonse Lamartine (1790-1869), quiénes se pensaba, serían los que tomarían el control del nuevo gobierno revolucionario temporal en Francia (él era oficialmente Ministro del Exterior), Adolphe (Isaac Morse) Cremieux, el banquero Michel Goudchaux (1797-1862), León Gambetta, Simón y Louis Blanc de Francia (todos llegaron a ser famosos líderes de la revolución en París en la primavera de 1848), Joseph Fickler, Friedrich Franz Karl Hecker (1811 - 1881), Georg Herwegh, Robert Blum, Ludwig Feuerbach (1804-1872) y Johann Jacoby (1805-1877) de Alemania (todos ellos jugaron roles importantes en la "revolución").

El banquero judío y francmasón Ludwig Bamberger (1823-1899) lideró la "revolución" en Alemania en 1848. Fundó el Banco Central de Alemania en 1870.

Adolphe Cremieux sirvió como Ministro de Justicia en el gobierno revolucionario. Fue Cremieux quien en mayo de 1860, junto con el Rabino Elie-Aristide Astruc, Narcisse Leven, Jules Garvallo y otros, fundaron en París, la gran Logia Masónica judía 'L'Alliance Universelle Israelita' que usó a B'nai B'rith como su órgano ejecutivo. En 1863, Cremieux llega a Presidente del Comité Central del movimiento. El lema de esta organización fue: "Todos los Israelitas son camaradas! "

Adolph Isaac Cremieux que era un abogado muy conocido, un político "liberal" y Gran Maestro de la Orden del Rito 'Memphis-Misraim' y Maestro del 'Gran Oriente' de Francia habló abiertamente en su manifiesto en la Logia 'Alianza Universelle Israelita': "La unión que nosotros crearemos no será francesa, inglesa, irlandesa o alemana, sino una Unión Mundial judía... Bajo ninguna circunstancia un judío debe favorecer a un cristiano o a un musulmán; no antes que llegue el momento cuando el Judaísmo, la única verdadera religión, brille sobre el mundo entero".

Cremieux (Grado 33°) también trabajó estrechamente con el poderoso judío inglés Chaim Montefiore (1784-1885). Juntos, salvaron a dos asesinos que habían participado en rituales judíos de sangre y que habían admitido sus crímenes en Damasco.

Sicilia vino primero. El 12 de enero de 1848, los "revolucionarios" en Palermo, simplemente, declararon Sicilia independiente. El 8 de febrero, el movimiento revolucionario fue organizado en Piamonte. La revuelta comenzó en Tuscany el 17 de febrero. Todo estaba coordinado por dos líderes judíos del Illuminati, Giuseppe Mazzini y Adriano Lemmi. Este último era un hábil conspirador revolucionario que llegó a ser Gran Maestro del Gran Oriente en 1885. El francmasón y Gran Maestro, Giuseppe Garibaldi (Grado 33°), también tomó parte en la planificación. Después, comenzaron a actuar en Francia. Una revuelta fue avivada en París el 22 y 23 de febrero. Isaac Cremieux se aseguró que Louis Philippe fuese destronado y huyera a Londres el 24 de febrero. Lamartine tomó el poder.

Exactamente el mismo día, el 24 febrero, "El Manifiesto Comunista" fue publicado. Los alborotos ocurrían en varias partes.

Mazzini

MARZO DE 1848 – EL PREPARADO PLAN

Si miramos en forma más profunda, el momento en el tiempo que estallan las "revoluciones" en diferentes lugares, en marzo de 1848, vemos una clara conexión que revela un preparado plan detrás de los eventos.

El 5 de marzo, el así llamado, pre-Parlamento, celebró una reunión en Heidelberg, presidida por el Gran Maestro de la Logia Masónica local y asistida principalmente por judíos que también tomaron parte en la conferencia del Illuminati en Estrasburgo. El 11 de marzo, el Illuminati fundó el Concilio de Saint Wenceslas - Vaclav - en Praga.

Las violentos incidentes en esta serie de eventos comenzaron el 13 de marzo con la rebelión en la capital austríaca, Viena. Los arquitectos detrás de la acción fueron dos médicos judíos, Adolfo Fischhof y Joseph Goldmark. El 14 de marzo una "revolución" ocurrió en Roma. El líder aquí fue Giuseppe Mazzini que declaró los Estados Papales una república. Esta república fue aplastada después, a pesar de la férrea defensa de Garibaldi. Una revuelta en Pest, Hungría, había sido planeada de antemano para el 15 de marzo.

Los líderes de la revuelta húngara fueron el judío Mahmud Pascha (Freund), quién organizó el golpe en Budapest, y el francmasón Lajos Kossuth que actuó en provincias. La intención era celebrar el asesinato del Emperador romano Gaius Julius Caesar que sucedió el mismo día, el año 44 A.C. La Logia Masónica, el Gran Oriente todavía alaba a Brutus por este asesinato. Se habían planeado alborotos en Nápoles y París durante el mismo día.

El 18 de marzo se transformó en un día especial. Entonces los poderes oscuros agitaron por rebeliones en Milán y Estocolmo y por una revolución en Berlín. La revolución en Berlín fue dirigida exclusivamente por francmasones judíos.

Las acciones en este sábado, fueron planificadas para que tomaran lugar al mismo tiempo en Milán, Berlín y Estocolmo. El 18 de marzo fue un día importante para los francmasones judíos. El Gran Maestro judío de los Caballeros Templarios, Jacques de Molay, había sido quemado en la estaca en París, en este mismo día en 1314. Estas revueltas fueron pensadas como una venganza por su ejecución y por la abolición de los Caballeros Templarios dos años más antes, todo lo cual fue hecho bajo la órdenes de Philip el Justo (1268-1314).

Estos planes de venganza involucraron el asesinato del Rey prusiano Wilhelm IV (1795- 1861) en Berlín, para continuar con el Illuminatus Mikhail Bakunin transformándose en el dictador de Prusia. Pero los planes fueron frustrados cuando un sujeto fiel advirtió a su rey. Le obligaron, sin embargo, a capitular y hacer grandes concesiones. Johann Jacoby dirigió la revuelta.

Estos planes de venganza se pusieron nuevamente en acción 23 años más tarde- el 18 de marzo de 1871,- cuando la Comuna de París fue proclamada. Después, en la Unión Soviética, este día fue celebrado como el día de la Ayuda Roja.

Los problemas también alcanzaron Estocolmo, mucho más rápido que un caballo al galope (el medio más rápido de comunicación en ese momento). Aquellos alborotos fueron los eventos más sangrientos, más violentos en la historia de la ciudad.

Buny Ragnerstam declara en su libro "Arbetare i rorelse" / "Obreros en Acción" (Estocolmo, 1986) que 18 personas murieron durante los enfrentamientos. Los instigadores eran de la Asociación Comunista en Estocolmo, fundada en el otoño de 1847.

Este organización tenía conexiones con la Liga Comunista europea.

El poder detrás de la operación fue el escritor judío, Christoffer Kahnberg, que también escribió las proclamas que se anunciaron por toda la ciudad: "¡A Destruir la nobleza y darle sus derechos a la burguesía y a los obreros!" "¡La hora de revolución ha llegado!" "¡Abajo el gobierno!" (En este momento, Suecia tenía un rey liberal, Oscar I) "¡Larga vida a la libertad, igualdad y la fraternidad!"; "¡Larga vida al pueblo!"; "¡Larga vida a la República!".

El 17 de marzo, la revuelta contra los austriacos en Venecia fue organizada. En el mismo día, los "revolucionarios" liberaron a Daniele

Manin (1804-1857), un francmasón judío y agente de Giuseppe Mazzini. El 18 de marzo, lideró el intento de tomar el poder.

Después de derrotar a los austriacos el 22 de marzo, Manin proclamó a Venecia una república, la dirección consistió de francmasones entre quienes estaban dos "revolucionarios" judíos: León Pincherle e Isaac Pesaro Maurogonato. El hecho que estos dos eran judíos, es verificado en la Enciclopedia Judáica.

Según el programa de Mazzini (1848), Austria-Hungría tenían que dejar de existir como estado.

La revolución europea debía comenzar por consiguiente en Italia, y eventualmente llevar a la formación de los Estados Unidos de Europa. El abogado Daniele Manin que venía de una conocida familia judía de Medina fue nombrado presidente" (dictador de hecho) de la República de Venecia en agosto de 1848. Los austriacos lograron eventualmente aplastar esta república el 22 de agosto de 1849 y Manin huyó junto con otros Illuministas judíos y conspiradores Masónicos a París dónde él se quedó para el resto de su vida. Judisches Lexikon (Berlín, 1929, Vol. 3, pág. 1363) confirma también que Daniele Manin era un judío.

Durante la revolución de marzo en Munich, los francmasones forzaron el Rey Bávaro Ludwig I, a abdicar. El 21 de marzo, la "revolución" comenzó en Schleswig después de una marcha de los daneses. En nuestros libros de historia, esas acciones fueron supuestamente "espontáneas" por parte del pueblo.

LA SEGUNDA OLA 1848 – 1849

En los 12 de abril, el judío Friedrich Hecker organizó un alboroto en Baden.

El 15 de mayo los francmasones comenzaron la segunda rebelión en Viena, después de la cual obligaron que el emperador abdicara.

La "revolución" en Bohemia (ahora Czechia) culminó con la rebelión en Praga el 12 de junio de 1848. Esta fue aplastada casi inmediatamente, el 17 de junio.

Según la Enciclopedia Soviet-Estonian, esta acción fue organizada en Praga por el Illuminatus Mikhail Bakunin, tal como lo fue la "revuelta" en Dresde el 3 de mayo de 1849, que también fue aplastada rápidamente, fue después de esto que Bakunin huyó de la ciudad el 9 de mayo. Él había sido miembro del gobierno revolucionario temporal en Dresde. Posteriormente fue sentenciado a muerte y extraditado a Rusia. En 1861, escapó de Siberia a Japón y luego regresó a Europa.

El 22 de junio de 1848, nuevos disturbios fueron instigados en París. El 18 de septiembre, la rebelión en Frankfurt fue organizada. El 6 de octubre, un tercer intento de "revolución" fue hecho en Viena. Adolfo Fischhof tomó el puesto de jefe del comité de seguridad. Se transformó en un verdadero dictador en Austria.

La "revolución" fue aplastada afortunadamente el 31 de octubre.

El 5 de noviembre, la rebelión comenzó nuevamente en Roma. Todo esto se repitió en muchos lugares a través de Europa. En Italia, la república revolucionaria fue liquidada el otoño de 1849. Las milicias populares también fueron organizadas durante esta ola de revoluciones.

Detrás estas acciones alrededor de Europa en 1848 (Austria, Italia, Francia, Hungría, Bohemia, Alemania, Suiza, Dinamarca y Suecia), fue una conspiración Masónica, según Nesta Webster ("La Revolución Mundial", Londres, 1921, pág. 156).

Marx y Engels fueron a Cologne en abril de 1848, dónde fundaron un periódico comunista, Neue Rheinische Zeitung, la primera edición de este salió el 1° de junio. Su propósito era ampliar la propaganda.

El fundador del Illuminati, Adam Weishaupt, había declarado: "Es necesario hacer que nuestros principios sean modernos, entonces los escritores jóvenes podrán diseminarlos en la sociedad y por ello servir nuestros propósitos." Enfatizaba que se debía influenciar a los periodistas, para que ellos no alberguen dudas sobre los escritores Illuministas. Éste era el trabajo de Marx.

Eventualmente la "revolución" en Alemania fue aplastada completamente y Marx fue desterrado en mayo de 1849. Antes de esto, logró escribir en su periódico: "Somos implacables y no pedimos ninguna clemencia. Cuando sea nuestro turno, no esconderemos nuestro terrorismo" ("Karl Marx: Eine Psychographie" por Arnold Kunzli, Viena, 1966.)

Disraeli reveló cómo el Illuminati, dirigido por los judíos, estaban detrás de los problemas en Europa en la primavera de 1848: "Cuando las sociedades secretas, en febrero de 1848, sorprendieron a Europa, ellas mismas estaban en sí sorprendidas por la inesperada oportunidad, y que tan poco capaces fueron de usar la ocasión, que si no hubiese sido por los judíos, quienes desgraciadamente en los últimos años han estado conectándose con estas asociaciones no cosagradas, por imbéciles que fuesen los gobiernos, los inesperados estallidos no habrían asolado Europa." (Benjamín Disraeli, "Lord George Bentinck: una Biografía Política", Londres, 1882, pág. 357.)

También esta cita muestra cuán cuidadosamente el Illuminati había planeado esta ola de destrucción que una vez tiene un alto punto con el terror en Polonia en 1863...

EL TERROR ILLUMINISTA CONTINÚA...

La Asociación Internacional de los Trabajadores fue fundada en Londres el 28 de septiembre de 1864 e inmediatamente después, Hess, Marx, Engels y Bakunin fundaron la Primera Internacional que continuó la actividad de la Liga Comunista. La Liga Comunista había dejado de existir oficialmente el 17 de noviembre de 1852.

El terrorista judío Karl Cohen, miembro de la Primera Internacional y asociado a Marx, intentó asesinar al primer ministro Otto von Bismarck, en Unter der linden en Berlín, el 7 de mayo de 1866. Los marxistas también continuaron sus acciones terroristas posteriormente. Maxim Kowalevski estaba presente cuando Marx fue informado sobre el intento fallido para asesinar al Kaiser Wilhelm I en 1878, esta vez, también en Unter der Linden. Declara que Marx se enfureció y lanzó anatemas al terrorista que había fallado en su acción. (Paul Johnson, "Los Intelectuales", Estocolmo, 1989, pág. 93.)

El 18 de marzo de 1871, los marxistas tuvieron éxito introduciendo la primera "Dictadura del Proletariado del mundo" en París. La mayoría de los principales miembros de "La Comuna Revolucionaria de París" (el término se origina en 1792) también eran miembros de la Primera Internacional. Esta comunidad fue la primera señal de advertencia a la civilización, que las fuerzas oscuras del Illuminati querían destruirla. Los Comuneros eran principalmente francmasones (Louis Charles Delescluze, Gustave Fluorens, Edouard Vaillant), quienes también activamente luchaban contra la cristiandad.

La Comuna de París fue aplastada con éxito después 71 días - el 28 de mayo de 1871. El terror de los malvados Jacobinos y Blankistas cobró las vidas de 20.000 personas. Después de todo, Weishaupt había explicado a sus discípulos: "¡Usted debe ahogar a todo aquel que no pueda persuadir!" Este retroceso no detuvo al Illuminati.

En 1872, Karl Marx decidió cerrar la Internacional en Europa; la organización estaba rompiéndose bajo la tensión de la lucha de poder entre él y el líder de los anarquistas, Mikhail Bakunin. Cuatro años después, el 15 de julio de 1876 (100 años después de la creación de la Orden del Illuminati), la Internacional también cesó en Filadelfia, E.E.U.U.

La Primera Internacional que trabajó para el Illuminati llevó a Eugenio Pottier (1816-1887) a escribir un himno para la "lucha de los obreros". Esta canción atroz se transformó en el "himno" nacional de la Unión Soviética en 1917 y permaneció así hasta 1944, cuando se transformó en el himno del Partido comunista. Eugenio Pottier fue más tarde, uno de los líderes de la Comuna de París.

Desde 1890, el 1º de mayo, fecha cuando se fundó el Illuminati, es también la fecha cuando los comunistas y socialistas por el mundo, celebran bajo la bandera roja de Rothschild que simboliza la revolución permanente según Moses Hess. Naturalmente, era deseable encontrar una razón más "proletaria" para celebrar el día de la fundación. Esta es la razón por la cual se arregló una provocación en Chicago en 1886, para el aniversario 110 del Illuminati. Se esperaba que un serio conflicto con la policía tuviera lugar para que hubiese algunos mártires cuya memoria ellos podrían celebrar. El intento sin embargo falló.

Sólo el 3 de mayo abrió fuego la policía contra un grupo de obreros que atacaban a algunos rompe-huelgas. Un obrero fue asesinado inmediatamente y otros tres murieron después en el hospital. ¡Ellos tenían sus mártires, pero fue en día equivocado!

El instigador fue un Illuminatus judío y millonario, Samuel Gompers, que había inmigrado desde Inglaterra y había llegado a ser el presidente de la Federación de Sindicatos. Gompers propagaba las ideas de Marx. (Aftonbladet, 26 de junio de 1986.)

En la demostración de los obreros el 4 de mayo de 1886, un provocador del Illuminati, lanzó una bomba contra la policía que estaba presente en la reunión. Murieron cinco policías. La policía abrió el fuego contra los demostrantes de los cuales unos pocos fueron asesinados y muchos heridos.

La Segunda Internacional en París similarmente decidió hacer del 1º de mayo un día memorable en 1889. La razón real para esta decisión fue obviamente una que estaba bien oculta de las masas non-Illuminati. Según el historiador británico Nesta H. Webster, el Illuminati tenía también el control total de las actividades de la Segunda Internacional (1889-1899).

Karl Marx murió en el destierro en Londres el 14 de marzo de 1883. Todo tipo de mitos favorables se crearon alrededor de su nombre. De esta manera él se transformó en el santo patrón de mal.

Después de la caída del Comunismo en Europa Oriental, se ha afirmado a menudo que no todos los males, que vinieron con el Marxismo, eran intencionales.

Ésta era ciertamente la forma que Marx había pensado, se trabajaran sus "enseñanzas".

Los Illuminatis Marx y Engels tuvieron bastante éxito para engañar a naciones enteras y su manifiesto demoníaco se volvería una cruel realidad para millones de personas desafortunadas.

LA VERDAD DETRÁS DEL MITO

Hay muchos mitos sobre Marx: que era pobre y sólo apoyado por Engels, que estaba contra el terrorismo, que era muy tolerante y que no tenía ningún deseo de destruir las ideas de otros.

¿Quién era realmente?

Según el mito más famoso, Marx no tenía el dinero y era económicamente dependiente de su "amigo" Engels. En la realidad, Nathan Rothschild lo financiaba. Esto fue revelado por íntimo asociado, Mikhail Bakunín, en su "Polemique contre les Juifs" ("Polémica Contra los Judíos"). Bakunin rompió con Marx y sus compañeros, porque "ellos tenían un pie en el banco y el otro pie en el movimiento socialista".

El eslogan central del Frankista Illuminati era:"Ninguna pared es tan alta que un asno cargado con oro no pueda superarla."

Después, Engels caracterizó a Marx como un monstruo, que estaba lívido con el odio "como si diez mil diablo le hubieran cogido por el pelo". El beber incontrolado de Marx y sus salvajes y caras orgías, sólo aumentaron su furia a su entorno. Todas las reuniones en París tuvieron que ser sostenidas a puertas y ventanas cerradas, para que Marx rugiendo no se escuchara en la calle.

Karl Marx sentía un gran placer por las comidas más finas y el vino francés, que entre otras cosas era importado, para las comidas de su familia. Su familia tenía una debilidad por los hábitos caros.

Un socialista judío famoso, francmasón, Illuminatus y camarada de Marx, Giuseppe Mazzini que había conocido bien a Marx escribió esto sobre él: "Su corazón estalla más con odio que con amor hacia los hombres."

Karl Marx fue "un espíritu" destructivo. (Fritz Joachim Raddatz, "Karl Marx : Eine Politische Biographie", Hamburgo, 1975.)

Marx era un egoísta poco fiable y un intrigante mentiroso que sólo deseaba aprovecharse de otros, según su ayudante, Karl Heinzen. (Karl Heinzen, "Erlebtes", Boston, 1864.) Heinzen también pensaba que Marx tenía ojos pequeños, obscenos "que escupen llamas de fuego maligno". Tenía el hábito de advertir: "¡Te aniquilaré!"

Marx no estaba interesado en la democracia. La redacción del Neue Rheinische Zeitung fue, según Engels, organizada de tal manera que Marx se transformara en su dictador. No podía aceptar la crítica. Siempre se enfurecía si cualquiera intentaba criticarle. En 1874, cuando el Dr Ludwig Kugelmann le indicó meramente, que si Marx organizara un poco mejor su vida, podría terminar "Das Kapital", Marx ya no tendría nada más que hacer con Kugelmann y lo calumniaría cruelmente.

Cuando Bakunin acusó a Marx de buscar centralizar el poder completamente, Marx lo llamó un teórico don nadie.

Karl Marx condenó la explotación de las personas, pero se aprovechaba de cualquiera que estuviera cerca de él. Luchó contra todos aquellos a los cuales no podía dominar. Incluso cuando niño, había sido un verdadero tirano. Trabajar era lo que Marx menos quería. Especuló fuerte en la bolsa de valores, sin embargo, constantemente perdió cantidades grandes de dinero. Tampoco mostró alguna consideración por el trabajo de otros. Muchos artesanos que contrató, tuvieron que esperar mucho tiempo por su paga. Su ama de casa, Helen Demuth, trabajó absolutamente como esclava en su casa durante 40 años, sin algún pago en dinero. No parece tan extraño entonces, que Marx apoyara la esclavitud en Estados Unidos de América. Como su hermano Illuminatus Alberto Pike, él también dio salida a sus opiniones racistas contra los negros.

En otras referencias con respecto al ama de casa de Marx, Helen Demuth, se puede decir que, el 23 de junio de 1851, ella dio nacimiento a un bebé varón, cuyo padre era Karl Marx. Marx no quiso saber nada de Henry Frederick Demuth, por ello el muchacho fue dejado en una casa de huérfanos. El caso del hijo repudiado se tranformó después en un problema para los líderes bolcheviques en Moscú, por lo que Joseph Stalin clasificó como 'secreto' esas cartas entre Marx y Engels dónde este asunto está demasiado claro. (Viikkolehti, 11 de enero de 1992.)

Marx coleccionaba información sobre sus rivales políticos y antagonistas. Entregaba las notas que hacía a la policía, creyendo que era una ventaja para él. Paul Johnson declara esto.

Marx predicó sobre una sociedad mejor, pero no se preocupó de su moral.

Tampoco se preocupó de la limpieza. Esto tuvo un mal efecto en su salud y en sus contactos con otros revolucionarios. Padeció de furúnculos durante 25 años. En 1873 estos furúnculos le causaron un quiebre nervioso que lo llevó a sufrir tremores y ataques violentos de rabia. Nunca comió frutas verduras.

MARX COMO PUBLICISTA

Como publicista, Marx "pidió prestado" todos sus eslogan. Fue Jean-Paul Marat quien formuló las frases "Los obreros no tienen Patria! "y "El proletariado no tiene nada que perder sino sus cadenas!". Tomó el eslogan la "Religión es el opio de los pueblos! "del escritor judío Heinrich Heine. Karl Schapper propuso originalmente "Obreros del mundo,

Uníos!" Tampoco fue "La dictadura del proletariado" una de las ideas de Marx - Louis Blanqui fue el autor de ella.

En 1841, el Illuminatus Clinton Roosevelt, judío, publicó su libro "La Ciencia de Gobierno, Fundada en la Ley Natural" en que él basó sus doctrinas sobre las enseñanzas de Weishaupt. Seis años después, Marx usó los principios de Roosevelt para escribir su "Manifiesto Comunista". En este hábil trabajo, hizo la propaganda para estos planes del Illuminismo: la abolición de la propiedad privada, de la familia, el nacionalismo y patriotismo, el derecho de herencia, la religión y toda moral. Marx y Engels declaran indirectamente que un Gobierno Mundial debe construirse por la causa de los obreros.

El libro santo de los socialistas, "Das Kapital", publicado el 2 de septiembre de 1867, es especialmente revelador ya que este trabajo no sólo muestra que el autor era un teórico descuidado e incompetente, sino también que era un claro mentiroso. Paul Johnson demuestra esto en su libro "Los Intelectuales."

En 1867, "Das Kapital" vendió sólo 200 copias en toda la Alemania. Así Marx escribió sobre la situación de los tejedores en Silesia sin haber hablado jamás con alguno de ellos. Escribió sobre la industria sin haber visitado una sola fábrica en su vida. Marx incluso rehusó la oferta de Engels para visitar una fábrica de algodón.

Marx se encontró con algunos obreros por primera vez en 1845 en Londres y en la Asociación Educacional de trabajadores alemanes. Éstos eran obreros mayoritariamente cultivados, autodidactas y artesanos que detestaron las opiniones violentas de Marx.

Ellos habrían preferido ver su situación mejorada gradualmente por vía de las reformas y el desarrollo social. Marx sentía desprecio por ellos y quería a los intelectuales de las clases medias como apoyo para sus ideas apocalípticas sobre la destrucción de sociedad capitalista. Marx después, hizo todo lo que estaba en su poder para tener a los obreros socialistas lejos de las posiciones influyentes en la Internacional. Sólo por las apariencias, a unos pocos le fue permitido permanecer en los diferentes comités.

El conflicto más violento de Marx ocurrió cuando se encontró con el líder laboral, William Weitling en 1846. Marx acusó a Weitling de no tener ninguna doctrina.

Según Marx, uno no podría actuar por los mejores intereses de los obreros sin una doctrina.

Sólo la primera parte de "Das Kapital" fue escrito por Marx. Engels escribió el resto bajo las instrucciones de Marx. Sólo el octavo capítulo de la primera parte, "El Día Laboral", trata de la situación de los obreros. "Das Kapital" de ninguna forma es un análisis científico, ya que Marx presentó sólo hechos que apoyaran sus teorías. El material no sólo fue una selección parcial, también había sido falsificada y había sido distorsionada para satisfacer las opiniones de Marx.

Usó sólo una sola fuente para afirmar su teoría, el trabajo de Engels "Die Lage der arbeitenden Klassen in England" / "La Condición de la Clase Obrera en Inglaterra", publicada en Leipzig en 1845. Engels, hijo de un productor de algodón, sólo supo sobre la industria textil alemana y nada importante sobre esta industria en otros países. Su conocimiento de la situación de los mineros y los jornaleros agrícolas era despreciable, aún así escribió sobre la minería y el proletariado agrícola.

Dos cuidadosos investigadores, William O. Henderson y William H. Chaloner, hicieron una nueva traducción del libro de Engels en 1958, revisándolo y verificando sus fuentes y los textos originales para todas sus citas. Su análisis virtualmente aniquiló el valor histórico objetivo del trabajo y lo mostró como lo que realmente era: una propaganda política.

Engels hizo una conveniente selección para su trabajo de los hechos obsoletos de los años 1801 - 1818, jamás indicando que éste era el caso. Había también falsificaciones y citas incorrectas que sumaban un total de 23 páginas (más del 5 por ciento de las 354 páginas del libro). Henderson y Chaloner demostraron con su análisis que Engels no había sido honesto en su investigación.

Así, Marx usó un trabajo de ese calibre como única fuente de sus ponencias y conclusiones. Era totalmente consciente de las falsificaciones, ya que el economista alemán, Bruno Hildebrand, ya había revelado la mayoría de ellos en 1948, y Marx estaba informado de las críticas.

Marx usó citas erróneas de sí mismo. Citó erróneamente a William Gladstone y al economista Adam Smith. Citó erróneamente de igual forma los informes oficiales. Los dos investigadores de Cambridge mostraron en sus "Comentarios del examen en el Uso de los Blue Books[1] por Karl Marx en el Capítulo XV de "Das Kapital" (1985), que Marx no sólo había sido descuidado sino que había falsificado intencionalmente. Paul Johnson llegó a la misma conclusión: Que uno debe ser escéptico sobre todos los textos de Marx y que uno nunca podría confiar en sus aserciones.

Por ejemplo, Marx afirmó que los accidentes ferroviarios eran más frecuentes, mientras que el caso era exactamente el contrario.

---

[1] Informes gubernamentales oficiales recubiertos en azul en Inglaterra.(Nota del trad. al Español)]

EL QUIEBRE MORAL DEL MARXISMO

Según los marxistas ciegos, de los cuales hay bastantes en Suecia, Marx representaba el humanismo y los valores humanos, libertad y creencia en la humanidad.

Ellos probablemente no han leído las siguientes líneas sobre Marx escritas por Friedrich Engels: "¿Quién está cazando con empeño salvaje? Un hombre negro de Trier, un notable monstruo. Él no camina o corre, salta en sus talones y rabia lleno de enojo..." (Marx y Engels, "Trabajos selectos" en alemán, tomo II suplemento, pág. 301.)

El exiliado escritor Estoniano, no-socialista, Arvo Magi declaró en un programa de radio que Marx no era un terrorista que deseaba destruir las ideas de otros. ¡Pero lo era! Marx no toleró ninguna idea que no fueran las Illuministas, que fueron conocidas más tarde como Marxistas. El Marxismo dio meramente al poder de los oscuros Illuministas, un método hipócrita y una fraseología verbosa que ellos podrían usar para justificar cualquier tipo de atrocidades que cometieran. Ya que esta doctrina no era científica, ellos nunca podrían, con todos sus intentos, ser capaces de poner la teoría Marxista en la práctica.

Lo que los regímenes Marxistas realmente quisieron, fue tratar sus súbditos con tal violencia, que ellos perdieran en el futuro, todos los sentimientos de misericordia y humanidad hacia sus compañeros. Los marxistas también tomaron todos los beneficios del producto de los obreros, pagándoles demasiado poco o nada en absoluto por su trabajo. De esta manera, los marxistas desarrollaron la esclavitud moderna. ¿Seremos alguna vez capaces de entender la magnitud de los crímenes de los marxistas contra el orden natural?

En todas partes, dónde estos bandoleros han entrado en el poder, han llevado adelante la criminalidad y el gangsterismo estatal. Sería fútil esperar algo más. Esos dictadores obligaron a sus esclavos a que actuaran contra la naturaleza, y los esclavos contestaron con mentiras, robos, crueldad, hipocresía y pereza.

Ciertos jueces del Marxismo tratan de afirmar que aquellos que pueden interpretar correctamente la doctrina no han alcanzado el poder todavía. ¿Cómo es que sólo los marxistas que interpretaron mal la doctrina llegaron al poder? ¿Y qué tipo de infierno podemos esperar cuándo los "verdaderos intérpretes" de esta doctrina alcancen el poder en el futuro?

El Marxismo se volvió lo que tenía que volverse. Nada más podría esperarse de tal doctrina brutal y primitiva que lleva directamente a los brazos de fuerzas demoníacas. Según el Budismo, Lo que importa es el buen camino no el buen objetivo. Lo que usted hace es importante no lo que usted dice. Si usted camina por un mal camino, como lo hace el

Illuminati, usted nunca alcanzará un buen objetivo. Si usted camina por un buen camino, usted finalmente alcanzará una buena meta.

Esto es por qué no hay existe tal cosa como la buena violencia. Usted no puede construir nada en el mal. Es como edificar en la arena.

Aquellos que tratan, se están engañando a sí mismos. Tampoco es posible reformar una religión absurda, una verdad enfatizada por el filósofo italiano Filippo Giordano Bruno hace cuatrocientos años atrás. Creo que el esfuerzo por hacerlo ya es un crimen imperdonable.

Los marxistas fanáticos creyeron que algo podía construirse con una ideología compuesta completamente de mentiras. Es así mismo imposible que el estado controle todo lo que pasa dentro de una sociedad. La mayoría de aquellos que después también se transformaron en súbditos de los estados Marxistas, supieron que la introducción del Marxismo era un crimen terrible contra la humanidad.

Pocas personas saben, sin embargo, cómo pasó todo esto y por qué. Tal como el ex Presidente de Universidad de Columbia en Nueva York, Nicolás Butler, apuntaba: "El mundo está compuesto de tres tipos de personas. Primero, el grupo más pequeño - aquellos que pusieron los planes en acción. Luego, el segundo, grupo ligeramente más grande, que mira lo que está pasando. Por último, la gran mayoría, que nunca supo lo que pasó".

Después del derrumbe de los regímenes Marxistas en Europa Oriental, algunos hechos sorprendentes sobre la historia oculta del Comunismo han sido desenterradas.

La mayoría de estos hechos nunca se han presentado a los europeos Occidentales o al público norteamericano. Simplemente no existe ningún deseo en Europa o en Norteamérica botar los mitos restantes sobre el Marxismo. En algunos países, sin embargo, la época de mentiras Marxistas se ha acabado. El Profesor Albert Meinhold en la Universidad de Jena (anteriormente en Alemania Oriental) simbólicamente tiró una escultura de Marx de uno de los corredores de la universidad.

Justificando su acción, Meinhold dijo que, aún cuando a Marx se le había conferido el grado de Doctor de Leyes en la universidad (en ausencia), una gran parte de la humanidad había padecido de tales terribles males en el nombre de Marx y el Marxismo que su memoria era por consiguiente nada para tener ese honor (Svenska Dagbladet, 28 de enero de 1992). Marx fue, en otros términos, tirado en el tarro de la basura!

EL DESCONOCIDO VLADIMIR ULYANOV

Nos han hecho creer a todos que Vladimir Ulyanov nació en Simbirsk, el 22 de abril de 1870. Según las últimas encuestas sin embargo, su fecha de nacimiento habría sido cambiada a esa fecha. (Akim Arutiunov, "El fenómeno Vladimir Ulyanov/Lenin", Moscú, 1992, pág. 126.) Una investigación está actualmente en marcha para averiguar cuando nació realmente.

Stalin copió a su gran maestro y, como él, cambió su fecha de nacimiento.

Oficialmente, nació el 21 de diciembre de 1879, pero en realidad, nació el 6 de diciembre de 1878. El periódico Izvestiya reveló este secreto estatal el 26 de junio de 1990. Lenín y Stalin desearon prevenir que su verdadera naturaleza se revelara con la ayuda de horóscopos.

Napoleón también falsificó su fecha de nacimiento por razones astrológicas. No era conveniente para un emperador francés ser un Aquario, por lo que cambió la fecha al 15 de agosto (1769) para transformarse oficialmente en un Leo.

En general se sabe que la biografía oficial de Lenín ha sido falsificada de principio a fin. A pesar de esto, una decisión fue tomada para publicar una versión más eficiente del mito. Así, las bibliotecas fueron purgadas de todas las biografías de Lenín impresas antes de 1970.

¿Quién era realmente Vladimir Ulyanov-Lenin? La historia de Rusia está escrita por sus asesinos, un hecho que el director Stanislav Govorukhin enfatiza en su documental "La Rusia que Nosotros Perdimos" (1992). Una versión muy censurada de esta película se mostró en Suecia.

El padre Kalmuck de Lenín, Ilya Ulyanov, era un inspector escolar. Ambos abuelos terminaron en instituciones mentales. La madre de Lenín, María (apellido de soltera Blank) era de una familia noble e hija de un rico hacendado. El padre de María, Israel Blank, nació en 1802 en Starokonstantinovo en la provincia de Volynia.

En 1820 Israel Blank planeaba estudiar en la Academia Médica de St. Petersburg junto con su hermano Abel, pero las universidades estatales estaban cerradas para los judíos, por lo que ambos, Israel y Abel, se bautizaron en la Iglesia Ortodoxa rusa. Israel se dio el nuevo nombre de

Alexander, y su hermano Abel se volvió Dmitri. El patronímico de Alexander también pasó a ser Dmitri (en realidad era Moses) De esta forma ambos fueron aceptados en la Academia Médica. Los hermanos Blank se graduaron en 1824. Alexander se transformó en doctor del personal militar y un pionero de balneología (el estudio de baños saludables) en Rusia.

La escritora Marietta Shaginyan, que en los años treinta descubrió las raíces judías de Lenín, fue advertida de no hacer pública esta información, ya que era un secreto estatal. (The Periodical Literator, No. 38, 12 de septiembre de 1990, St. Petersburg.) Esta información sólo pudo ser publicada en 1990. Hasta entonces la familia Blank había sido presentada como "alemana".

La madre de Lenín hablaba yídish, alemán y también sueco, el último lo enseñó a su hija Olga que pensaba estudiar en la Universidad de Helsinki. La abuela materna de María Blank se llamaba Anna Beata Ostedt, nacida en St. Petersburg en una familia de orfebres que habían inmigrado de Uppsala (Suecia). El abuelo materno de María Blank, el notario Johann-Gottlieb Grosschopf, venía de una familia de comerciantes en Alemania. Los abuelos paternos de María Blank eran judíos. El abuelo paterno de Lenín era un Chuvashian y su abuela paterna, Anna Smirnova, era un Kalmuck.

Esto hace a María Blank por lo menos mitad judía, ya que sólo su padre era un judío pleno. Hans W. Levy, presidente de la comunidad judía de Gothenburg, ha declarado: "Todos los que nacimos de una madre judía somos judíos." (Svenska Dagbladet, 22 de julio, 1990.)

Algunos investigadores, sin embargo, también han afirmado que la familia Grosschopf era judía. En ese caso, Lenín debe considerarse como un judío, ya para entonces su madre era Judía.

En Rusia, se reveló que el abuelo paterno de Lenín, Nikolai Ulyanov (Kalmuck) tuvo cuatro hijos con su propia hija Alexandra Ulyanova (quién se hacía llamar Anna Smirnova antes las autoridades).

El padre de Lenín, Ilya nació como el cuarto niño cuando Nikolai Ulyanov tenía 67 años. (Vladimir Istarkhov, "La Batalla de los Dioses Rusos", Moscú, 2000, pág. 37.) Ilya Ulyanov se casó con la Judía María Blank cuyo abuelo paterno, Moisya Blank, había sido convicto por varios crímenes, incluyendo fraude y extorsión. La endogamia probablemente jugó un papel importante haciendo a Vladimir Ulyanov-Lenín tan perverso: su agresividad extrema era hereditaria y nació con daño cerebral severo, tuvo varios colapsos nerviosos, tres ataques y era bisexual. También era un psicópata.

En la familia se hablaba alemán, un idioma que Vladimir Ulyanov conocía mejor que el ruso. En cada encuesta, Lenín escribía que era escritor, aún cuando su vocabulario ruso era muy limitado y en su pronunciación enfatizaba las palabras incorrectamente. Tenía conocimientos muy básicos de la literatura rusa, pero lo bastante para sentir una intensa aversión hacia los trabajos de Fiodor Dostoyevsky.

Era característico de Lenín que diera diferente información acerca del año que ingresó al Partido en los diferentes documentos partidarios. En las primeras encuestas, afirmó haberse unido en 1893, pero el 7 de marzo de 1921, en el Décimo Congreso del Partido, declaró en la encuesta a los delegados que era miembro del Partido en 1894. (Akim Arutiunov, "El Fenómeno Vladimir Ulyanov/Lenín", Moscú, 1992, pág. 116.)

En uno de sus escritos, el camarada Ulyanov afirma haberse unido al Partido en 1895 ("Collected Works", Vol. 44, pág. 284). ¿Cómo pudo ser miembro de un Partido que ni siquiera existía?. El Partido Laborista Social Demócrata ruso sólo se fundó en marzo de 1898. Parece que cualquier cosa era posible para Lenín.

Según el mito oficial, Lenín había sido expulsado de la universidad, pero los archivos especiales del Comité Central declaran claramente que Vladimir Ulyanov mismo pidió permiso al Rector de la Universidad de Kazan para dejar sus estudios en 1887.

Según el mito bolchevique, fue expulsado del pueblo de Kokushkino en la provincia de Kazan por tomar la parte en las actividades revolucionarias estudiantiles. En la realidad, él fue a vivir en la propiedad de su abuelo materno en Kokushkino después de dejar la universidad, una propiedad que el Zar había dado a Alejandro Blank. El abuelo Blank de Lenín era dueño de todo el poblado. Después, Lenín vivió con su tía en Kazan, un hecho sobre el cual el propio Lenín ha escrito. El abuelo de Lenín también poseía otra propiedad, (98 hectáreas) en el pueblo de Alakayevka cerca de Samara.

No existe nada de los hechos reales en la biografía oficial de Lenín. Esto puede determinarse estudiando los documentos secretos que se han liberado recientemente.

Las personas de buen corazón creyeron en los mitos sobre Lenín. Marie Laidoner, viuda del ex Comandante en Jefe de Estonia, Johan Laidoner, escribió en sus memorias que si Lenín hubiera vivido en 1940, los estonios no habrían sido tratado tan inhumanamente. Según el mito central, el terror y la opresión sólo habría comenzado en los años treinta por Stalin, Esto también fue afirmado por una editorial en el Aftonbladet el 6 de junio de 1989.

La mitología de la propaganda soviética afirmó que los padres de Lenín, conscientemente le habían educado para ser un Mesías que guiaría al proletariado desde su cautividad en Egipto, tal como Karl Radek (en la realidad Tobiach Sobelsohn) escribió en Izvestiya en la primavera de 1933. La madre de Lenín en realidad deseaba que fuera un hacendado.

La propaganda Leninista tuvo un masivo efecto en el Homo Sovieticus. En una encuesta de opinión en diciembre de 1989, el 70 por ciento de aquellos consultados, (2.700 personas tomaron parte) creía que Lenín era el personaje más grande en la historia. (Paevaleht, 4 de enero de 1991.)

Otra encuesta de opinión que se hizo en enero de 1991, donde sólo un 10.3 por ciento de aquellos consultados pensaba que Lenín fue una persona negativa, aunque más de la mitad de ellos creía que el Golpe de Octubre había sido un error histórico.

Esto es por lo cual, nada perturba más a los comunistas ortodoxos que las revelaciones sobre Lenín. Ellos se niegan a abandonar a Lenín como un cuadro ícono, ya que la Cristiandad fue reemplazada por el Leninismo ya en los años veinte cuando toda la doctrina fue canonizada. Al principio, los marineros llamaban a Lenín "Pequeño Padre."

Lenín usó toda clase idioteces ya probadas como tales. Un ejemplo: Los "libros de trabajo" del tipo que se habían usado con los nativos en la colonia fueron usados en junio de 1919.

Lenín tenía pocas ideas propias. Incluso la idea del Decreto de la Tierra era una herencia de los Social-Revolucionarios de izquierda. Entre sus propias estupideces están las llamadas "Tesis de abril" que no corresponden con la realidad ya que la independencia económica es imposible sin libertad política.

Por lo menos Vladimir Ulyanov comprendió que al Marxismo le faltaba todo el valor científico. Él le había susurrado al negociante judío, Armand Hammer: "¡Armand, Armand - el Socialismo nunca va a funcionar!" (SvenskaDagbladet, 30 de agosto de 1987.)

Según Engels, Marx había transformado el Socialismo Utópico en una doctrina científica "descubriendo" la visión materialista del mundo (el ateísmo). Así es cómo Engels es interpretado en la Enciclopedia Soviet-Estonian).

Como marxista ilustrado, Lenín conoció las instrucciones de Marx según las cuales se suponía que los revolucionarios no eran ni "generosos", ni "honestos."

No hay ninguna necesidad de ser quisquilloso con los medios, con tal de alcanzar los objetivos. Tampoco hay allí alguna preocupación acerca del peligro de una guerra civil. (Marx y Engels, "Works/Trabajos", Moscú, Vol. 33, pág. 172.).

Adam Weishaupt había escrito que todos los medios eran permisibles para alcanzar la última meta. Lenín repitió que todos los medios eran justificables cuando la meta era la victoria del Comunismo. La meta de Lenín era dañar a Rusia y, si posible, alcanzar el poder y hacerse rico.

Él estaba preparado para trabajar con cualquier fuerza para dañar a Rusia, incluso con las autoridades en la Alemania Imperial, esto según hechos que se conocieron después. Lenín fue incapaz de despertar algún interés entre las personas ingenuas por "actividades revolucionarias" de un simple club Marxista - la mayoría se unieron como conspiradores de sangre fría y aventureros.

En 1919 el confidente Lenín dijo en: "¿Cuál es el Poder soviético?" (contenido en uno de sus archivos grabados en discos) que el poder soviético era inevitable y era victorioso por todas partes en el mundo. "Este poder es invencible, ya que es el único correcto", Lenín terminó con su acento no-ruso.

LENÍN COMO FRANCMASÓN

Si Lenín era un francmasón ya en 1890 no es todavía posible determinar, pero normalmente trabajó de la misma manera como los grupos subversivos lo hicieron. El Illuminati, Gran Oriente, B'nai B'rith (los Hijos del Convenio), y otras Logias Masónicas estaban todas interesadas en agitar a los trabajadores hacia ciertas metas "útiles".

Es importante enfatizar que Lenín y sus secuaces no trabajaban. Ellos podían permitirse el lujo de viajar alrededor de Europa (entonces relativamente más caro que ahora) y vivir en el lujo. Estos revolucionarios profesionales tenían sólo una tarea - agitar a los obreros. La actividad posterior de Lenín muestra claramente cómo él seguía la línea de Adam Weishaupt.

Varias fuentes revelan que Lenín se hizo francmasón mientras estaba en el extranjero (en 1908). Una de estas fuentes es una investigación completa: Nikolai Svitkov "Sobre la Francmasonería en el Destierro Ruso", publicado en París en 1932. Según Svitkov, los francmasones más importantes de Rusia eran Vladimir Ulyanov-Lenín, León Trotsky (Leiba Bronstein), Grigori Zinoviev (Gerson Radomyslsky), León Kamenev (Leiba Rosenfeld), Karl Radek (Tobiach Sobelsohn), Máxim Litvinov (Meyer Hennokh Wallakh), Yakov Sverdlov (Yankel- Aaron Solomon), L. Martov (Yuli Zederbaum), y Máxim Gorky (Alexei Peshkov), entre otros.

Según el trabajo del cientista político de Austria, Karl Steinhauser "EG - die Super-UdSSR von morgen"/ "EU la super URSS del mañana" (Viena, 1992, pág. 192), Lenín perteneció a la Logia Masónica Art et Travail (Arte y Trabajo). El famoso político británico Winston Churchill también confirmó que Lenín y Trotsky pertenecieron al círculo de los conspiradores Masónicos e Illumistas (Illustrated Sunday Herald, 8 de febrero de 1920).

Lenín, Zinoviev, Radek y Sverdlov también pertenecían a la Logia judía B'nai B'rith. Investigadores especializados en las actividades de B'nai B'rith, incluyendo a Schwartz-Bostunich, confirmaron esta información. (Viktor Ostretsov, la "Francmasonería, Cultura e Historia Rusa", Moscú, 1999, pág, 582-583.)

Lenín era un francmasón del grado 31, (Gran Inspector Comandante Inquisidor) y miembro de la Logia 'Art et Travail' en Suiza y Francia. (Oleg Platonov, "La Corona de Espinas de Rusia: La Historia Secreta de la Francmasonería", Moscú, 2000, parte II, pág. 417.)

Cuando Lenín visitó el cuartel central del Gran Oriente en la calle Rue Cadet en París, firmó el libro de visitantes. (Viktor Kuznetsov, "El Secreto del Golpe de Octubre", St. Petersburg, 2001, pág. 42.)

Lenín tomó parte en la Conferencia Masónica Internacional en Copenhague en 1910 junto con Trotsky. (Franz Weissin, "Der Weg zum Sozialismus" / "El Camino al Socialismo", Munich, 1930, pág. 9.) La socialización de Europa estaba en la agenda.

Alexander Galpern, entonces secretario del Concejo Supremo Masónico, confirmó en 1916 que había bolcheviques entre los francmasones. Yo puedo mencionar a Nikolai Sukhanov (en la realidad Himmer) y N. Sokolov.

Según el testimonio de Galpern, los francmasones le dieron también ayuda financiera a Lenín para su actividad revolucionaria. Esto fue certificado por un conocido francmasón, Grigori Aronson, en su artículo los "Francmasones en la Política Rusa", publicado en el Novoye Russkoye Slovo (Nueva York, 8th-12 de Octubre, 1959).

El historiador Boris Nikolayevsky también mencionó esto en su libro "Los Francmasones Rusos y la Revolución" (Moscú, 1990).

En 1914, dos bolcheviques, Ivan Skvortsov-Stepanov y Grigori Petrovsky, contactaron al francmasón Alexander Konovalov por ayuda económica. El último llegó a ser Ministro en el Gobierno Provisional.

Radio Rusia también habló de las actividades de Lenín como francmasón el 12 de agosto de 1991.

LOS PRIMEROS FRANCMASONES EN RUSIA

Las primeras Logias Masónicas en Rusia se fundaron en los años 1730. Catherine II prohibió todas las organizaciones Masónicas en Rusia el 8 de abril de 1782 ya que estas tenían lazos políticos secretos con círculos importantes en el extranjero.

La francmasonería fue legalizada nuevamente en 1801, después que Alexander I ascendió al trono. Se convirtió en un francmasón, a pesar del hecho que su padre había sido asesinado por los francmasones. Los líderes Decembristas (Pavel Pestel, Sergei Trubetskoi y Sergei Volkonsky) pertenecían a las Logias Masónicas, Los Amigos Reunidos (Les Amis Reunis), Tres Virtudes y La Esfinge. Las sociedades secretas principales de los Decembristas eran 'Eslavos Unidos' y 'Tres Virtudes'.

La francmasonería fue prohibida nuevamente en 1822, cuando el gobierno descubrió que las Logias Masónicas eran sociedades realmente secretas que planeaban transformar el sistema estatal e infiltrar al gobierno.

El Zar Alexander I, había descubierto que los francmasones eran controlados por una mano invisible. Naturalmente prohibió sus actividades en Rusia. Esta decisión le costaría su vida. Nicolás I, quién gobernó de 1825 a 1855, se puso férreamente estricto con respecto a la francmasonería. Todas las Logias fueron obligadas a operar en forma clandestina.

Los principales enemigos de los francmasones rusos eran la monarquía nacional y la Cristiandad.

Esta es la razón por la cual trabajaron la "propaganda del esclarecimiento". Los francmasones rusos también tendieron hacia el cosmopolitanismo.

Su contraseña decía: "¡Prepárate!", y el francmasón tenía que contestar: "¡Siempre preparado!"

Motivos judaicos y cabalísticos dominaron la ideología y el simbolismo político de la francmasonería. Para alguien mirando desde afuera, todo esto parecería confuso e irreal.

El 31 de octubre de 1893, Vladimir Ulyanov llegó a la capital St. Petersburgo, dónde comenzó su actividad subversiva. Se hacía llamar un revolucionario profesional. En el otoño de 1895, después de un período en el extranjero, Vladimir Ulyanov, junto con otros conspiradores en St. Petersburgo, fundó la 'Liga en Lucha por la Liberación de la Clase Obrera' que se transformó en un grupo terrorista. Fue Israel Helphand (o Geldphand), alias Alexander Parvus, un multi- millonario judío de Odessa, quien financió este proyecto. Era hombre de negocios y francmasón.

Según el historiador británico Nesta Webster, Parvus llegó a ser miembro del Partido Social Demócrata Alemán en 1886.

En diciembre de 1895, Vladimir Ulyanov fue encarcelado por actividades ilegales. Pasó los años 1898 a 1900 desterrado en Shushenskoye, cerca de Yenisei en Siberia. Recibió los beneficios generosos del estado. Vivió en una casa espaciosa y comía bien.

En marzo de 1898, los principales líderes social demócratas judíos se reunieron en Minsk - aquellos que representaban la línea internacional, (por la lucha por el poder en la nación anfitriona) así como aquellos que representaban la actitud nacionalista de la Unión de Obreros Judíos que se fundó en Vilno (Vilnius) en 1897 y propagaba la fundación de un estado Sionista.

Ellos decidieron unir los grupos Marxistas subversivos y formar ilegalmente el Partido Social Demócrata Laboral Ruso. Sólo nueve delegados estaban presentes en su Congreso Constitucional y aquellos eligieron un Comité Central que consistía en Aron Kremer, Boris Eidelman y Radshenko.

Otros Social Demócratas conocidos eran Pavel (Pinchus) Axelrod (Boruch), León Deutsch, Vera Zasulich, Natan Vigdorchik, V. Kosovsky (Levinson), y el único ruso era Georgi Plekhanov cuya esposa Roza era Judía.

En febrero de 1900, Vladimir Ulyanov viajó a Suiza. Después vivió en Munich, Bruselas, Londres, París, Cracovia, Ginebra, Estocolmo y Zurich.

Para intensificar la propaganda Marxista, Lenín, de roja barba, junto con Parvus, fundó el periódico subversivo Iskra (La Chispa), en Munich en 1900, la primera edición salió el 24 de diciembre de 1900. El periódico pasaba de contrabando a Rusia. Por razones tácticas, Lenín hizo que Georgi Plekhanov, famoso social demócrata ruso, fuese el primer editor del periódico. Sin embargo, Plekhanov no tenía ningún deseo de ser el títere de Lenín, y así fue que el judío L. Martov (en realidad Yuli Zederbaum) pronto lo reemplazó.

Al Segundo Congreso del Partido en Bruselas en 1903, Plekhanov apoyó la sugerencia de Martov para camuflar la introducción del Socialismo con la democracia. Lenín exigía la introducción de una dictadura socialista dura. En Suecia, los francmasones han usado las ideas de Martov con éxito para construir la "Casa del pueblo" socialista e introducir el impuesto de esclavitud.

En este congreso, el judío Martov sugirió que el Partido debía subordinarse a los judíos – 'el pueblo elegido'. En contraste, el mitad-judío Lenín, quería que los judíos fueran subordinados al Partido.

Una mayoría apoyó la sugerencia de Lenín y éstos pasaron a llamarse por consiguiente "los bolcheviques" (la mayoría).

La minoría (los Menshevikes) apoyó la sugerencia de Martov y actuaron de la manera clásica de los social demócratas, usando demagogia y destreza, el Partido fue dividido. Las verdaderas razones han sido hasta ahora dejadas de lado de la historia oficial del Partido.

León Trotsky estaba en aquel entonces entre los Menshevikes. Él consideraba a Lenín como un déspota y un terrorista (Louis Fischer, "La Vida de Lenín", Londres, 1970, pág. 68).

Iskra quedó bajo la influencia de los Menshevikes. Lenín que detestaba las disputas, dejó la redacción y comenzó su propia revista, "Vperyod". Un famoso magnate y capitalista textil judío de Moscú, Savva

Morozov, financió esto. (Louis Fischer, "La Vida de Lenín", Londres, 1970, pág. 68.) Los hermanos de Morozov habían dado al escritor proletario Maxim Gorky una casa de dos pisos y proveyeron a los bolcheviques con grandes cantidades de dinero.

LA NATURALEZA DE LENÍN

Lenín intentó desarrollar su propio "ismo", una doctrina que difería muy poco de las enseñanzas básicas del Illuminati. El Leninismo se volvió un freno tan terrible y eficaz en todas las áreas del desarrollo social, que el uso de tal ideología debe considerarse como un crimen contra la humanidad. Rusia está intentando ahora salvarse a través del proceso de desmantelar el Leninismo.

Ésta es la única forma, ya que Vladimir Ulyanov, conocido bajo el seudónimo de Lenín, fue la raíz de todo los males del Comunismo en Rusia.

Su verdadera naturaleza sólo se ha revelado recientemente. Existen dudas si algún otro líder ha mentido en tal asombrosa magnitud sobre sí mismo y sobre todo lo demás. Una increíble cantidad de mitos han sido creados sobre él para esconder su malvada naturaleza y sus actos destructivos. Él introdujo la 'logocracia' (el poder a través del uso de mentiras descaradas) que se transformó en un arma política. El Camarada Ulyanov sabía que la mentira podía cambiar en verdad, si tan sólo era hecha creíble y atractiva y luego repetida muchas veces.

Entendió que las personas nuevamente se harían fuertes e independientes si son mantenidas bien informadas sobre el estado de los asuntos, decidirían por su propia existencia y trabajaría con cosas sensatas. ("Trabajos/Works", Vol. 26, pág. 228.)

Por esta razón introdujo una severa censura y cuentas a medias verdades, que eran el arma más eficaz contra un desarrollo sensato.

Sólo en 1991-1992, fue que los investigadores tuvieron acceso a 3.724 documentos secretos. Estos papeles mostraron claramente el tipo de bestia que fue Lenín realmente. También revelaban que Lenín había sido un abogado no exitoso, que había tenido sólo seis casos en que él defendió a ladrones de tiendas. Perdió los seis casos.

Una semana después, había tenido bastante con eso y dejó la profesión. Nunca tuvo un trabajo real después de eso.

Según los documentos, tanto los antiguos como los más nuevos, qué han sido recientemente hecho disponibles, está claro que Lenín fue el peor, más demagógico, sanguinario, implacable e inhumano dictador en la historia del mundo.

El socialista norteamericano, John Reed, que se reunió con Lenín, lo describió como una persona extraña: pálido y sin humor. A pesar de esto, él fue propagandista del Comunismo en los Estados Unidos, fue bien pagado para hacerlo. En 1920, se le pagó la gigante suma de 1.080.000 rublos por sus servicios. (Dagens Nyheter, 30 de mayo de 1995.)

"Lenín estaba preparado para aniquilar al 90 por ciento de la población para que el restante 10 por ciento pudiera vivir bajo el Comunismo", escribió el escritor Vladimir Soloukhin en el periódico Ogonyok en diciembre de 1990.

Esto fue publicado como una gran sensación en Dagens Nyheter el 13 de enero de 1991.

Lenín se expresó así: "¡Que el 90 por ciento del pueblo ruso perezca si el 10 por ciento puede experimentar la revolución mundial!" ("Trabajos Seleccionados", Vol. 2, pág. 702.)

Lenín enfatizó: "Debemos utilizar todas las destreza y los métodos ilegales posibles, debemos negar y debemos ocultar la verdad."

Lenín afirmaba: "El pueblo será enseñado a odiar. Comenzaremos con los más jóvenes. Los niños serán enseñados a odiar a sus padres. Podemos y debemos crear un nuevo lenguaje, que siembre odio, aborrecimiento y sentimientos similares entre las masas contra aquellos que no están de acuerdo con nosotros."

En el Tercer Congreso de Comintern, el 5 de junio de 1921, Lenín dijo: La "dictadura es un estado de guerra intensiva". En esta guerra él fue misericordioso con los "tontos útiles" (término de Lenín) sólo al principio.

Dzerzhinsky (Rufin), jefe de la Cheka (policía política) decía la verdad cuando dijo: "No necesitamos la justicia."

Lenín, Trotsky y Zinoviev habían declarado una guerra santa en el nombre de Comunismo el 1º de septiembre de 1920. Zinoviev había llamado a Dzerzhinsky (Rufin) "el santo de la revolución". Stalin lo consideró como "la llama" eterna. En la realidad, era un sádico y un drogadicto.

Lenín declaró: "Paz significa, muy simplemente, el dominio del Comunismo sobre el mundo entero". (Lenín, "Tesis sobre las Tareas de la Juventud comunista".)

Los antagonistas de Lenín en esta guerra, eran todos aquellos que diferían de sus ideas sobre la vida y en materias espirituales, tales personas eran físicamente repugnantes para él. Constantemente estaba dando las órdenes para que esas personas fuesen colgadas, se les diera un tiro o se les quemara. Así, ordenó a un hombre ejecutar a los sacerdotes en Shuya.

Ordenó incendiar la ciudad de Baku, si su resistencia no podía ser aplastada de alguna otra manera.

Al mismo tiempo, Lenín era sumamente caprichoso.

Lenín gobernó con la ayuda de decretos. No había ninguna ley en vigencia. Cuando las primeras leyes penales soviéticas comenzaron a regir en 1922, Lenín ordenó en sus direcciones que las leyes penales "en principio deberían justificar y legalizar el terror, claramente, sin embellecimiento."

Hasta aquí, las revelaciones de esta clase, han involucrado fundamentalmente a Joseph Stalin, el fiel alumno de Lenín. Es tiempo ahora de destruir los últimos mitos restantes sobre Lenín.

Lenín se transformó en un sinónimo de la injusticia y falsedad. Él prometió dar a los campesinos tierras, pero finalmente les confiscó todo. Reemplazó el eslogan sobre la nacionalización de la tierra con demandas sobre la socialización de la tierra en 1918. (Artículo de Yuri Chernichenko "¿Quién necesita al Partido de los Campesinos y Por qué? ", Literaturnaya Rossiya, 8 de marzo de 1991.)

Marx había escrito que la tierra debe confiscarse en seguida. Lenín aplazó hacer eso.

Después, ofreció 100.000 rublos por colgar a cada granjero con tierras.

Lenín prometió a los obreros que serían sus propios amos, pero en cambio los hizo esclavos.

Prometió abolir el aparato burocrático, pero jamás en la vida creció tanto el inmenso ejército de parásitos. Hubo 231.000 burócratas en Rusia en agosto de 1918. En 1922 había ya 243.000, a pesar de las órdenes de Lenín de disminuir las cifras. En 1988 había 18 millones de burócratas en el Imperio Soviético, 11 por ciento de la población activa de 165 millón.

Lenín afirmó que el Partido no debe mantener ningún secreto alejado del pueblo. Pero el aparato entero del Partido comunista fue rodeado con el secreto. Lenín prometió paz, hubo en cambio guerra civil. Prometió el pan pero provocó hambres catastróficas. Prometió hacer al pueblo feliz y dejó caer terribles calamidades sobre ellos.

Fue Lenín el que prohibió los periódicos de oposición. Dos días después de tomar el poder, emitió un decreto que abolía la libertad de la prensa. Durante la primera semana cerró diez periódicos y diez más en la semana siguiente, hasta que todos los periódicos que él detestaba habían cesado de existir.

Lenín también disolvió todos los otros partidos políticos (excepto Bund y Po'alei Zion). El 17 de noviembre de 1917, varios comisarios protestaron contra la decisión de Lenín de formar un gobierno que consistía de sólo un Partido - los bolcheviques, ya que había otros Partidos representados en los concejos de los obreros.

No mostró misericordia con su buen amigo L. Martov, el líder judío de los Menshevikes (uno de los pocos con quien Lenín usó términos familiares para dirigirse a él). En 1920, él desterró a Martov de la Rusia soviética, por lo menos salvando su vida.

Fue Lenín quien comenzó los primeros juicios-farsas. Así, sometió a doce social revolucionarios en un juicio en 1922. El propio Lenín había propuesto todo tipo de engaños necesarios para provocar este caso. Stalin usó métodos similares durante los años 1936-37.

Fue Lenín quien pidió los arrestos de socialistas y comunistas extranjeros en Rusia. Le dio rienda suelta a la Cheka.

Fue Lenín quien propuso el eslogan: "¡Devuelvan lo que fue robado!" Según esta exhortación, los Bolcheviques se lanzaron a robar todas las riquezas de Rusia. El 22 de noviembre de 1917, emitió un decreto en que ordenaba que todo el oro, joyas, pieles y otros valores fueran confiscados durante los allanamientos de las casas (Lenín, "Collected Works", Moscú, Vol. 36, pág... 269).

La falsificación completa de la biografía de Lenín involucraba los detalles más pequeños, incluso insignificantes. Sin embargo, la mentira grande comienza con las pequeñas. El 21 de enero de 1954, Pravda escribió acerca de las condiciones de vida de Lenín en Rue Bonieux en París: "Vladimir Ilyich vivió en un piso pequeño, dónde un diminuto cuarto sirvió como su estudio y en donde la cocina se usaba para cenar y como cuarto de recepción".

Pero el propio Lenín escribió el 19 de diciembre de 1908 en una carta a su hermana: "Encontramos un piso muy agradable. Cuatro cuartos, una cocina y despensa, agua, gas." Su esposa Nadezhda Krupskaya confirmó en sus "Memorias": "El piso de Rue Bonieux era grande y luminoso y habían incluso espejos sobre las estufas. Incluso teníamos allí un cuarto para mi madre María". Lenín pagaba 1.000 francos por mes por el piso.

Lenín también alquiló un piso caro de cuatro habitaciones en Kaptensgatan 17 en Ostermalm (centro-este de Estocolmo) en el otoño de 1910. Aquí fue donde se encontró con su madre por última vez.

Las muchas historias acerca "del buen corazón de Lenín" jugaron una rol importante en la mitología soviética. El escritor proletario Maxim Gorky advirtió sobre Lenín con las siguientes palabras: "Cualquiera que no desee gastar todo su tiempo argumentando debería alejarse de Lenín." Debe enfatizarse que Lenín tenía muy pocos amigos. Él sólo usó términos familiares para dirigirse a sus familiares y con otros dos, L. Martov y G. Krizhanovsky. También hablaba familiarmente con sus dos amantes, Inessa Armand y Yelena Stasova.

Sus camaradas de Partido lo detestaban. Ni siquiera le dijeron sobre el golpe de febrero en 1917. Supo de esto al leerlo en el Neue Zürcher Zeitung. Incluso entonces, tuvo dificultad para creer que era verdad.

El Sovietólogo Mikhail Voslensky, enfatizó en su libro "Dioses Mortales" ("Sterbliche Gotter", Dietmar Straube Publishing, Erlangen/Bonn/Vienna, 1989) que Lenín fue uno de esos pocos dictadores que dejaron suficiente evidencia escrita de sus crímenes contra la humanidad detrás de él.

Entre otras cosas, Lenín exigió: "Mientras más representativo del sacerdocio reaccionario sea aquel que le disparamos, tanto mejor".

Antes de que los bolcheviques tomaran el poder había 360.000 sacerdotes en Rusia. Al final de 1919 sólo 40.000 permanecían vivos. (Vladimir Soloukhin, "A la Luz de Día", Moscú, 1992, pág. 59.)

Voslensky afirma que Lenín fue personalmente responsable de los asesinatos de 13 millones de personas. Él cree que Lenín expresó claramente el verdadero valor del Marxismo. Él dijo: "¿Qué puede uno extraer de plantas venenosas excepto veneno?"

Voslensky era de la opinión que Lenín se había hecho cargo del Credo de Marx, con lo cual estaba en lo correcto incluso cuando estaba equivocado. Finalmente, Voslensky declaró que la ideología comunista debe ser criminal, ya que ha sacado adelante a tantos terribles y demagogos tiranos. Según Mikhail Voslensky, Lenín era uno de los peores y el más vulgar de ellos.

"Crueldad y brutalidad se unió con la cobardía en la naturaleza de Lenín". Esto fue afirmado por un ex militante del Partido, Oleg Agranyants, en su libro "¿Que hacer? o la Des-leninización de Nuestra Sociedad" (Londres, 1989).

Dio el siguiente ejemplo de la cobardía de Lenín: T. Alexinskaya escribió en el periódico Rodnaya Zemlya Nº 1, 1926: "Cuando vi por primera vez a Lenín en una reunión cerca de St. Petersburgo en 1906, me sentí defraudado de verdad. No fue tanto por su superficialidad, sino el hecho que cuando alguien gritó: "¡Los cosacos!", Lenín fue el primero en salir corriendo. Yo lo miraba, saltó sobre la barricada. Su sombrero se cayó".

Pueden encontrarse notas similares sobre Lenín entre los papeles de la Okhrana (la policía secreta zarista), dónde se menciona que huyendo, Lenín cayó a un canal del cual tuvo que ser sacado. Nadie presente en esa reunión subversiva fue detenido.

Constantemente exigió dinero de su madre hasta su muerte en 1916. Stalin entregaba el dinero obtenidos de robos a bancos y trenes a los bolcheviques de Lenín. Maxim Litvinov también cometió robos a bancos, entregando el dinero a los bolcheviques.

Oleg Agranyants también se refirió a un informe en los archivos de la Okhrana acerca de las visitas de Lenín a la embajada alemana en Suiza. Más tarde fue revelado que Lenín fue un agente alemán.

Lenín era bien consciente del poder seductor del dinero. Eso fue por qué él repartió generosamente cheques con grandes cantidades a granjeros y a nacionalistas no-rusos en el otoño de 1919. Algunos de ellos fueron engañados con esta estafa y quizás creyeron que los bolcheviques eran un Partido de Santa Clauses. Nadie podría suponer que a esos cheques les faltaban los fondos (Paul Johnson, "Tiempos Modernos", Estocolmo, 1987, pág. 109).

Un año antes (otoño de 1918), Lenín había enviado bandas de obreros armados a varios lugares en el campo con las órdenes de traer tantos productos de comida como fuese posible. (Paul Johnson, "Times Modernos", Estocolmo, 1987, pág. 128.)

EL TERROR DE LENÍN

La esposa judía de Lenín, Nadezhda Krupskaya escribió sobre lo sanguinario, la crueldad y la codicia de Lenín en sus "Memorias", publicadas en Moscú en 1932.

Krupskaya describió cómo Lenín remó en un bote hasta una pequeña isla en el Río Yenisei, lugar dónde muchos conejos habían emigrado durante el invierno.

Lenín apaleó hasta la muerte a tantos conejos con la culata de su rifle que el bote se hundió bajo el peso de todos los animales muertos - un acto casi simbólico. Lenín disfrutaba de la caza y de matar.

Posteriormente, después de que había tomado el poder, mostró una actitud similarmente salvaje contra aquellos que no estaban de acuerdo con sus planes de esclavitud. ¿Y cuántos realmente apoyaron sus bárbaros métodos?

En 1975, se publicó una colección de documentos en Moscú, "Lenín y la Cheka" que explican que Lenín había adoptado los métodos del terror de Maximilien Robespierre. Este último había sido despiadado, sobre todo con la aristocracia espiritual. Ya el 24 de enero de 1918, Lenín dijo que el terror comunista debería haber sido mucho más implacable ("Hay un largo camino para ir al terror real" dijo).

El 28 de abril de 1918, Pravda e Izvestiya publicaron el artículo de Lenín "Las Tareas Presentes del Poder Soviético" dónde escribió, entre otras cosas: "Nuestro régimen es demasiado blando."

Lenín pensaba que los rusos no eran lo suficientemente capaces de llevar a cabo su terror - eran demasiado bien intencionados. Por ello es que prefería a los judíos. Naturalmente, no todos los judíos se unieron, sólo los peores, los más llenos de odio y los más fanáticos.

Este hecho, que Lenín creyera que los judíos eran mucho más eficaces en la "lucha revolucionaria" fue guardado como 'secreto estatal' por orden de Joseph Stalin, a pesar del hecho que María Ulyanova quería hacerlo público unos años después de la muerte de Vladimir Lenín. La hermana de Lenín creyó que este hecho habría sido útil en la lucha contra el antisemitismo (Dagens Nyheter, 15 de febrero de 1995).

El sub jefe de la Cheka, Martyn Lacis (en realidad Janis Sudrabs, un judío Letón) escribió lo siguiente en su libro "La guerra de la Cheka contra la Contrarrevolución" (Moscú, 1921, pág. 8): "Nosotros los Israelitas debemos construir la sociedad del futuro en base al miedo constante".

Lenín escribió una carta en 1918, dónde comenta la naturaleza crítica de la situación. Está claro que Lenín movilizaba a 1.400.000 judíos, la mayoría de ellos trabajaban para la Cheka. Ellos tenían total libertad.

Después, Lenín escribió: "Estos elementos judíos fueron movilizados contra los saboteadores. Tuvieron éxito en salvar la revolución en esta crítica fase". (Todor Dichev, "La Terrible Conspiración", Moscú, 1994, Pág. 40-41.)

Personalmente conozco a varios judíos anti-comunistas que se han distanciado de las terribles atrocidades de los judíos fanáticos en la Unión Soviética, ya que esos crímenes han desacreditado a todos los otros judíos.

El 26 de junio de 1918, Lenín dio órdenes para "extender el terror revolucionario". En la opinión de Lenín, era imposible provocar una revolución sin ejecuciones. Deseaba disparar especialmente contra aquellos responsables de contra propaganda. Según el testimonio de León Trotsky, Lenín habría gritado aproximadamente diez veces al día durante el mes de julio de 1918: "¡¿Es ésta una dictadura?! ¡Esto es sólo un budín de sémola!".

En el mismo año, ordenó la ejecución de 200 personas en Petrogrado por la única razón que ellos habían asistido a la iglesia, estaban trabajando en artes manuales o habían vendido algo.

Aquí hay algunos ejemplos de los "dulces" telegramas de Lenín en 1918:

"Una troica de dictadores debe ser establecida y el terrorismo masivo debe comenzar de inmediato. Las prostitutas que beben con los soldados y los ex funcionarios deben ser fusiladas o deportadas en seguida. ¡No podemos esperar un solo minuto! ¡A toda velocidad con los arrestos masivos! ¡Ejecute a los poseedores de armas! ¡Comience la deportación masiva de los Menshevikes y de los otros sospechosos! "("Collected Works", 3a edición, Vol. 29, pág. 489.)

"En la lucha de clases, hemos apoyado siempre el uso de terrorismo." ("Collected Works", 4ta edición, Vol. 35, pág. 275.) "¡Las ejecuciones deben aumentarse!" ("Collected Works", 5ta edición, Vol. 45, pág. 189.)

El historiador de guerras, Dmitri Volgokonov, encontró en los archivos del KGB un terrible decreto que publicó en su libro. En este decreto, Lenín ordenaba que se debiera colgar a todos los campesinos que se resistieran a los bolcheviques. El tirano especificó: "¡Por lo menos cien de ellos, para que todos los puedan ver!"

Los campesinos en la provincia de Penza comenzaron a resistirse a principios de agosto de 1918.

Lenín envió en seguida un telegrama al comité ejecutivo local con las instrucciones de comenzar a practicar el terror implacable contra los kulaks (granjeros acomodados), contra los sacerdotes y los Guardias Blancos. Recomendaba que todas las "personas sospechosas" debieran ser enviadas a los campos de concentración.

Tres días después, envió un nuevo mensaje en que expresaba sorpresa por no haber recibido ningún mensaje en respuesta a sus demandas. Esperaba, decía, que nadie estuviera mostrando alguna debilidad al tratar con la revuelta y escribió que las posesiones de los granjeros (sobre todo el maíz) debían ser confiscadas.

Winston Churchill llamó a los bolcheviques "mandriles enfadados" el 26 de noviembre de 1918.

Las listas de aquéllos fusilados y ejecutados de otras formas, fue publicada en el periódico semanal de la Cheka. De esta manera puede demostrarse que 1.7 millones de personas fueron ejecutadas durante el período 1918-19.

Un río de sangre fluyó a través de Rusia. La Cheka tuvo que emplear a 'contadores de cuerpos'.

Según los informes soviéticos oficiales de mayo de 1922, 1.695.904 personas fueron ejecutadas entre enero de 1921 hasta abril de 1922. Entre estas víctimas hubo obispos, profesores, doctores, oficiales, policías, gendarmes, abogados, funcionarios civiles, periodistas, escritores, artistas, enfermeras, obreros y granjeros... Su crimen era: "...pensamiento anti-social..."

Aquí debe señalarse que la Cheka estaba bajo el control de judíos, según dicen los documentos ahora disponibles. Mucho de esto ya era conocido en 1925. El investigador Larseh escribió en su libro "La Sed de Sangre del Bolchevismo" (Wurttemberg, pág. 45) que el 50 por ciento de la Cheka lo formaban judíos con nombres judíos, el 25 por ciento eran judíos que habían tomado nombres rusos. Todos los jefes eran judíos.

Lenín estaba bien informado sobre todos estos serios crímenes. Todos los documentos eran puestos en su escritorio. Lenín contestaba: "¡Ponga más fuerza en el terror... ejecute a una de cada diez personas, ponga a todos los sospechosos en campos de concentración!"

La idea de "campos de concentración" no fue la invención de Hitler, como tantos ahora creen. En la realidad, los primeros campos de concentración fueron construidos en 1838 en los Estados Unidos para los indios. Este método de aislar a las personas también atrajo a otros gobernantes crueles. En 1898 se construyeron los campos de concentración en Cuba, donde los españoles encarcelaron todos los elementos de la oposición. En 1901, los ingleses usaron la misma fórmula de encarcelamiento colectivo durante el Guerra de los Bóer, dónde el nombre "campos de concentración" también fue usado. 26 000 mujeres y niños Boer fueron asesinados por hambre en los campos británicos; 20 000 de ellos tenían menos de 16 años de edad.

Lenín encarceló a las personas sin juicio ni sentencia, a pesar del establecimiento de los tribunales revolucionarios, tal como fue el caso en Francia bajo los Jacobinos. Lenín afirmaba que en realidad, los campos de concentración eran escuelas de trabajo. (Mikhail Heller y Alejandro Nekrich, doctores de historia, "La Utopía en el Poder", Londres, 1986, pág. 67.)

Lenín también afirmaba que la fábrica era la única escuela de los obreros. Que ellos no necesitaban otra educación. Enfatizaba que cualquiera que pudiera hacer una simple aritmética podía dirigir una fábrica.

Tan igual como el terror de los Jacobinos en Francia, los funcionarios bolcheviques judíos usaron las barcazas para ahogar a las personas. Bela Kun (en la realidad Aaron Kohn) y Roza Zemlyachka (en la realidad Rozalia Zalkind) ahogaron a oficiales rusos de esta manera en Crimea en el otoño de 1920. (Igor Bunich, "El Partido del Oro", St. Petersburgo, 1992, pág. 73.)

El judío extremadamente cruel, Mikhail Kedrov (en la realidad Zederbaum) ahogó a 1.092 funcionarios rusos en el Mar Blanco en la primavera de 1920.

Lenín y sus cómplices no arrestaban simplemente a cualquiera. Ejecutaron a los más activos de la sociedad, a los pensadores independientes.

Lenín dio órdenes para matar a tantos estudiantes como fuese posible en varios pueblos. La Cheka arrestaba a cada joven que llevara una gorra escolar. Ellos fueron liquidados porque Lenín creía que los próximos intelectuales rusos serían una amenaza para el régimen soviético. (Vladimir Soloukhin, "A la Luz de Día", Moscú 1992, pág. 40.)

El rol de los intelectuales rusos en la sociedad fue tomado por los judíos.

Muchos estudiantes (por ejemplo en Yaroslavl) aprendieron rápidamente y escondieron sus gorras escolares. Después, los Chekistas detenían a todo joven sospecho e investigaban su pelo buscando la raya de la gorra escolar. Si la raya era encontrada, el joven era ejecutado en el acto.

El escritor Vladimir Soloukhin reveló que los hombres de la Cheka estaban especialmente interesados en los muchachos guapos y en las muchachas bonitas. Éstos fueron los primeros en ser asesinados. Se creía que habría más intelectuales entre las personas atractivas. La juventud atractivas por consiguiente fue aniquilada como un peligro para la sociedad. Ningún crimen tan terrible como éste ha sido descrito hasta aquí en la historia del mundo.

El terror era coordinado por el funcionario de la Cheka, Joseph Unschlicht.

¿Cómo se cometieron los asesinatos?

Los Chekistas judíos sazonaban los asesinatos con varios métodos de tortura. En su documental "La Rusia que Nosotros Perdimos", el director Stanislav Govorukhin cuenta cómo el sacerdote en Kherson fue crucificado. El arzobispo Andronnikov en Perm fue torturado: sus ojos fueron sacados, sus orejas y nariz fueron cortadas. En Kharkov, el sacerdote Dmitri fue desnudado. Cuando él intentó hacer la señal de la cruz, un Chekista le cortó su mano derecha.

Varias fuentes cuentan cómo los Chekistas en Kharkov pusieron a las víctimas en una fila y clavaron sus manos a una mesa, hacían un corte en las muñecas con un cuchillo, vertían agua hirviente sobre las manos y tiraban de la piel. Esto era llamado "sacar el guante". En otros lugares, la cabeza de la víctima era puesta sobre un yunque y era lentamente aplastada con una prensa a vapor. Aquellos que deberían sufrir el mismo castigo al día siguiente eran obligados a mirar.

Los ojos de dignatarios de la iglesia eran arrancados fuera de sus orbitas, sus lenguas eran cortadas y los enterraban vivos. Hubo Chekistas que acostumbraban a abrir el abdomen de sus víctimas, seguido de lo cual, cortaban un trozo de su intestino delgado sacando una pequeña porción y esta la clavaban a un poste del telégrafo y, con un látigo, forzaban a la desafortunada víctima a caminar en círculos alrededor del poste hasta que todo el intestino había sido desenredado y la víctima moría.

El obispo de Voronezh fue hervido vivo en una olla grande, después de esto se obligó a los monjes, con revólveres apuntados a sus cabezas, a que bebieran esta sopa.

Otro Chekistas aplastaban las cabezas de sus víctimas con atornilladores especiales, o los taladraban usando herramientas dentales. La parte superior del cráneo era aserrada y el más cercano en la línea era obligado a comer cerebro, siguiendo el procedimiento hasta el fin de la fila.

Los Chekistas arrestaban a menudo a familias enteras y torturaban a los niños delante de los ojos de sus padres, y a las esposas delante de sus maridos.

Mikhail Voslensky, un ex funcionario soviético, describió algunos de los crueles métodos usados por los Chekistas en su libro

"Nomenklatura" / "Nomenclatura" (Estocolmo, 1982, pág. 321): "En Kharkov, las personas eran escalpadas. En Voronezh, las víctimas de torturas fueron puestas en barriles en los que se martillaron clavos para que dañaran a quien estaba en el interior y luego hacían rodar los barriles. Con una estrella de 5 puntas (normalmente usada anteriormente en la magia) al rojo "marcaban" las frentes de las víctimas. En Tsaritsyn y Kamyshin, se amputaron las manos de víctimas con una sierra. En Poltava y Kremenchug, las víctimas fueron empaladas. En Odessa, les asaron vivos en hornos o les rompieron a pedazos. En Kiev, las víctimas fueron puestos en ataúdes con un cuerpo descompuesto y enterrados vivos, sólo para ser sacados nuevamente después de media hora".

Lenín estaba descontento con éstos informes y exigía: "¡Pongan más fuerza en el terror!" Todos esto pasaba en las provincias. El lector puede intentar imaginar cómo fueron ejecutadas las personas en Moscú.

El periódico ruso judío Yevreyskaya Tribuna, declaró que el 24 agosto de 1922 que Lenín había preguntado a los rabinos si ellos estaban satisfechos con las ejecuciones particularmente crueles.

EL TRASFONDO IDEOLÓGICO DEL TERROR

Compare los crímenes mencionados en el capítulo anterior con la lectura del Antiguo Testamento de las masacres del Rey David de poblaciones de civiles completas, de un pueblo enemigo ("así lo hizo él con todas las ciudades de los hijos de Ammon"). Él los "cortó con sierras y flechas de hierro y hachas" y "les hizo atravesar el fuego de los hornos de ladrillos".

Después de la Segunda Guerra Mundial, este texto fue cambiado en la mayoría de las Biblias europeas. Ahora, muchas Biblias declaran que las personas fueron 'puestas a trabajar' con las herramientas mencionadas y que estaban ocupadas aprendiendo a hacer ladrillos - algo que los habitantes habían estado haciendo continuamente ya durante varios miles de años. (Esto se encuentra en: 1- Samuel, 12:31, y en 1- Crónicas 20:3.)

Los terribles crímenes de los judíos extremistas en Rusia fueron cometidos en el verdadero espíritu del Antiguo Testamento (Biblia del Rey James):

* El dios de los Israelitas exige el asesinato masivo de Gentiles (es decir los goyim = los no- judíos), incluyendo las mujeres y niños. (Deuteronomio, 20:16.)

* Yahweh desea extender el terror entre el Gentiles (Deuteronomio, 2:25).

* Yahweh exige la destrucción de otras religiones (Deuteronomio, 7:5).
* Los judíos pueden dividirse el botín de los despojos (Isaiah, 33:23).
* Los judíos pueden hacer sus esclavos a los Gentiles (Isaiah, 14:2).
* Aquellos que se negaran a servir a los judíos perecerán y se pudrirán (Isaiah, 60:12).
* Los Gentiles serán obligados a comer su propia carne (Isaiah, 49:26).

Volviendo al terror Bolchevique: para controlar el odio del pueblo por sus torturadores y verdugos judíos, las personas sospechosas de tener una actitud antisemita también fueron ejecutadas.

Aquellos en posesión del libro los "Protocolos de los Sabios de Sión" fueron ejecutados en el acto.

Al final de marzo de 1919, Lenín fue obligado a explicar: "Los judíos no son los enemigos de la clase obrera... ellos son nuestros amigos en la lucha por el Socialismo." Pero las personas odiaban precisamente ese Socialismo y a aquellos que practicaron el terror en su nombre.

La pasión de Vladimir Ulyanov fue matar a tantas personas como fuese posible sin pensar en las consecuencias. Por supuesto, él nunca se preguntó si era posible construir un estado en la violencia y el mal.

Lenín mostró el mismo tipo de irreflexión que en el río Yenisei, dónde había cargado su bote con tantos conejos asesinados, con sus cabezas aplastadas, que el bote se hundió bajo el peso. En agosto de 1991 el estado-bote que Lenín había lanzado, se hundió. ¿Qué otra cosa podía esperarse?

A principios de los 1920, ya había 70.000 prisioneros en 300 campos de concentración, según "La Revolución Rusa" de Richard Pipes en la Universidad de Harvard, aunque en la realidad había probablemente muchos más. Fue de esta forma que Lenín construyó su archipiélago de GULAG.

Lenín a menudo demostraba miopía política o la estupidez completa. Por ejemplo, odiaba el ferrocarril. Según él, el ferrocarril era sólo conveniente para la civilización culta en los ojos de profesores burgueses. En la opinión de Lenín, las vías férreas eran una arma con la cual se podían suprimir millones de personas. ("Collected Works", 2da edición, Vol. 19, pág. 74.) Esta cita no fue dada a conocer a los obreros en la vía férrea de Baikal-Amur para que la leyeran en sus barracas.

En 1916, Lenín afirmó que el capitalismo podría morir muy pronto. Su Comunismo cayó primero.

Lenín no estaba en lo más mínimo interesado en la herencia cultural del mundo. Él nunca visitó el Louvre mientras estuvo en París. En 1910 llamó a París: un agujero despreciable. La revolucionaria judía, María

Essen, en su libro "Memorias de Lenín" (parte 1, pág. 244) confirma que Lenín jamás visitó museos o exhibiciones. Gorky, sin embargo, le obligó a que visitara el Museo Nacional de Nápoles. Él evitaba los barrios de los obreros de pueblos. (Paul Johnson, Times" "Modernos, Estocolmo, 1987, pág. 82.)

De hecho, Marx había dicho que los obreros eran el ganado tonto.

A Lenín no le gustaba escuchar música. ¿Por qué desechar el tiempo en tal basura? En su opinión, la música despertaba pensamientos hermosos innecesariamente. Esto fue por qué no quiso que nadie más escuchara o hiciera música, y menos de todas ella, la ópera.

El intérprete de Stalin, Valentin Berezhkov, revela en su memorias que Lenín quiso cerrar el Teatro Bolshoi en Moscú, ya que la clase obrera no tenía necesidad de óperas. Sólo cuando se le explicó a Lenín que la música de ópera era una parte de la cultura rusa, cedió de mala gana. Él había visitado el Teatro de Artes sólo unas pocas veces, afirma Anatoli Lunacharsky que también confirmó que Lenín era completamente ignorante en arte.

Lenín enfatizaba que el arte debe utilizarse para propósitos de propaganda. El propósito de las artes y la cultura era, según Lenín, para servir al Socialismo, nada más. Esto fue por qué muchos judíos ocupados en el arte abstracto y otros payasos en arte fueron inmediatamente empleados, entre otros Vasili Kandinsky, Kazimir Malevich e Isaac Brodsky, para hacer brillar todos los espacios públicos con los símbolos, eslóganes y carteles comunistas. Proletkult (la cultura del proletariado = la no cultura) fue fundada bajo las órdenes de Lenín.

Más tarde, métodos represivos fueron usados para establecer el realismo socialista - la violación de las artes en público. De esta forma las artes aristocráticas nobles se destruyeron. A la cabeza de los decadentes pintores de carteles judíos estaba el francmasón Marc Chagall, que durante un tiempo actuó como Comisario de Arte en Vitebsk.

Las campañas de elecciones eran un método no científico, pensaba Lenín. Al mismo tiempo juzgaba incorrectamente la situación política. Lenín dijo "No puede venir una guerra mundial" en Cracovia en 1912. ("Collected Works", 4ta edición, Vol. 16, pág. 278.) Sin embargo, aún cuando "el gran líder" del proletariado lo intentó arduamente, nunca pudo aprender a usar una máquina de escribir. (Oleg Agranyants, "Que debería hacerse?", Londres, 1989.) Odiaba a todos los intelectuales; quizás éste fue el resultado de un complejo de inferioridad.

Anatoli Lunacharsky (en la realidad Bailikh Mandelstam), Comisario del Pueblo para los Asuntos de Educación, 1917-29 y miembro de la Logia del Gran Oriente, recordó cómo Gorky se había quejado a Lenín en 1918 del encarcelamiento de los mismos intelectuales que habían ayudado a Lenín y sus compañeros antes en Petrogrado. Lenín contestó con una cínica sonrisa: "Sus casas deben ser allanadas y ellos encarcelados, precisamente por eso, porque ellos son personas buenas. Siempre mostrarán compasión con los oprimidos. Siempre estarán contra la persecución. Por esto son sospechosos ahora de dar albergue a cadetes y Octobristas." (Colección "Lenín y laCheka", Moscú, 1975.)

Según Lenín, no existía ningún inocente entre los intelectuales. Todos ellos eran los principales enemigos del Comunismo. Estaban en contra o eran neutrales. Siempre simpatizaban con aquellos que eran perseguidos en el momento.

Contestando una carta a M. Andreyeva el 19 de septiembre de 1919, Lenín fue honesto en admitir: "No encarcelar a los intelectuales sería un crimen". Lenín pensaba que ellos estaban en posición de ayudar a la oposición y eran por consiguiente, potencialmente peligrosos.

El primer objetivo de Lenín era exterminar el sector más inteligente de la población rusa. Cuando los gigantes se han ido, los enanos pueden tener fiestas. Los Chekistas normalmente inventaban los cargos contra los intelectuales. A veces Lenín soltó a un científico que él necesitaba especialmente.

Maxim Gorky acostumbraba a hacer encuestas. Lenín hábilmente utilizaba a Gorky como autor famoso y popular, ya que lo necesitaba por razones de propaganda. Por ello es que a veces soltó a ciertos intelectuales que Gorky quiso librar de las garras de la Cheka. Después, Lenín comenzó a utilizar sistemáticamente el conocimiento de científicos encarcelados para sus propios propósitos.

Lenín empezó la persecución de intelectuales inmediatamente después de su llegada al poder. Los llevó a la muerte por hambre o les obligó a que emigraran, o encarceló o les asesinó. Así, dio órdenes para asesinar a cientos de miles de intelectuales. En una carta a Maxim Gorky del 15 de septiembre de 1919, él llamó a los sabios "mierda". También llamó a los intelectuales rusos espías que pensaban llevar a los estudiantes jóvenes a la destrucción. El 21 de febrero de 1922, ordenó el despido de 20 a 40 profesores de la Universidad Técnica de Moscú, ya que ellos están "haciéndonos tonto".

El 10 de mayo de 1922, emitió un decreto que ordena que los intelectuales rusos deben ser expulsados sistemáticamente del país por vía del Control de Pestes. Pidió que este decreto se guardara en secreto.

Entre el 16 y el 18 de septiembre de 1922, "160 de los más activos ideólogos burgueses fueron expulsados por decreto gubernamental. Entre éstos estaba León Karsavin, Rector de la Universidad de Petrogrado y Novikov, Rector de la Universidad de Moscú. También expulsó a Staranov, Decano del departamento de matemática en la Universidad de Moscú, también estaban Biólogos famosos a nivel mundial, Zoólogos, Filósofos, Historiadores, Economistas, Matemáticos, varios Escritores y

Publicistas. Filósofos como Nikolai Berdyayev, Sergei Bulgakov e Ivan Ilyin, así como también pueden mencionarse a Vladimir Zvorykin y al escritor Ivan Bunin que recibió el Premio Nóbel de Literatura en 1933. No había ningún nombre importante entre éstos, si se le cree a la policía política (GPU).

Los bolcheviques callaron el hecho que casi todos aquellos expulsados pertenecían a varias sociedades secretas, entre otras, a Light Blue Star.

Trotsky exigió ya en 1918, que la Cheka deje tranquila a esta organización.

De esta forma Lenín drenó el país de sus mentes más finas. En el futuro, Lenín logró purgar a Rusia casi completamente de sus personas educadas, sabias y libre pensadores. Los peores comenzaron a gobernar sobre los mejores de aquellos que todavía quedaban. Lo que había sido considerado ahora como erróneo durante siglos, ahora se transformaba en una virtud.

De esta manera, Lenín introdujo el derecho a la deshonestidad.

Lenín se volvió completamente embriagado con la posibilidad de asesinar y saquear con total impunidad. ¡En lugar del palabra "saquear", él prefería "confiscar", "incautar", "tomar y no devolver", ¡tal como un verdadero bandido!. Escribió: "No quiero creer que usted muestra alguna debilidad confiscando la riqueza." (Lenín, "Collected Works", 2da edición, Vol. 29, pág. 491.)

Adolecía de misericordia por la gente común; no le importaba su destino. Al mismo tiempo, constantemente controlaba la eficacia de los Chekistas. El 2 de abril de 1921 de abril, ordenó una disminución en el número de bocas a alimentar en las fábricas. Él quería decir que aquellos en exceso debían ser ejecutados.

Un verdadero terrorista, Lenín ordenó que los Bolcheviques debían tomar rehenes que debían ser ejecutados implacablemente si no se lograba el objetivo.

Ordenó que se debían tomar rehenes en todas las expediciones de saqueo. Esos rehenes serían asesinados si no se entregaban las riqueza y posesiones a los Guardias Rojos, o si fuese hecho cualquier intento por ocultar cualquier parte de sus riquezas.

En un futuro, de cualquier forma, todos los ciudadanos soviéticos se transformaron en rehenes, encerrados en un ghetto amurallado por una cortina de hierro. Aquellos que pudieran representar una amenaza al dominio de los Bolcheviques fueron aislados dentro del ghetto, en los campos de concentración. Lo siguiente puede leerse en "La Decisión en el Terror Rojo", 5 de septiembre de 1918: "La República Soviética debe librarse de los enemigos de clase aislándolos en campos de concentración..." ("Decretos del Poder Soviético" soviético, Moscú, 1964, pág. 295.)

El escritor Maxim Gorky que era bien consciente de la intolerancia de Lenín, lo caracterizó de esta manera: "Lenín no fue ningún mago todo poderoso, sino un fanfarrón de sangre fría que no le importaba ni el honor ni la vida de los proletarios." La fuente: El artículo de Gorky "A la Democracia", publicado en el periódico Novaya Zhizn, No. 174, 7 (20) de noviembre de 1917.

Cuando el judío Vladimir Bonch-Bruyevich, un socio muy cercano de Lenín, trató de refrenarlo un poco, creyendo que el principal revolucionario provocaría la destrucción total de Rusia si él no fuera detenido, Lenín contestó: "Escupo sobre Rusia, porque soy un Bolchevique." (Igor Bunich, "El Partido del Oro", St. Petersburgo, 1992, pág. 17.) Esta expresión también se transformó en un eslogan para los otros bolcheviques principales y Rusia se convirtió en un estado de bandoleros.

El "socialismo es la ideología de la envidia", declaró el filósofo Nikolai Berdyayev en 1918. Si él hubiera dicho esto abiertamente, habría recibido un disparo en el acto. Esto era verdad, ya que Lenín, después de aprovecharse de la envidia de los obreros y de los campesinos pobres, comenzó despiadadamente a eliminar a aquellos que le resistieron, de la misma forma como cuando apaleó a los conejos.

Él dio las órdenes para disparar contra los obreros si era necesario, lo cual realmente sucedió cuando pacíficos demostrantes en Astracán fueron baleados en marzo de 1919. Dos mil obreros fueron asesinados. (Igor Bunich, "El Partido del Oro", St. Petersburgo, 1992, pág. 58-59.) En Yekaterinoslavl, cien obreros que construían el tendido del ferrocarril fueron asesinados a tiros por haber intentado organizar una huelga. El tiroteo de obreros de esta forma continuó hasta la mitad de abril de 1919.

En los primeros tres meses de 1919, 138.000 obreros fueron fusilados. Los Bolcheviques finalmente, lograron aniquilar a casi todos los mejores trabajadores.

Los activistas entre los trabajadores también recibieron disparos durante el reino de Nikita Khrushchev. Los soldados soviéticos dispararon a 80 demostrantes en Novocherkassk, cerca del Mar Negro en junio de 1962.

Fue Lenín quien introdujo el método de matar a las personas en el acto.

Clasificó a los hombres de negocios rusos como enemigos del pueblo y entonces dio las órdenes para que ellos fueran muertos a tiros por especuladores. Los Chekistas usaron ciertos trucos para atraer a sus víctimas a su lugar de ejecución. 2.000 oficiales zaristas fueron llamados a un teatro en Kiev para un control de papeles de identidad. Todos fueron ejecutados sin misericordia. Otros 2.000 fueron ejecutados en el acto en Stavropol. Lenín animaba que los soldados mataran a sus oficiales, que los obreros mataran a sus ingenieros y directores, que los campesinos mataran a sus hacendados.

Hacia el fin de 1922, virtualmente no había casi personas inteligentes en Rusia, y los pocos que quedaban no tenían ninguna posibilidad de publicar o dar a conocer de otra formas sus ideas. El gran escritor Mikhail Bulgakov pudo hablar abiertamente después de la muerte de Lenín, el payaso agitador Vladimir Mayakovsky (de extracción judía) inmediatamente amenazó:

"Fue por pura suerte que permitimos a Bulgakov chillar, y eso fue lo que él hizo, para deleite de la burguesía. Pero esa fue la última vez". Luego los burócratas judíos atormentaron a Bulgakov hasta el fin de sus días. "Todo se ha prohibido. Me han aplastado, perseguido y estoy totalmente solo", escribió en una carta a Gorky. 13 de los 15 críticos de Bulgakov eran judíos. (Dagens Nyheter, 10 de agosto de 1988.)

Muchos poetas perecieron bajo Lenín. Entre aquellos ejecutados estaba el poeta de 35 años, Nikolai Gumilev, asesinado el 21 de agosto de 1921. Fue Grigori Zinoviev quien dio la orden para ejecutar a Nikolai Gumilev.

Al principio de la Nueva Política Económica, Lenín estaba descontento que el terror debía ser refrenado, pero prometió continuar más intensivamente en el futuro. "Es el error más grande creer que la NEP significa el fin del terror. Continuaremos el terror después, y también el terror económico", escribió Lenín a León Kamenev (en la realidad Rosenfeld) el 8 de marzo de 1922.

En su niñez, al pequeño Vova Ulyanov le gustaba mangonear y aterrorizar a la más pequeña de sus hermanas, Olga. También le gustaba destruir sus juguetes.

Lenín estaba sumamente disgustado con los resultados de la agitación para la revuelta de los campesinos en 1905: "Desgraciadamente, los campesinos destruyeron sólo una decimoquinta parte de las propiedades; sólo un decimoquinto de lo que ellos deberían haber destruido." (Lenín, "Collected Works", 2da edición, Vol. 19, pág. 279.) En Francia, los "revolucionarios" Jacobinos habían pedido que los campesinos destruyeran los castillos y feudos.

Lenín también ordenó que las iglesias fueran saqueadas y destruidas. De esta forma colectó 48 mil millones rublos en oro. ("A la Luz de Día" de Vladimir Soloukhin, Moscú, 1992, pág. 59.)

El monasterio Solovetsk se convirtió en un campo de concentración. De la misma forma, los museos fueron saqueados y el botín pasó de contrabando al extranjero. La colección de cuadros de Rembrandt más grande en el mundo fue mantenida en la Ermita (monasterio), pero esta fue vendida, tal como todos los tesoros de arte de las mansiones rusas.

El 7 de noviembre, Lenín dijo en un discurso al pueblo ruso: "Ustedes deben prepararse para sacrificar todo para conquistar el mundo!" Lenín nunca quiso alcanzar la verdad a través de la discusión. Sólo estaba interesado en dar fuerza al objetivo de su organización delictiva a través del engaño, el saqueo y los asesinatos. Ya que el pueblo ruso se negó a aceptar el demente sistema de los Bolcheviques, ellos fueron forzados a liquidar a una tercera parte de la población, escribió el escritor Vladimir Soloukhin en el periódico Ogonyok en diciembre de 1990.

Vladimir Lenín copió muchos de los métodos de Sergei Nechayev, terrorista anarquista (1847-82), quién tenía los planes para introducir las barracas - Comunismo en Rusia. Lenín llamó a su propio método "guerra-comunismo".

Nechayev había trabajado con el Illuminatus Mikhail Bakunin. Debido a la influencia de Bakunin, Nechayev llegó a creer que todo era moralmente justificable para un revolucionario. Incluso recomendaba unirse a los delincuentes, que también podría decirse, pertenecen a los verdaderos revolucionarios. Esta idea se volvió la base de las tácticas posteriores de Lenín. Mao Tse Tong (China) también usó estas mismas tácticas.

Nechayev había tomado parte en los disturbios estudiantiles en 1868 e intentó preparar una organización terrorista llamada "El Hacha" o "El asentamiento del Pueblo" en Moscú al año siguiente. Él fundó más tarde el grupo terrorista "Infierno" en el cual, el terrorista marxista, Nikolai Fedoseyev (1871-1898), se transformó más tarde en figura importante.

Este último envenenó a su padre para donar su herencia a la actividad revolucionaria. Fedoseyev fundó los primeros clubes Marxistas en Kazan. Uno de los miembros de éstos fue Vladimir Ulyanov (Lenín), quién se unió en 1888. (La Colección "Chernyshevsky y Nechayev", Moscú, 1983.)

Sergei Nechayev escribió "El Catecismo de la Revolución" en 1868-69 en la cual afirmaba: "Existe una necesidad de conspiradores con disciplina de hierro para que la revolución pueda tener éxito. Éstos deben incluso espiar sobre sus camaradas y deben informar cada acto sospechoso". De esta manera, Nechayev personalmente organizaba el asesinato de algún miembro crítico. Después de esto, huyó al extranjero en 1872. La policía suiza lo extraditó a Rusia en el mismo año, y él fue sentenciado a 20 años de trabajo forzado.

En su "Catecismo de la Revolución" Nechayev enfatizaba que un revolucionario debe ser despiadado contra toda la sociedad, sobre todo contra los intelectuales. Pero también debe aprovecharse del fanatismo de los terroristas individualistas. Estos se dejarían o se destruirían después según la necesidad. Tal como sabemos, Stalin comenzó a liquidar a los terroristas social- revolucionarios - todo en línea con las instrucciones de Lenín.

La canción infantil muy conocida en alabanza de Lenín dice así: "El gran Lenín era tan noble, considerado, sabio y bueno." Pero el "buen" Lenín no se preocupó de las condiciones de vida del pueblo. Odiaba a los niños. Lenín sólo estaba interesado en su propio poder y bienestar. También se preocupaba que su banda de bandoleros viviera bien y también sus parientes.

Lenín organizó fiestas para sus parientes en varios manantiales de agua mineral, todo esto lo pagaba el estado y les daba subsidios estatales. Existe evidencia escrita de cómo Lenín le pide a Sergo Ordzhonikidze cuidar de su amante Inessa Armand de la mejor manera posible cuando ella llegó a Kislovodsk.

El primer teléfono especial le fue dado a la misma "camarada Inessa". Fue Lenín quien introdujo los privilegios de la Nomenclatura, aunque cambió la vida de personas normales en una clara pesadilla.

Puede mencionarse aquí que, cuando Lenín pasó 14 meses en una cárcel en St. Petersburgo en 1895-96, recibió las comidas directamente de un restaurante. También pidió agua mineral especial desde una farmacia.

Como dictador, los feos atributos de Lenín salieron al frente. Guardó su fortuna personal que había ganado, el arte saqueado, valores y joyas que él había vendido, en un banco suizo. En 1920 solamente, Lenín transfirió 75 millones de francos suizos a su cuenta. (Igor Bunich, "El Partido del Oro", St. Petersburgo, 1992, pág. 83.)

Esto fue confirmado por el New York Times en el mismo año. El mismo periódico escribió el 23 de agosto de 1921 que el camarada León Trotsky tenía dos cuentas de banco, personales, en los Estados Unidos, en las cuales tenía un total de 80 millones de dólares. Entretanto, Lenín afirmaba que no había dinero para ayudar a los hambrientos o para apoyar la cultura. Según el mito, Lenín pensaba sólo en los otros.

Lenín había antes robado dinero de los fondos del Partido, a pesar del hecho que recibía su sueldo de los mismos fondos. Una vez, vació todos los fondos para comprar los votos de los miembros del Comité Central. Uno puede leer lo siguiente en "Memorias de un Socialista Ruso" de T. Alexinskaya (París, 1923): "Según las instrucciones de Lenín, Nikolai Shemashko transfirió todos los fondos del Partido a la cuenta de un comité ficticio...

Lenín sobornó a ciertos miembros del Comité Central para que ellos votaran por él."

En una reunión del Departamento Internacional Socialista en Bruselas el 20 de junio de 1914, Georgy Plekhanov dijo, entre otras cosas:

"Ulyanov no quiere devolver el dinero del Partido del que se ha apropiado como un ladrón." (Cita de las minutas.) En Inglaterra, se levantaron cargos contra Lenín por una deuda impaga. En 1907, él había pedido prestado el dinero del fabricante de jabón, Feltz, que había prometido rembolsar, pero no lo hizo. La policía buscaba a Ulyanov.

La policía en Francia también lo buscaba en 1907, por lo que viajó a otros países, incluyendo Suecia. Le debía 10.000 rublos oro a una banda de ladrones que deberían haber recibido armas a través de Lenín. El líder de la banda, Stepan Lbov, fue detenido y colgado. Con esto, Lenín creyó que el problema estaba resuelto. Pero uno de los bandidos vino a exigir el dinero. Lenín huyó, pero fue buscado después por la policía. También se había apropiado de la herencia del millonario Schmidt, que sumaban 475.000 francos suizos. Haciendo esto, Lenín actuaba de acuerdo con el principio Jesuita-Illuminista que – el fin justifica los medios.

Las personas de pensamiento independiente estarán conscientes que los inmensos crímenes del Partido comunista Soviético nunca podrán repararse. Es igualmente imposible justificar los actos de "camaradas individuales", como los Lenín entre otros. De hecho, Lenín estaba fascinado con la violencia. Hablaba de la llamada Revolución francesa y ante todo alababa la violencia que había involucrado.

Lenín se extasiaba con la violencia - acostumbraba a lamerse los labios cuando se presentaba la posibilidad de usarla.

Mark Yelizarov, el esposo de la hermana mayor de Lenín, Anna, dijo al camarada Georgi Solomon que Lenín era anormal. (Georgi Solomon, "Lenín y su Familia", París, 1931.) Charles Rappoport afirmó en 1914, que Lenín era un estafador de la peor clase. Vyacheslav Menzhinsky llamó a Lenín un político Jesuita, en el periódico en el exilio ruso, Nashe Slovo (París, julio de 1916). Menzhinsky fue nombrado Comisario del Pueblo para los Asuntos Financieros después de la toma del poder Bolchevique. En 1918, fue Cónsul general en Berlín de la Rusia soviética y después, en 1919, tenía posiciones importantes dentro de la Cheka. En 1926, estaba al a cabeza del OGPU (la policía política), una posición que mantuvo hasta 1934, cuando Stalin lo hizo ejecutar.

En 1916, Menzhinsky había declarado abiertamente que el objetivo de los leninistas era suprimir la voz de los obreros. Más tarde se transformó en un infame asesino en masa.

Incluso el sádico implacable León Trotsky llamó a Lenín 'sicario' en una reunión del Politburó, porque Lenín, cuando estaba enfadado, acostumbraba a llamar a sus compañeros delincuentes, idiotas, mestizos, ladrones, carroña, delincuentes, parásitos, especuladores...

El 7 de noviembre de 1990, la televisión sueca mostró un programa sobre el golpe de octubre y sus consecuencias. Había entrevistas de ambos Leninistas - Stalinistas y de los Guardias Blancos. Alejandro

Kondratyevich, ex oficial en el ejército ruso zarista, viviendo ahora en París, había visto a Lenín personalmente. Dijo que los ojos de Lenín eran malvados e irradiaban el odio, y que estremecía con el mal y el odio cuando hablaba. Kondratyevich tenía la impresión que Lenín padecía de alguna forma de paranoia.

El escritor ruso Alejandro Kuprin (1870-1938), quién emigró de su patria en 1919 para volver en 1937 describió a Lenín de la siguiente manera: "Bajo, con hombros anchos y flaco." Pensaba que Lenín era superficial.

El escritor Nikolai Valentinov escribió el libro "El Lenín Menos Conocido" (París, 1972). Él pensó que los feos ojos pequeños de Lenín irradiaban un desprecio penetrante, una frialdad compacta y una maldad sin fondo. Valentinov afirmó que la mirada de Lenín le recordaba la mirada fija de un jabalí enfadado.

El filósofo inglés, Bertrand Russell, sostuvo que Lenín fue la peor persona que había conocido alguna vez. Describió en sus memorias cómo Lenín le habló de los campesinos que había colgado y comenzó a reírse como si hubiese sido un chiste.

Ha sido hecho público en la prensa rusa cómo, cuando Félix Dzerzhinsky (en la realidad Rufin), jefe de la Cheka, le contó a Lenín de la ejecución de quinientos intelectuales importantes en 1918, el gran dictador, en su alegría, comenzó a relinchar como un caballo. Entró en éxtasis y gritaba de satisfacción.

En agosto de 1990, el artista Ilya Glazunov estaba en el programa de televisión más popular de Leningrado, "600 Segundos", el presentador le preguntó,: "¿Quién cree usted que es el más gran criminal del siglo XX?" Glazunov contestó: "¿No es obvio? Todos sabemos quién es". El presentador persistió: "No, no tengo ninguna idea a quien usted se refiere. Dígame, ¿En quién está pensando?" Glazunov dijo: "en Lenín, por supuesto".

Muchas personas que conocieron a Lenín personalmente declaran que principalmente era el odio y la crueldad implacable lo que lo alimentaba. Siempre recibió las noticias de ejecuciones con una sonrisa. Deseaba que los allanamientos y arrestos ocurrieran por las noches.

El líder real de la organización terrorista 'Cheka' en la realidad, fue Lenín. En el Séptimo Congreso Soviético en diciembre de 1919, Lenín enfatizó que un terror bien organizado era necesario. Explicó que un buen comunista debe ser al mismo tiempo un buen Chekista.

Otro mito afirma que Stalin tomó el poder del así llamado "Concejo de los Obreros" contra el deseo de Lenín. Pero Lenín escribió lo siguiente, ya en 1918: "'Todo el poder a los Concejos de los Obreros! fue el eslogan de la revolución pacífica. Ya no es más aplicable". (Lenín, "Collected Works", Vol. 25, pág. 156.)

Según otro mito, Lenín defendió la democracia y la libertad. Si él hubiese tenido un tiempo más largo en el poder, todo habría sido diferente.

Lenín enfatizó ya en 1917 que los obreros no necesitaban ninguna libertad, igualdad o fraternidad. (Lenín, "Collected Works", Vol. 26, pág. 249.)

También dijo que al Marxismo le faltaba ética. La única ética del Marxismo es la lucha de clases. (Lenín, Collected Works", Vol. 26, pág. 378.)

Stalin no se desvió del camino de Leninismo, como se afirmó después. Él desmanteló la NEP por que entonces servía a su propósito. Lenín había dado instrucciones para ese efecto. Gorbachev también actuó de acuerdo a estas pautas.

Lenín escribió: "Si los ataques en el frente de línea fallan, deberemos dar la vuelta y continuar más despacio. Tenemos que aprovecharnos del capitalismo." Esto fue en 1921 antes del comienzo de la Nueva Política Económica. (Lenín, "Collected Works", Vol. 32, pág. 318.)

Olgerts Eglits, miembro de la Academia de Ciencias Letona, el 17 de abril de 1989, en el periódico Atmoda (El Despertar), declaró que Stalin había seguido los principios Leninistas cuidadosamente. Es probable que todos recordemos los sangrientos eventos que tuvieron lugar en Riga y Vilnius en enero de 1991. Ellos, también, fueron el resultado de la política Leninista.

Entre otros documentos descubiertos en los archivos de Trotsky, había una carta de Lenín al judío Yefraim Shklansky, Comisario del Pueblo para los Asuntos Militares, escrita en agosto de 1920. Lenín supo que en Estonia, voluntarios se estaban uniendo al ejército polaco. El plan era enviarlos a Polonia vía Riga en Letonia. Así que Lenín decidió: "No es suficiente con enviar una protesta diplomática... Use los medios militares, es decir debe castigar a Letonia y Estonia militarmente (siga, por ejemplo, a Balakhovich por la frontera y cuelgue de 100 a 1000 oficiales y personas adineradas)". Lenín prometió pagar 100.000 rublos por cada persona colgada.

El hábil plan de Lenín era enmascarar a sus terroristas como guardias Blancos de Stanislav Bulak - Balakhovich.

Esta carta fue omitida en "Collected Works" y se publicó por primera vez en Das Landund die Welt No. 4, en Munich en 1984, y también en Rusia después de la caída del Comunismo.

¿No fue un típico truco Leninista hacer a Vytautas Landsbergis responsable de la masacre soviética en Vilnius en enero de 1991? Alejandro Solzhenitsyn ha puesto énfasis que Lenín no tenía virtualmente nada en común con la cultura rusa, ya que el pertenecía a los llamados internacionalistas.

Esa es la razón por la cual emprendió una guerra contra toda forma de cultura nacional. Su política en asuntos nacionales prescribió la fusión de nacionalidades y culturas diferentes. El santo de los bolcheviques escribió en 1919: "Los pueblos se mezclarán. El estancamiento nacional debe cesar." (Lenín, "Collected Works", Vol. 20, pág. 55.)

Seis años antes, en 1913 él había declarado: "De un punto de vista social demócrata, la cultura nacional no debe ser fortalecida, ya que la vida espiritual de toda la humanidad será internacionalizada bajo capitalismo. Bajo el Socialismo se internacionalizará completamente." (Lenín, "Collected Works", Vol. 19, pág. 213.) Los sucesores de Lenín han intentado llevar a cabo esta tesis para transformar a Rusia en la 'cloaca étnica' sobre la que Marx escribió.

Oleg Agranyants trabajó como secretario del Partido en la comuna soviética en Túnez en 1985. Su libro "¿Qué hay que hacer? O la Tarea más Importante de nuestro Tiempo – Des- leninización de Nuestra Sociedad", fue publicado en Londres en 1989. Fue realmente sorprendente cuán vehementemente él desenmascaró a Lenin.

Oleg Agranyants afirmó, entre otras cosas, que Lenín confió en Stalin completamente. Stalin, entretanto, sentía un desprecio por Nadezhda Krupskaya.

Stalin incluso la amenazó de la siguiente manera: "¡Si es necesario, diremos que la esposa real de Lenín era Stasova!". Stalin probablemente tenía una buena razón para hacer esta declaración, ya que la famosa Bolchevique judía, Yelena Stasova, mejor conocida por su dirección del MOPR o Ayuda Roja, afirmó muchas veces en sus 93 años, que Lenín había usado su nombre, Lena, como su seudónimo.

La primera vez que Vladimir Ulyanov se hizo llamar Lenín fue en diciembre de 1901. En su libro, Oleg Agranyants se lamenta que el nombre de la amante de Lenín fuese Lena y no Varya. Entonces, en lugar del Marxismo-leninismo, nosotros habríamos tenido Marxismo-Varvarism (Marxismo-barbarismo).

Krupskaya nunca llamó a su marido Lenín. Antes que los Bolchevique tomaran el poder, ella firmó todos los documentos como Ulyanova. Después de la introducción de la dictadura roja ella firmó como Krupskaya. El nombrado testamento de Lenín en dónde describía a Stalin con duras palabras y no lo recomendaba para la dirección, es de hecho una falsificación trivial. Krupskaya escribió esta carta. Durante este período, la salud de Lenín era tan penosa que a veces olvidaba su propio nombre. El tirano, padecía un progresivo decaimiento mental y físico, ya no era capaz de dictar una carta. El Politburó supo esto y por consiguiente nunca tomó esta carta en serio. También por su lenguaje, difería de las otras notas y escritos de Lenín.

Si se estudian los primeros escritos de Lenín, pueden encontrarse sólo dos o tres documentos en que no alaba a Stalin, mientras que era sumamente severo con sus otros colaboradores. Él siempre tenía algo desagradable que decir sobre Trotsky o Kamenev o Zinoviev o Bukharin. Tal como el lector habrá notado, no se refrenaba particularmente en su modo de expresión. Stalin nunca hizo algo, divergente de las opiniones de Lenín o sus escritos.

Fue Lenín, no Stalin quien comenzó a deportar a los familiares de sus antagonistas políticos. Debe apuntarse aquí que la toma de rehenes fue una política estatal que había sido planeada por Lenín y Trotsky y no simplemente un resultado de la crueldad de despiadados terroristas individuales. Fue Lenín quien comenzó las expediciones de saqueos y asesinatos masivos. Lenín incluso ordenó ejecutar a todas las personas sin hogar, en el acto.

Stalin siguió el mismo modelo. Sólo siguió el decreto de Lenín de enero de 1918, que exhortaba que Rusia fuese purgada de todo bicho posible para un futuro previsible.

Yo podría mencionar aquí que, la actitud de Stalin hacia los valores culturales fue algo más apacible que la de Lenín. No hubo por supuesto, ningún desvío de la verdadera doctrina Leninista. Stalin quería parecer democrático. Por ello introdujo el llamado a elecciones generales por razones demagógicas. En contraste, Lenín había dicho que el pueblo no tenía nada que opinar en esta materia, ya que él, Lenín, había previsto todo. Stalin, también era de la opinión que todo lo sabía mejor que nadie. Stalin re-introdujo la tradición del árbol de Año Nuevo y en 1942 permitió el uso de las camisas del ejército zarista (gimnastyorka)... Lenín había despreciado esas cosas.

Stalin no ascendió al trono por el mismo. Fue Lenín quien le hizo Secretario General del Comité Central, ya que Trotsky no deseaba ser visto en esta posición pública debido a su origen evidentemente judío. Stalin fue un digno seguidor de la herencia Leninista hasta que Lazar Kaganovich lo envenenó en 1953.

Por supuesto, Stalin fue el tirano más sangriento en la historia de la humanidad, pero él estaba siguiendo simplemente el camino Leninista. Stalin fue el verdugo que ejecutó las sentencias del Juez Lenín y llevó a cabo sus planes de esclavitud. Una vez más es posible citar una orden correspondiente de Lenín: "Comience una implacable campaña de terror y guerra contra los granjeros y otros elementos burgueses que están escondiendo un exceso de grano."

Un secreto particularmente oscuro sobre Lenín permaneció escondido hasta el fin de los años noventa. Esto es evidente de su correspondencia con su camarada de Partido y hermano Masónico, Grigori Zinoviev (en la realidad Radomyslsky). Lenín le escribió a

Zinoviev el 1º de julio de 1917: "¡Grigori! Las circunstancias me han obligado a que deje Petrogrado en seguida... Los camaradas sugirieron un lugar. Es tan aburrido estar solo... Ven y únete a mí y pasaremos días maravillosos juntos, lejos de todo... "

Zinoviev escribió a Lenín: "¡Estimado Vova!" Usted no me ha contestado. Usted se ha olvidado probablemente de su Gershel [Grigori]. He preparado un agradable escondite para nosotros... es una casa maravillosa dónde viviremos bien y nada perturbará nuestro amor. Viaje aquí en cuanto usted pueda. Estoy esperando por usted, mi pequeña flor. Su Gershel."

En otra carta, Zinoviev quiso estar seguro que Lenín no estaba durmiendo con otros hombres en su casa. Él acabó su carta enviando un beso Marxista a su Vova. Él sugirió que nada debería esconderse de la esposa de Lenín, Nadezhda Krupskaya, y le recordaba la primera vez que ella los había sorprendido. (Vladislav Shumsky, "Hitlerismo es Terrible, pero el Sionismo es mucho Peor", Moscú, 1999, pág. 47.)

De esta forma los dos hermanos Masones practicaron el amor de David por Jonathan. Quizás esto hace más fácil para nosotros entender por qué los francmasones son tan perspicaces en apoyar la "liberación" homosexual.

Al hombre soviético no se le permitió ser independiente del estado, incluso en los alimentos. Stalin se aseguró para finalmente acabar con esto, implementando la colectivización masiva. En esto, él seguía también las órdenes de Lenín.

Lenín había dicho que un granjero independiente, que tenía un exceso de granos era un peligro para la revolución social. (Lenín, "Collected Works", 2da edición, Vol. 19, pág. 101.) Pero igual que un loro, Stalin repitió que deben tomarse medidas contra los granjeros, igual que contra los burgueses, si ellos obtuviesen una buena cosecha, para proteger la revolución social.

Es comprensible entonces, porqué las personas contaban este chiste: A Radio Yerevan se le preguntó : "¿Por qué existe siempre escasez de alimentos en la Unión Soviética?" Radio Yerevan contestó: "Porque el Palacio Invernal fue tan mal defendido".

Lenín supo que la mayoría del pueblo ruso estaba contra su Partido sanguinario. Por consiguiente él emprendió una terrible guerra contra ese pueblo, para esclavizarlo por medio de eslóganes justos pero sin sentido. Su sucesor continuó esta guerra terrible, pero usó métodos diferentes. Vladimir Ulyanov-Lenín supo que el poco talentoso Stalin seguiría sus órdenes a la carta.

También fue Lenín el que creó los problemas entre las diferentes naciones.

El 21 de febrero de 1921, entregó el Kars armenio y Ardagan a Turquía a cambio del pueblo de Batumi. Stalin no pudo dar Nagorno-Karabakh a Azerbaidjan sin el permiso de Lenín. Lenín no hizo un secreto del hecho que él, tal como los turcos judíos gobernantes, detestaba a los armenios.

El ingrato Lenín incluso persiguió a sus aliados, sobre todo a los Social-Revolucionarios en la izquierda, que estaban preparados para apoyarlo en todos de todas las formas y maneras y que entraron en su gobierno en diciembre de 1917. Lenín ordenó que su líder, María Spiridonova, fuese encarcelada un año después de la toma del poder. Stalin la hizo ejecutar 1941. Muchos de aquellos que ayudaron a Lenín tuvieron muy mal fin.

LOS ÚLTIMOS DÍAS DE LENÍN

La travesía de Lenín a través de la vida acabó muy trágicamente. Las circunstancias que rodean su muerte han sido cuidadosamente ocultadas. Oficialmente se afirmó que él padecía de constantes dolores de cabeza como resultado de una herida de bala, causada por Fanny Kaplan, debido a lo cual nunca podía dormir apropiadamente. Esto fue afirmado por última vez por Chazov, el Ministro de Salud soviético, en el periódico Ogonyok No. 42, 1988.

Esta mentira fue expuesta por el propio Pravda, en el número 18, 1929, dónde el Letón Bolchevique Janis Berzins-Ziemelis habló sobre su reunión con Lenín en 1906. Dijo, entre otras cosas: "Vladimir Ulyanov sufría de insomnio y dolores de cabeza incluso en ese tiempo. Eso era por qué se levantaba tarde y casi siempre estaba de mal humor."

Entonces Lenín sufría de dolores de cabeza incluso 12 años antes del atentado a su vida. Fue menos conocido en ese tiempo que Lenín también sufría de constante dolor en sus ojos lo cual, de acuerdo con Vladimir Soloukhin, apuntaba a problemas en su cerebro.

En la tarde de los 12 de diciembre de 1922, Félix Dzerzhinsky le dijo a Lenín que Theodor Rothstein, su representante judío, ya no podía sacar dinero del Partido de la cuenta bancaria en Suiza. Todos los códigos habían sido cambiados y el dinero se había transferido a tres nuevas cuentas con nuevos códigos. Este dinero, en parte, había sido usado para la infiltración de naciones de Europa. Lenín había ordenado a Litvinov y a Theodor Rothstein que construyeran una red de infiltrados a lo largo de Europa ya en 1917. Esa fue la razón por la cual los "diamantes del Partido" se habían vendido en Inglaterra todo el tiempo... Sólo el dinero en las cuentas personales de Lenín permanecía. Lenín estaba sumamente disgustado. Al día siguiente - el 13 de diciembre - padeció un segundo, pero aún más intenso ataque.

El 16 de diciembre de 1922, cuando Lenín apenas se había recuperado, dio la orden que le llevaran desde su villa en Gorky (cerca de Moscú) al Kremlin dónde se quedó. No escuchó las protestas de doctores y de su familia. En el Kremlin, Lenín descubrió que alguien había hecho una búsqueda completa de su oficina, habían abierto su armario y lo habían saqueado, tomando documentos secretos, los detalles de los códigos, las libretas de cheques, cartas de autorización y varios pasaportes extranjeros. Su ataque de rabia lo llevó a sufrir otro ataque, de aproximadamente 30 minutos de duración, en la misma noche.

Las circunstancias del nuevo ataque de Lenín fueron mantenidas en secreto por el Partido Comunista hasta que el historiador Igor Bunich los reveló en su libro "El Partido del Oro" (St. Petersburgo, 1992, pág. 94).

Lenín finalmente se desmoronó tanto física como mentalmente. Durante el año que precedió a su muerte, estaba en un estado constante de decaimiento general. El tercero y el peor ataque que condujo a una hemorragia cerebral, ocurrió el 9 de marzo de 1923, cuando perdió prácticamente la capacidad de hablar.

Uno podría preguntar: ¿Cómo terminó sus proyectos escritos? Hay historiadores que dicen simplemente, que los últimos escritos fueron hechos por León Trotsky como autor.

Yo no quiero pensar sobre todas las atrocidades que el inhumano y sanguinario Lenín podría haber cometido si hubiese tenido un buen estado de salud. Trotsky dijo, en su infame artículo de 1939, que Stalin podría haber envenenado a Lenín. Es verdad que Lenín le pidió veneno a Stalin después de su primer ataque, el 26 de mayo de 1922. Stalin habló en el Politburó sobre esto y ellos pospusieron el ítem de la agenda. Está ahora claro que Stalin no envenenó a Lenín.

En 1991 aún se afirmaba oficialmente que Lenín padeció de coágulos de sangre en las endurecidas arterias de su cerebro. Los coágulos habrían afectado áreas vitales del cerebro. En junio de 1992, fue reconocido oficialmente en Moscú que Lenín murió de sífilis (Aftonbladet, 23 de julio de 1992).

El Instituto Central para el Marxismo-leninismo entregó notas completas que la hermana mayor de Lenín, María había guardado durante los últimos meses de vida de Lenín. Según ella, Lenín contrajo la sífilis en París en 1902. Los dolores de cabeza de Lenín se volvieron especialmente severos en 1922. También padecía de catarro gástrico y ataques de rabia desenfrenada.

Finalmente, quedó paralizado. Los hechos sobre su sífilis eran secretos. León Trotsky declaró no obstante, que Lenín murió de sífilis.

(León Trotsky, "Retratos: Político y Personal", Nueva York, 1984, pág. 211.)

Según la propaganda mitológica soviética, Lenín había llevado una vida familiar más que ejemplar. En una fase temprana, Viktor Chernov, uno de los líderes de los Social Revolucionarios, reveló algunos de los detalles sobre la vida íntima de Lenín. El mito fue aplastado completamente en 1960 cuando un libro sensacionalista fue publicado en Francia "Lenín y los Burdeles" en que se revelaba que Lenín era sumamente obsesionado con el sexo. Esa es la razón por la que odiaba a Platón tan intensamente. Algunos periodistas franceses habían visitado los burdeles en París que Lenín había frecuentado.

Entrevistaron a viejas prostitutas sobre los hábitos sexuales de Lenín. Fue durante este período que Lenín contrajo la sífilis.

En 1991, fue revelado por primera vez en Rusia que el "líder del proletariado mundial" frecuentemente visitaba los burdeles para satisfacer sus apetitos sexuales cuando su esposa y sus dos amantes no eran suficientes. Oficialmente, Lenín había alcanzado la fase más alta de la evolución humana. ¿Cómo encaja eso con su interés en el nivel más bajo de la cultura sexual?

El Partido bolchevique llamó a varios médicos alemanes famosos y les pidió que examinaran a Lenín. Todos los médicos alemanes hicieron el mismo diagnóstico - Sífilis.

Esto no fue popular en la dirección del Partido, por lo que el profesor judío Salomón Eberhard Henschen, de 76 años, un experto cerebral de Estocolmo, fue invitado a Moscú. Viajó junto con su hijo, Folke Henschen que era Profesor en Patología. Ellos dos hicieron un diagnóstico satisfactorio: arteriosclerosis. (Dagens Nyheter, 23 de agosto de 1992.)

Las autoridades se atrevieron a revelar la verdad sólo en julio de 1992. En 1923, Lenín podía lanzar sólo palabras y frases incoherentes: "La revolución... Ayúdeme... el pueblo... vete al infierno." Gritaba ruidosamente, agitado, con lágrimas y suspiraba desesperadamente. (Dagens Nyheter, 23 de agosto de 1992.)

Normalmente, sólo podía decir: "Simplemente ahora... Sólo ahora..." En la Navidad de 1923, sólo unas semanas antes de su muerte, Lenín estaba sentado en su balcón y aullaba a la luna llena como un lobo (Igor Bunich, "El Partido del Oro", St. Petersburgo, 1992, pág. 95).

Fotografías tomadas en el otoño de 1923, en las afueras de la villa de Lenín en Gorky fueron entregadas en 1992. Éstas muestran sin retoques, el estado enfermo de Lenín, su lado derecho parecía como paralizado.

El 21 de enero de 1924, alrededor de seis de la tarde, la temperatura de Lenín subió a 42.3°C. ya no había espacio en la parte superior del termómetro para mostrar más allá. En sus último espasmos, balbuceó en alemán "Weiter, weiter! " Murió a las seis y treinta horas.

Todo el material sobre el examen del cerebro de Lenín fue guardado secretamente y los estudios en curso fueron detenidos. Esto fue revelado por el periodista Artyom Borovik. (Aftonbladet, septiembre, 1991.)

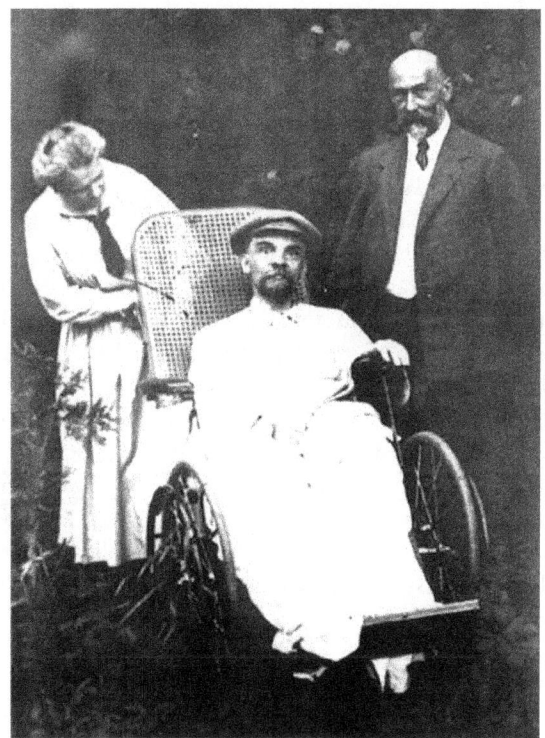

Lenín con su hermana Maria y su doctor en agosto de 1923

Sólo en 1992 fue revelado en Rusia que, según los descubrimientos de los doctores, un hemisferio del cerebro de Lenín había sido no-funcional desde su nacimiento. El otro hemisferio estaba cubierto de tales espesos depósitos del calcio que era absolutamente imposible entender cómo Lenín había sobrevivido sus últimos años, y surgió la pregunta: ¿Por qué no había muerto cuando niño?

Yuri Annenkov afirmó en 1966 en su libro "El Diario de mis Reuniones" (Nueva York), que él logró poder dar una mirada al cerebro de Lenín - el hemisferio izquierdo estaba muy arrugado, desfigurado y encogido. Los doctores alcanzaron un acuerdo general que era imposible para un ser humano vivir con tal cerebro. (Igor Bunich, "El Partido del Oro ", St. Petersburgo, 1992, pág. 75.)

¿Pero era Lenín realmente un ser humano normal?

En conclusión se puede decir que el cerebro de Lenín estaba tremendamente enfermo desde su nacimiento, pero que allí ocurrió, casi milagrosamente, una cierta compensación por el daño. Sin embargo, esto permitió un margen muy pequeño para sobrevivir a un ataque sifilítico progresivo al cerebro. Una idea repugnante surge, al saber que ciertas enfermedades del cerebro podrían destruir las funciones más altas que nos hacen seres humanos, pero dejan intacto, el tipo de inteligencia robótica que es necesaria para ser un instrumento al servicio de poderes malignos.

Para hacer las cosas mucho peor, la dieta de Lenín consistía casi exclusivamente en pan blanco. Esto significa que padecía una severa deficiencia de minerales y vitaminas necesarias para que su cuerpo y su mente funcionaran adecuadamente.

No sabía nada de Nutrición. (Ogonyok, No. 39, octubre, 1997.) Incluso el hermano más joven de Lenín, Dmitri Ulyanov, padeció una enfermedad al cerebro. Se transformó en un asesino en masa en Crimea en su lucha por el poder soviético durante 1917-21. Finalmente enloqueció y quedó totalmente paralizado. Murió el 17 de julio de 1943, en Gorky a los 68 años de edad.

El arquitecto Alexei Shchusev (1873-1949), quién diseñó el mausoleo de Lenín, usó el altar central del Templo Satánico en Pergamon como prototipo. Los nacional socialistas alemanes habían transferido el original a Berlín en 1944, desde dónde se transportó un año más tarde a Moscú. (Artículo de Alexei Shchusev "Den oforglomliga kvallen" / "La Tarde Inolvidable", Svenska Dagbladet, 27 de enero de 1948.) Éste, también, fue un secreto estatal.

El periódico 'SN' escribió el 14 de mayo de 1981, que el Altar Central de los Satánicos estaba en el mausoleo de Lenín.

Finalmente, los secretos que habían estado bajo la sombra de Plutón, han empezado a mostrarse a la luz. Aquellos que temieron que toda la sociedad se caería a pedazos totalmente si la verdad se conociera, estaban en lo correcto. Aquellos que afirmaron que el maligno Comunismo no podría ser reformado también estaban en lo correcto. Esta es otra razón por qué Lenín odiaba a los historiadores honestos y neutrales. Cuando Maxim Gorky le pidió que salvara la vida del Príncipe Nikolai Mikhailovich que era un historiador, Lenín contestó: "La revolución no necesita a ningún historiador." (Igor Bunich, "El Oro del Partido", St. Petersburgo, 1992, pág. 47.)

En 1990, la demolición de los monumentos a Lenín en Polonia, Hungría, Georgia, en los estados bálticos y en otros países europeos comenzaron. El primer y último presidente de la Unión Soviética, Mikhail Gorbachev, intervino. El 14 de octubre de 1990 de octubre, emitió un decreto que prohíbe el levantamiento o destrucción de las estatuas de Lenín y de otros monumentos al comunismo.

Gorbachev describió el derrumbe de los monumentos a Lenín como actos "incompatible con... el respeto por la historia de la patria y la moral generalmente aceptable". El decreto de Gorbachev para proteger los monumentos a Lenín no tuvieron efecto. La destrucción continuó. Cuando el monumento a Lenín en Lvov (Ucrania) fue sacado, los saludos cesaron abruptamente cuando fue descubierto que la estatua de Lenín estaba parada sobre tumbas de ucranianos, judíos y polacos. ¿Bastante simbólico, no es así? (Dagens Nyheter, 17 de octubre de 1990.)

El último monumento a Lenín en Estonia fue demolido el 21 de diciembre de 1993 en Narva, que había sido colonizada por rusos simpatizantes de los Bolcheviques. Ellos lo mantuvieron como un ángel guardián por sus injustos planes contra la independiente Estonia.

Lenín todavía permanece por aquí y por allí en Rusia, Cuba y en Asia, sobre todo en China, pero también en Calcuta. Los Comunistas han estado en el poder en esta ciudad india durante 22 años. Ellos todavía creen que el Marxismo-Leninismo es la única respuesta a los problemas económicos y políticos de los pobres. (Dagens Nyheter, 26 de enero de 1993.)

El 1º de abril de 1991, vi cómo alguien había garrapateado un texto casi simbólico en una pared en Sevilla, España: "Sin el Marxismo-leninismo, no habría ningún Comunismo en el mundo de hoy! "

El sistema súper centralizado que fundó Lenín, ha caído ahora a pedazos. Lenín no trajo nada bueno a Rusia.

La historia ya ha juzgado a Vladimir Ulyanov, Gran Maestro al servicio de la oscuridad y la falsedad. ¿Cuándo entenderán los pueblos y aceptaran este juicio?

LEÓN TROTSKY – CÍNICO Y SÁDICO

León Trotsky nació con el nombre de Leiba Bronstein el 25 octubre (7 de noviembre en el calendario Gregoriano) de 1879 a las 10:09 p.m., en el pueblo Yanovka, cerca de Bobrinets en la provincia de Kherson en Ucrania. Algunas fuentes extranjeras afirman que llegó al mundo el 26 de octubre. Dmitri Volkogonov, sin embargo, fijó el 25 en su libro "Trotsky".

El calendario Juliano en que el nuevo año comienza 13 días después que en el Gregoriano, fue usado en Rusia antes de la revolución Bolchevique. El padre de Leiba, David Bronstein, era un hombre de fortuna, un hacendado judío. De hecho, la familia de Bronstein poseía todo el pueblo.

En 1888, cuando Leiba tenía 7 años, empezó asistiendo a una escuela Heder judía dónde los estudios se impartían en hebreo. (Dmitri Volkogonov, "Trotsky", Moscú, 1994, pág. 31.) Los niños en esta escuela judía también estudiaban el Talmud. Según el Talmud, los judíos son el Pueblo Escogido de Dios que va a jugar el rol principal en el mundo. En 1911 los judíos tenían 43 escuelas de este tipo, solamente en Odessa, un pueblo en que el 36.4 por ciento de la población era judía en 1926. Leiba comenzó coleccionando dibujos pornográficos a la edad de ocho años.

En 1888 Leiba comenzó su educación secundaria en la escuela St. Paul en Odessa, pero terminó su último año en Nikolaievsk dónde conoció a un judío Checo, Franz Schwigowsky que reclutó a Leiba de 17 años para una sociedad secreta - "la Liga de los Obreros". Los miembros de "la Liga" fueron encarcelados, incluyendo a Leiba Bronstein, el 28 de enero de 1898. Fue encarcelado en Odessa dónde pasó dos años antes de que fuera desterrado a Siberia por cuatro años.

El 21 de agosto de 1902, escapó de Siberia. Primero fue a Viena dónde encontró en seguida al judío "revolucionario" y francmasón Viktor Adler, que publicaba el periódico Arbeiter-Zeitung (Periódico de Obreros). Entonces su camino a Londres fue preparado.

El hombre que transformó a Leiba Bronstein en un monstruo revolucionario bajo el nombre de León (Lev) Trotsky, era un judío francmasón de alto nivel jerárquico, el illuminatus Israel Helphand, quien usaba en un golpe de ironía misma, el alias de Alexander Parvus (Alejandro el Pequeño).

La manera en que Helphand entró en contacto con Bronstein no se ha revelado, ni aún por las últimas investigaciones sobre la materia. Podría presumirse que se encontró con Parvus a través de Lenín quien ya se encontraba desde el otoño de 1902 en Londres. Fue en 1902 que Bronstein comenzó a llamarse Trotsky.

Leiba Bronstein consideró a Pavel Axelrod primero, y a Parvus más tarde como sus mentores y guías. Nunca estudió en una universidad. Las enciclopedias occidentales han afirmado que Trotsky estudió en la Universidad de Kiev, pero éste no fue el caso. Sus contactos con Parvus fueron la única "universidad" que él necesitó.

Trotsky permaneció en Europa Occidental hasta enero de 1905, cuando retornó a Rusia junto con Parvus a organizar una "revolución." Junto con Parvus, editó el periódico socialista, Nachalo (El Principio).

Muchos mitos retocados se unieron al nombre de Trotsky, sobre todo en Occidente dónde era presentado como una personalidad" "gigantesca, "un hombre excelente", "un tipo educado y afable". Estos mitos llegaron a Moscú en el otoño de 1988, cuando Trotsky fue rehabilitado de las imputaciones de Stalin contra él. También se ha afirmado que todo habría sido mucho mejor si Trotsky hubiese sido el Secretario General del Comité Central.

¿Es esto verdadero? Por medio de los documentos históricos, los propios escritos de Trotsky y otras fuentes, demostraré lo contrario. Fue una suerte que Trotsky no llegara a la cabeza del Partido Comunista. Historiadores honestos, también en Rusia, han comenzado a considerar a Trotsky una alternativa aún más terrible en la dirección que la de Stalin.

El mito sobre Trotsky está claramente basado en la propaganda de un Comunismo bueno como opuesto al Comunismo malo de Stalin. Esta es la razón por la cual se ha enfatizado una y otra vez cuán elegante era Trotsky, y cuan rudo y vulgar era Stalin. También se suponía que Trotsky estaba interesado en la cultura.

El mito alrededor de Trotsky principalmente se lo creó él mismo. Hace historia con una seriedad ostensible, sobre cosas que era bastante ignorante. Su falsificación de la historia de la "revolución rusa" es apreciada en Suecia por el historiador Kristian Gerner, entre otros. (Svenska Dagbladet, 6 de septiembre de 1988.)

TROTSKY COMO FRANCMASÓN

Mr. Leiba Bronstein se transformó en francmasón en 1897, y más tarde llegó a ser un Illuminatus de alto nivel de jerarquía a través de su amigo Alexander Parvus. También mantenía contactos con B'nai B'rith, la orden Masónica judía que había ayudado a los "revolucionarios" judíos previamente en Rusia. Un hombre llamado Jacob Schiff, Presidente de la

Casa Bancaria Kuhn, Loeb & Co. y favorito de Rothschilds, se hizo cargo de los contactos entre el movimiento "revolucionario en Rusia" y B'nai B'rith. (Gerald B. Winrod, "Adam Weishaupt - Un Diablo Humano", pág. 47.)

Leiba Bronstein empezó a estudiar la francmasonería y la historia de las sociedades secretas seriamente en 1898, y continuó estos estudios durante los dos años que pasó en prisión, en Odessa. Escribió notas que sumaban más de 1.00 páginas. "Internationaler Freimaurer-Lexikon" (Vienna/Munich, 1932, pág. 204) renuentemente admite que Leiba Bronstein-Trotsky llegó al Bolchevismo a través de este estudio de francmasonería.

Como Comisario del Pueblo para los Asuntos Militares, Trotsky introdujo el pentagrama - la estrella de cinco puntas - como símbolo del Ejército Rojo. Los Cabalistas habían tomado este símbolo de magia negra de las brujas en la antigua Caldea.

Con la ayuda de Alexander Parvus, Trotsky llegó a la conclusión que el verdadero propósito de la francmasonería era eliminar los estados nacionales y sus culturas e introducir un estado mundial Judaizado. Esto también se declara en "La Iniciación Secreta en el Grado 33": "La Francmasonería es nada más y nada menos que la revolución en acción; la conspiración permanente".

Bronstein se transformó en un convencido internacionalista que, por el diligente cuidado de Parvus, aprendió que el pueblo judío era su propio Mesías colectivo y que lograrían el dominio sobre todos los pueblos a través de mezclar sus razas y de la eliminación de los límites nacionales. Una república internacional sería creada, dónde los judíos serían el elemento gobernante, ya que ningún otro podría entender y controlar las masas. Leiba Bronstein se transformó en miembro de la Logia Masónica francesa, 'Art et Travail' a la que Lenín también pertenecía, pero también se unió a B'nai B'rith, según el cientista político Karl Steinhauser ("EG - Die Super - UdSSR von morgen" / "EU - la Nueva Super-URSS de mañana", Viena, 1992, pág. 162). León Trotsky se transformó en miembro de la orden Masónica judía B'nai B'rith en Nueva York, en enero de 1917. (Yuri Begunov, "Secret Forces in the History of Russia"/"Las Fuerzas Secretas en la Historia de Rusia", St. Petersburgo, 1995, pág. 138-139.) Trotsky ya era miembro de la francmasonería de Misraim- Memphis.

Winston Churchill confirmó en 1920, que Trotsky también era un Illuminatus. (Illustated Sunday Herald, 8 de febrero de 1920.)

Eventualmente Trotsky alcanzó una posición muy alta dentro de la francmasonería, ya que él pertenecía a la Logia Shriner, a la cual se podían unir sólo francmasones del Grado 32 y superior. Franklin Delano Roosevelt, Alejandro Kerensky, Bela Kun y otros políticos importantes también han estado entre éstos pocos seleccionados. (Profesor Johan von Leers, "The Power behind the President"/"El Poder detrás del Presidente", Estocolmo, 1941, pág. 148.)

PARVUS EL PROFESOR DE TROTSKY

Parvus nació en 1867 en el pueblo de Berezino en la provincia de Minsk en Byelorussia, pero creció en Odessa dónde terminó la universidad en 1885.

Él continuó entonces sus estudios en el extranjero. En 1891 dio sus últimos exámenes en la Universidad de Basilea y se tituló como economista y financiero. Buscó posteriormente el grado de doctor en filosofía.

Trabajó durante varios años en diferentes bancos en Alemania y Suiza.

Alexander Parvus

También se transformó en un hábil publicista, que entendió cuán perfectamente la fraseología del Marxismo podría ocultar crímenes políticos y de guerra. Parvus había estudiado la historia de Rusia y supo que el país estaría bastante desvalido si se eliminaran la nobleza y los intelectuales. Todas estas ideas dejaron una gran impresión en Leiba Bronstein y Vladimir Ulyanov.

Alexander Parvus, como criminal profesional, quiso transformar a Rusia en una base para los especuladores y criminales internacionales que se esconderían bajo el nombre de "social demócratas". Lenín creía que esto era imposible, ya que Rusia no era lo suficientemente rica y quiso usar a Suiza para este propósito, pero Trotsky estaba de acuerdo con Parvus. Parvus era por consiguiente el hombre detrás de la teoría de Trotsky de la revolución permanente.

Trotsky hizo eco como un loro, que Rusia debe ser lanzada a las llamas de la revolución mundial.

El escritor Maxim Gorky, caracterizó al socialista Parvus como un miserable y un estafador. Él había puesto a menudo los derechos de autor del famoso escritor en su propio bolsillo. Una vez, cuando él hizo esto, el tribunal honorario del Partido Socialista alemán (Karl Kautsky, August Bebel, Klara Zetkin) lo condenó moralmente.

Después de esto, Parvus viajó a Constantinopla dónde se hizo consejero de los Young Turks (Turcos Jóvenes, es decir, los judíos convertidos a musulmanes). Mediaba en el comercio entre Turquía y Alemania y se volvió sumamente adinerado en el proceso. Durante un tiempo editó también el periódico Arbeiter-Zeitung (Diario de los Trabajadores).

EL INTENTO DE GOLPE DE ESTADO EN 1905

Parvus escribió ya en 1895, en el periódico Aus der Weltpolitik, que él mismo financiaba, que una guerra estallaría entre Rusia y Japón y que la revolución rusa saldría de este conflicto. En su serie de artículos "La Guerra y la Revolución", publicadas en 1904, también predijo que Rusia perdería la guerra contra Japón.

Los capitalistas internacionales deseaban comenzar una "revolución" en St. Petersburgo en conexión con la derrota de Rusia en la guerra Ruso-japonesa en 1904-05. El organizador principal, Alexander Parvus, recibió dos millones de libras esterlina de Japón para organizar la toma del poder en Rusia. (Igor Bunich, "El Partido del Oro", St. Petersburgo, 1992, pág. 33.)

La guerra empezó con un ataque japonés al Puerto Arthur (ahora Lushun), el 9 de febrero de 1904. Fueron, sobre todo, los bancos europeos que pertenecían a judíos ricos los que financiaron la guerra Ruso-japonesa. Toda posibilidad de crédito fue totalmente cerrada para Rusia mientras que Japón obtenía crédito ilimitado. El usurero judío más importantes, Jacob Henry Schiff en Estados Unidos, apoyó las fuerzas militares japonesas con un préstamo de 200 millones de dólares, según la Enciclopedia Judaica.

El Jerusalén Post admitió el 9 de septiembre de 1976 que había sido Schiff quien prestó el dinero necesario para construir la armada japonesa. Varios bancos británicos construyeron las vías férreas en Japón y financiaron la guerra de Japón contra China.

Fue el mismo Jacob Schiff quien se aseguró que a ningún banco le fuera permitido prestar dinero a los rusos. Al mismo tiempo, apoyaba a los grupos judíos "revolucionarios" en Rusia. La Enciclopedia Judaica les llamó: "Grupos de autodefensa Judíos". El Gobierno Provisional recibió más tarde, toda la ayuda financiera posible de su Casa Bancaria Kuhn, Loeb & Co y de otros bancos.

La enciclopedia Judaica caracterizó a Jacob Henry Schiff como "financiero y filántropo."

Los capitalistas judíos quisieron tomar el poder en Rusia en el nombre de los obreros. Parvus y Bronstein-Trotsky creyeron que el tiempo estaba maduro cuando los rusos perdieron Puerto Arthur el 2 de enero de 1905 (20 de diciembre de 1904). Parvus y Trotsky comenzaron a organizar provocaciones mayores, huelgas y alborotos inmediatamente. Los Social Revolucionarios habían aterrorizado la nación ya en 1904.

El Partido de los obreros socialistas sionistas que tomó parte en esta revolución según la sorprendente información en la Enciclopedia Judaica (Jerusalén, 1971, Vol. 15, pág. 657), se había formado en Odessa en enero de 1905, para los propósitos subversivos.

La gobierno secreto de los judíos, el **Kagal (Kahal),** también estaba involucrado. El público en general nunca ha escuchado que una sociedad secreta judía que se llamaba Kahal (Concejo) había estado operando en Rusia desde el siglo XIX. Su objetivo era derrocar el reino zarista. Esto fue confirmado por la enciclopedia finlandesa, Suomen Tietosanakirja, pero las enciclopedias rusas, claro, no supieron nada sobre esto.

La primera acción mayor organizada por Alexander Parvus junto con su camarada judío Peter (Pinhas) Rutenberg, se llamó posteriormente "Domingo Sangriento". El 9 (22) de enero de 1905, los francmasones Parvus y Rutenberg pusieron a sus terroristas judíos (Social Revolucionarios principalmente) arriba de diferentes árboles en el Parque Alexandrovsk y les pidieron que dispararan a los guardias en el Palacio Invernal. Los soldados fueron obligados a contestar el fuego para protegerse. (Igor Bunich, "El Oro del Partido", St. Petersburgo, 1992, pág. 33.)

Todos esto se ha revelado solamente ahora, de los documentos secretos del Partido Comunista. La historia oficial ha sido hasta ahora, una audaz mentira: se dijo que los soldados delante del Palacio Invernal dispararon sobre pacíficos demostrantes. 150 murieron y otros 200 quedaron heridos, este fue el saldo de esta provocación. El Zar estaba choqueado. Dio un subsidio a la colecta para los muertos y sus familias. Incluso recibió una comisión "revolucionaria" de una manera paternal.

La organización terrorista Social Revolucionarios estaba enfurecida. 'Domingo sangriento' fue hábilmente aprovechada por la propaganda "revolucionaria" que afirmó que "miles de personas perdieron sus vidas". Mitos similares son diseminados incluso hasta hoy en día.

Las preparaciones para un golpe nacional habían comenzado. Los terroristas judíos Roza Brilliant, Kalyalev y otros asesinaron al tío del Zar, el gobernador de Moscú, el Gran Duque Sergei Romanov, el 4 (17) de febrero. Parvus, Trotsky y sus cómplices judíos organizaron y coordinaron robos a bancos, motines en los acorazados Potemkin (en junio de 1905) y Ochakov y en otros diez buques de guerra, revueltas en Kronstadt, Sevastopol y otros lugares.

Leonid Krasin, bolchevique judío (en realidad Goldgelb, ex criminal y accionista), junto con los bandoleros de Parvus, cometieron robos a bancos, asesinaron policías, compraron armas - todo para desestabilizar a Rusia.

Éste es el punto dónde el judío sueco Salomón Schulman debe ser citado: "Pocos piensan hoy en el importante papel de los judíos, tanto ideológico como práctico, bajo el período inicial de los movimientos socialistas". (Dagens Nyheter, 12 de abril de 1990, B 3.)

Por esta razón desenterré algunos hechos sobre el rol de los judíos socialistas, en la lucha por Rusia en 1905-1906.

El teniente Peter Smidt que en noviembre de 1905, agitaba para el motín en los buques de guerra en Sevastopol, abiertamente alardeó que él era el arma de los judíos (Novoye Vremya, marzo de 1911).

Parvus y Trotsky recibieron una enorme ayuda de los Estados Unidos, dónde el millonario judío Jacob Schiff incluso en 1890, organizaba y financiaba entrenamientos para los "revolucionarios" judíos de Rusia.

Fue B'nai B'rith (los Hijos del Convenio), la organización Masónica judía que planeó la instrucción para esos cursos de entrenamiento. La misma orden también jugó un rol activo en la llamada revolución de 1905. ("La Fea Verdad Sobre la ADL", Washington, 1992, pág. 27.)

Adolfo Krause, Gran Maestro de B'nai B'rith, con sinceridad le dijo a otro francmasón liberal, Count Sergei Witte (casado con la Judía Matilda Khotimskaya), durante las negociaciones de paz Ruso-japonesas en el verano de 1905, que los judíos liberarían una revolución en Rusia si a los judíos rusos no se les dejaba actuar libremente. El tratado de paz se firmó en Portsmouth el 5 de septiembre (23 agosto) de 1905.

El financiero norteamericano Jacob Schiff estaba presente. Witte describió este evento en sus "Memorias."

Antes de esto, hojas impresas "revolucionarias" (impresas en Inglaterra) habían sido entregadas entre los prisioneros de guerra rusos y miles de "revolucionarios" judíos de los Estados Unidos había sido enviados a Rusia. Estos terroristas ruso-judíos estaban protegidos con pasaportes norteamericanos. Los actos de terror, sin embargo, eran tan brutales que Rusia se negó a reconocerles el derecho a la ciudadanía norteamericana.

B'nai B'rith cuyo cuartel central estaba en Chicago y cuya pomposa representación es incluso evidente en Washington, estaba detrás de estos actos. La organización fue fundada el 13 de octubre de 1842 en Nueva York, por 12 hombres judíos, simbolizando las 12 tribus judías que gobernarían el mundo.

Muchas figuras importantes dentro de este movimiento abogaban por la esclavitud, entre ellos el Gran Maestro Simón Wolf. La primera Logia de B'nai B'rith en Europa fue fundada en 1885 en Berlín. Había 103

Logias en Alemania en 1932. B'nai B'rith fue la única organización Masónica a la cual permitieron continuar operando incluso bajo el gobierno Nazi.

Hoy B'nai B'rith es la organización judía más grande en el mundo. En 1970 tenía 500.000 miembros hombres en más de 1700 Logias en 43 países y 210.000 miembros mujeres en 600 Logias (Enciclopedia Judaica).

Actualmente hay 70 Logias establecidas en Europa. La única Logia en Austria se llama Maimonides.

La organización trabaja para asegurar el poder de los judíos sobre la humanidad, tal como fue revelado por el judío húngaro Aron Monus en su libro "Verschworung: das Reich von Nietzsche" (Viena, 1995, pág. 149).

B'nai B'rith es un órgano ejecutivo para L'Alliance Universelle Israelita. El presupuesto oficial antes de 1970 era de 13 millones de dólares. El servicio del secreto de B'nai B'rith, ADL (Liga Anti-difamación), es llamada la KGB de los judíos extremistas.

Los terroristas judíos ya habían estado activos en Rusia antes de esto, pero en 1905 el terror asumió proporciones inauditas. Los fanáticos comenzaron a asesinar sin discriminación. Uno de los peores terroristas fue la Menshevike Vera Zasulich (1849-1919). En 1878 ella asesinó al alcalde de St. Petersburgo, Fiodor Trepov, con un revólver de grueso calibre pero fue absuelta por la corte el 31 de marzo de 1878. Otros importantes terroristas judíos eran Movsha Strunsky, Feig Elkin, Roza Brilliant y Feldman.

Ellos todos siguieron la tradición del infame terrorista judío Grigori Gershuni.

El Social Revolucionario Gershuni estuvo detrás del asesinato del Ministro del Interior, Dmitri Sipyagin (1902), del atentado a la vida de Obolensky, gobernador de Kharkov y en el asesinato del gobernador N. Bogdanovich de Ufa en Bashkiria (1903). Gershuni fue sentenciado a muerte en 1904. Fue perdonado por el Zar a cambio de prisión perpetua.

Gershuni logró escapar. Fue alabado como un héroe a lo largo de Europa.

La mano derecha de Gershuni era Yevno Azef (1869-1918), hijo de un sastre judío. A menudo era él quién planificaba los asesinatos realizados por la sección terrorista de los Social Revolucionarios.

Yevno Azef estaba envuelto en varias complot importantes, entre otros uno contra Vyacheslav Plehve, Ministro del Interior que fue asesinado el 28 de junio de 1904. (Carroll Quigley, "Tragedia y Esperanza", Nueva York, 1966, pág. 99.)

Azef ya había logrado infiltrarse en la policía como agente de los Social Revolucionarios en 1892, pero nunca reveló los planes asesinos de los terroristas ya que conocía las intenciones de la policía. Fue forzado más adelante a traicionar a ambos lados. En 1908, el Comité Central Social

Revolucionario descubrió que Azef había traicionado a sus propios camaradas, entonces decidieron matarlo, pero él logró escapar al extranjero.

El 7 (20) de octubre de 1905, todos los trenes se detuvieron. El 8 de octubre, St. Petersburgo fue paralizado por una huelga general que se extendió a otras grandes ciudades el 12 (25) de octubre. Las estaciones de electricidad, bancos, restaurantes y hospitales estaban cerrados. Ningún periódico fue publicado.

Nada trabajó. Las masas agitadas se apiñaron en todas las grandes ciudades, las banderas rojas ondeaban y parados en las esquinas de las calles, escuchando a los portavoces judíos que exigían el fin del régimen zarista. Ya en abril de 1905, Trotsky había lanzado una hoja impresa que animaba al pueblo a derrocar al Zar. Trotsky había vuelto de Suiza en enero de 1905 , pero sus actividades con los movimientos subversivos alcanzaron su nivel más alto precisamente en octubre.

El consejero del Zar, Sergei Witte, exigió el 9 (22) de octubre que Nicolás II debía convocar al Parlamento, la Duma y debería nombrarlo a él como Primer Ministro o tendría que usar la fuerza contra las masas.

El Zar siguió este consejo y Witte se transformó en Primer Ministro el mismo día.

Parvus y Trotsky fundaron los primeros Kahal, que se llamaron Soviet en ruso, el 13 (26) de octubre de 1905. Estos Soviet comenzaron con 40 miembros del concejo, todos los cuales soñaban con tomarse el poder. Toda la actividad "revolucionaria" era coordinada desde este centro organizacional judío que se camufló como un concejo de obreros. El presidente fue al principio el judío Peter Khrustalyev (Georgi Nosar). Sus colaboradores más íntimos eran León Trotsky y Alejandro Parvus.

Los otros miembros principales no eran ni campesinos pobres ni obreros, sino conspiradores judíos y francmasones: Grever, Edilken, Goldberg, A. Simanovsky, A. Feif, Matzelev, Bruser y otros. Estas personas estaban supuestamente representando a la clase obrera rusa, a pesar del hecho que nadie los había elegido.

Trotsky creyó que los Soviets eran un medio excelente con los cuales continuar las tradiciones de la Comuna de París. Tenía la esperanza de ganar el poder para él mismo a través del caos que ellos causaran. Parvus y Trotsky continuaron alimentando las llamas de la huelga nacional y el resultante caos nacional a través de su red secreta. Los instigadores realmente creían que el régimen zarista estaba a punto de caer. El Soviet había pensado en mantener la huelga tanto como fuese posible, pero el afán de revuelta de los obreros fue decayendo. Los agitadores ya no tenían al pueblo detrás de ellos.

El Zar también anunció un manifiesto el 17 (30) de octubre en que él prometía que el sufragio sería ampliado y que el poder legislativo sería dividido entre el parlamento y el gobierno.

Las personas empezaron a tranquilizarse. Trotsky que tenía su cumpleaños 26 el 25 de octubre (7 de noviembre), se defraudó profundamente. El intento por tomar el poder había fallado.

Los líderes de la revolución en 1905. Desde la izquierda: Alexander Parvus, León Trotsky y León Deutsch con otros conspiradores judíos. Esta fotografía era un secreto estatal.

Los judíos Masónicos humeaban de enojo y ávidamente comenzaron a usar el poder de los Soviet en otras ciudades. Moisei Uritsky se transformó en el líder del Soviet en Krasnoyarsk en diciembre de 1905, según La Enciclopedia Soviética Mayor.

Los campesinos fueron provocados a saquear propiedades en noviembre-diciembre (tal como en Francia en julio de 1789). Fue Lenín, según el mito, quién lideró las preparaciones para una revuelta armada en noviembre de 1905. Pero él en la realidad, aún estaba en el extranjero, según la película-documental de Stanislav Govorukhin "La Rusia que Perdimos".

Parvus, Trotsky y Deutsch lideraron la revuelta. Nosar fue arrestado y Trotsky se transformó en el líder del soviet el 26 de noviembre. Una semana después (3 diciembre) él fue arrestado junto con 300 miembros del Soviet. Parvus inmediatamente organizó una huelga. Trotsky fue desterrado a Siberia de por vida.

Parvus restableció su Soviet casi inmediatamente el 7 (20) de diciembre, y se nombró el último presidente del grupo. En el mismo día, Parvus había organizado una huelga mayor en la capital en que 90.000

obreros tomaron parte. 150.000 se declararon en huelga en Moscú al día siguiente.

Hubo también alborotos en otras ciudades. El líder del gentío que atacó Moscú el 9 de diciembre fue el judío Zinovi Litvin- Sedoy (en la realidad Zvulin Yankelev). El Soviet de Moscú había prohibido todos los diarios no socialistas el 7 de diciembre. Los sangrientos alborotos siguieron durante nueve días. El Zar no tuvo ninguna otra alternativa que usar la fuerza contra el saqueo y la chusma terrorista.

Los mayores problemas finalmente bajaron el 12 de enero de 1906. Parvus estaba entre aquellos arrestados y fue desterrado a Siberia, pero escapó antes de que alcanzara su destino.

14.000 huelgas en el total fueron organizadas en Rusia en 1905. Tres millones de obreros tomaron parte. Los agitadores en todas partes eran judíos que, hábilmente se aprovecharon de la derrota en la guerra contra Japón. Las personas entendieron esto pronto y la reacción no fue lenta en venir. El grito de batalla de los pogromos entre el 18 y el 20 de octubre fue: "¡Pégale a los judíos!"

Las tiendas judías dónde los precios habían sido exorbitantes, fueron saqueadas y quemadas. 810 judíos fueron asesinados. Esto no causó sorpresas ya que la contribución principal en este intento de golpe nacional había venido del Partido de Obreros Socialistas Sionistas, de los Kahal y los Partidos Socialistas judíos: La Hoz, Bund y Po'alei Sión. Solamente la última organización nombrada contribuyó con 25.000 terroristas en la lucha para derrocar al Zar.

La Hoz se había fundado con el propósito de tomar parte en las acciones de 1905. La organización se disolvió en febrero de 1917. Isaac Deutscher explicó que la actitud antisemita fue causada principalmente por los engaños de los dueños de tiendas judíos. Según la información oficial sionista soviética (exagerada) 4000 judíos fueron asesinados durante los pogromos en Rusia entre 1905 y 1907. (Obozrenie, París, noviembre de 1985, pág. 36.)

20.000 personas resultaron heridas o asesinadas como resultado de las acciones terroristas en los años 1905-06, según el director cinematográfico Stanislav Govorukhin. Novoye Vremya puso la cifra total en 50.000 en marzo de 1911.

Parvus y Trotsky comenzaron a entender que todas estas acciones terroristas esporádicas no serían suficientes para apoyar y decididamente cambiar el resultado del intento de golpe en octubre (cuando fue lanzada la huelga política total y se organizaron las acciones terroristas), en diciembre de 1905, y en enero de 1906, cuando se lanzó el último desesperado intento para derrocar el régimen del Zar. Lenín que escépticamente siguió los eventos en Rusia desde su destierro llegó a la misma conclusión. El

Terror en masa era necesario para una victoria. Los "revolucionarios" soñaban con la guerra civil.

El 11 de abril de 1906, Peter Rutenberg (1879-1942) colgó al sacerdote y sindicalista del comercio, Georgi Gapon, que había llevado la petición en 'Domingo Sangriento'. Sabía demasiado y fue asesinado como un traidor y agente policial.

El Zar nombró a Peter Stolypin Ministro del Interior en abril de 1906 y pronto fue designado Primer Ministro. Stolypin logró poner fin al terror y a la "revolución". No tuvo otra opción que decretar la ley marcial para atemorizar y combatir a los terroristas. Sólo aquellos que habían cometido asesinatos fueron ejecutados después de pasar por una corte marcial. 600 terroristas fueron a la corte marcial y fueron ejecutados en 1906. La mayoría de los "revolucionarios" (35.000) huyeron al extranjero - principalmente a Palestina (Isaac Deutscher, "Den judiske juden" il / "El judío no-Judío, Estocolmo, 1969, pág. 119), pero también a Suecia, Estados Unidos y a otros países.

Peter Stolypin tuvo el control de la situación en junio de 1907. Otro 2.328 terroristas fueron ejecutados en los años 1907-1908. ¿Cuántos rusos le deben a él sus vidas? Rusia empezó a recuperarse después de las atrocidades de León Trotsky y Alexander Parvus. Las fuerzas oscuras detestaban este nuevo giro de los eventos.

La casa de Peter Stolypin fue objetivo inmediato de un ataque con bombas después de su nominación en la primavera de 1906. Las víctimas eran visitantes - 27 muertos y 32 heridos - la explosión fue terrible.

Entre las víctimas estaba el hijo del Primer Ministro. Su hija fue lanzada desde la casa por la fuerza de la explosión y aterrizó delante de algunos carros. Quedó lisiada para el resto de su vida.

Stolypin no estaba en casa al momento del ataque. Este ataque en Apothecary Island en St. Petersburgo fue el último espasmo del terror.

Stolypin, entretanto, era bien consciente que los instigadores de los problemas del país eran los judíos Masónicos.

Las reformas de Peter Stolypin estaban completas. Una nueva constitución fue escrita en que se les daba libertad plena a los campesinos. Stolypin introdujo una reforma agraria que les dio derecho a los campesinos para obtener préstamos del estado para comprar sus propias granjas. Dos millones de campesinos se hicieron granjeros independientes entre 1907 y 1914 y el 23 por ciento se transformó en hacendados. Los campesinos fueron liberados de impuestos a sus ingresos. La electricidad y teléfonos se instalaron en los pueblos de Altai. Stolypin hizo una revisión de los edificios de escuelas y hospitales en el país.

Una póliza de seguro de salud se introdujo en 1912, todos siguiendo los planes anteriores.

Los periódicos fueron permitidos publicar lo que ellos quisieran.

Se permitieron todos los partidos políticos. Se modernizó el ejército y la armada. Los "revolucionarios" judíos comprendieron que ellos nunca podrían tomar Rusia si esto fuera permitido de continuar. Los fundamentalistas judíos rabiaron contra estas reformas que dieron al proletariado agrícola de Rusia tierra y libertad.

El cientista Político británico Bernard Pares, también admitió que "el período de siete años, 1907-1914 debe ser visto sin dudas, desde un punto de vista económico, como el mejor en toda la historia rusa". Durante este período los campesinos entraron en posesión de tres cuartas partes de la tierra.

Esta fue la razón por la cual las fuerzas Masónicas secretas trabajaron más ávidamente que nunca para detener este positivo desarrollo.

Los judíos tenían gran influencia en Rusia - controlaban los bancos y el petróleo y la industria del azúcar. El abogado judío Dmitri Stasov era de una familia noble y llegó a ser el primer presidente de la Asociación de Abogados Rusos en St. Petersburgo. Su hija, Yelena, se transformaría en una infame asesina Bolchevique y en la amante de Lenín.

Peter Stolypin

Habían 3.567 nobles judíos en Rusia en 1904, aún así, ellos han intentado torcer la historia, afirmando que los judíos en Rusia estaban sin algún derecho y eran víctimas de constantes pogromos.

Sólo Catherine II, la Grande, había intentado reducir realmente la influencia secreta de los judíos. Después todo continuó como de costumbre. En la Unión Soviética estaba prohibido mostrar la famosa pintura dónde Catherine II pisa a la serpiente (simbolizando al Judaísmo).

Antes del golpe de octubre, 37 por ciento de la población judía de 6.1 millón trabajaba en ventas y en el comercio. Por término medio, los judíos tenían una mejor educación que otros. Podría mencionarse que la mitad de los estudiantes en Ucrania eran judíos. Eso fue por qué los judíos tenían el 87 por ciento de las mejores posiciones, aunque sólo constituían el 4.2 por ciento de la población. Por supuesto, todos ellos oficialmente se habían convertido a la Iglesia Ortodoxa rusa.

Muchos judíos tuvieron puestos muy altos, entre éstos estaba el Senador y Ministro de Justicia Vladimir Sabler (en la realidad Desyatovsky, 1845-1929), el Primer Ministro y Ministro del Interior Boris Sturmer (1848-1917), y el Ministerio de canciller de Justicia Nikolai Neklyudov (1840-1896).

12 miembros judíos fueron elegidos a la Duma después del intento de golpe en 1905. Pero los judíos extremistas todavía soñaban con el control total sobre toda la sociedad rusa. 50.000 de los judíos eran obreros (ni siquiera el 1 por ciento). Sería interesante averiguar cuántos obreros judíos existe en la Rusia de hoy.

Rusia exhibió un excedente impresionante de granos durante el cargo de Stolypin. Después de sus reformas, Rusia comenzó a producir más granos que Estados Unidos, Canadá y Argentina juntos. Finalmente, Rusia producía el 40 por ciento del grano del mundo y fue llamada el granero del mundo.

Esto fue mal mirado por la élite financiera internacional. Stolypin, siendo un liberal, también trabajó en extenso para mejorar la posición de los judíos, según Alexander Solzhenitsyn. Stolypin era un hombre sensato que sabía que había solamente un grupo pequeño de fanáticos entre los judíos en Rusia que, desgraciadamente, cometían crímenes terribles y actuaban en nombre de todos los judíos. Incluso según los propios datos de Lenín (naturalmente reducidos), había 33.000 "revolucionarios" socialistas de raíces judías en Rusia en 1906. (Lenín, "Works"/"Trabajos", 4 edición, Vol. 2, pág. 168.) Stolypin quiso ampliar la opción de carreras de los judíos para mantenerlos fuera del Socialismo.

A las 21.00 de la tarde del 1º (14) de septiembre de 1911, el Primer Ministro Peter Stolypin fue herido por el terrorista judío Mordekai (Dmitri) Bogrov (quién era un Social Revolucionario) en la ópera en Kiev.

Esto ocurrió en medio del acto de "Tsar Saltan" de Rimsky-Korsakov ante la presencia del Zar Nicholas II. Bogrov disparó a Stolypin dos veces con una pistola a quema ropa. Stolypin levantó su mano izquierda - la derecha recibió un disparo - e hizo la señal de la cruz hacia el

Zar. El Primer Ministro Peter Stolypin murió cuatro días más tarde. El estudiante Dmitri (Mordekai) Bogrov era hijo de un judío adinerado que poseía una casa grande en Kiev. (Molodaya Gvardiya, No. 8, 1990, pág. 232.)

Al principio, las personas intentaron linchar al terrorista, pero la policía lo salvó. León Trotsky se había reunido con el asesino Bogrov en la mañana del 1° de septiembre de 1911 en Kiev.

Los habitantes de Kiev quisieron matar a todos los judíos después del asesinato del Primer Ministro Peter Stolypin, pero el gobierno envió a un regimiento de cosacos a detener la carnicería. ("La Guerra por Baja Ley, Minsk, 1999, pág. 42.)

Los judíos Masónicos habían intentado asesinar Stolypin un total de diez veces. Bogrov tuvo éxito en el decimoprimer esfuerzo. Los "revolucionarios" estaban contentos. Lenín escuchó las noticias en su destierro y estaba eufórico. El historiador V. Startsev señaló que el Zarismo perdió a su defensor más dotado cuando murió Stolypin.

El Social Revolucionario y francmasón Alexander Kerensky (en realidad Aaron Kiirbis) huyó al extranjero después del asesinato, ya que él tenía estrechos contactos con el asesino Mordekai Bogrov. El mismo Kerensky llegó a ser Primer Ministro de Rusia en julio de 1917.

Fue sumamente importante para los judíos Masónicos poner fin a las reformas. León Trotsky admitió que, si las reformas se hubieran llevado a cabo completamente, el proletariado ruso habría sido incapaz de alcanzar el poder. (L. Trotsky, "La Historia de la Revolución" rusa, Londres, 1967, Vol. 1, pág. 64.)

Cuando él decía "el proletariado ruso" quería decir a "los judíos Masónicos".

Para salvaguardar los planes Masónicos y frustrar el desarrollo positivo de Rusia, un recesión fue diseñada entonces, a través del gobierno de Estados Unidos. En diciembre de 1911 el presidente norteamericano William Howard Taft anuló el acuerdo de comercio Ruso-norteamericano. El congreso fue casi unánime (sólo un voto en contra fue registrado).

TROTSKY EN EL EXTRANJERO

Ni Trotsky ni Parvus se quedaron en Siberia. Los dos escaparon. Parvus terminó en Turquía dónde se transformó en un hombre de negocios. Trotsky escapó el 20 de febrero de 1907 y vivió primero en Viena y después en Ginebra dónde, de vez en cuando discutía las perspectivas de la Judería con el líder Sionista Chaim Weizmann. Parvus apoyó a Lenín y a Trotsky financieramente.

Incluso pudieron vivir con Parvus en Munich por un período corto. Lenín también consideraba a Parvus como su maestro, aunque llegó a odiarlo en el futuro.

Parvus se hizo especialmente rico durante la Guerra de los Balcanes (1912-13). Traficaba de todo, desde granos hasta condones. Solamente en el tráfico del carbón obtuvo 32 millones de coronas dinamarquesas en oro.

Lenín y Trotsky tomaron parte en una conferencia Masónica en Copenhague en 1910, dónde fueron discutidas las posibilidades de socializar Europa. (Franz Weissin, "Der Weg zum Sozialismus" / "La vía al Socialismo", Munich, 1930, pág. 9.)

Trotsky trabajó como corresponsal de guerra en los Balcanes durante 1912. Fue Parvus quién hizo los arreglos de esta oportunidad para él.

Durante la Primera Guerra Mundial, Trotsky vivió en Francia pero después actuó contra los intereses de ese país. Había entre otras cosas, publicado artículos agitadores en el periódico del exilio, Nashe Slovo, que había fundado junto con L. Martov (Julius Zederbaum). El 15 de septiembre de 1916, el periódico fue suprimido y al día siguiente, Trotsky fue deportado a España. Después de unos días fue arrestado en Madrid.

Le enviaron a Cádiz, luego a Barcelona dónde fue puesto a bordo del buque a vapor Monserrat y enviado a los Estados Unidos. Llegó a Nueva York el 13 de enero de 1917. Muchos de sus colaboradores judíos (Grigori Chudnovsky, Moisei Uritsky y otros) también habían logrado alcanzar Nueva York.

En Nueva York, Trotsky escribió un par de artículos para un pequeño e insignificante periódico marxista, Novy Mir, que había sido fundado por sus camaradas judíos Mikhail Weinstein y Brailovsky. Nikolai Bukharin (en la realidad Dolgolevsky) trabajaba en la oficina editorial, junto con V. Volodarsky (en realidad Moisei Goldstein) y otros judíos.

Trotsky también dio unas conferencias. A pesar del hecho que el periódico no podía pagar derechos de autoría normal, Trotsky y su familia vivían en una casa lujosa en el Bronx (con la renta pagada de antemano por tres meses). Una limusina con chofer se le entregó a él y su familia para su libre uso (Antony Sutton, "Wall Street y la Revolución Bolchevique", Morley, 1981, pág. 22).

Trotsky fue oficialmente a los Estados Unidos para preparar la organización de la "revolución de los obreros" en Rusia. (Robert Payne, "Vida y Muerte de Trotsky", Londres, 1978.) Él se reunió con varios comunistas/anarquistas judíos en Nueva York (Emma Goldman, Alejandro Berkman y otros).

En los archivos del Departamento de Estado hay un documento, el No. 861.00/5339 que revela cómo Jacob Schiff, que era una persona muy influyente dentro de la organización Masónica B'nai B'rith y sus compañeros Félix Warburg, Otto Kahn, Mortimer Schiff, Isaac Seligman y otros, habían diseñado ya los planes en 1916 para derrocar al Zar ruso.

En abril de 1917, fue el propio Jacob Schiff quién oficialmente confirmó, que fue a través de su ayuda financiera a los revolucionarios, que el Zar había sido forzado a abdicar, después de lo cual, un gobierno Masónico había llegado al poder (Gary Allen, "Nadie se Atreve a llamarlo Conspiración", 1971).

Al mismo tiempo, Alexander Kerensky recibía un millón de dólares de Jacob Schiff. (Enciclopedia del Conocimiento Judío, artículo "Schiff, Nueva York, 1938.)

En la primavera de 1917, Jacob Schiff empezó a financiar a León Trotsky para llevar a cabo "la segunda fase de la revolución", según el Dr. Antony C. Sutton.

El Coronel Edward M. House, un poderoso Illuminatus en Norteamérica, logró que el Presidente Woodrow Wilson extendiera rápidamente un pasaporte norteamericano para Trotsky, para que él pudiera regresar a Rusia y continuar la "revolución."

En Nueva York, el 27 de marzo de 1917, Trotsky de 37 años, con su familia y 275 terroristas y aventureros internacionales se embarcaron en la nave Kristianiajjord hacia Europa para completar la "revolución" en Rusia.

Varios criminales, judíos-norteamericanos y brokers de Wall Street también los acompañaron.

Había algunos holandeses también a bordo, según el comunista norteamericano Lincoln Steffens, ellos eran los únicos a bordo que no tenían nada que hacer con la travesía a Rusia.

El 3 de abril de 1917, cuando el Kristianiajjord se detuvo en Halifax, Nueva Escocia, la policía fronteriza canadiense arrestó a León Trotsky, a su esposa y sus dos niños, así como a otros cinco "socialistas rusos" (Nikita Mukhin, Leiba Lishelev, Konstantin Romanenko, Grigori Chudnovsky, Gerson Meli - chansky).

Los canadienses creían que Trotsky era alemán, ya que hablaba el alemán mejor que el ruso. No hablaba inglés. Los cercanos camaradas de Trotsky, Volodarsky y Uritsky se quedaron a bordo.

Trotsky fue arrestado debido a un telegrama que se había enviado desde Londres el 29 de marzo de 1917. Este revelaba que Bronstein-Trotsky y sus compañeros socialistas iban camino a Rusia para comenzar una revolución contra el gobierno. Trotsky había recibido 10.000 dólares de los alemanes para este propósito. (Antony Sutton, "Wall Street y la Revolución Bolchevique", Morley, 1981, pág. 28.)

De hecho, en la revisión de Trotsky, la policía encontró los 10.000 dólares. Explicó que el dinero venía de los alemanes pero no hizo ningún comentario extenso en la materia. Los canadienses sospecharon que Trotsky colaboraba con los alemanes.

El Dr. D. M. Coulter informó a Willoughby Gwatkin Mayor General del Departamento de Defensa en Ottawa que "estos hombres han sido hostiles a Rusia debido a la forma como han sido tratados los judíos."

Las autoridades británicas estaban informadas que el Staff de Generales alemanes de 1915 habían financiado a Kerensky, a Lenín y algunos otros ciudadanos rusos. Pero también pareciera que Trotsky recibió dinero de esta fuente ya en 1916. El servicio secreto militar canadiense estaba convencido que Leiba Bronstein estaba actuando bajo instrucciones alemanas.

De pronto una contra-orden para liberar a Leiba Bronstein y sus camaradas llegó desde la Embajada británica en Washington. La Embajada había recibido una solicitud del Departamento de Estado en Washington para que soltaran a Bronstein-Trotsky como ciudadano norteamericano con pasaporte norteamericano.

Washington exigió que los canadienses debían ayudar a Bronstein de todas las formas que fuesen posibles. ¡Así de poderosos eran sus amigos! Según las explicaciones norteamericanas, era Kerensky quién quería libre a Trotsky.

Trotsky fue liberado después de cinco días. Los canadienses se disculparon por interrumpir la travesía de Trotsky.

Después, todo lo que fue posible fue hecho para esconder esta situación del público canadiense (sobre todo después de 1919), ya que las autoridades sabían que ellos habían, por el hecho de soltar a Trotsky, prolongado la guerra mundial durante casi un año, de acuerdo con MacLean. El gobierno canadiense es por consiguiente responsable de las muertes y lesiones innecesarias de soldados y civiles. Pero la verdad siempre sale a la luz, antes o después.

Todos estos documentos en los archivos nacionales canadienses están ahora disponibles para los investigadores.

De esta manera nosotros podemos ver que las imputaciones de Stalin contra Trotsky tenían algo de fundamento. Trotsky fue acusado entonces de haber trabajado como agente pagado en nombre del capitalismo internacional. Los documentos canadienses ahora dados a conocer, muestran que esta imputación era bastante correcta. Después veremos cómo Trotsky sirvió concientemente a los intereses de Alemania y por ello mismo Rusia fue dañada.

El artículo de Winston Churchill "Sionismo Contra Bolchevismo" publicado el 8 de febrero de 1920 en el Illustred Sunday Herald, él declaró que Trotsky pertenecía a la misma conspiración judía que había comenzado con Spartacus-Adam Weishaupt.

Trotsky un déspota implacable

El Menshevike León Trotsky llegó a Petrogrado vía Suecia y Finlandia, el 4 de mayo de del 1917.

A principios de julio él se unió a los Bolcheviques para preparar la toma del poder junto con Lenín, a pesar del hecho que Lenín lo había caracterizado como un cerdo en el mismo año.

Los extremistas judíos llegaban a Rusia de todas direcciones. En Petrogrado, comenzaron a repartir periódicos, revistas y libros en yídish y en hebreo inmediatamente. Después de Trotsky, otros 8.000 revolucionarios judíos llegaron, hablando yídish entre ellos. Ellos eran personas principalmente jóvenes.

Después de llegar al poder, Trotsky se transformó en la mano derecha de Lenín. Fue Trotsky quien realmente gobernó Rusia durante la enfermedad de Lenín. Despiadadamente causó un sufrimiento al pueblo ruso de una magnitud jamás antes vista en el mundo. Al principio Trotsky quiso usar la guillotina para ejecutar a las personas, pero esta idea fue combatida.

Fue un cínico y un sádico de la peor clase. A menudo ejecutaba personalmente a sus víctimas.

Asesinó a rehenes de la manera más cruel e incluso ordenó asesinar a niños. Ordenó ejecuciones disciplinarias. Hay documentos suficientes sobre estas crueldades conservadas en los archivos del Partido comunista.

El judío Masónico León Trotsky habló a sus criminales compañeros ("revolucionarios") en Petrogrado, en diciembre de 1917. Entre otras cosas, dijo lo siguiente: "Nosotros debemos transformarla (a Rusia) en un desierto poblado de Negros-blancos sobre quienes infligiremos tal tiranía como ninguno de los déspotas más terribles de Oriente haya soñado alguna vez".

"La única diferencia es que esta tiranía no vendrá de la derecha, sino de la izquierda, y no será blanca, sino roja, en el sentido literal de esa palabra, porque verteremos tales ríos de sangre que todas las pérdidas de vidas humanas en las guerras capitalistas se encogerán y palidecerán ante ellos. Los grandes banqueros en el otro lado del Atlántico trabajarán en estrecha colaboración con nosotros. Si ganamos la Revolución y aplastamos a Rusia, consolidaremos el poder del Sionismo sobre sus restos fúnebres y nos transformaremos en una fuerza tal, que la totalidad del mundo se arrodillará ante ella. Mostraremos lo que es el poder realmente".

"Usando el terror, baños de sangre, reduciremos la intelectualidad rusa a una idiotez completa, a una condición bestial... Y entretanto, nuestra juventud con sus chaquetas de cuero - los hijos de los relojeros de Odessa y Orsha, Gomel y Vinnitsa, ¡Oh cuán magníficamente, cuán arrebatadoramente ellos pueden odiar todo lo ruso! !Con qué goce ellos están aniquilando la intelectualidad rusa - funcionarios, ingenieros, maestros, sacerdotes, generales, académicos, escritores... " (Aaron Simanovich, "Memorias", París, 1922, Molodaya Gvardiya, Moscú, No. 6, 1991, pág. 55.)

Algunas notas de aclaración a lo anterior. "Nuestra juventud en las chaquetas de cuero" se refiere a los miembros de la Cheka, principalmente judíos que usaron tales chaquetas y estaban armados con revólveres. Los cuatro pueblos mencionados estaban dentro del así llamado Área (Pale) Judía en Rusia occidental (ahora Ucrania y Byelorussia).

Una autoridad israelita menciona: "Hasta 1939, la población de muchos pueblos polacos, al este del río Bug eran por lo menos, 90 por ciento judíos, y este fenómeno demográfico fue aún más pronunciado en esa área de la Rusia Zarista anexada de Polonia y conocida como el 'Pale Judío'." (Israel Shahak, "Historia Judía, la Religión judía - El Peso de Tres Mil Años", Londres, 1994, pág. 62.)

Fue Trotsky quién fundó el Ejército Rojo. Usó métodos especialmente repugnantes para este propósito, según el libro de la Judía Dora Shturman "Los Muertos se aferran a los vivos" (Londres, 1982).

Trotsky había capturado a los campesinos jóvenes de sus granjas por la fuerza y los obligó a entrar en una nueva carrera como soldados rojos, dando órdenes de disparar a todos aquellos que se resistieran. Con tales métodos criminales formó el llamado Ejército Rojo Voluntario quienes: "lucharon con gran honor contra los hacendados y capitalistas burgueses y ganaron", tal como dicen los libros de historia soviéticos. Ni una sola palabra se menciona sobre los instructores norteamericanos que Trotsky llamó para que le ayudaran a entrenar a sus soldados.

En marzo de 1918 tenía 300.000 soldados a su disposición. Dos años después, ya tenía un millón.

Finalmente logró entrenar y equipar un ejército de cinco millones de hombres. Él registró a todos los oficiales y sus familias. Si cualquier oficial traicionaba a los Rojos o se pasaba a los Blancos, su familia era tomada como rehén y el traidor era advertido que serían asesinados si los Blancos no lo entregaban en seguida.

También fueron ejecutados oficiales y sus familias por desobedecer órdenes.

La crueldad y falta de piedad de Lenín y Trotsky se transformaron en la estrella que guiaba el gobierno soviético.

Según los registros del 11 Congreso del Partido, en la primavera de 1922, Trotsky dijo lo siguiente con respecto a su coerción sobre los soldados en su ejército: "Nosotros tomamos a los Guardias Rojos directamente de los pueblos, les damos las armas, a veces desde la puerta misma del vagón; a veces las armas están en otro carruaje y entonces ellos reciben sus armas después, cuando llegan y salen del carruaje. Ellos pasan dos a tres semanas, a veces una semana en la reserva, después son sujetos a una disciplina de hierro con la ayuda de comisarios, tribunales y castigos grupales, Ya que debíamos enviar a hombres inexpertos. Es verdad que nosotros hicimos algo de campañas de agitación, si es que podíamos hacerla, pero rápidamente, bajo el fuego, bajo la presión de cien atmósferas". ("Archivos y Notas Estenográficas de los Congresos y Conferencias del Partido Comunista, pág. 289.)

Trotsky había ejecutados a personas "culpables" por las "ofensas" más fútiles. Él mismo ocupaba el rol de "testigo principal" en estos juicios simulados. En su libro, la Judía Dora Shturman llamó a esos métodos "Bandidaje organizado y legalizado."

Fue Trotsky quién exigió que la dictadura del proletariado debería usar su verdadero nombre, la dictadura del Partido bolchevique. Esto no se hizo por razones demagógicas. Animado por Trotsky, el Krasnaya Gazeta reveló la meta principal del régimen soviético el 31 de agosto de 1919: "¡Ya fluyen los arroyos de sangre burguesa - pero, ¡Más sangre! ¡Tanto como sea posible! "

Incluso durante la guerra civil en 1920, Trotsky comenzó a diseñar los planes para la militarización de la economía, para llevarla en línea con el Comunismo de Guerra.

Necesitaba esclavos militarizados. Los campesinos y obreros tendrían el mismo status que los soldados móviles y formarían "unidades de trabajo comparables a las unidades militares (batallones de trabajo) y se pondrían bajo ordenes de comandantes. Cada individuo era un "soldado de trabajo que no puede ser su propio amo - si se le ordena que se mueva, debe obedecer; si él se niega, será un desertor que debe ser castigado" (normalmente con la muerte).

Todos esto se presentó al 9 Congreso del Partido en marzo-abril de 1920, según los registros.

Trotsky enfatizó: "Nosotros decimos que no es verdad que el trabajo forzado es improductivo bajo todas las condiciones." (La colección "Roster ur ruinerna"/"Voces de las Ruinas", revisado por Alexander Solzhenitsyn e Igor Shafarevich, Estocolmo, 1978, pág. 53.)

En la visión de Trotsky, los obreros, los campesinos y los sindicatos tenían que ser subordinados a los intereses del Partido Comunista en el nombre del trabajo de construcción socialista. Estas órdenes tácticas llevaron a la nación al borde del abismo y causaron una destrucción masiva.

A Trotsky no le importaba. Había estudiado la historia de Mesopotamia diligentemente y era de allí que él obtuvo sus dementes ideas. El Akkadian rey Sargon I (2335-2279 A.C.) fundó un imperio que abarcaba Sumeria, Babilonia, Elam y Asiria. Ur fue designada la capital.

Durante la tercera dinastía de Ur que comenzó el 2112A.C., Ur-Nammu (2112-2095) impuso un despótico y centralizado sistema que Trotsky imitó.

Los obreros de Mesopotamia que Sargon había reunido en un solo estado, recibían los productos del estado. Los productos de los talleres entraban en los depósitos estatales. Tal como los granjeros, los artesanos estaban dividido en grupos, cada uno bajo un líder. Las necesidades eran distribuidas por el estado con la ayuda de listas. La normas para las necesidades recibidas era fijadas después de la efectividad. Había también normas para el trabajo que determinaban el tamaño de las raciones de los trabajadores.

Los trabajadores podían ser transportados de un lugar a otro, de un taller a otro. Las autoridades podían mandar a sus artesanos de la ciudad trabajar en los campos o a tirar las barcazas. Se enviaban a los campesinos a los talleres para ayudar. La proporción de fatalidad entre los obreros aumentó aproximadamente del 10 al 28 por ciento.

En la Rusia soviética, Trotsky había enviado todos los suministros a los depósitos estatales. Los bienes se cambiaban por otros bienes. Un decreto fue emitido que obligaba a todos a trabajar para el estado. Aquellos que transgredieron las leyes o dejaban sus deberes sin hacer, fueron castigados severamente como desertores. Después de todos, ellos eran "soldados de trabajo".

Stalin usó el mismo sistema después en sus campos de concentración.

Esa es la razón por la cual el sistema de trabajo militarizado de Trotsky nunca habría sido una alternativa mejor que el Stalinismo. Trotsky era absolutamente mucho peor. En la realidad, los obreros rusos se transformaron en esclavos de judíos extremistas internacionales que habían llegado al poder y habían camuflado su sistema con eslóganes comunistas de justicia.

Los bienes fueron vendidos en el mercado internacional haciendo a los líderes judíos en Rusia sumamente ricos. Sus cuentas bancarias se pusieron más y más gordas, tal como lo podemos ver ahora en los archivos secretos del ex Partido Comunista.

Por ejemplo, Trotsky además de su dos cuentas bancarias en el American Bank de 80 millones de dólares, tenía 90 millones de francos suizos en bancos suizos. Moisei Uritsky (realmente Boretsky) tenía 85 millón, Félix Dzerzhinsky (realmente Rufin) 80 millón, Ganetsky 60 millones de francos suizos y 10 millones de dólares. (Igor Bunich, "El Oro del Partido", St. Petersburgo, 1992, Pág. 82-84.)

Kuhn, Loeb & Co que a través de sus ramas alemanas apoyó, a Trotsky en la toma del poder en Rusia en el otoño de 1917 con 20 millones de dólares, más tarde, en un período de medio año, recibió

102.290.000 dólares a cambio. (New York Times, 23 de de agosto de 1921) Es decir, todos los involucrados en la conspiración hicieron enormes cantidades de dinero a costa del sufrimiento del pueblo ruso.

Los bolcheviques actuaron simultáneamente como criminales y excelentes capitalistas. La oligarquía gobernante - la Nomenclatura - fue transformada por Lenin y Trotsky en un Golem que parasitariamente robó los bienes de sus súbditos. (Executive Intelligence Review, No. 39, 30 de septiembre de 1988, pág. 29.)

En el folklore judío, Golem era un monstruo mágico que, con un hechizo de los Cabbalistas podían darle vida para robar, herir o destruir a los goyim (Gentiles). En el espíritu del Golem, las escuadras especiales entraban por la fuerza en las casas y departamentos de los rusos para robarles su oro y las joyas.

Así, primero el Kahal, un tipo de sistema de comunidad judía, fue introducido (los Soviet), luego fue creado el Golem (la Cheka era un ente artificial que se apropiaba de las posesiones de los rusos y los entregaba en las manos de sus amos, la dirección comunista), y por último pero no menor, la población entera estaba encerrada en un ghetto que el 30 de diciembre de 1922 fue nombrada como la Unión Soviética. Ésta fue la forma en que el KGG fue fundado(Kahal, Golem, Ghetto)..

El Golem también era considerado como un dragón enorme que lucharía contra los enemigos del pueblo judío. Eso fue porqué la dirección de la Cheka inventó el término "enemigos del pueblo"; ya que allí había sólo una raza que tenía el poder- los otros eran simplemente una masa sin valor - no mejor que ganado. Eso fue también porqué la Cheka deportaban a los "enemigos del pueblo" en camiones de transporte de ganado.

Todos aquel que se atreviera a criticar el único verdadero sistema - Soviético o Kahalista - era considerado como "enemigo del pueblo". Los Soviet en el intertanto, habían sido despojados de poder. Al lado de cada Soviet había ahora un comité del Partido paralelo que tenía el poder real. A través de este principio de doble responsabilidad, el Golem podría controlar la situación como una araña en el centro de una inmensa red... Pero tal como en el cuento popular Judío, el Golem finalmente se volvió contra sus propios creadores. Cientos de miles de judíos comenzaron a emigrar de la Unión Soviética en los años sesenta.

Trotsky

LOS CAMARADAS DE TROTSKY

León Trotsky empezó como Comisario del Pueblo para los Asuntos del Exterior, posteriormente fue nombrado Comisario del Pueblo para la Guerra. Lenín llamó a Trotsky "sin duda, el miembro más capaz del Comité Central" y hablaba positivamente sobre su habilidad.
Los colaboradores de Trotsky también eran criminales internacionales muy hábiles.
Nombraré sólo a los jefes más importantes dentro de la Comisión Militar.
Ochenta por ciento de la Comisión eran judíos. Todos los jefes eran judíos.
El Vice-Comisario del Pueblo para Asuntos Militares era Yefraim Shchklyansky que había llegado con el tercer tren de Suiza. Sus subordinados eran, entre otros, Yemelyan Yaroslavsky (en la realidad Minei Gubelman) y Semyon Nakhimson. Los siguientes eran miembros del Concejo Militar: Arkadi Rosengoltz, Mikhail Lashevich, Robert Rimm, Joseph Unschlicht, D. Weinman, Moisei Lisovsky, Isaac Zelinsky, German Bitker, Moisei Rukhimovich, Bela Kun (en la realidad Aaron Kohn), Grigori Sokolnikov (en la realidad Brilliant) y Josef Khorovsky.

Algunos de los Comandantes del ejército eran: Vladimir Lazarevich, Naum Zorkin, Yona Yakir, Vadim Bukhman, Boris Feldman y Yevgeni Shilovsky.

Otros líderes judíos importantes en el Ejército Rojo eran: Ari Mirsky, Gavril Lindov- Leytezen, Boris Zul, Yevgeni Veger, Isaac Kiselstein, M. Volvovich, León Mekhlis (quién después fue un infame y sanguinario Chekista), Mikhail Rozen, Samuil Voskov, Moisei Kharitonov, Grigori Zinoviev (realmente Ovsei Radomyslsky), Yakov Vesnik, Adolfo Lide, P. Kushner, Mikhail Steinman, M. Schneideman, Mikhail Landa, Boris Tal, Yan-Yakov Gamarnik, Josef Bik, Rosa Zemlyatchka (en realidad Rozalia Zalkind), Yan Lenzman, B. Goldberg, G. Zusmanovich.

Los Comandantes de División también eran judíos: Grigori Borzinsky, Sergei Sheideman, Blumenfeld, Mikhail Meier, Boris Freiman, Alejandro Yanovsky, Semion Turovsky, Andrei Rataisky, Alexander Sirotkin, Eduard Lepin, Samuil Medvedyevsky, Miron Polunov, Grigori Bozhinsky, David Gutman, Alexander Shirmakher, Yevgeni Koffel, Boris Maistrakh, Ruvin Iztkovsky, Mark Belitsky, Leonid Berman, Konstantin Neiman, Nekhemia Feldman, L. Schnitman, León Gordman, Mikhail Sluvis, Yakov Davidovsky.

Sus ayudantes eran por supuesto, judíos: Yakov Schwarzman, Adolfo Reder, Moisei Akhmanov, Alejandro Grinstein, Kleitman, Abram Khasis, Semyon Nordstein, Alexander Richter, Lazar Aronstam, Vladimir Lichtenstadt, León Lemberg, Abram Vaiman, Josef Rosenblum, León Rubinstein, Yefim Rabinovich, Moris Belitsky, Isaak Grinberg, Isai Goldsmidt y muchos más. (Molodaya Gvardiya, No. 11, 1990.)

El lector entenderá que es casi imposible nombrar a todos aquellos involucrados. Estas listas sólo se conocieron en 1990. Las personas no tenían alguna idea de la situación real. Casi todos los jefes de los Campos de Concentración eran judíos. Los más infames de éstos eran: Naftali Frenkel, Matvei Berman, Aaron Soltz, Yakov Rappaport, Lazar Kogan,. Según el investigador y publicista judío Arkadi Vaksberg, once de los doce jefes de Campos en el GULAG eran judíos. (Alejandro Vaksberg, "Lubyanka", Estocolmo, 1993.)

También fue Trotsky quien había decidido que los granjeros independiente acomodados deberían aniquilarse y los otros transformados en obreros en kibbutzes o casas colectivas que en Rusia fueron llamadas kolkhozes. Stalin y Kaganovich llevaron a cabo esta acción en 1929.

Todo lo que pasó en Rusia bajo la cobertura de Comunismo en la realidad estaba conectado fuertemente con la religión de los judíos. Sus propios extremistas, en su vanidad han admitido esto.

El rabino Stephen Samuel Wise en Nueva York dijo: "Algunos lo llamaron Comunismo, pero yo lo llamo Judaísmo." (Curtis B. Dall, "The

Military Order of the World Wars", The Army- Navy Club, Washington, 1973, p. 12.)

También se ha dicho que el Antiguo Testamento era el libro de texto del Bolchevismo. En Génesis, capítulo 47, versos 13-26, se describe cómo Joseph se aprovechó de una hambruna hábilmente para esclavizar a los egipcios. Él había juntado grandes cantidades de grano (Gen. 41:29-57) para venderlo a los egipcios, en años de carestía, por ganado, tierra y su propia libertad.

Esta historia inevitablemente lleva a pensar cómo los campesinos rusos fueron esclavizados y forzados en los Kibbutzes por medio de una hambruna artificial en 1932-33.

También, según un Midrash judío (comentario de la Biblia), fue un acto piadoso de Joseph el obtener enormes ganancias, fueron hechas en el nombre del Faraón, para el enriquecimiento de su propia familia; esto fue excusado tácitamente por Yahvé en la orden en Éxodo 3:22: "¡Expoliarás a los egipcios!" (fuente: Robert Graves y Raphael Patai, Mitos hebreos, "El libro de Génesis", Londres, 1964, Pág. 266-267.)

¿No fue verdad que los antiguos sueños de los extremistas judíos fueron realizados cuando tomaron para sí el dinero, ganado, casas, religión y libertad personal de los gentiles? El pillaje se llamó oficialmente nacionalización de la propiedad privada.

El 12 de abril de 1919 el periódico Kommunist (Kharkov) publicó el artículo del camarada M. Kohan "Los Servicios Judíos a la Clase Obrera" dónde escribió lo siguiente: Se puede decir sin exageración que "la Gran Revolución Socialista de octubre se llevó a cabo a través de las manos de los judíos... la estrella roja de cinco puntas, que fue conocida como símbolo judío en tiempos antiguos, ha sido tomada ahora por el proletariado ruso... los comisarios judíos como líderes de comités y de las organizaciones del soviet llevan al proletariado ruso a la victoria... ¿Podrían las oscuras y oprimidas masas de los obreros y campesinos rusos sacarse el yugo de la burguesía por ellos mismos? No, fueron los judíos quienes de principio a fin les mostraron la forma al proletariado ruso del alba rosada del internacionalismo y quiénes hasta este momento gobiernan la Rusia soviética. El proletariado puede sentirse seguro en las manos de los judíos. Nosotros podemos estar tranquilos mientras el camarada Trotsky comanda el Ejército Rojo."

El Camarada M. Kohan admitió que no había ningún soldado judío en el Ejército Rojo, pero que los judíos lo comandaban. Los documentos ahora disponibles confirman esto.

En la noche antes del 9 (22) de diciembre de 1919, durante la guerra de liberación de Estonia contra los Bolcheviques, el Comandante judío del batallón, Shunderev, se desplomó en una batalla contra las tropas Estonias.

Entre sus papeles había una circular secreta conteniendo un llamado a todos los jefes judíos a formar una sociedad Sionista secreta.

La carta estaba escrita en ruso por el Comité Central en el departamento de la Unión Mundial Israelita en Petrogrado el 18 de marzo de 1918. El texto completo fue publicado en dos periódicos Estonios. Aquí están algunas citas de la carta publicada en el periódico Postimees (Tartu) el 31 de diciembre de 1919:

"¡Hijos de Israel! El tiempo de nuestra victoria final está cercano. Estamos al principio de nuestro dominio mundial y nuestro renombre. Lo que antes sólo soñamos se ha vuelto casi realidad... "

"A pesar del hecho que Rusia ha sido dominada y ha quedado bajo nuestro pie castigador, nosotros todavía debemos tener cuidado. Hemos transformado a Rusia en un esclavo económico y hemos tomado casi todas sus riquezas y oro y le obligamos que se arrodillaran ante nosotros. Pero debemos tener cuidado en guardar nuestro secreto. No debemos tener compasión para con nuestros enemigos. Debemos eliminar a sus mejores y a la mayoría de los individuos talentosos, para que la Rusia subyugada quede sin sus líderes. De esta manera, destruiremos cada oportunidad de rebelarse en contra nuestra."

"Debemos provocar lucha de clases y disensión entre los ciegos campesinos y los obreros. La guerra civil y la lucha de clase aniquilarán los valores culturales que la gente cristiana ha adquirido... Trotsky - Bronstein, Zinoviev-Radomyslsky, Uritsky, Kamenev-Rosenfeld, Steinberg - éstos y muchos otros hijos fieles de Israel mantienen los puestos más altos en la nación y gobiernan sobre los eslavos esclavizados. Derrotaremos a Rusia totalmente."

"Nuestro pueblo juega los papeles más importantes en los comités de las ciudades, las comisiones, los comités de abastecimientos, los comités de casa y otras instituciones. Pero no permitan que la victoria se vaya a sus cabezas!"

La información ahora disponible confirma estas declaraciones y la autenticidad de la carta. Entre el material de investigación de Moisei Uritsky, se encontró un documento secreto, copiado el 17 de mayo de 1918. Era la misma circular como aquella encontrada en el cuerpo muerto del Comandante Judío de Batallón, Shunderev.

Esto se publicó en Rusia por primera vez en febrero de 1994.

Los "revolucionarios" judíos sabían que cualquier estado podía ser destruido eficazmente por la ayuda del socialismo y la guerra civil. Era posible controlar todo, simplemente tomando el control de la producción de comestibles, hospitales y de las fuentes de energía.

A pesar del terror terrible, más y más rusos se atrevieron a expresar su descontento con el control de los judíos Bolcheviques. Los intelectuales eran especialmente abiertos a sus creencias. Por consiguiente, el 27 de julio de 1918, Izvestiya publicó un llamado del Concejo de Comisarios al Pueblo ruso. Este llamado condenaba el "anti-Semitismo como un peligro a la causa de la revolución de los obreros y campesinos". Los antisemitas serían proscritos y ejecutados en el acto.

El propio Lenín firmó el llamado pero la iniciativa era de Trotsky. Lenín enfatizó que el antisemitismo implicaba contrarrevolución. Trotsky consideró a todos los patriotas como antisemitas. En el medio del gran terror en Kiev, Trotsky visitó la ciudad en abril de 1919, y ordenó que todos los patriotas rusos debían ser exterminados. Ellos eran golpeados hasta la muerte con martillos y sus cerebros terminaban en el suelo del cobertizo dónde este crimen fue descubierto más tarde. (Platonov, "La Historia del Pueblo ruso en el Siglo XX", Parte I, Moscú, 1997, pág. 611.)

El propio Lenín confirmó que el régimen soviético en realidad era judío.

Cuando se informó a Lenín que un comité recientemente formado no tenía un solo miembro judío, él se disgustó: "¿Ni un sólo judío? ¡No, no! Eso es imposible!" (Oleg Platonov", La Corona de Espinas de Rusia,: La Historia del Pueblo ruso en el Siglo XX", Moscú, 1997, parte I, pág. 519.)

De acuerdo con uno de los funcionarios líderes soviético, Lazar Kaganovich, Lenín exigió que cada Institución soviética debía tener, un presidente judío, o a lo menos el vicepresidente judío. (Chuyev, "Así habló Kaganovich", Moscú, 1992, pág. 100.)

La mayoría de los judíos, aún cuando ellos no se consideraran Bolcheviques, apoyaban el poder soviético, aceptándole como propio, como judío. También muchos judíos ricos, temiendo por su riqueza, prefirieron a los Rojos en lugar de los Blancos. En lugar de los lujos que le habían permitido sus riquezas, ellos recibieron muchos privilegios gracias a su cercanía con el poder y la posibilidad de llegar a ser ellos mismos el poder sobre Rusia.

Los judíos, según Lenín, "salvaron el poder Soviético" - "los judíos ciertamente crearon el esqueleto de este poder y al mismo tiempo dieron al pueblo la ocasión de identificar el poder soviético con el poder de la Judería". (Oleg Platonov, La Corona de Espinas de Rusia: La Historia del Pueblo Ruso en el Siglo XX", Moscú, 1997, Vol. I, pág. 583.)

LA SENTENCIA DEL ALMIRANTE SHCHASTNY

En el verano de 1993, fue publicada una información previamente secreta sobre el asesinato del Almirante Alexei Shchastny el 21 de junio de 1918 en Moscú. La razón para el asesinato fue muy simple. A principios de la primavera de 1918, Trotsky había dado a Shchastny, Comandante de la Flota Báltica, las órdenes para rendir todos sus buques de guerra (aproximadamente 200) a los alemanes pero el almirante se había negado.

El judío Adolfo Yoffe quien fue un cercano camarada de Trotsky y jefe de la comisión soviética en las negociaciones de Paz en Brest dijo a los alemanes: "No habrá ni paz ni guerra." Los alemanes tomaron la indirecta y mantuvieron el territorio ruso que ellos habían ocupado. Ellos tenían más demandas. Lenín y Trotsky intentaron evadir el problema pero los alemanes amenazaron hacer público que ambos eran agentes pagados si a Berlín no le fuera permitido quedarse con un millón de kilómetros cuadrados de territorio ruso, y no se le entregaran 6.000 millones de marcos y la flota báltica en compensación. Lenín y Trotsky cedieron. La flota báltica simplemente fue estacionada entonces en las afueras de Helsinki.

Tal como fue mencionado, el Almirante Shchastny se negó a obedecer las órdenes y decidió salvar la flota entera y navegar a casa en Kronstadt. Londres exigió que los ruso no debían rendir la flota a los alemanes; que ellos en cambio debían hacerla estallar. La presión de Londres fue enorme. Así que Trotsky dio una nueva orden para hacer estallar los barcos de guerra de tal manera que el daño hecho fuese mínimo y los alemanes pudieran repararlos fácilmente..

Entonces el servicio secreto británico intervino y entregó al Almirante copias de las cartas del servicio secreto alemán que contenían las instrucciones a Lenín y a Trotsky en relación con la Flota Báltica. El almirante comprendió que los líderes soviéticos, Lenín y Trotsky, estaban traicionando a Rusia a un poder extranjero, por lo que él se aseguró que se trajeran 167 buques de guerra a través del hielo a Kronstadt. Berlín estaba furioso.

Trotsky quiso vengarse del Almirante. Pero no podía hacerlo en seguida ya que Shchastny era muy popular. En cualquier otro estado, el almirante habría sido condecorado por su acto heroico pero Trotsky lo quiso castigar.

El almirante fue convocado al Kremlin el 28 de mayo de 1918. Trotsky hizo una pregunta decisiva: "¿Deseaba el Almirante servir el régimen soviético si o no?" Una simple respuesta "Sí" habría sido suficiente, pero Trotsky nunca escuchó esta respuesta por lo que el Almirante fue arrestado inmediatamente.

Durante el tercer día bajo el arresto, el Almirante fue informado que tendría un juicio. Resultó que los líderes Bolcheviques habían abierto el maletín del Almirante, que contenía copias de las instrucciones de los alemanes a Lenín y Trotsky. El Almirante había cometido un grave error - no había hecho públicas las cartas, y las había traído a Moscú. Trotsky también leyó en el diario del Almirante que revelaba que a Shchastny no le gustaba el régimen soviético.

Una farsa llamada Juicio tuvo lugar el 20 de junio de 1918. La acusación fue comunicada al Almirante sólo dos horas antes del juicio. Nunca tuvo tiempo para leerla. Solamente un miembro del público fue permitido estar presente - la hermana del Almirante. Había solamente un testigo que también presentaba la imputación oficial. El testigo era León Trotsky.

El almirante fue acusado de alta traición y sentenciado a muerte.

El 21 de junio, la Brigada china que no hablaba ruso, fue llamada a la Escuela Alexandrovsk. Este grupo ejecutó al Almirante y, según las órdenes, pusieron el cuerpo en un saco que fue enterrado bajo el suelo en una de las salas. La orden vino de León Trotsky.

Hoy, el Ministerio ruso de Defensa ocupa este edificio, no lejos del Kremlin. (Sovershenno Sekretno, No. 6, 1993.)

Ni los británicos ni Hitler usaron alguna vez esas cartas secretas para exponer la verdadera naturaleza de los líderes soviéticos y con ello debilitar al Kremlin. La pregunta es si todos ellos estaban trabajando para un poder internacional omnipresente pero invisible.

LA REBELIÓN DE KRONSTADT

En febrero de 1921, los obreros en Petrogrado y los marineros en Kronstadt habían tenido suficiente. Varias huelgas estallaron en Petrogrado el 22 de febrero. Los obreros ya no querían guardias comunistas en las fábricas. La dirección comunista también había cortado la ración de pan a un tercio (los obreros de la industria pesada recibían 800 gramos por día, los obreros normales 600 gramos). Los sueldos habían bajado a una décima parte de lo que ellos recibían antes que los Bolcheviques tomaran el poder y la proporción de inflación era catastrófica.

Los obreros que furtivamente habían pasado los bloqueos de control y dejado los pueblos hacia los campos para encontrar alimentos fueron arrestados o simplemente ejecutados de un tiro, ya que las fábricas eran gobernadas por la disciplina militar.

Trotsky también había introducido el sistema Taylor norteamericano (llamado así por el economista norteamericano Frédéric Winslow Taylor, nacido en Germantown, 1856, murió en 1915) qué transformó a los obreros en robots. Lenín estaba fascinado con este sistema.

La dirección Bolchevique comenzó a ejecutar a los obreros en huelga como desertores.

Muchos fueron arrestados. Los problemas también emergieron en Moscú. Los demostrantes exigían, entre otras cosas: "Abajo los judíos comunistas!" (Harrison E. Salisbury, "De Ryska Rrevolutionerna"/ "La Revolución Rusas", Estocolmo, 1979, pág. 234.)

Los obreros también levantaron la demanda de la renuncia inmediata de Lenín y quisieron establecer una Asamblea Constituyente.

Como las amenazas contra los judíos comunistas se volvió cada vez más ruidosa por todas partes, el agresivo líder judío, Mikhail Lashevich llamó a los obreros defraudados en huelga "sanguijuelas que están intentando practicar extorsión".

Los líderes comunistas judíos se aterraron cuando los marineros en Kronstadt se pusieron al lado de los obreros. En una reunión el 1º de marzo, los marineros declararon su disgusto con la sección política de la Flota Báltica.

Ellos acostumbraban a elegir a sus propios Comandantes y se oponían a la disciplina ciega que los traficantes del poder comunistas requerían de ellos.

Los marineros del acorazado Petropavlovsk apoyaron las protestas de los obreros contra la terrible opresión y presentaron su propio programa de 15 puntos, en que ellos, entre otras cosas, demandaban nuevas elecciones secretas con emisión de votos para los Soviets, ya que "los actuales Soviets no representan el sentir de los obreros y campesinos", pedían también libertad de discurso, libertad de organización, la liberación de todos los prisioneros políticos socialistas, la abolición de los comisarios y el fin a la supremacía del Partido Comunista.

La resolución también exigía el derecho de los obreros y campesinos a trabajar por cuenta propia con tal de que ellos no emplearan a nadie más y que todos los judíos debían ser sacados de los altos puestos. La última demanda era la más importante, según Alejandro Berkman. 15.000 marineros y obreros apoyaron esta resolución. La resolución condenaba total y absolutamente al gobierno comunista.

Los bolcheviques judíos estaban asustados, pero no deseaban consentir ni siquiera a la menor de estas demandas - el levantamiento de los guardias comunistas de puestos de control en los caminos y de las fábricas y la introducción del racionamiento igualitario. En cambio, los líderes intentaron hacer que los marineros retiraran totalmente la resolución. Era imposible. Los marineros gritaban: "Preferimos morir que rendirnos!" Entonces los Politruks amenazaron que "El Partido no abandonará el poder sin lucha."

El Camarada Primero Perichenko del Petropavlovsk que era el líder de la rebelión tenía a la élite del Partido comunista local encarcelada desde principios de marzo. Todos los puntos estratégicos estaban ocupados.

Entre los rebeldes había Social Demócratas, también Bolcheviques rusos, anarquistas, sindicalistas, Social Revolucionarios y varios otros grupos izquierdistas que querían librarse del control comunista judío de la "revolución."

El 6 de marzo León Trotsky estaba enfurecido. Al principio él quería usar gases venenosos contra los rebeldes, gas que había adquirido rápidamente en el extranjero. Luego dijo que todos aquellos que demandaban libertad de discurso, prensa libre y sindicatos libres debían ser tiroteados "como patos en un estanque" o "como perros". Ordenó que los rebeldes se rindieran. Estos se negaron.

El 7 de marzo, el Ejército Rojo abrió el fuego con artillería y atacó Kronstadt desde el aire. El regimiento 561 de infantería atacó por el hielo el 8 de marzo. Los hielos cedieron en varios lugares y cientos de soldados se ahogaron. Casi todos en el segundo batallón, se entregó más tarde a los rebeldes. Las unidades del Ejército Rojo se negaban a atacar a los marineros.

Entonces, nuevas tropas fieles fueron llamadas; 60.000 Guardias Rojos escogidos. El 18 de marzo (el día de la Ayuda Roja), el 7mo Regimiento bajo el mando de Mikhail Tukhachevsky atacó la guarnición de 16.000 hombres. Los marineros fueron hechos retroceder; fuerte tras fuerte y luego calle tras calle. Finalmente, sólo aproximadamente cien marineros vanamente intentaban sostener una última defensa junto al faro Tolbukhin.

Tukhachevsky dijo después que él nunca había visto algo como la carnicería experimentada en Kronstadt. "No fue ninguna batalla normal", explicó, "era un infierno. "Los marineros lucharon como bestias salvajes. No puedo entender de dónde sacaron la fuerza para su furia. Cada casa tuvo que ser tomada por asalto."

La revuelta fue aplastada el 21 de marzo. Cerca de 1000 marineros fueron asesinados, se tomaron 2500 prisioneros. Los Guardias Rojos perdieron a 10.000 hombres. La mayoría de los rebeldes logró escapar con sus familias por el Golfo de Finlandia a Terijoki y en el futuro terminaron en Helsinki.

Finlandia fue obligada a extraditarlos en 1945, 24 años después.

La mayoría de aquellos capturados fueron ejecutados implacablemente por orden de Trotsky. Un total de 30.000 personas fueron ejecutadas en esta horrible carnicería. La declaración oficial fue: "Se impusieron severas sentencias proletarias sobre todos los traidores a la causa". Solamente ahora se ha revelado que Trotsky dirigió personalmente las ejecuciones masivas de los marineros, de sus familias y de otros involucrados. (Dagens Nyheter, 25 de noviembre de 1993.)

El anarquista judío Alexander Berkman que provenía de los Estados Unidos de Norteamérica visitó Kronstadt después de ataque. Escribió en su diario: "Kronstadt ha caído. Miles de cadáveres de marineros yacen en las calles. La ejecución de prisioneros continúa."

Trotsky había por esto definitivamente manchado sus manos con la sangre de los marineros y obreros. En recuerdo del 50 aniversario de la Comuna de París y la victoria sobre Kronstadt, había ordenado tocar "La Internacional", el infame himno de los socialistas-comunistas.

Kronstadt fue el clímax del terror Leninista. Ambos, Lenín y Trotsky fueron estremecidos por la Rebelión. Lenín estaba muy contento con la contribución del arrogante Trotsky. Los dos creyeron, sin embargo, que los rusos necesitaban un período más tranquilo después de toda la terrible matanza que habían estado llevando a cabo firmemente durante varios años. Los Chekistas habían usado cada excusa imaginable para matar.

En el pueblo de Bryansk, la pena de muerte se introdujo por embriaguez, en Vyatka por "estar al aire libre después de 20:00 horas", en otras áreas por robo. Los prisioneros eran llevados a sótanos de ejecución, debían desnudarse, de pie contra una pared y eran fusilados por una pequeña escuadra armada con pistolas.

Un Chekista con un carro de mano quitaba los cadáveres que eran entonces removidos como cadáveres animales y dejaron caer a través de una trampa a un camión que esperaba. Entonces llevaban a más prisioneros y el procedimiento era repetido.

En Petrogrado, el líder del Soviet, Grigori Zinoviev demandó en un discurso que los habitantes de Rusia que no pudieran ser ganados para la causa del Comunismo debían ser liquidados. (Det Basta, No. 2, 1968, pág. 136.)

En otros términos, Rusia estaba ocupada por un grupo de gángsteres judíos quienes más tarde también lucharían entre ellos mismos. En el futuro, más de un millón de judíos murió de esta forma.

El Profesor Israel Shahak enfatizó en su valioso libro "La historia Judía, la Religión Judía - El Peso de Tres Mil Años" (Londres, 1994) que los judíos fanáticos siempre han intentado seguir las instrucciones según las cuales ellos deben matar a todos los "traidores" de sangre judía - aquellos que no acepten sus propios puntos de vista extremos. Esto fue una vez más confirmado por el asesinato de Yitzhak Rabin el 4 de noviembre de 1995.

Esos grupos extremistas judíos fueron los peores enemigos de todas las personas sensatas (incluyendo a los judíos civilizados) en Rusia. Estos criminales no deberían ser despreciados y odiados, aún ahora después de los eventos, ya que desde un punto de vista espiritual, ellos fueron simplemente los portadores de ideas muy primitivas y destructivas. El odio no lleva a ninguna parte. Esos criminales demostraron la verdad de esto por sí mismo.

Para aliviar la opresión y que la economía en el suelo pudiera ponerse de pie nuevamente, Trotsky y Lenín estaban de acuerdo en permitir negocios privados, limitados temporalmente. Según el historiador ruso Viktor Nanolov, fue Trotsky quién abolió su propia economía militar y diseñó los planes para la NEP - la Nueva Política Económica. Era una política hábil - primero el severo Comunismo de Guerra, luego la NEP con una abundancia de pan para conseguir que el régimen soviético fuese aceptado...

Por supuesto, los judíos se aprovecharon de la situación que se presentó durante el período de la NEP. En 1924, un tercio de todas las tiendas de comercio en Rusia estaba en manos de los judíos ("Enciclopedia judía Universal", "Revolución del Pueblo").

TROTSKY COMO UNA EMINENCIA GRIS

Entonces, en 1922, Lenín creó el puesto más importante, el de Secretario General del Comité Central, él deseaba que Trotsky tomara este puesto.

Trotsky lo rechazó ya que habría parecido mal al mundo exterior si estuviese un judío en la cima misma de la jerarquía comunista. Finalmente, tenían la opción de dos hombres para este puesto - el medio-judío Joseph Stalin (en la realidad Dzhugashvili), e Ivan Smirnov, ruso, amigo de Trotsky. El 3 de abril de 1922, Stalin fue finalmente escogido. Stalin ordenó que Smirnov fuese ejecutado en 1936.

León Trotsky quiso ser el guía espiritual de Joseph Stalin, una eminencia gris que pudiera gobernar el país a través de este Secretario General mediocre. Trotsky llamaba a Stalin la mancha gris y lo consideraba nada más que un inculto administrador. Esto fue, realmente, un juicio justo de él - Stalin seguiría siendo una persona totalmente ignorante hasta su muerte.

Varios años después quedó en evidencia que Stalin ya no permitiría ser controlado por Trotsky. Al contrario, él quiso tomar todas las decisiones por si mismo. ¡Pensaba que esto era posible!

Al mismo tiempo, quiso reducir la influencia de los judíos en la política soviética. Sin embargo, cuando él fue demasiado lejos contra los judíos extremistas, perdió su vida. Su esposa judía, Roza, lo envenenó bajo las órdenes de su hermano Lazar Kaganovich, según la confesión de este último en Moscú en 1981.

El escritor sionista y socialista, Arnold Zweig, creía que Trotsky era el justo heredero de Lenín. Zweig admitió que su propio sustento intelectual venía del Illuminatus Moisés Mendelssohn.

En cualquier caso, Stalin llevó a cabo, por lo menos, la mayoría de las ideas de Trotsky (le faltaban las propias). Stalin aprendió mucho de Trotsky, sobre todo cuando Trotsky, en el decimosegundo Congreso del Partido en mayo de 1923, enfatizó que el Partido estaba siempre en lo correcto.

Stalin nunca asesinó tan intensivamente como Trotsky. Si Trotsky se hubiera realmente tomado la Secretaría General, toda Rusia se habría ahogado en ríos de sangre.

En sus memorias, la segunda esposa de Trotsky, Natalya Sedovaya-Trotskaya, no mostró compasión en absoluto, para con cualquiera de los millones de víctimas de su marido. Ella era, de hecho, la hija de un banquero Sionista, Ivan Zhivolovsky (en la realidad Avram Zhivatovzo), quién ayudó financieramente a los Bolcheviques en la toma del poder, al principio en Rusia y luego en Estocolmo, vía Nya Banken (un banco sueco, de propiedad de la familia judía Aschberg).

Ésta fue otra razón por qué el francmasón León Trotsky siempre protegió los intereses internacionales de los judíos ricos. Ivan Zhivotovsky tenía conexiones íntimas con Warburgs y Schiffs.

Se han extendido mitos sobre el afable Trotsky también en Suecia: "Si sólo él hubiese ganado la lucha de poder, habría habido entonces libertad de discurso en la Unión Soviética"., "No habría sido inútil reformar el Comunismo si Trotsky hubiera estado en el poder."

Todos esto, claro, es una seria desinformación. Trotsky despreciaba la democracia parlamentaria y lanzaba vitriolo sobre la idea en cada oportunidad. De todos los Comunistas, era él quién más detestaba la democracia. Esto queda claro cuándo al leer su libro "¿Qué es la Unión Soviética y hacia dónde va?", publicado en París en 1936. En página 219, él explica que los abogados de las clases liquidadas no tendrán ningún derecho a formar partidos políticos. Enfatizó que aquellos que apoyan el capitalismo en la Unión Soviética están actuando como Don Quijote y les falta incluso la habilidad para formar un Partido..

En 1922, Trotsky fue el antagonista más violento del grupo de oposición dentro del Partido. Exigió que aquellos debían ser liquidados inmediatamente. Sugirió que debían confiscarse las parcelas de tierra privada ya que ellas, en su opinión, podrían dar lugar a una infección ideológica entre los campesinos. Sin esas parcelas de tierra, habría una escasez inmediata de comida en las ciudades y con ellos sería más fácil de controlar a los intelectuales que todavía quedaban. El sistema que Trotsky quiso introducir era completamente centralizado. Habría creado tal horrible, tan surreal reino de terror que incluso Stalin y sus consejeros judíos no lograrían. Con Trotsky en el poder, Rusia habría enfrentado un destino mucho peor que aquel que tenía.

Las ideas de los Trotskistas sobre el socialismo militar fueron en parte implementadas por Mao Tse Tong en China durante la "Revolución Cultural". Esos terribles experimentos alcanzaron una perfección aterradora en la Camboya de Pol Pot. Todos esto es evidente al leer el libro de Trotsky "La Revolución Traicionada: Qué es la Unión Soviética y hacia dónde va?"

Trotsky era tan poderoso en 1922 que saludó el desfile en el quinto aniversario de la Revolución de octubre solo, sin Lenín. Fue Trotsky quien, ya en 1924, exigió un fin inmediato a las concesiones de la NEP. Stalin comenzó a exigir esto tres años después - en 1927. La NEP fue abolida finalmente en diciembre de 1929. Trotsky fue el que estaba más activamente involucrado en la liquidación del mercado libre en la Unión Soviética.

También era Trotsky que estimuló a la dirección comunista para hacer nuevas conquistas. En enero de 1918 exigió que los 15.000 rojos finlandeses debían tomar el poder inmediatamente en Helsinki.

Para ese fin, Lenín prometió enviar armas a Jukka Rahja. Las armas llegaron. Todo estaba listo para un golpe nacional comunista. Pero entonces los alemanes exigieron que los Bolcheviques se mantuviesen alejados de Polonia, Lituania, Courland y también Livonia, Estonia, Finlandia y de Ucrania. A los Bolcheviques no se les permitió aplastar a Finlandia. Lenín y Trotsky fueron forzados a obedecer las demandas alemanas el 3 de marzo de 1918. (Nootti, Helsinki, No. 4, 1989.)

A principios de 1921, Trotsky deseaba la incorporación inmediata de Georgia en la Unión Soviética. Recibió el apoyo de Joseph Stalin y de Grigori (Sergo) Ordzhonikidze. Trotsky tenía un plan operativo para ser usado de inmediato y los agentes soviéticos se tomaron el poder en la provincia de Borchalin el 12 de febrero de 1921. El 16 de febrero la República Soviética Georgiana fue declarada en Shulaveri y el Comité Revolucionario le pidió ayuda a Moscú. Un día después, las tropas soviéticas, que habían estado esperando en la frontera, comenzaron el ataque en la república Georgiana.

El 25 de febrero el Ejército Rojo tomó Tiflis (Tbilisi), la capital de Georgia. La acción fue completada. Los Bolcheviques inmediatamente comenzaron a matar a los intelectuales.

Trotsky también hizo planes para invadir Armenia e Irán, pero el último plan falló.

Trotsky estaba muy defraudado por la imposibilidad de ocupar los estados bálticos. En enero de 1918, Lenín se quejó a Trotsky: "Sería muy desafortunado si tenemos que entregar la Estonia Socialista.

TROTSKY COMO ANTI-INTELECTUAL

La afirmación sobre la actitud liberal de Trotsky hacia las artes también es una fabricación. Él creía que el Partido Comunista debía tener el monopolio en la cultura y las artes. Fue Trotsky quien forzó el realismo socialista en los artistas. En su opinión no podrían hacerse pinturas de paisajes en el Sahara. Tampoco creía en la existencia de la libre imaginación. Exigía que todos los artistas debían seguir la línea del realismo. También fue Trotsky quien entregó los certificados políticos a los autores sin los cuales no podían continuar trabajando. Trotsky decidió lo que sería permitido pintar y lo que no. Lenín y Trotsky creyeron que todo lo creado, fuera de la doctrina Marxista, era arte anti-social.

A Mikhail Bulgakov se le dio la tarea de escribir una obra comunista. Él se negó. Hubo pocos autores que se atrevieron a negarse. Después, no tuvo ninguna posibilidad de publicar. En 1929, Bulgakov escribió a Gorky: "¿Por qué la Unión Soviética debe detener a un autor que no se le permite publicar su trabajo? ¿Es la intención destruirlo?" En 1939, estaba desesperado y había escrito "Batum" una disculpa, (más bien un grito ahogado) y un tributo al Stalin revolucionario joven. Esto no le hizo bien. ¡Le faltó el fondo apropiado! En su brillante novela "El Amo y Margarita", sólo publicada en 1966, dice que la cobardía es el más grande de los pecados mortales.

Según el mito, Trotsky también sostenía una visión liberal o avantgarde en la literatura.

Incluso se afirmaba que fue un crítico literario muy competente.

En 1923, Trotsky publicó su colección de artículos sobre la literatura, junto con sus decisiones, aprobada por el Partido, con respecto a la censura. El título de este horrible libro es "Literatura y Revolución" (publicado en inglés en 1991). según este libro, el objetivo de Trotsky era transformar la literatura en una arma de la revolución. Escribió que todas las ideas peligrosas para el Comunismo deben ser purgadas.

Creía sin embargo, en el uso de las formas de arte "peligroso", y propagar en ello el 'sano' contenido comunista. Es difícil imaginar alguna idea más vil que esta. Éste era el nacimiento de arte de la propaganda. La cultura proletaria fue emprendida (qué realmente significa la no-cultura).

Trotsky no escondió este hecho. Enfatizaba que los obreros no tenían tiempo para tomar parte en la vida cultural, ya que tenían que luchar para la revolución. Las cortas pausas entre las batallas no eran suficientes. Los confortaba con una posible oportunidad de disfrutar estos otros valores 50 años después, cuando la revolución fuese victoriosa. Sólo entonces ellos podrían consagrarse a la cultura del proletariado, pero hasta entonces, los obreros eran ante todo y fundamentalmente soldados de la revolución.

EL ASESINATO DE SERGEI YESENIN

Como si todo esto no fuese bastante, Trotsky también asesinó al más grande poeta de Rusia, Sergei Yesenin. La causa oficial de muerte: suicidio. A pesar del hecho que su cabeza había sido aplastada de tal forma que su cerebro colgaba afuera, Aún así, Yesenin todavía pudo colgarse, según el certificado de muerte del profesor judío Alejandro Gilyarevsky.

La razón principal para el asesinato fue el nuevo poema de Yesenin, "Tierra de Torcidos" en el que sorprendentemente describe a un tirano judío - Leibman Chekistov. Todos sus amigos reconocieron a Leiba Bronstein-Trotsky por la descripción. Yesenin dio la bienvenida la "revolución" al principio pero pronto se desilusionó de ella y logró percibir las oscuras fuerzas trabajando detrás del espectáculo político.

Esa fue la razón por la que escribió su revelador poema, en que describe cómo hombres de negocios norteamericanos tomaron el poder en Rusia con la ayuda de gángsteres políticos que se transformaron en prospectores soviéticos que especulaban en el Marxismo.

Llamó a los traficantes del poder, 'Parásitos' y que en realidad la república soviética era un engaño (esta palabra fue romanizada!). También describió el odio ardiente de Trotsky por la cultura rusa.

Sergei Yesenin había declamado pasajes de este poema a muchos de sus amigos. Trotsky estaba informado sobre el contenido del poema y fue incapaz de perdonar esto.

El amigo de Yesenin, Alexei Ganin, que también era un poeta, fue arrestado en marzo de 1925. Acusado de difamación del camarada León Trotsky, fue sentenciado a muerte y ejecutado. Él había junto con los otros conocidos poetas Peter Oreshin, Sergei Klychkov y Yesenin, proclamado oficialmente que en Rusia exclusivamente los judíos tenían el poder. Estos cuatro habían hablado ruidosamente de las injusticias de los judíos comunistas contra Rusia en un bar, a finales de 1923, según un informe policial secreto.

Disponer de Yesenin no era tan fácil, sin embargo. Ya era mundialmente famoso. Había pasado en los años 1922 - 1923 en varios países europeos y en los Estados Unidos, junto con su esposa norteamericana, Isadora Duncan que era bailarina de ballet.

Ya el 20 de febrero de 1924 de febrero, el Juez Kommissarov en Moscú había decidido arrestar a Yesenin por declaraciones anti-semitas. Yesenin supo de esto y se ocultó.

A comienzos de septiembre de 1924, Yesenin vivía clandestino en Baku cuando el hombre del GPU, Yakov Blumkin, ingresó de pronto al hotel de Yesenin y lo amenazó con un revólver y le describió lo que le esperaba en el sótano del GPU en Moscú. Yesenin escapó a Tiflis (Tbilisi) en Georgia dónde adquirió un revólver con el que retornó a Baku.

El 6 de septiembre de 1925, Yesenin tomó un tren de regreso a Moscú junto con Sofia Tolstaya. Dos judíos - A. Rog y Levit - de pronto se volvieron y provocaron a Yesenin por hacer declaraciones críticas hacia los judíos. Levit y Rog detuvieron a Yesenin en la estación de Kursk y lo entregaron a la milicia. El Juez Lipkin exigió su arresto. Pero él fue soltado, tal como había sido en Moscú el 23 de marzo de 1924, cuando los agentes secretos del GPU, los judíos hermanos M. e

I. Neiman querían acusarlo de antisemitismo (conforme a los párrafos 172 y 176 del código criminal).

El GPU había reunido una gran cantidad de denuncias describiendo las declaraciones antisemitas hechas por Yesenin que era bien consciente de la situación real en la Rusia de entonces.

Este juicio probablemente habría atraído demasiada atención y los nombres de varios agentes secretos infiltrados en el círculo de Yesenin también habrían sido revelados. Eso fue porque ellos decidieron en varias ocasiones no llevarlo a juicio, a pesar del hecho que las acusaciones de antisemitismo (es decir contrarrevolución) ya se había lanzado contra él.

Así que Trotsky decidió disponer de Yesenin de otra manera. Yesenin se mudó de Moscú a Leningrado en la tarde del 23 de diciembre de 1925. Quería encontrar allí un buen lugar para vivir, editar sus poemas en dos volúmenes y comenzar a publicar su propia revista. Él pensaba quedarse al principio en el hotel Angleterre.

El asesinato de Yesenin se transformó en una misión especial para el GPU que antes había secuestrado a oponentes del régimen soviético, incluso en el extranjero, que fueron luego llevados a Moscú y ejecutados allí.

Un grupo de asesinos dirigidos por Yakov Blumkin llegó al hotel de Yesenin en la noche antes del 28 de diciembre de 1925 y e irrumpieron en su habitación. Su secuaz era Wolf Erlich quien más tarde fue encargado de llevar la falsa investigación en la muerte de Yesenin.

El poeta Se resistió, sorprendentemente bastante. Sus vecinos escucharon esto. Luego los asesinos dieron de puntapiés a Yesenin y le hirieron gravemente en su cabeza con un objeto antes de que colgaran al gran poeta. Así fue como murió el valiente Sergei Yesenin.

El asesino de Yesenin, Yakov Blumkin, empezó su carrera como rabino en la sinagoga en Odessa.

Como muchos otros judíos extremista ortodoxos, buscó una posición en la Cheka después que los bolcheviques entraron en el poder. Al mismo tiempo era miembro oficial del Partido Social Revolucionario Social.

Trotsky le dio la misión de asesinar al embajador alemán Count Wilhelm von Mirbach, el 6 de julio de 1918, para prevenir el acuerdo de paz Brest-Litovsk. Los Social Revolucionarios fueron acusados de este asesinato. También el comunista Aino Kuusinen relató en sus memoria que Yacob Blumkin asesinó al embajador von Mirbach.

Después del asesinato del Embajador von Mirbach, Blumkin fue designado a la Cheka en Kiev en abril de 1919. En el verano de 1920 se volvió a Moscú dónde estudió en la academia militar. Blumkin fue nombrado Inspector Militar de Caucasia dónde posteriormente comandó el aplastamiento de una rebelión anti-soviética en Georgia en el verano de 1924. Blumkin se hizo tristemente famoso.

Le enviaron después a Mongolia dónde fue de hecho el jefe de la policía política. Comenzó a asesinar a las personas allí con tal avidez demente, que la dirección del GPU en Moscú tuvo que volverlo a llamar, según la información de las memorias de Boris Bazhanov.

Él ayudó después a Trotsky a escribir el libro de propaganda "Cómo se armó la Revolución". En 1925, Trotsky le dio la misión para seguir al poeta Yesenin hasta su muerte. Todos esto ha sido revelado ahora en la prensa rusa.

El Periodista Georgi Ustinov y su esposa Yelizaveta que también se hospedaban en el hotel fueron los primeros en entrar en la habitación de Yesenin en la mañana del 28 de diciembre. Los asesinos habían buscado en los papeles de Yesenin y en otras pertenencias. Estaban buscando probablemente el manuscrito de "Tierra de Torcidos". (Molodaya Gvardiya, No. 19, 1990.) Wolf Erlich entró también poco después.

Ustinov comprendió lo que realmente había pasado y prometió decir la verdad completa sobre el asesinato del poeta. Al día siguiente Georgi Ustinov y su esposa fueron encontrados colgados en su habitación. Se pudo certificar que se había usado violencia contra ellos antes de sus muertes.

El 29 de diciembre de 1925, la prensa de la tarde anunció que el poeta Yesenin de 30 años había tomado su propia vida.

Yakov Blumkin fue enviado finalmente al Medio Oriente como espía-jefe del soviet. Reclutó a agentes en Siria, Palestina y Egipto. Usaba un pasaporte con el nombre de Sultán-Zade. Los jefes de Blumkin eran entonces Vyacheslav Menzhinsky y Mikhail (Meier) Trilisser. Los días de verdugo de Yakov Blumkin también acabaron con la ayuda de verdugos. Stalin lo hizo ejecutar el 3 de noviembre de 1929 por su reunión con Trotsky en Constantinopla en el verano de 1929. Antes que Blumkin muriera, el gritó: "¡Larga vida a Trotsky!" Yuri Felshtinsky, "El Derrumbe de la Revolución Mundial", Londres, 1991, Pág. 617-618.)

STALIN VICTORIOSO

Cuando Trotsky comprendió finalmente que era imposible manipular a través de Stalin, comenzó a atacar al Secretario General, ya que Stalin había tomado su puesto en serio. A principios de 1925, en una reunión del Politburó Trotsky llamó a Stalin sepulturero de la revolución.

A pesar de la contribución increíblemente cruel de Trotsky a la aplicación de las políticas Illuminista-comunistas, después de esta declaración, Stalin quiso librarse de él y sus compañeros.

Así, Trotsky fue relevado del puesto de Comisario del Pueblo para los asuntos militares en enero. El sucesor de Trotsky fue Mikhail Frunze.

Trotsky fue expulsado del Politburó el 23 de octubre de 1926. En agosto de 1927 Stalin logró que fuera expulsado del Partido y el 16 de enero de 1928, fue desterrado a Alma-Ata en Kazakstán.

En octubre de 1927, Trotsky había intentado combatir a Stalin refiriéndose al "testamento" de Lenín. Ya era demasiado tarde. Stalin, entretanto, intentó ganar acceso a las cuentas bancarias de Adolfo Yoffe, el camarada más cercano de Trotsky. Yoffe se negó a entregarle el dinero de Trotsky y prefirió cometer suicidio el 17 de noviembre de 1927. Trotsky había perdido aquí a su jefe de propaganda.

Parvus, Trotsky y Skobelev celebraban sus reuniones en la casa de Yoffe en su juventud.

El 31 de enero de 1929, Trotsky fue expulsado a Turquía, acusado de espionaje y actividades contra revolucionarias. Trotsky vivió después en Francia y Noruega. Las autoridades noruegas exigieron, por la presión de Moscú, que Trotsky dejara el país.

León Trotsky, de hecho, había publicado un libro criticando el Stalinismo. Se fue a México donde fundó su organización delictiva, la Cuarta Internacional - que se transformó en el Movimiento Trotskysta mundial subversivo para personas ingenuas e inmaduras. En 1937, Trotsky reveló inadvertidamente que sabía que la Segunda Guerra Mundial comenzaría dentro de dos o tres años.

León Trotsky ya no era más útil a la francmasonería como un 'confudidor' de las masas, por tanto los francmasones comenzaron a combatirle a él y a su ideología. Trotsky admitió esto en 1932. Los colaboradores de Trotsky, Zinoviev, Kamenev y muchos otros perecieron en la Unión Soviética Stalinista.

EL ASESINATO DE TROTSKY

El Profesor de historia, N. Vasetsky, escribió personalmente en Literaturnaya Gazeta en enero de 1989 que Stalin dio la orden para asesinar a Trotsky. "Es hora de acabar con Trotsky", dijo él. (Aftonbladet, 17 de enero de 1989.)

Stalin no podría olvidar el insulto del pasado. Esta información viene de los archivos soviéticos.

Se afirmó antes en la Unión Soviética que Trotskystas frustrados le asesinaron.

Leonid (Naum) Eitington, Coronel en el NKVD, reclutó al comunista español, Ramón Mercader, para cometer el asesinato. Eitington había sido amante de la madre de Ramón Mercader, el español que también era un experimentado montañista, infiltró el círculo de estudios más íntimo de Trotsky en su casa en Coyoacan, entonces un suburbio de México, D.F.. Mercader aplastó el cráneo de Trotsky con un piolet de montaña, el 20 de agosto de 1940. Trotsky murió un día después, el 21 de agosto. Desgraciadamente, sus dementes ideas no murieron con él. Vi una parte de un perturbador graffiti en una pared en Tarifa en el sur de España el 28 de marzo de 1993: "Los negocios de Lenín y Trotsky subsisten".

Stalin también asesinó a la mayoría de los Trotskystas. Ellos estaban entonces en los campos de concentración. En abril de 1938, Stalin dio las órdenes para ejecutar al hermano mayor de Trotsky, Alexander Bronstein. En julio del mismo año, el secretario de Trotsky, Rudolf Klement, fue encontrado decapitado en el río Sena en Francia. El hijo de Trotsky, León Sedov, fue envenenado en un hospital de París.

En 1989, hubo también un deshielo para los escritos de León Trotsky en la Unión Soviética.

El periódico Komsomolets (Moscú) publicó varios de los artículos de Trotsky en agosto de 1989.

En el verano de 1990 las autoridades en México, D.F. abrieron un museo de Trotsky. Varios cientos de mexicanos alabaron su memoria en el aniversario 50 de su muerte el 21 de agosto de 1990 (Dagens Nyheter, 22 de agosto de 1990).

El nieto de Trotsky, Esteban Volkov, lamentaba que no había un museo de Trotsky todavía en Moscú.

Los Trotskystas en Rusia lograron formar su propio Partido Democrático de los Trabajadores en marzo de 1992 y prometieron reinstalar el Comunismo tal como fue antes de la perestroika de Gorbachev. (Aftonbladet, 22 de marzo de 1992.)

¿Tan poco hemos aprendido de la violencia y el terror? ¿Cuándo bastante será bastante?

El bisnieto de León Trotsky, David Axelrod, también siguió en la tradición terrorista. Emigró de la Unión Soviética a Israel dónde fue arrestado a sus 28 años, el 12 de junio de 1989, por haber destruido propiedad de Palestinos e insultar después a algunos soldados israelitas, según informa la agencia Reuter.

El asesino de Trotsky fue sentenciado a 20 años de cárcel. En 1960 se mudó primero a Checoslovaquia y después a Moscú dónde fue proclamado como un héroe de la Unión Soviética y se le entregó una estrella de oro por su acto. Se cambió posteriormente el apellido a López. Ramón Mercader murió en noviembre de 1978 en La Habana a los 65 años de edad.

Así es el cuadro no retocado del "héroe de la revolución" Leiba Bronstein y su herencia misantrópica que ha sido ocultada de nosotros por tanto tiempo detrás de hábiles mitos.

El fanático Trotsky quería usar, más aún, la fuerza y la violencia contra los campesinos que Stalin y su consejero principal, Lazar Kaganovich. Junto con Lenín, Trotsky gritó: "¡Muerte a ellos!" Había seis millones de campesinos en Rusia. "¡Muerte a ellos!"

Se ha afirmado que Lenín era el cerebro de la revolución y Trotsky el alma. ¡Que alma más monstruosa!. Forjó un enorme estrago en Rusia para dominar a sus habitantes.

Mientras los Trotskystas afirman que su maestro nunca tejió alguna intriga, nosotros podemos con la ayuda de documentos y de sus propias citas confirmar que Trotsky fue un sádico particularmente sucio que destruyó todo lo de valor y finalmente se transformó en un simple idiota, un demagogo hábil y un criminal infortunado que murió horriblemente.

Trotsky fue sin dudas el "revolucionario" más cruel y más peligroso en el mundo, que ordenó literalmente disparar a millones de rusos. Tomaba a los hijos rehenes y, si era necesario, ordenaba asesinarles. Fue Trotsky quien soltó a los criminales de las prisiones y con ello también aterrorizó a las personas. Trotsky era un diablo duro, frío, tal como el historiador sueco Peter Englund, (fue un activo Trotskysta) lo caracterizó. (Expressen, 21 de agosto de 1990.)

Tenía tanto mal satánico en él, que todo lo que aprendimos sobre la inquisición de la Edad Media palidece en comparación. El brutal Trotsky desarrolló con éxito las violentas tradiciones de los Jacobinos. Fue Trotsky quien dijo: "Nosotros no necesitamos ningún Ministro, pero usaremos los

Comisarios del Pueblo. (Los Jacobinos en Francia habían usado Comisarios.)

Junto con Lenín, Trotsky propagó los Estados Unidos del Mundo. En octubre de 1917 dijo: "Los Estados Unidos de Europa deben ser fundados". Junto con Lenín, introdujo la ocupación cruel de Rusia por la caquistocracia roja (gobierno de los incompetentes, corruptos) que tuvo que pagar un precio enorme por este crimen destructivo.

Es fácil de entender la lógica detrás de aquellos que popularizaron y extendieron los mitos sobre Trotsky. Ya que Stalin era malvado, Trotsky debe haber sido bueno.

Pero eran ambos malvados. Stalin tan sólo no tenía talento y le faltaban las ideas propias. Ni Stalin ni Trotsky tenían algún amigo personal.

El film de caracterización "Trotsky" se exhibió en el otoño de 1993. Por primera vez se mostró que tipo de monstruo Leiba Bronstein realmente fue. El contenido de la película es verdadero y está basada en hechos bien documentados...

Pero ahora es el momento para relatar cómo fue realmente fundado el estado marxista más brutal en el mundo...

CÓMO LOS COMUNISTAS TOMARON EL PODER

El gran escritor ruso Fiodor Dostoyevsky predijo que el Comunismo vendría de Europa y que su introducción reclamaría decenas de millones de víctimas y que el Comunismo sería una catástrofe para la humanidad.

En la misma línea, el desterrado filósofo ruso Nikolai Berdyayev, en su libro "El Sentido de la Historia" (1923), advirtió sobre un período antihumanista aún más oscuro, presagiando un horror apocalíptico.

Sólo ahora, ha sido relativamente fácil describir la cadena de eventos que llevaron a los Bolcheviques a la toma del poder. El material hasta ahora hecho disponible es, en sí mismo, muy aterrador y puede definitivamente demostrarse que hubo una conspiración internacional detrás de las "revoluciones" en Rusia.

En 1915 Alexander Parvus (Israel Helphand) diseñó los planes para que los Bolcheviques (es decir el Illuminati) tomaran el poder con la ayuda del servicio secreto alemán. Había escrito el rol principal para Vladimir Ulyanov - Lenín.

En el mismo año, Parvus recibió 7 millones de marcos del Departamento de Finanzas alemán para desarrollar la propaganda revolucionaria en Rusia."

Parvus se encontró con Lenín en Zurich en mayo de 1915 para discutir sus planes. Lenín prefería obstinadamente a Suiza como la víctima de la conspiración.

Según el periódico norteamericano, El Nuevo Federalista (11 de septiembre de 1987) Parvus contribuyó a la Primera Guerra Mundial con sus intrigas. En cualquier caso, él estaba sumamente bien informado. Predijo en 1904 que los países industriales serían empujados a una guerra mundial, que sería el alba sangrienta de grandes eventos.

Entretanto, Lenín no creía que los Comunistas alcanzarían el poder alguna vez. Esto lo dijo en una conferencia en Berna, el 22 de enero de 1917, así, justo antes del golpe de febrero. ("Collected Works", Vol. 19, pág. 357.) Tampoco creía que habría una guerra mundial. Esto, también muestra, que él era simplemente, un títere en las manos de la élite financiera internacional.

EL TRASFONDO DE LA PRIMERA GUERRA MUNDIAL

Aquí yo debería mencionar algo acerca del trasfondo de la Primera Guerra Mundial. Durante el juicio de Gavrilo Princip y Nedelko Cabrinovic, los asesinos de Franz Ferdinand (el heredero del trono de Austria), se reveló que la organización Franco Masónica Gran Oriente estaba detrás de los planes de asesinato, y no la organización nacionalista Serbia Black Hand. Esta enorme provocación, fue planeada en 1912 en Paris, en la calle 16 Rue Cadets, en los cuarteles generales de Gran Oriente.

Nedelko Cabrinovic reveló en la corte cómo los francmasones sentenciaron a Franz Ferdinand a la muerte. El supo esto del francmasón Ziganovic (que fue quien le entregó al asesino Judío Princip, una pistola Browning). Princip era también francmasón. La sentencia fue ejecutada el 28 de Junio de 1914.

Todo esto acorde al reporte estenográfico de la corte publicado en el libro de Alfred Mousset's "L'Attentat de Sarajevo", Paris, 1930. Posteriormente esta información fue silenciada.

También se mantuvo en secreto el atentado que se realizó para asesinar a Grigori Rasputin en Pokrovskoye en Siberia, exactamente al mismo tiempo. Rasputin era el Mago de la corte del Zar, y el favorito de la Zarina, y estaba decididamente en contra de que Rusia fuera envuelta en una guerra mayor (Colin Wilson "The Occult", London, 1971, p. 500). El Príncipe francmasón Felix Yusupov consiguió matar a Rasputin el 29 de diciembre de 1916.

El francmasón austriaco y bolchevique, Karl Radek (Tobiach Sobelsohn), estaba al tanto de esto. El siempre estuvo muy bien informado. De el tiempo que vivió en Paris, que Radek conocía a Ziganovic personalmente. El trató de revelar los secretos acerca de la guerra durante el juicio en su contra en Moscú en 1937, pero los lacayos de Stalin le dispararon. No le dieron otra opción de hablar y se llevó estos secretos a su tumba (Molodaya Gvardiya, N° 2, 1991, p. 121).

Cuáles eran los motivos de Gran Oriente? Yo no necesito especular aquí.

Es mejor citar fuentes Sionistas. El periódico Sionista Peiewische Vordle escribió el 13 de enero de 1919: "El judaísmo internacional cree necesario forzar a Europa a una guerra, de manera de impulsar una nueva era judía en el mundo."

El periódico Británico Verdad Israelí escribió en 1906: "Debemos prepararnos nosotros mismos para grandes cambios producto de una Gran Guerra que asolará a la gente de Europa".

El periódico judío Hammer fue inusualmente franco justo antes del golpe de Febrero: "La fe del imperio Ruso ha sido apostada a una sola carta....no hay salvación para el gobierno Ruso. El judaísmo ha decidido esto, y así deberá ser".

Litman Rosenthal explicó en el periódico Estadounidense Jews' News el 19 de septiembre de 1919, que la Primera Guerra Mundial se logró a través de las intrigas Judías, y que todo esto fue planeado en Basel en 1903.

En el periódico Le Contemporain, el rabino Reichhorn demostró que estos planes eran de larga data anterior, del 1º de julio de 1880: "Debemos forzar al pueblo judío a una guerra, explotando su orgullo, arrogancia y estupidez. Se desgarrarán a pedazos. Serán forzados dejar sus países, y nosotros seremos capaces de darles uno a nuestro pueblo."

Al mismo tiempo, el plan consistía en que la guerra mundial disminuiría el éxito de los alemanes en el mercado mundial, acorde al historiados Gary Allen.

Karl Heise publicó el mapa francmasón Británico de Europa de 1888. El mapa presentaba los nuevos límites territoriales, los cuales se hicieron realidad después de la Primera Guerra Mundial (Pekka Ervast, "Vapaamuurareiden kadonnut sana" / "The Freemasons' Lost World", Helsinki, 1965, p. 78). Su interesante libro "Entente – Freimaurerei und Weltkrieg", un análisis de el rol traicionero de los francmasones en el origen de la Primera Guerra Mundial, fue publicado en Basel en 1919.

En el periódico Truth, en diciembre de 1890, se publicó un mapa que representaba los límites de Europa, que se harían realidad en 1919. Tres imperios habían desaparecido. Esto fue publicado como una sátira: "¡Miren lo que les ha sucedido a los oponentes de los francmasones!". Pero en 1919, nadie seguía riendo.

Tal como lo he relatado antes, Parvus también financió el dinero para el intento de golpe 1905.

Ahora cuidó bien de Lenín. Lo hizo editor del periódico Iskra ya en 1901, desde su casa en un suburbio de Munich, y también organizó una imprenta en Leipzig. Parvus se aseguró que el periódico llegara a Rusia. Parvus incluso permitía a Lenín vivir en su piso en Zurich. (Lenín vivió en Suiza entre 1914 y 1917.)

Parvus había explicado a Lenín que la organización de la revolución necesita dinero y que más dinero aún era necesario para permanecer en el poder. Parvus sabía de lo que estaba hablando, ya que el actuó como consejero financiero de los turcos y de los búlgaros durante las guerras balcánicas, 1912-1913. Al mismo tiempo se hizo inmensamente rico a través de su negocio en el tráfico de armas. Parvus había trabajado desde Salónica en Grecia dónde entró en contacto con la poderosa organización Masónica local.

La fuerza más importante detrás de él era el Príncipe Volpi di Misurata - quizás el hombre más poderoso en Venecia - quién ayudó

Parvus con la finanzas, tratos y contactos Masónicos. Fue este Volpi quien, en octubre de 1922, llevó al socialista-fascista Benito Mussolini al poder, haciendo que el Rey lo nombrara Primer Ministro. Parvus estaba también tras la fundación de Libia en 1934.

Mussolini se había puesto especialmente contento con el asesinato de Stolypin, Primer Ministro ruso, a quien llamó en un artículo "el tirano del Neva (río)". Volpi fue Ministro de Finanzas en el Gobierno de Mussolini. Volpi había estado en el centro de los círculos financieros que provocaron la Guerra balcánica en 1912-1913. (The New Federalist/El Nuevo Federalista, 11 de septiembre de 1987). En 1916, Alexander Parvus sugirió que el gobierno alemán debería financiar a Lenín y su Partido más intensivamente.

Ellos podrían lograr una paz por separado con Alemania si alcanzaran el poder en Petrogrado Rusia.

También estaba claro para los alemanes que los bolcheviques podrían debilitar eficazmente a el consejero sionista del Kaiser, Walter Rathenau (1867-1922), quién era un rico empresario industrial, también recomendó financiar a los Bolcheviques.

El embajador de Alemania en Copenhague, Count Ulrich von Brockdorff-Rantzau, que era un conocido francmasón del Grado 33 e Illuminatus, era de la misma opinión. (Nesta Webster y Kurt Kerlen, "Boche y bolchevique", Nueva York, 1923, Pág. 33-34.) Parvus era cercano a él y ejercía gran influencia sobre él. El propio Parvus logró 20 millones de marcos de esta sugerencia.

Fue la carta de Ulrich Brockdorff-Rantzau el 14 de agosto de 1915 la qué finalmente decidió el asunto del apoyo financiero a los Bolcheviques.

Esta carta, dirigida al Vice Ministro-estatal alemán, resumía una discusión entre Brockdorff- Rantzau y Helphand-Parvus. El embajador recomendaba emplear a Helphand para minar profundamente a Rusia ya que "él es un hombre sumamente importante cuyo inusual poder, tendríamos que se capaces de utilizar durante la guerra". Pero el embajador agregó una advertencia: "Es probablemente peligroso usar las fuerzas que están detrás de Helphand, pero si nos negamos a usar sus servicios, ya que tememos no poder controlarlos, demostrará ciertamente sólo nuestra debilidad." (Profesor Z. A. B. Zeman, "Alemania y la Revolución en Rusia, 1915-1918. Documentos de los Archivos del Ministerio del Exterior alemán, Londres, 1958, pág. 4, Documento 5.)

En realidad, el primer traslado de cinco millones de marcos del Ministerio del Exterior alemán a los Bolcheviques para "propaganda revolucionaria" ya había ocurrido el 7 de junio de 1915. El agente Estonio de los alemanes, Aleksander Keskula, actuó como uno de los intermediarios en el traslado. Su cooperación con los alemanes comenzó el 12 de septiembre de 1914.

Keskula se reunió con Lenín la primera vez, el 6 de octubre de 1914. Lenín también tenía exigencias que hacerles a los alemanes. Exigía entre otras cosas, la oportunidad de ocupar India.

Algunas poderosas fuerzas norteamericanas tenían exactamente el mismo interés en usar a los "revolucionarios". Fue principalmente la Corporación Internacional Norteamericana, con John Pierpoint Morgan Jr. (1867-1943) a la cabeza, quienes intentaban ganar el control de esos especuladores y aventureros internacionales según Antony Sutton (Doctor en Economía). (Antony Sutton, "Wall Street y la Revolución" Bolchevique, Morley, 1981, pág. 41.)

Fueron sobre todos, Jacob y Mortimer Schiff, Félix Warburg, Otto H. Kahn, Max Warbur, Jerome J. Hanauer, Alfred Milner y la familia del cobre Guggenheim quienes financiaron a los Bolcheviques, según el historiador judío David Shub.

Un documento (861.00/5339) en los archivos del Departamento Estatal norteamericano confirma esto. Se mencionan además dos nombres en este documento: Max Breitung e Isaac Seligman. Todas estas personas eran judíos y francmasones.

Según el mismo documento, los planes para deponer al Zar fueron diseñados en febrero de 1916. Siempre hay algunas personas que profitan de las guerras y revoluciones. No debemos olvidar esto cuando buscamos entender la historia.

El banquero Sionista y francmasón, Max Warburg, jugó un importante rol en el financiamiento de la propaganda comunista en Rusia. Logró que el empresario industrial Hugo Stinnes estuviera de acuerdo en dar dos millones de rublos para la actividad de publicaciones de los Bolcheviques el 12 de agosto de 1916. (Zeman, "Alemania y la Revolución en la Rusia, 1915-18. Documentos de los Archivos del Ministerio del Exterior alemán, Londres, 1958, pág. 92.)

Así, existen un gran número de documentos que muestran que Max Warburg y otros judíos super-adinerados apoyaron el Comunismo.

Estas asertos simplemente no se conocen, tal como ciertos sabelotodos han afirmado. Max Warburg era el banquero más rico y más poderoso en Alemania. The periodical Hammer/El Martillo periódico (No. 502, el 15 de mayo de1923) lo llamó "El Emperador Secreto".

El hermano de Max Warburg, Paul, se casó con Nina Loeb, la hija del banquero judío Salomón Loeb. Los Kuhn, Loeb & Co. eran el sindicato bancario más poderoso en los Estados Unidos. Otro de los hermanos de Max Warburg, Félix, se casó con Frieda Schiff que era la hija de Jacob Schiff. Este último era uno de los hombres más importantes dentro de Kuhn, Loeb & Co.

La familia de Schiff y la familia de Rothschild poseían una compañía gemela en Frankfurt am Main ya en el Siglo 18. Jacob H. Schiff descendía de una distinguida familia rabínica. Llegó a Nueva York en los años 1860. Fue Rothschild quien lo preparó.

Schiff comenzó comprando el mismo en Kuhn, Loeb & Co. con dinero de Rothschild. Paul y Félix Warburg se transformaron en dueños de una parte de Kuhn, Loeb & Co.

Alexander Parvus comenzó a preparar a los Bolcheviques para la toma del poder ya en 1916. Estaba seguro que Lenín tenía todo el dinero que era necesario. (Igor Bunich, "El Oro del Partido", St. Petersburgo, 1992, pág. 34.)

De esta manera, Lenín y Parvus recibieron un total de seis millones de dólares en oro. (Karl Steinhauser, "EG - La Super URSS del mañana", Viena, 1992, pág. 167.)

Entretanto, en el movimiento "revolucionario" se reclutaron tantos judíos extremistas como fue posible. El judío alemán Karl Kautsky (1854-1938) enfatizó que "los judíos en Rusia tienen sólo un verdadero amigo - el movimiento revolucionario". Los judíos comprendían entonces, entre un 30 a 55 por ciento del Partido bolchevique.

Dostoyevsky predijo que los judíos esclavizarían a los rusos para que éstos se transformaran en sus mulas de carga y que los judíos beberían la sangre del pueblo.

¿DÓNDE SE ORIGINAN LOS JUDÍOS RUSOS?

La mayoría de los judíos rusos son descendientes de los judíos Khazar. Según el historiador ruso y etnólogo, León Gumilev, los turcos Khazar se movieron al delta del Volga en Siglo III D.C. Otros pueblos turcos emparentados, que usaban Khazaria como base para sus operaciones militares entre el 558 y 650 D.C., jugaron el papel más importante en el desarrollo de los turcos de Khazar.

En el Siglo X .C., los Turcos de Khazar obstinadamente (y con 100% de éxito) se defendieron contra los árabes, el más poderoso y más agresivo poder militar en ese momento, cuando se expandieron de la Península árabe.

El levantamiento de los Turcos de Khazar duró aproximadamente 150 años - desde mediados del Siglo VII hasta finales de Siglo VIII, el momento que los judíos detuvieron su desarrollo.

Los primeros judíos que llegaron a Khazaria estaban huyendo de la persecución por actividades antigubernamentales en Persia. Una segunda inmigración de proporciones tuvo lugar en el Siglo VIII cuando un gran número de judíos dejaron Byzancio para cooperar con los Árabes, causada por la competencia económica entre los griegos y los armenios. En 723, el Emperador Leo III de Byzantium intentó obligar a los judíos bizantinos a que adoptaran la Cristiandad.

La población original de Khazaria permanecía agrícola, aun cuando con la llegada de los Judíos se transformó en comercial. Los comerciantes judíos (conocido como "Radokhnids") en Khazaria inmediatamente tomaron el control de las rutas de caravanas entre Europa y China. Estos nuevos comerciantes estaban especialmente interesados en el comercio del esclavos.

El Kaganato de Khazaria era un reino poderoso. El Rey, o Kagan, recibía regalos caros de los judíos adinerados y tenía muchas mujeres judías en su harén.

Muchos niños de raza mezclada nacieron en el Siglo VIII. Estos niños y las personas judías mismas, comenzaron a llamarse ellos mismos Khazars en el Siglo X. La población original podría ser llamada los Turcos de Khazar, los recién llegados serían los Judíos de Khazar.

Semender fue originalmente la capital de Khazaria, reemplazándose la capital después por Itil (ahora Astracán) en el Volga. Otras ciudades importantes de Khazaria fueron Arkel en el Dona y Kiev más tarde en el Dniepr. Había aproximadamente 4000 familias judías en Itil. Los Khazars compraban servicios militares de muchos contingentes de mercenarios que había allí, más de 7.000 en Itil. Los judíos de Itil saqueaban a los Turcos de Khazar incesantemente.

Al principio del Siglo IX, un profeta judío llamado Obadiah, tomó el poder en Khazaria e introdujo un régimen teocrático estricto. El Kagan (Rey) no fue asesinado, sino que fue puesto bajo arresto domiciliario en forma eficaz. Una vez por año, aparecía en público para hacer parecer como si él todavía manejara algo poder. Este poder compartido era simplemente una farsa.

Obadiah transformó al Kagan (Khan) de la dinastía Asina en su marioneta e hizo de la fe Mosaica la religión estatal oficial. Este golpe benefició solamente a los Judíos.

Los rabinos judíos no pensaban en convertir a los Khazars al Judaísmo, sino que mantuvieron la fe exclusivamente en las personas que habían tomado el poder. Los Turcos de Khazar seguían siendo paganos. El golpe activó una guerra civil en que Obadiah aprovechó las tácticas de guerra total que se habían usado con tanto éxito durante la ocupación de Canaan, cuando la nación judía intentó aniquilar a cada uno de sus enemigos. Por el año 820 D.C., el nuevo régimen estaba afianzado en el poder.

Khazaria se transformó en una unión antinatural, dónde los suprimidos fueron constantemente confrontados por una clase gobernante extranjera. Los judíos de Khazar no eran guerreros valientes, por ello en cambio, comenzaron a aterrorizar a la población original y otros pueblos vecinos con la ayuda de mercenarios Polovtsy (Kipchaks), Pechenegs, rusos e inclusive mercenarios islámicos.

Constantemente buscaron extender sus territorios y lograron conquistar la Crimea con el propósito de comerciar con las naciones mediterráneas.

Los judíos de Khazar intentaron provocar un golpe en Francia a mitad del siglo X con la ayuda de sus propios hermanos y mercenarios Beréberes, pero antes que ellos tuvieran éxito, los Slavos lograron tomar el poder y aplastar al estado de Khazaria.

En la mitad del Siglo IX, los judíos de Khazar hicieron un acuerdo con los Varangians (vikingos) para dividirse Europa Oriental entre ellos, pero en el Siglo X, los judíos tomaron el control de la mayoría de esas áreas. Los Bulgars, los Mordvins y otras razas quedaron bajo su dominio. El momento de mayor poder de los judíos de Khazar fue a final del Siglo IX y principios del Siglo X.

Amenazaron con provocar una catástrofe sobre los habitantes de Europa Oriental. Sus antagonistas tenían que escoger entre la esclavitud o la aniquilación.

En el futuro, estallaron las rebeliones. En el 922, los Bulgars tuvieron éxito librándose de la opresión introducida por los judíos.

Khazaria que originalmente estaba en el delta del Volga, se expandió después entre el Mar Negro y el Mar Caspio, e incluso alcanzó todo a lo largo del Volga - Bulgaria y Kiev.

Khazaria existió entre el inicios del Siglo VII y el 965 D.C. cuando el Príncipe de Kiev, Sviatoslav, aplastó al reino judío terrorista. Los potentados de Khazaria huyeron y los Turcos de Khazar y otros pueblos oprimidos fueron liberados. Los judíos de Khazar supervivientes fundaron las tribus Ashkenazis.

Sus centros principales estuvieron más tarde en Ucrania, Polonia y Lituania. Los Turcos de Khazar se mezclaron con otras razas. La mayoría de los Turcos de Khazar se transformaron después en lo que conocemos como los tártaros del Astracán.

Las grandes áreas de Khazaria declinaron más tarde en el Mar Caspio dónde sólo en 1960 se descubrieron las huellas del gran imperio. (León Gumilev, "La Etnósfera - La Historia del Hombre y la Naturaleza", Moscú, 1993,; Gumilev, "El Descubrimiento de Khazaria", Moscú, 1996.)

Los judíos no cambiaron sus hábitos. En 1113, el Príncipe de Kiev, Vladimir Monomakh, creyó necesario refrenar la usura de los judíos ("Nordisk Familjebok", Estocolmo, 1946, Vol. 20, pág. 690).

Los judíos de Khazar repitieron este método aplicado y probado una vez más, cuando ellos fundaron la Unión Soviética que muchos de ellos consideran un tipo de torcida venganza contra el pueblo ruso.

La visión de Gumilev es también compartida antes por un estudioso, Isaac Baer Levinsohn (1788-1860), quién también tenía la seguridad que los judíos de Rusia no venían de Alemania, sino de los bancos del Volga. ("The Haskalah Movement in Russia"/"El Movimiento Haskalah en Rusia" por Jacob Raisin, Filadelfia, 1913-1914, pág. 17.)

EL GOLPE EN FEBRERO DE 1917

Ya en abril de 1916, los francmasones rusos tenían un plan listo, según el cual, el Zar sería depuesto y se reemplazaría por un gobierno Masónico socialista liberal. Pavel Milyukov reveló en sus memorias que la lista preliminar de personas que constituirían el Gobierno Provisional fue diseñada en el piso de P. Ryabushinsky, el 13 de agosto de 1915. La única persona que falta en esa lista era el abogado judío Alexander Kerensky (en la realidad Aaron Kiirbis).

El escritor y francmasón Mark Aldanov (en realidad Landau) explicó que la lista final fue acabada en 1916 en el hotel Frantsiya. (Boris Nikolayevsky, "Los Francmasones rusos y la Revolución" rusa, Moscú, 1990, pág. 164.)

La lista fue trabajada nuevamente el 6 de abril de 1916 en la casa de la publicista y francmasón Yekaterina Kuskova, un hecho que es evidente en una carta escrita por ella en ese día. Esta información que apunta al hecho que existía una conspiración detrás de los eventos en la Rusia en 1917, fue publicada en el libro del exiliado historiador ruso Sergei Melgunov "Las Preparaciones para el Golpe de Palacio" y en el libro de Grigori Aronson "Rusia al Alba de la Revolución" (Nueva York, 1962, pág. 126).

En 1912, los sionistas y los círculos Masónicos había ayudado al francmasón Thomas Woodrow Wilson (1856-1924) para tomar el poder en los Estados Unidos. Como presidente comenzó a trabajar diligentemente para deponer al Zar de Rusia. Una campaña de calumnias fue iniciada. Una campaña de agitación en 1912 llevó a una carnicería en el río Lena. Sin embargo, los problemas no se expandieron.

Rusia había pedido grandes cantidades de dinero en préstamos para la guerra. Esto significó que el país estaba especialmente vulnerable. Según Alexander Solzhenitsyn, el mundo judío de las finanzas internacionales dio un ultimátum al gobierno ruso - A los judíos en la sociedad rusa se les debía permitir actuar como judíos. Todo el crédito fue suspendido inmediatamente.

Sin este crédito, Rusia ya no podría emprender la guerra. El Ministro para los Asuntos del Exterior, Sergei Sazonov, confirmó que los Aliados tampoco podían ayudar a Rusia, ya que ellos también dependían de la élite financiera judía. Shcherbatov dijo durante una reunión de gobierno (según los documentos guardados): "Hemos entrado en el anillo de las brujas. Estamos impotentes: el dinero está en las manos de los judíos y sin ellos no podemos conseguir un solo centavo (kopek)... " (A. Solzhenitsyn, "collected Works", París, 1984, Vol. 13, el Pág. 263-267.)

Thomas Jefferson escribió una vez a John Adams y le dijo que el stablishment bancario eran más peligrosos que los ejércitos preparados. ("Los escritos de Thomas Jefferson", Nueva York, 1899, el Vol. X, pág. 31.)

Entretanto, los francmasones dentro de las Fuerzas aliadas exigían que Rusia debía continuar la guerra contra Alemania. Eso llevó a la nación hacia una catástrofe.

B'nai B'rith y el Illuminati quisieron lograr caos aún mayores en Europa y ellos tuvieron éxito con esto. Al congreso internacional de Grandes Maestros Masónicos en Interlaken, en Suiza, el 25 de junio de 1916, dirigida por el Dr.David, planificaron la aniquilación de la Europa contemporánea. (Oleg Platonov, "La Historia Secreta de la francmasonería", Moscú, 1996, Pág. 586-589.)

En diciembre de 1916, los francmasones comenzaron a trabajar especialmente duro en Rusia. En enero de 1917 se decidió que los eventos debían comenzar en el día del Purim judío, la celebración anual del asesinato en masa de 75.000 Persas, según el libro de Esther en el Antiguo Testamento (9:16-26).

Los primeros proyectiles serían disparados en el mismo día del Purim - el 23 de febrero (8 de marzo). El periódico semanal judío, Yevreiskaya Nedelya (La Semana judía) publicó un artículo sobre la "revolución de febrero" el 24 de marzo de 1917 (No. 12-13) con un título sobretodo revelador: "Sucedió el Día del Purim! " (en otras palabras: el 23 de febrero de 1917).

Los francmasones comenzaron a hacer una intensa propaganda para deponer al Zar. El eslogan "¡Por la Democracia! ¡Contra el Zarismo! " fue usado. Por supuesto, esto costó mucho dinero que vino principalmente de los Estados Unidos. Jacob Schiff declaró públicamente en abril de 1917, que había sido a través de su apoyo financiero que la revolución en Rusia había tenido éxito. Los francmasones se aprovecharon de la escasez de comida. Los "revolucionarios" provocaron a las personas para que participaran en las huelgas políticas. Los francmasones querían llevar a los Bolcheviques al poder en dos pasos...

El mito dice que los problemas, que provocaron una revuelta social y luego una revolución, fueron espontáneos. El Profesor Richard Pipes de la Universidad de Harvard en Estados Unidos rechaza esa descripción. Él declara: "Los historiadores han afirmado que los revolucionarios fueron empujados por el pueblo. Pero si nosotros vamos a las fuentes, es evidente que están equivocados en todos los puntos y construyen sus ideas sobre mitos". Él acentúa: "La revolución de febrero en 1917 en Petrogrado, no sucedió como todos hemos creído, un levantamiento social - y esto puede demostrarse fácilmente".

Según él, la chispa que encendió todo fue el motín en los abarrotados cuarteles, el 23 de febrero (8 marzo). Había sido necesario reclutar a personas mayores, ya que muchos soldados rusos habían sido tomados prisioneros. Pero los amotinados no estaban contra la guerra, como se creyó después. Los bolcheviques supieron que la paz era una demanda impopular. Los campesinos quisieron la tierra y ellos la consiguieron. (Dagens Nyheter, 6 el 1992 de mayo.)

Los agitadores transformaron este levantamiento insignificante en una revolución el 27 de febrero (12 de marzo) de 1917, y tres días después, el 2 (15) de marzo, el Zar Nicholas II fue forzado a abdicar. Él estaba entonces en Pskov.

Nicolás II le dejó la corona a su hermano menor Mikhail, pero los francmasones estaban furiosos del hecho que ellos realmente no habían tenido éxito aboliendo el régimen imperial en tres días planos y obligaron a Mikhail a que también abdicara al día siguiente. Su meta era aplastar el imperio en su totalidad.

Un miembro irlandés del Parlamento británico reveló que Alfred Milner, Gran Maestro de la francmasonería británica y líder del grupo secreto La Mesa Redonda (qué fue fundada por la familia de Rothschild, según el historiador Gary Allen), había sido enviado a Petrogrado para deponer al Zar. "Nuestros líderes... enviaron a Señor Milner a Petrogrado a preparar la revolución... " (Zeman, "Alemania y la Revolución en Rusia 1915-18. Documentos de los Archivos del Ministerio Exterior alemán, Londres, 1958, pág. 92.)

El miembro del Parlamento protestó por el hecho que los británicos trataran sus aliados de esa manera. Nadie negó la declaración. (Debates parlamentarios, Casa de los Comunes". Vol. 91, No. 218, 1917, 22 de marzo, col. 2081.)

Después, el mismo Milner gastó 21 millones de rublos en la toma del poder de los Bolcheviques... Gary Allen afirmó que La Mesa Redonda también fue totalmente responsable de la Segunda Guerra Mundial.

El primer activista detrás de la caída del Zar, fue el abogado judío de 36 años, Alexander Kerensky, que durante los años que precedieron el golpe, había defendido exclusivamente a los terroristas "revolucionarios".

Alexander Kerensky, según el historiador Sergei Yemelyanov, era un francmasón del Grado 33. Incluso fue Gran Maestro en la rama rusa de Gran Oriente en 1916, según el historiador Sergei Naumov. Él había encontrado documentos que confirman esto.

Alejandro Kerensky era hijo de la austriaca Judía Adler, que se casó con el judío Kurbis, según el historiador Sergei Naumov. Su nombre real era Aaron. Su madre se casó más tarde con el maestro Fiodor Kerensky que adoptó después al muchacho Aaron. Fiodor Kerensky fue primero maestro y luego director en la escuela pública en Simbirsk dónde Vladimir Ulyanov-Lenín también estudió durante algún tiempo. Fue nombrado posteriormente, Inspector Escolar en Turkistan. En conexión con su adopción, Aaron recibió un nombre cristiano - Alexander. El doctor de Alexander Kerensky confirmó que estaba circuncidado. (F. Winberg, "El cruce de los caminos", Munich, 1922, pág. 197.)

El judío Vladimir Bonch-Bruyevich (un colaborador íntimo con Lenín) confirmó que Kerensky ya era francmasón cuando era un miembro de la Duma Nacional.

Aquí debe señalarse nuevamente que el terrorista Dmitri (Mordekai) Bogrov trabajó estrechamente con Kerensky quien, después del asesinato del Primer Ministro Peter Stolypin, huyó al extranjero inmediatamente, según el historiador O. Soloviev.

Uno de aquellos detrás de Kerensky, según Antony Sutton, era el francmasón norteamericano y oficial gubernamental, Richard Crane. Fue financiado principalmente por el banquero judío Grigori Berenson que después se mudó con su familia a Londres dónde su hija Flora, se casó con el Coronel Harold Solomon. Este hombre era uno de los judíos más importantes en Londres. En los años 1930s Grigori Berenson comenzó una activa campaña sionista.

Alexander Keresky

El cientista político austriaco, Karl Steinhauser, reveló que el embajador británico, el francmasón George Buchanan, era el hombre de contacto entre Kerensky y Londres, París y Washington.

Otros francmasones de alto nivel jerárquico dentro del Gran Oriente, trabajaron junto con Kerensky para deponer al Zar: el abogado Maxim Vinaver (1866-1940), el abogado Oskar Grusenberg (1866-1940), el historiador Alejandro Braudo (1864-1924), el escritor Leonti (León) Bramson, el abogado Joseph Hessen (1866-1943), el abogado Y. Frumkin, Yoller y M. Herzenstein.

Los contactos con el Gran Oriente de Francia fueron organizados por Sergei Urusov. (Boris Nikolayevsky, "La Francmasonería rusa y la Revolución", Moscú, 1990, Pág. 56-57.)

Urusov fue un hacendado y francmasón que traicionó al Zar. En 1917 se transformó en el Ministro del Interior en el Gobierno Provisional. Después que los Bolcheviques tomaron el poder, recibió un alto puesto en el Banco Central. (Enciclopedia soviética Mayor, Vol. 56, Moscú, 1936, pág. 301.)

El segundo en el mando después de Kerensky era Nikolai Nekrasov. No debe ser necesario señalar en estas alturas que el Illuminati controlaba el Gran Oriente.

Durante la coronación del nuevo Zar, una cruz de St. Andrew que había adornado su vestido ceremonial cayó al suelo. Unas horas después, un terrible pánico estalló entre la muchedumbre que había venido a Moscú para ver al nuevo Zar. A través de los rumores, imaginaron que los regalos que se entregaban en relación con la coronación no serían suficientes para todos los pobres allí. La muchedumbre empujó hacia adelante y aproximadamente dos mil personas se sofocaron o fueron pisoteadas hasta la muerte. Millones de rusos vieron este evento como un mal agüero. El Zar, entretanto, no rompió su celebración, pero continuó al baile en la Embajada francesa. Los supersticiosos demostraron estar en lo correcto...

Hay historiadores que todavía no han entendido por qué tantos generales zaristas importantes traicionaron a Nicolás II. El Zar dijo repetidamente que él había sido traicionado. Pero ahora este enigma también se ha resuelto.

Los generales más importantes, según el francmasón judío Manuil Margulies, eran hermanos Masónicos que obedecieron a su Logia en lugar del Zar. Entre estos generales, mencionó a Vasili Romeiko-Gurko, Mikhail Alexeyev (1857-1918), quién después fundó el Ejército Blanco, Nikolai Ruzsky, Alejandro Krymov, Alexei Manikovsky, Alexei Polivanov, Alexander Myshlayevsky, Teplov, incluso Lavr Kornilov a quien se le ordenó informar al Zar y a su familia que todos ellos estaban bajo arresto. Kornilov después rompió con los francmasones. (M. Nazarov, Nash Sovremennik, No. 12, 1991.)

El Zar Nicholas II también fue traicionado por el miembro derechista de la Asamblea Nacional, Alejandro Guchkov, quien llegó a ser el Ministro de Guerra en el Gobierno Provisional. Más tarde se arrepintió de su acción y tomó parte en la revuelta de Kornilov, pero ya era demasiado tarde.

Incluso miembros de la dinastía de los Romanov traicionaron al Zar.

El 2 de marzo (15 de marzo), los francmasones habían, siguiendo el modelo norteamericano, formado un gobierno provisional dirigido por el Príncipe Georgi Lvov (1861-1925).

Eso fue por qué los francmasones judíos estaban tan furiosos con Mikhail II por celebrar su poder simultáneamente. Este error se corrigió un día después. Mikhail II fue asesinado ritualmente en Perm el 12 de junio de 1918.

Cada uno de los once Ministros era un francmasón. Por supuesto, todos los francmasones más importantes estaban allí: Nikolai Nekrasov (Ministro de Comunicaciones), Alexander Kerensky (Ministro de Justicia), Pavel Milyukov (Ministro de Asuntos Extranjeros, profesor y líder del Partido Cadete burgués) y Mikhail Tereshchenko (Ministro de Finanzas). El sionista y francmasón Piotr Rutenberg, también un infame terrorista, fue nombrado Jefe de la Policía por Kerensky.

Kerensky y Rutenberg soltaron a todos los criminales de las prisiones.

Había 183.949 prisioneros en Rusia en 1912. Había decenas de miles de criminales sólo en Petrogrado. Esto tuvo lugar al segundo día del golpe. También se abrieron totalmente las rejas de las prisiones en otras ciudades.

Entonces comenzó la anarquía. Los delincuentes hicieron incursiones en tiendas, almacenes y en los vagones del ferrocarril. Personas fueron asesinadas y robadas. Nada de esta clase se había visto alguna vez antes. Las primeras víctimas del golpe de febrero fueron los policías. Las muchedumbres los tomaron, los golpearon hasta la muerte y arrastraron sus cadáveres por las calles. La fuerza policial casi fue liquidada.

Entonces comenzó la matanza de oficiales. Durante los primeros días del golpe, 60 oficiales, sólo en Kronstadt fueron asesinados, entre ellos el Almirante Von Wiren.

Ambos brazos le fueron cortados, después de los cual fue paseado por las calles hasta que los "revolucionarios" fueron lo suficientemente misericordiosos para matarlo. En Vyborg, oficiales fueron lanzados hacia las piedras desde un puente. En otros lugares los oficiales fueron empalados en las bayonetas. Por todas partes, las personas se burlaban de ellos y rasgaban sus bandoleras, después de lo cual les golpeaban hasta la muerte, según Stanislav Govorukhin.

El gobierno Masónico no deseaba usar el himno nacional "Dios Salve al Zar", compuesto, irónicamente, por el propio Príncipe Lvov y escrito por el poeta Zhukovsky a demanda del Zar Nicholas I. En cambio usaron el himno Masónico, "Glorioso Señor en Sión". Las bandas militares alemanas tocaron en la mayoría de las grabaciones en discos de este himno nacional (de Febrero a Octubre de 1917). (Staffan Skott, "Sovjetunionen fran borjan till slutet" / "La Unión Soviética de Comienzo a Fin", Estocolmo, 1993, Pág. 23-24.)

Se afirmó posteriormente que la prensa y la opinión pública de los Estados Unidos obligaron al Zar a que abdicara. Estas demandas no podrían explicar el misterio detrás de la llamada revolución de febrero. Simón Dubnov (1860-1940), un conocido sionista, abiertamente admitió que la revolución de febrero tomó lugar gracias a las intrigas de los francmasones tras bastidores. (Alexander Braudo, "Notas y Colecciones", París, 1937, pág. 48.)

Los francmasones controlaban todos los partidos políticos.

Los Soviets (el Kahals) desde otoño de 1905 fueron restablecidos en conexión con esta conspiración. Se suponía que ellos representaban a los soldados y obreros. Éste también fue un mito, ya que el francmasón Nikolai Chkheidze se hizo presidente del Soviet de Petrograd. Alexander Kerensky era miembro del "Concejo de los Obreros" de Petrogrado que era una réplica fiel de la organización del Kahal en Nueva York. También era miembro del Comité de la Duma Nacional.

SIMILARIDAD CON EL DERROCAMIENTO DEL SHAH

Un complot Masónico similar con la ayuda de la élite financiera Occidental llevó al derrocamiento del Shah de Irán, Mohammad Reza Pahlavi, tal como él lo revelara en Isla Contadora, Panamá, en la primera entrevista de televisión que dio después de su caída.

El Shah dijo al reportero David Frost (de la BBC): "Piensa usted que Khomeini, una persona inculta... podría planear todo esto, organizarlo todo? También sé que sumas fantásticas fueron invertidas. Sé que se usaron expertos top en propaganda para pintarnos como tiranos y bestias y a los otros como revolucionarios democráticos, liberales que quisieron salvar el país. Sé que la BBC también estaba en contra nuestra. Tenemos toda la información... ocurrió como una conspiración muy bien-planeada... ellos invirtieron aproximadamente 250 millones de dólares..."

"Dondequiera que él (Khomeini) hubiese estado en Europa, habría tenido las mismas posibilidades y los mismos cómplices probablemente. No creo que él estaba a cargo de la planificación... Yazdi era un ciudadano norteamericano, Ghotbzadeh fue expulsado de la Universidad de Georgetown porque no pudo mantener el ritmo de sus estudios... "

David Frost: "Así que Khomeini podría haber recibido algún amable apoyo de Occidente?" Shah: "¿Cómo podrían todos estos factores combinarse al mismo tiempo?"[2]

Cuando escribí a la Sveriges Televisión (televisión nacional de Suecia) y pedí una copia del texto de la traducción, me dijeron oficialmente que el texto ya no lo tenían. Pero tomé personalmente contacto con un miembro del Staff editorial. A través de este contacto obtuve el texto completo. ¡Un ejemplo evidente de cómo los hechos son ocultados!

Debo comentar aquí que el Zar ruso fue depuesto con el mismo modelo - todo apuntaba a una conspiración internacional.

La prensa norteamericana pintó un cuadro monstruoso del Zar Nicholas.

Eso fue por qué el público norteamericano estaba tan contento con su deposición. La injusta propaganda continúa hasta el momento.

Las mentiras más audaces vienen del historiador Hans Villius, el 1º de septiembre de 1991 en un programa de la televisión sueca sobre la "historia" de la Unión Soviética. Él afirmó que la revolución comenzó como resultado del terror sangriento del régimen zarista contra la población. Él nunca mencionó alguna cifra.

Todo verdadero historiador sabe que un total de 467 personas (es decir asesinos) fueron ejecutados en Rusia entre 1826 y 1904. (Artículo del profesor Vittorio Strada "Pena de Muerte y las Revoluciones Rusas", Obozreniye, No. 14, pág. 25, París, 1984.)

Esto viene a ser, 6 penas de muerte por año. ¿Éste era realmente el terror? ¿Cuantos fueron asesinados durante el mismo período en EEUU? ¿Cuántos indios se eliminaron durante el mismo período?

Aquí mencionaré simplemente la masacre en Wounded Knee, dónde los soldados gubernamentales asesinaron a trescientos indios desarmados, incluyendo las mujeres y niños, el 29 de diciembre de 1890.

Hans Villius nunca mencionó los asesinatos masivos a sangre fría de los Bolcheviques que sumaron 66 millones al principio y después alcanzaron un total de 143 millón, según el investigador inglés Philipp van der Est.

Que al parecer, no fue ningún terror según Villius. Incluso los bolcheviques llamaron su propia purga "el Terror Rojo". Hans Villius hizo todo lo que estaba en su poder para torcer la verdad y por eso levanta los mitos.

---

[2] Nota del traductor: La entrevista anterior es una paráfrasis del original ya que se ha retraducido del sueco al inglés y ahora al español).)

El regreso de Lenín y Trotsky

La conspiración continuó. Trotsky fue enviado desde Nueva York con un pasaporte norteamericano el 26 de marzo de 1917. Jacob Schiff comenzó a financiarlo en la primavera de 1917. De esta manera los Bolcheviques recibieron, vía Trotsky, un total de 20 millones de dólares, según Hillaire Belloc, Gary Allen y otros historiadores.

John Schiff también admitió en el periódico norteamericano, The New York Time, el 3 de febrero de 1949 que su abuelo "invirtió aproximadamente 20 millones de dólares para el triunfo final del Bolchevismo".

Así, él gastó millones de dólares para deponer al Zar y luego puso aún más dinero para ayudar a los bolcheviques al poder...

Ahora era tiempo para que Lenín también volviera. Cuando él leyó por primera vez en el Neue Zurcher Zeitung que el Zar había sido depuesto, pensó que era propaganda alemana.

El 31 de marzo, el vice Ministro alemán, le informó al embajador, Gisbert von Romberg en Berna, en un telegrama cifrado: El viaje de los "revolucionarios rusos a través de Alemania debe tener lugar tan pronto como sea posible, ya que los Aliados ya han comenzado contra ataques en Suiza. ¡Si es posible, las negociaciones deben acelerarse! "

Count Ulrich von Brockdorff-Rantzau (1869-1928) envió un telegrama estrictamente confidencial desde Copenhagen al Ministerio del Interior en Berlín el 2 de abril de 1917: "Nosotros debemos intentar provocar el caos más extenso posible en Rusia inmediatamente. Al mismo tiempo, debemos evitar involucrarnos visiblemente en el curso de la revolución rusa. Pero en secreto, deberíamos hacer todo lo posible para incrementar el antagonismo entre los Partidos moderados y extremos, ya que estando bastante interesados en la victoria del último, el golpe de estado sería entonces inevitable." Brockdorff-Rantzau fue Ministro del Exterior durante la República de Weimar y embajador en Moscú desde 1922.

Lenín le señaló al gobierno alemán el 4 de abril que estaba listo para volver a Rusia. Su viaje fue aceptado por el Canciller Theobald von Bethmann-Hollweg que pertenecía a la familia bancaria Bethmann en Frankfurt am Main, y por el Ministro de Estado, Arthur Zimmermann. Entonces estos hombres procedieron a organizar el viaje junto con Count Brockdorff-Rantzau y Alexander Parvus.

Ellos pensaron que lo mejor era que Lenín viajara a través de Suecia en dónde podría reunirse con su hombre de contacto, Jakob Furstenberg-Hanecki (Ganetsky). (Antony Sutton, "Wall Street y la Revolución

Bolchevique" (Morley, 1981, pág. 40). Ganetsky era llamado "las manos y pies del Partido".

El 9 de abril, Lenín y su grupo comenzó su viaje desde Berna a Rusia. Antes de que ellos hubieran dejado Zurich, escucharon gritar: ¡Espías alemanes! ¡Traidores!" desde la plataforma.

El Staff de Generales alemanes no pudo imaginar que los Bolcheviques podrían alguna vez volverse contra Alemania y Europa. El Mayor General Max Hoffman escribió después: "Nosotros no supimos ni previmos el peligro para la humanidad por las consecuencias de este viaje de los Bolcheviques a Rusia." (Antony Sutton, "Wall Street y la Revolución Bolchevique", Morley, 1981, pág. 40.)

Según el escritor Hans Bjorkegren, el vagón en que Lenín y sus 32 compañeros viajaron no estaba sellado, como otros mitos lo son.

Las autoridades alemanas les habían pedido a los "revolucionarios" que no dejaran el vagón dónde dos oficiales alemanes, que viajaban con los nombres rusos, Rybakov y Yegorov, los acompañaban. (Akim Arutiunov, "El Fenómeno Vladimir Ulyanov/Lenín", Moscú, 1992, pág. 61.)

Lenín y su compañía se unirían con Trotsky en Petrogrado y en el futuro tomarían el poder del Gobierno Provisional junto con otros fuerzas importantes para introducir la Dictadura del Proletariado(es decir La Dictadura del Judaísmo) .

El Kaiser Wilhelm II supo acerca de la operación cuando Lenín ya había llegado a Rusia.

El motivo de los alemanes era obtener un tratado de paz por separado y más tarde ventajas en el comercio con Rusia. Lenín sólo deseaba una dictadura comunista y la riqueza de los rusos.

Los patriotas alemanes no sospechaban que las oscuras fuerzas del Illuminati sólo estaban usando oficialmente a Alemania para camuflar sus propias actividades... los compañeros de viaje de Lenín eran principalmente judíos extremistas. 19 de ellos eran Bolcheviques. Aquí nombraré sólo los más importante entre éstos:

Nadezhda Krupskaya, Olga (Sarra) Ravich, Grigori Zinoviev (Ovsei Gershen Radomyslsky), su esposa Slata Radomyslskaya, su hijo Stefan Radomyslsky de 8 años, Moisei Kharitonov (Markovich que se transformó en el jefe de la Milicia en Petrogrado), Grigori Sokolnikov (en la realidad Brilliant, editor de Pravda y después Comisario del Pueblo para Asuntos Bancarios), David Rosenblum (a quien Stalin encarceló en 1937, en Leningrado), Alejandro Abramovich (quién llegó a ser un funcionario importante dentro de Comintern), Grigori Usiyevich (en la realidad Tinsky), Yelena Usiyevich-Kon (hija de un Bolchevique judío muy conocido, Félix Kon, de Polonia), Abram Skovno, Simón Scheineson, Georgi Safarov, Zalman Ryvkin, Dunya Pogovskaya (un activista dentro de la Unión de Obreros judíos, Bund), su hijo Ruvin de 4 años, Ilya

Miringov (Mariengof), María Miringova, Mikhail Goberman (quién llegó a ser un poderoso funcionario dentro de Comintern), Meier Kivev Aizenud (Aizentuch), Shaya Abramovich, Fanya Grebelskaya (Bun), la amante de Lenín Inessa Armand (quién nació el 16 de junio, 1875, en París).

El viaje de Lenín fue considerado tan importante que el tren del Príncipe de la Corona tuvo que detenerse durante dos horas en Halle hasta que el tren de Lenín hubo pasado. Una parada fue hecha en Berlín dónde Lenín recibió nuevas instrucciones del Ministro del Exterior Alemán. La compañía se encontró con Ganetsky en Trelleborg (Suecia). Cuando el grupo llegó a Malmo, Brockdorff-Rantzau informó inmediatamente a Berlín.

Lenín llegó a la Estación Central de Estocolmo antes de las diez de la mañana del viernes 13 de abril de 1917. Karl Radek (en realidad Tobiach Sobelsohn), otro francmasón importante y "revolucionario", llegó junto con él pero permaneció en la capital sueca para ayudar a Jakub Hanecki (Ftirstenberg). Fue este mismo Hanecki (conocido como Ganetsky) quién hacía llegar el dinero alemán a los Bolcheviques en Petrogrado vía el Nya Banken (Nuevo Banco) en Estocolmo y el francmasón Olof Aschberg (Obadiah Asch).

Karl Radek, ciudadano austriaco, mostró su "gratitud" a los alemanes después, tomando parte en actividades terroristas contra el Kaiser alemán y preparando un complot para deponerlo. El MOPR o Ayuda Roja le dio la tarea a Karl Radek de provocar a los obreros alemanes a una "revolución proletaria". Él era miembro del Comité Central. Stalin lo arrestó en 1937. Radek prontamente entregó evidencias contra otros Bolcheviques, pero esto no lo salvó.

Tres nuevos conspiradores se unieron al grupo de Lenín en Estocolmo: Rakhil Skovno, Yuri Kos y Alexander Grakas.

El objetivo de los conspiradores era dar fuerza a un Gobierno Illuminista en Rusia siguiendo el modelo de Weishaupt-Hess-Marx. Había un plan de reserva para una base comunista en caso que la toma del poder fallase. Los Comunistas habían escogido Suecia para este propósito, según el libro de Solzhenitsyn "Lenín en Zurich" (París, 1975, pág. 168).

Los Social Demócratas suecos ayudaron a estos criminales Bolcheviques por todos los medios posibles. Se permitió a Lenín y a sus criminales compañeros usar Suecia como su base más importante para el terrorismo estatal planeado en Rusia, gracias al francmasón y líder socialista Hjalmar Branting y la actitud útil de los Social Demócratas suecos. (Dagens Nyheter, 5 del 1985 de noviembre, pág. 4.)

Ellos también ayudaron organizar el Cuarto Congreso del Partido Bolchevique en Folkets Hus (el centro Social Demócratal) en Estocolmo en abril-mayo 1906. Branting pronunció el discurso de bienvenida al congreso. Branting también supo sobre el financiamiento de las actividades de los bolcheviques ("Vem betalade ryska revolutionen? " / "¿Quién Pagó por la Revolución rusa? ", Svenska Dagbladet, 31 de octubre de 1985).

El alcalde socialista de Estocolmo, Carl Lindhagen se reunió con Lenín y sus compañeros en la plataforma en la Estación Central de Estocolmo. Parvus también había viajado a Estocolmo a encontrarse con Lenín, según una fuente.

Había un político socialista, Erik Palmstierna que supuso cuán peligroso podría volverse Lenín y por ello sugirió organizar una provocación policial en la estación y dispararle a Lenín en el tumulto resultante. Los otros sólo se rieron de él (Svenska Dagbladet, 21 de octubre de 1990). Palmstierna se transformó en Ministro para la Defensa Naval el 19 de octubre de 1917.

Lenín se quedó más de 8 horas en Estocolmo. La mayoría de ese tiempo en el Hotel Regina en Drottninggatan. Continuó a Haparanda a las 6:37 en la misma tarde. Antes de su salida, los socialistas suecos tuvieron tiempo para comprarle un traje y la gorra conocida mundialmente con él en Pub (un gran almacén en Estocolmo). (Aftonbladet, 28 de agosto de 1989.)

Al mismo tiempo Lenín se reunió con Hans Steinwachs, representante del Ministro del Exterior alemán. Steinwachs era el jefe de espionaje alemán en Escandinavia, según el libro de Hans Bjorkegren "Ryska posten" / "El Correo ruso" (Estocolmo, 1985, pág. 264).

El judío polaco Moisei (Mieczyslaw) Bronski-Warszawski que viajó bajo un nombre falso, también estaba entre los compañeros de Lenín. Él todavía estaba en Berna el 7 de abril, pero se unió a Lenín en Estocolmo el 13 abril. El socialista sueco Fredrik Strim que era responsable de la recepción de los conspiradores confirmó esto.

Steinwachs envió el siguiente telegrama a Berlín el 17 de abril: "El viaje de Lenín a Rusia marcha bien. Hará precisamente lo que deseamos de él". (Zeman, "Alemania y la Revolución en Rusia 1915-18: Documentos de los Archivos del Ministerio del Exterior alemán", Londres, 1958, pág. 51.)

Fue el Ministro de Justicia del Gobierno Provisional, Alexander Kerensky quien directamente invitó a Lenín y a Trotsky a Rusia. Él hizo que el Primer Ministro Georgi Lvov y el Ministro del Exterior Pavel Milyukov, enviran las instrucciones para tal efecto, lo cual fue revelada en el libro de Nesta Webster "Boche y Bolchevique" (Nueva York, 1923, pág. 19). Hacia fines de abril, Milyukov no quiso ya ser miembro de este gobierno y de este modo renunció.

El gobierno alemán pagó por los boletos del grupo de Lenín en su viaje de Berna a Estocolmo. El gobierno alemán, y no el Staff de Generales, estaban detrás del viaje de Lenín, como lo ha revelado Nesta

Webster y Kurt Kerlen en "Boche y Bolchevique" (pág. 25). El gobierno había sido influenciado fuertemente por los socialistas.

El Gobierno Provisional ruso pagó por los boletos para el viaje desde Estocolmo a Haparanda y de allí a Petrogrado. Lenín afirmó después que él no era bienvenido en Rusia y que le faltaba visa.

Incluso afirmó que el Gobierno Provisional lo habría encarcelado, ya que él viajó sin permiso. Esto es todo simplemente propaganda soviética. Todos recibieron una visa de grupo del Consulado General ruso en Estocolmo (salvo Fritz Platten, ya que él no era ciudadano ruso). Esta visa todavía se conserva en los Archivos de la ciudad de Helsinki, dónde puede verse que se emitió el 13 de abril de 1917. Lenín y sus 29 compañeros de viaje estaban todos en la lista. Algunos (Karl Radek por ejemplo) quedaron atrás. Tres nuevos conspiradores se unieron en cambio. Esto fue revelado por Hans Bjorkegren en su libro "El Correo ruso" (Estocolmo, 1985).

Lenín quiso aparecer como un revolucionario sumamente pobre. Por ello comenzó con sus bufonadas de mendigo en Suiza, que más tarde continuó en Suecia. Claro, él no dijo una palabra sobre el hecho que también había rogado por dinero de los fondos secretos de los Bolcheviques en Estocolmo.

Él recibió a 3000 coronas de esta fuente, según Hans Bjorkegren. Alexander Parvus había financiado este fondo con la ayuda del banquero Max Warburg.

Yo telefoneé a la oficina principal de Svenska Handelsbanken (el Banco sueco de Comercio) el 24 de enero de 1991 y pregunté cuánto dinero eran 3000 coronas en 1917. Este dinero era equivalente a 56.250 coronas (aproximadamente £ 5.000) en 1991.

3000 coronas eran casi equivalentes a dos años de sueldo de un obrero (3256 coronas). Debo señalar aquí, que un obrero con un ingreso anual de 1628 coronas en 1917 podía mantener a su esposa y sus niños. En 1991, los obreros recibían un promedio de 120.000 coronas por año. Es imposible de mantener a una esposa y niños con este sueldo sin confiar también en el sueldo de la esposa y de los varios beneficios (beneficio por hijo, de casa, etc). Es decir: 3000 coronas podrían haber sido entonces realmente más cerca en valor real a las 350.000 coronas en el 2002.

Lenín no estaba satisfecho con esto. En Haparanda recibió 300 coronas extras (más de dos meses sueldos para un obrero) como contribución del cónsul ruso. Lenín confirmó esto en una carta a un conspirador Sionista conocido, Alexander Shlyapnikov. (Hans Bjorkegren, "Ryska posten" / "El Correo ruso", Estocolmo, 1985, Pág. 264-265.)

En 1913 un obrero sueco ganaba un promedio de 135 coronas al mes (135 x 100 = 13 500 hoy, 1.350 dólares norteamericanos). Mikhail Goberman había recolectado otros 1000 francos suizos. Los socialistas suizos habían, a través de Fritz Platten, donado otros 3.000 francos suizos a Lenín.

Platten, a propósito, estaba a cargo de resolver todos los problemas prácticos durante el viaje. Los bolcheviques de Petrogrado enviaron otros 500 rublos. Lenín envió cartas de mendicidad también a los socialistas suecos, quién lograron reunir varios cientos de coronas. Esos socialistas no tenían idea que Lenín en realidad, tenía suficiente dinero. Al final de marzo había escrito a Inessa Armand: "Hay más dinero del que esperé para el viaje." Para Lenín nunca podría ser suficiente.

El sindicalista Fabian Mansson, organizó una colecta entre los miembros del parlamento. Incluso los políticos derechistas dieron dinero a Lenín, ya que el camarada Mansson había señalado que los bolcheviques estarían en el poder en Rusia ya al día siguiente. El Ministro del Exterior sueco Arvid Lindman, le dio 100 coronas a Lenín (mucho dinero entonces). El comité de refugiados sueco le dio 3000 coronas también a Lenín.

Un boleto de segunda clase de Estocolmo a Haparanda sólo costaba 30 coronas en 1917.

¡Además, el gobierno ruso pagó por todos los boletos! En Finlandia, Lenín continuó su viaje a Petrogrado, pero ahora viajaba en tercera clase para que los rusos que lo recibieran vieran cuán pobre era...

Ésa fue la forma cómo el viaje de Lenín a Rusia fue organizado. Él llegó a la estación Finlandia de Petrogrado a las 11:10 por la noche del 16 de abril.

El francmasón Nikolai Chkheidze, que era el presidente del Soviet de Petrogrado vino con flores a encontrarle. Chkeidze incluso pronunció un discurso de bienvenida. Stalin no estaba entre aquellos en la recepción.

Ninguna fotografía confirma la presencia de Stalin, a pesar del hecho que afirmó después, haber estado. Había incluso un automóvil blindado que esperaba allí. Lenín saltó hacia el automóvil y sostuvo un discurso de agitación en seguida. Lenín hablaba peor que Trotsky en público, según el comunista sueco, Anton Nilson.

Lenín recibió después la bienvenida en el Palacio de Invierno por un representante del Gobierno Provisional, el Ministro del Trabajo, Mikhail Skobelev, que era Menshevike y francmasón.

En abril de 1917, había aún muchos agentes británicos en Petrogrado que provocaban a los soldados para que se rebelaran y les dieron dinero. El 7 de abril, El General Yanin recibió un informe completo sobre las acciones y los lugares donde se escondían estos agentes británicos. Este informe todavía es existente.

En mayo, otro grupo, aún más grande, de 200 "revolucionarios", liderados por los Mensheviques, L. Martov y Pavel Axelrod, llegó de Suiza. Muchos otros le siguieron más tarde. Algunos de esos conspiradores viajaron a crédito. La Dirección de ferrocarriles nacionales de Suecia intentaron desesperadamente cobrar las 30.000 coronas que se les debían, pero simplemente los "revolucionarios" se rieron en su cara, según Hans Bjorkegren. Ellos creyeron que estaban ejerciendo su derecho "revolucionario" para no pagar.

Miles de conspiradores judíos también vinieron de los Estados Unidos. Un total de 25.000 "revolucionarios" internacionales llegaron a Rusia. El Dr. George A. Simons, sacerdote en la Embajada norteamericana, relató lo siguiente sobre estos eventos: "Había centenares de agitadores que habían seguido a Trotsky desde Nueva York. Nosotros estábamos sorprendido del hecho que el elemento judío dominó desde el mismo principio."

Lenín comenzó publicando un gran número de periódicos y revistas, un total de 41, incluyendo 17 periódicos diarios. La circulación del Pravda aumentó de 3.000 copias a 300.000 en mayo de 1917. Se repartía gratis, también entre los soldados en el frente alemán. El periódico que era financiado por los alemanes, propagaba una paz por separado con Alemania.

El Ministro del Exterior alemán, Richard von Kühlmann, escribió al Kaiser Wilhelm II, el 3 de diciembre de 1917: "No fue hasta que los Bolcheviques recibieron de nosotros un flujo constante de fondos a través de varios canales y bajo diferentes etiquetas, que ellos estuvieron en una posición para poder construir su órgano Pravda, para dirigir una enérgica propaganda y extender apreciablemente la base originalmente estrecha de su Partido." (Anthony Sutton, "Wall Street y la Revolución Bolchevique", pág. 39.)

Los bolcheviques incluso compraron una imprenta por 260.000 rublos, según el descubrimiento del historiador Dmitri Volkogonov. Pero los bolcheviques aún eran impopulares a pesar de su inmensa maquinaria de propaganda.

El Congreso de Estados Unidos había declarado la guerra a Alemania el 6 de abril de 1917. Entre las personas que habían trabajado más duro para arrastrar a Norteamérica en la guerra mundial estaban los banqueros George Blumenthal e Isaac Seligman, los empresarios Daniel Guggenheim y Adolf Lewisohn, así como los rabinos David Philipson (1862-1949) y Stephen Samuel Wise.

El rabino Isaac Wise (1819-1900), Presidente del B'nai B'rith con sede en Cincinnati, ha explicado: "La francmasonería es una institución judía, cuya historia, grados, cargos, contraseñas y explicaciones son judías de comienzo a fin." (El Israelita de América, 3 de Agosto de 1866.)

Claro, billones fue la ganancia hecha en la Primera Guerra Mundial. El Presidente Wilson "prometió" que ésta sería la última guerra en la historia del hombre.

El francmasón Winston Churchill enfatizó que si los norteamericanos no hubieran entrado en la Primera Guerra Mundial, la paz habría sido hecho con Alemania y el Zar ruso no habría sido depuesto. Entonces los Bolcheviques no habrían podido intentar o alcanzar el poder. (Revista de Justicia social, Nº 3, 1 de julio de 1939, pág. 4.)

B'nai B'rith y el Illuminati quisieron crear un caos aún mayor en Europa, y tuvieron éxito en hacerlo. En la Conferencia Internacional de Grandes Maestros Masónicos en Interlaken, Suiza, el 25 de junio de 1916, el Dr. David prometió que los judíos, después de causar grandes baños de sangre de arios, tomarán el control del mundo entero. (Oleg Platonov, "La Historia Secreta de la Francmasonería", Moscú, 1996, pág. 589.)

Los eslóganes bolcheviques eran: "¡Paz! Pan! Tierra!" y "Todo el poder a los Soviets!" Los mismos eslóganes se usaron en el golpe de los Jacobinos en Francia en 1789, ya que el eslogan de los Jacobinos era: "Todo el poder a la Burguesía! "

Los bolcheviques podrían actuar libremente. El propio Lenín admitió después de su llegada a Petrogrado que Rusia era la nación más libre en el mundo. Los bolcheviques no tuvieron exito al principio. Los Menshevikes y los Social Revolucionarios que apoyaban al Gobierno Provisional dominaron en los Soviets.

A pesar de esto, el Ministro del Exterior alemán, Richard von Kiihlmann, informó a su embajador en Berna,: "Aquéllos que apoyan la política de paz de Lenín están creciendo en número. La circulación de Pravda ha aumentado a 300.000. "

Los bolcheviques organizaron varias demostraciones grandes en mayo y junio. El Camarada Alexander Kerensky, entretanto, quiso preparar un ejército revolucionario ruso. La francmasonería fue legalizada en Rusia el 24 de junio de 1917. Al principio de julio, Trotsky se cambió oficialmente al Partido Bolchevique dónde fue inmediatamente hecho uno de los líderes más importantes.

LAS REVELACIONES DE LA PRENSA

Los Bolcheviques de los rangos inferiores estaban muy ávidos de tomar el poder lo más pronto posible. ¡Trotsky y Lenín creían que el tiempo astrológico no era todavía el correcto! Algunos líderes bolcheviques, sin embargo, comenzaron a actuar el 3 (16) de julio. Trotsky agitaba para refrenar a los Guardias Rojos. Pronunció un discurso delante del Palacio Tauridian dónde dijo directamente: "¡Vayan a casa! Tranquilícese!"

La situación sin embargo explotó el 4 (17) de julio. Los intentos para un golpe de estado estaban en movimiento. Al mismo tiempo, los alemanes lanzaron una nueva ofensiva en el frente. El Príncipe Lvov y su gobierno estaban casi listos para dejar sus puestos.

Era realmente demasiado pronto. Los francmasones hicieron un desesperado intento por detener este desarrollo. Ellos habían entregado material sensible a las autoridades rusas. El 4 (17) de julio, el agregado francés Pierre Laurent había visitado al Coronel Boris Nikitin, entonces Jefe del Servicio Secreto ruso. (H. Bjorkegren, "Ryska posten", Estocolmo, 1985, pág. 262.) Le entregó a Nikitin copias de 29 telegramas de Lenín, Ganetsky, Kollontay, Sumenson, Kozlovsky y Zinoviev y tres cartas a Lenín.

Todo este material era muy revelador.

La información fue filtrada de inmediato a los periódicos por las fuerzas patrióticas. Los rumores que la prensa de Petrogrado iba a publicar artículos reveladores sobre Lenín, Zinoviev y Trotsky comenzaron a circular en la misma tarde.

Zinoviev mas tarde afirmó que Lenín había discutido el asunto de la toma del poder en el Palacio Tauridian el 3 (16) de julio. Esto era incorrecto, ya que Lenín estaba entonces en la villa Bonch-Bruyevich en Finlandia, y sólo retornó el 4 (17) de julio. (Mikhail Heller y Alejandro Nekrich, "La Utopía en el Poder", Londres, 1986, pág. 30.)

Los líderes bolcheviques estaban angustiados y comenzaron a trabajar más activamente. Ya nadie tenía más tiempo para planificar el golpe.

Stalin persuadió a Nikolai Chekheidze para que telefoneara a las redacciones de los periódicos y prohibiera la publicación de esos documentos sensibles. Stalin entendió, así como los otros líderes Bolcheviques, que el descubrimiento de esa información también dañaría a los Bolcheviques a largo plazo.

Incluso el Gobierno Provisional quiso barrer todo el asunto bajo la alfombra. Ellos no quisieron tomar alguna medida.

Había un periódico pequeño, "La Palabra Viviente" que ignoró la prohibición y publicó el artículo de los Social-Revolucionarios, Grigori Alexinsky y Vasili Pankratov, sobre el financiamiento alemán del Partido de Lenín el 5 (18) de julio. Ésa fue otra de las razones por la que Lenín comenzó a odiar a la facción derechista de los Social-Revolucionarios.

En su artículo, los autores presentaron varias citas de esos documentos que mostraban que el líder Bolchevique, Vladimir Lenin, había recibido dinero para su campaña de agitación de los alemanes a través de un cierto Sr. Svensson que trabajaba en la Embajada alemana en Estocolmo.

Lenín había recibido dinero e instrucciones de personas fiables tal como Jakub Furstenberg alias Yakov Ganetsky y de Alexander Parvus en Estocolmo y en Petrogrado de la judía Yevgenia (Dora) Sumenson (en la realidad Simmons) que era familiar de Ganetsky. Ella trabajaba en la empresa de Fabian Klingsland en Petrogrado y había vivido en Suecia y había hecho viajes de negocios a Dinamarca durante la guerra. Ella también trabajaba con especulaciones en la bolsa de valores.

El dinero alemán fue transferido desde el Banco Imperial alemán en Berlín vía el Nya Banken en Estocolmo al Banco de Siberia en Petrogrado. Todo esto según Hans Bjorkegren.

Otro que recibió este dinero alemán fue el abogado judío Bolchevique Mieczyslaw Kozlowski de Polonia. Él estaba en contacto permanente con Alexander Parvus y Jakub Fürstenberg.

El Banco Imperial alemán tenía, según la orden 7433 del 2 de marzo, cuentas abiertas para Lenín, Trotsky, Ganetsky, Kollontay, Kozlovsky (Kozlowski), Sumenson y otros Bolcheviques importantes. No sólo Lenín estaba envuelto en los turbios traslados financieros, sino también Trotsky, Zinoviev, Sverdlov, Dzerzhinsky, Kollontay, Josef (Isidor) Steinberg, Volodarsky, Ganetsky, Kozlowski, Radek, Uritsky, Menzhinsky, Yoffe y un par más.

En el mismo día, el 5(18) de julio, Pavel Pereverzev, Ministro de Justicia, fue hecho la víctima propicia oficial para el hecho que estos documentos secretos se hubiesen filtrado a la prensa, y fue obligado a renunciar. Se afirmó que el gobierno quiso en un principio, realizar una completa investigación sobre la supuesta alta traición de los Bolcheviques.

El prematuro intento de los Bolcheviques por tomar el poder acabó. Se explica en la colección "La Historia del Partido Comunista de la Unión Soviética" (Moscú, 1959, pág. 218) que los obreros y soldados tenían la fuerza suficiente para derrocar al Gobierno Provisional y tomar el poder en julio, pero que era demasiado pronto.

Por qué era demasiado pronto, eso no es explicado. Es por eso que a los estudiantes se les enseña que lo ocurrido el 3 y 4 (16-17) de julio, fue simplemente una "demostración pacífica de julio".

El 6 (19) de julio, Lenín publicó un artículo de defensa en el periódico Listok Pravdy dónde furiosamente repudiaba las imputaciones contra él, como una "podrida invención" de la burguesía.

Lenín afirmó que nunca se había reunido con Sumenson y que no tenía nada en común con Kozlowski y Furstenberg. Lenín no era convincente en su falta de vergüenza, sin embargo, sus cartas mostraban lo contrario de lo que su artículo dijo. Tampoco pudo explicar de donde obtuvo el dinero para lanzar 17 periódicos diarios diferentes, cuya circulación total sumó 1.4 millones de copias por semana. (Vladimir Lenin, "Collected Works", Vol. 35, Moscú, pág. 260.)

Trotsky intentó sostener que el dinero venía de los obreros. ¿Pero podrían los obreros realmente reunir centenares de miles de rublos todas las semanas sólo para apoyar a los Bolcheviques cuándo había otros Partidos obreros que eran más populares que ellos? Trotsky no convenció a nadie con sus ruidosas mentiras.

El 6 (19) de julio, otros periódicos comenzaron también a publicar los telegramas que informaban los traslados del dinero alemán a los Bolcheviques en Petrogrado bajo varios pretextos inocentes. (David Shub, "Herencia Política rusa", Nueva York, 1969.)

En la biografía oficial de Lenín (pág. 177), todas estas imputaciones son consideradas como un libelo por parte de provocadores.

En la tarde del 6 (19) de julio en el apartamento de Margarita Fofanova, Lenín dijo a Stalin: "Si el menor hecho en relación con las transferencias de dinero es confirmado, sería sumamente ingenuo creer que podríamos evitar sentencias de muerte." (Akim Arutiunov, "El Fenómeno Vladimir Ulyanov / Lenín", Moscú, 1992, pág. 73.) Él podría haber creído eso, pero estaba equivocado.

El gobierno supo que Lenín había enviado una carta a Ganetsky y a Radek en Estocolmo el 12 (25) de abril de 1917 en que les decía: "¡He recibido el dinero de ustedes!". Que el Gobierno Provisional supo sobre estos asuntos turbios y que tuvo acceso a las cartas confidenciales de Lenín se demuestra en el periódico Proletarskaya Revolyutsya (La Revolución Proletaria) qué, en el otoño de 1923, publicó algunas de las cartas estrictamente confidenciales de Lenín. Él había enviado una de esas cartas desde Petrogrado a Ganetsky en Estocolmo, el 21 de abril (4 de mayo). Allí decía: "El dinero (dos mil) de Kozlowski llegó aquí." La redacción había obtenido las cartas del Archivo de la Revolución en Petrogrado.

El jefe de ese archivo, N. Sergievsky, relató que las cartas habían sido encontradas en los archivos del Departamento de Justicia del Gobierno Provisional.

Así entonces, el Gobierno Provisional copió todas las cartas de Lenín, supo de sus actividades ilegales e incluso era consciente que Lenín tenía contacto con espía alemán, Georg Slarz, pero no tomó ninguna medida. Al contrario, ellos se confabularon con los Bolcheviques.

M. Sergievsky que envió esas copias al periódico Proletarskaya Revolyutsya sin saber lo que ellas contenían, desapareció sin dejar rastros en 1926. (Akim Arutiunov, "El Fenómeno Vladimir Ulyanov/Lenín", Moscú, 1992, pág. 73.)

La cosa más sensacional fue que el agente del Gobierno Provisional en Estocolmo ayudó a los Bolcheviques a pasar de contrabando parte del dinero alemán hasta Petrogrado en el maletín de un mensajero. (H. Bjorkegren, "Ryska posten", Estocolmo, 1985, pág. 137.) Esto fue evidente a partir de la correspondencia de Lenín con Ganetsky-

Fürstenberg. Todos esto fue sumamente vergonzoso para el Gobierno Provisional.

Ganetsky-Fürstenberg estaba camino a Petrograd desde Estocolmo con importantes documentos partidarios justo antes de las revelaciones. Supo del escándalo en Haparanda y canceló su viaje. Se quedó al principio en Haparanda, luego se volvió a Estocolmo para estar en el lado seguro. Su representante, Solomon Chakowicz, un judío polaco, se quedó en Haparanda con su equipaje. El agregado militar francés Pierre Laurent envió a un agente a Haparanda a robar el equipaje de Furstenberg. Si él tuvo éxito o no, es algo no revelado aún.

Parvus desapareció rápidamente de Copenhague y se volvió de nuevo a Suiza al comienzo de este escándalo. Nunca contestó los telegramas de Radek y Furstenberg dónde ellos le pedían que negara las imputaciones. Prefirió quedarse callado.

Por supuesto, Parvus estaba asustado. Quizás temía que se revelara información sobre su rol en el golpe de febrero en relación con las transferencias de dinero. Después, sin embargo, afirmó que había tirado muchos de los cordones mientras estaba viviendo en Stureplan, Estocolmo Central y que los problemas habían sido provocados.

Debido a la prueba concreta contra Lenín, el fiscal principal no tuvo ninguna otra opción sino comenzar una investigación sobre su actividad. Durante la investigación se reveló que había 180.000 rublos en la cuenta bancaria de Yevgenia Sumenson y que otros 750.000 rublos habían sido exitosamente transferidos durante un período de seis meses desde el Nya Banken en Estocolmo. (A. Karayev, "Lenín".) En un telegrama de Sumenson se lee: "el Nya Banken ha enviado otros 100.000". Ella había recibido antes un total de más de dos millones. Mucho más dinero se había transferido a la cuenta del abogado Kozlowski - 1.3 millones mensuales.

No existía otra posibilidad - Lenín fue acusado de traición a su patria y de espionaje. El 7 (20) de julio, el Gobierno Provisional redactó una orden de arresto para Lenín, Grigori Zinoviev y León Kamenev (Rosenfeld). El último era jefe de redacción de Pravda (la Verdad). Una orden legal fue también emitida.

Los diarios burgueses como los Social-revolucionarios exigieron que debían probarse las imputaciones contra Lenín en la corte. Al mismo tiempo, el nombre de Alexander Parvus también apareció en la prensa.

Había que algunos bolcheviques que pensaron que Lenín podría aclarar su nombre de estas serias imputaciones delante de una corte y por consiguiente deseaban verlo en un juicio. Stalin y Ordzhonikidze estaban decididamente contra esto.

El Ministro para la Guerra y los Asuntos navales, Alejandro Kerensky, (1881 - 1970), salió adelante el 8 (21) de julio (había estado justo visitando el frente) y tomó el puesto del Primer Ministro para resolver este conflicto con "medios pacíficos", tal como fue la frase.

El 9 (22) de julio a las 11 horas en la noche, Lenín dejó Petrogrado junto con Zinoviev. Deseaba evitar el riesgo de ser descubierto como agente alemán. Lenín se había quedado en el piso de María Sulimova y no con Sergei Alliluyev, como se afirmó oficialmente. Joseph Stalin y Sergei Alliluyev acompañaron a Lenín hasta las afueras del pueblo. Al principio él se quedó en Sestroretsk y después en Razliv. Un mes más tarde, viajó a Jalkala (Finlandia) y finalmente terminó en Helsinki.

La cosa más notable y enigmática fue que nadie buscaba a Lenín, a pesar de la orden de arresto. Nadie quiso arrestarlo, aún cuando, la propaganda soviética posteriormente, afirmó lo contrario.

Alexander Parvus, entretanto, comenzó a publicar rencorosos ataques contra Alexander Kerensky en la prensa alemana. Él también saboteó cualquier posibilidad de paz.

Las negaciones de Lenín, Zinoviev y Kamenev se repitieron en el periódico de Máxim Gorky, Novaya Zhizn el 1º (24) de julio.

El 13 (26) de julio, el Soviet de Petrogrado exigió que Lenín y Zinoviev debían someterse al juicio. Lenín continuó ignorando esas demandas ya que sabía muy bien lo que podría revelarse durante un juicio.

El Bolchevique y francmasón Nikolai Sukhanov (en la realidad Gimmel) sostenía, al igual que muchos de sus camaradas, que Lenín era inocente y no tenía nada que temer de un posible juicio. Lenín tenía miedo de tal investigación.

En septiembre de 1991, la Unión de Abogados en St. Petersburgo exigió que debían investigarse las imputaciones contra Lenín después del evento. Ellos quisieron llevarlo póstumamente a juicio.

El periódico burgués de Pavel Milyukov, 'Rech' (Discurso) también acusó a León Trotsky de haber recibido 10.000 dólares para propaganda. Eso fue por qué Trotsky llamó a julio de 1917 "el mes del más gran libelo en la historia del mundo."

La presión de la opinión pública llevó al arresto de León Trotsky y de Anatoli Lunacharsky (en la realidad Bailikh-Mandelstam) el 5 de agosto. Las autoridades también arrestaron Alexandra Kollontay (1872-1952). Finalmente, incluso Mieczyslaw Kozlowski, Leon Kamenev y Yevgenia (Dora) Sumenson fueron arrestados. Esto sólo fue hecho para calmar al público. Todas esas personas fueron acusadas de tener contactos con Alexander Parvus que fue considerado como agente del Kaiser alemán.

El hombre a cargo de la investigación, Alexandrov, reunió suficiente material, ocupando un total de 24 volúmenes. Estos fueron guardados en un archivo especial y estuvieron disponibles a los historiadores sólo después de la caída del Comunismo. Las autoridades nunca consiguieron ir más lejos que esto, a pesar de tener toda la evidencia que era necesaria para probar que las personas acusadas habían colaborado con el enemigo durante tiempos de guerra. Esta evidencia habría sido suficiente para ejecutar a todos aquellos involucrados. Pero las autoridades no tomaron ninguna acción más allá.

El 6to Congreso Bolchevique comenzó el 26 de julio (8 agosto). Algunos de los delegados (Joseph Stalin, Sergo Ordzhonikidze, Nikolai Skrypnik, Nikolai Bukharin) estaba en contra que Lenín y Zinoviev aparecieran voluntariamente en la corte. V. Volodarsky estaba entre aquellos que quisieron a Lenín enfrentando un juicio.

Lenín nunca se olvidó de esto y Volodarsky fue asesinado el 20 de junio de 1918, menos de un año después. Lenín decidió vengarse inmediatamente de Volodarsky al oír que él había logrado reunir una enorme fortuna, que debería haber sido propiedad de la dirección del Partido. Lenín había enfatizado siempre que los Bolcheviques nunca deben olvidarse de algo.

Kerensky comenzó a soltar a los Bolcheviques arrestados ya el 17 de agosto. Kamenev fue el primero en ser liberado.

Kornilov

LA REVUELTA DE KORNILOV

El Comandante Supremo del ejército ruso, General Lavr Kornilov (1870-1918), ya no quiso tomar parte en el turbio juego de los francmasones revolucionarios. Rompió con ellos y comenzó las preparaciones en Mogilev para derrocar al gobierno de Kerensky. Kornilov entendió que esos

Ministros izquierdistas, quienes durante muchos años había gritando que ellos podían hacerlo mejor que los Ministros del Zar, en la realidad, eran personas absolutamente ignorantes.

Según el mito que prevalecía, la revolución de febrero fue un evento muy positivo. En la realidad, este golpe de estado llevó solamente a la anarquía, tal como el escritor Alexander Solzhenitsyn enfatizó en una entrevista de la BBC.

En los 19 de agosto (1 septiembre), Kornilov pidió que sus cosacos atacaran Petrogrado. El 25 de agosto (7 septiembre) Kornilov le dijo a su jefe de personal: "¡Es tiempo para colgar a los partidarios y a los espías de los alemanes liderados por Lenín. Y debemos destruir a los Soviet para que ellos nunca más se puedan reunir nuevamente! "

El mismo día envío las tropas del General Alexander Krymov hacia Petrogrado con las órdenes de colgar a todos los miembros del Soviet en el mismo día. (John Shelton Curtiss, "La Revolución rusa de 1917", Nueva York, 1957, pág. 50.)

En su proclamación del 26 de agosto (el 8 de septiembre), (Novoye Vremya, 11 del 1917 de septiembre), Kornilov acusó al Gobierno Provisional de cooperar con los alemanes para minar el estado y el ejército. Quiso disolver a los Soviet y exigió que Kerensky renunciara y le dejara el poder a él. Kornilov entendió que los Bolcheviques eran el mayor peligro para Rusia. Por eso él los quería a todos encarcelados.

Kerensky supo que él había sido descubierto. Su juego había terminado. Así que continuó soltando a los Bolcheviques encarcelados. Kozlowski también fue liberado. Posteriormente trabajó como Chekista después que los Bolcheviques tomaron el poder.

Kerensky fue tomado por el pánico y declaró el 27 de agosto (9 de septiembre) que Kornilov era un sedicioso y oficialmente lo privó de su Comando. Kerensky se volvió a los Bolcheviques por ayuda contra Kornilov para salvar cualquier cosa que él pudiera.

Todos los Bolcheviques fueron, como por arte de magia, inmediatamente liberados de todos los cargos y fueron presentados como los mejores defensores de la democracia.

¿No había dicho Trotsky en los Estados Unidos que el poder debería entregarse a quienquiera que pudiera desarrollar en mejor forma la democracia en Rusia?

Los Bolcheviques, sin embargo, hicieron todo que ellos pudieron para mantener a Kerensky en el poder. Todavía era demasiado pronto para que ellos lo tomaran.

Los Bolcheviques se habían olvidado completamente del eslogan de Lenín: "¡Ningún apoyo para el Gobierno Provisional! " ("La Biografía más Corta de Lenín", Moscú, 1955, pág. 168.)

Los bolcheviques empezaron a organizar huelgas políticas. Animaron que los obreros y soldados defendieran al gobierno. El 27 de agosto los socialistas fundaron un Comité Central contra la contrarrevolución junto con los Bolcheviques. Ordenaron a miles de marinos de Kronstadt, ir a Petrogrado. Se movilizaron fuertemente los obreros de Petrogrado. Los bolcheviques amenazaron con matarlos si no obedecían. Los Guardias Rojos recibieron inmediatamente devueltas las armas que habían sido confiscadas durante los feroces días de julio.

Los Soviet comenzaron a arrestar a las personas notables, principalmente aquellos que eran sospechosos de simpatizar con Kornilov. Se arrestaron miles de oficiales de esta forma. Un total de 7000 personas políticamente "sospechosas" fueron arrestadas. (John Shelton Curtiss, "La Revolución rusa de 1917", Nueva York, 1957, pág.53.) Los ferroviarios también fueron movilizados y comenzaron a sabotear las vías férreas. Así las tropas de la élite de Kornilov fueron detenidas y rodeadas.

La francmasonería internacional de pronto comenzó a usar enormes recursos para detener a Kornilov, desde la aparición de su revuelta en la escena política no había estado en manuscritos; tenía que ser borrado con todos los medios posible, incluso con la astucia y violencia. Fue pintado como la peor cosa que le había pasado a Rusia en la vida. Los mitos sobre él continúan siendo extensos hasta el momento. Incluso se afirma que era ignorante en política.

Los francmasones comenzaron una gran campaña de propaganda entre los soldados de Kornilov que estaban completamente asustados y desconcertados. El General Alexander Krymov (un francmasón) fue invitado a las negociaciones con Kerensky. Yo no sé con qué amenazaron a Krymov, pero al dejar esta reunión él se disparó (si es que fue él realmente quien sostuvo el arma).

Los francmasones tuvieron éxito con sus esfuerzos combinados en detener las tropas nacionales de Kornilov una semana después, el 30 de agosto (12 septiembre).

Los líderes izquierdistas siempre han considerado a los patriotas nacionales derechistas como la amenaza más grande a su visión de mundo socialista. Kornilov fue arrestado el 1º (14) de septiembre pero después logró escapar. Los Bolcheviques tomaron la iniciativa inmediatamente en los Soviet. El mismo día que Kornilov fue arrestado ellos ganaron una mayoría en las elecciones locales del Soviet de Petrogrado. Ellos dominaron en Moscú el 8 (21) de septiembre.

Trotsky también fue liberado de la prisión el 4 (17) de septiembre. Nadie quiso acordarse más del escándalo de julio.

Ahora el tiempo estaba maduro preparar un callado, pacífico transferencia del poder. El tiempo astrológico conveniente para la toma del poder había sido calculada de antemano.

LA TOMA DEL PODER

Para confundir y camuflar su orden Illuminista en Rusia, la dirección Bolchevique pensó llamar al futuro régimen Soviet (es decir Kahal).

El 21 de septiembre de 1917, Jakub Furstenberg envió un telegrama desde Estocolmo a Raphael Scholan (Shaumann) en Haparanda (se conserva en los Archivos Nacionales norteamericanos): "¡Estimado camarada!. La oficina de la casa bancaria M. Warburg ha abierto de acuerdo con el telegrama del presidente del Sindicato de Rhenish-Westphalian una cuenta para las misiones del Camarada Trotsky. El abogado (agente), probablemente el Sr. Kastroff, compró las armas y ha organizado su transporte... Y una persona autorizada para recibir el dinero solicitado por el Camarada Trotsky. Fürstenberg"."

El 23 septiembre (6 de octubre) Trotsky fue elegido presidente del Soviet de los Obreros y Soldados de Petrogrado, a pesar de no ser ni obrero ni soldado. Todo era posible entre los francmasones.

Entretanto, los Estados Unidos exigieron de Kerensky contribuciones más altas que nunca para la guerra. El Gobierno Provisional cumplió renuentemente.

El Ministro para Asuntos de la Guerra, Alejandro Verkhovsky, renunció en protesta. Es interesante hacer notar que las demandas norteamericanas cesaron inmediatamente después que los Bolcheviques habían tomado el poder.

Yo debo señalar aquí que, según Antony Sutton, los diferentes documentos en los archivos del Departamento de Estado norteamericano demuestran que David Francis, el embajador norteamericano en Moscú, fue mantenido bien informado sobre los planes de los Bolcheviques. La Casa Blanca supo por lo menos seis semanas antes, cuándo los Bolcheviques tomarían el poder. Ese evento había sido fijado para tener lugar en una fecha que coincidía con el cumpleaños de Trotsky. Así que, esos planes eran conocidos en los Estados Unidos ya el 13 (26) de septiembre de 1917.

El presidente de los Estados Unidos, Thomas Woodrow Wilson conoció de antemano que la toma del poder por los Bolcheviques prolongaría la guerra mundial. Pero él no hizo nada que detener sus planes. Al contrario, él hizo todo en su poder para ayudarlos.

Los Estados Unidos de Norteamérica era la única nación que logra hacer una gran ganancia con la guerra. Todo los otros poderes bélicos perdieron sumas gigantescas y llegaron a deberle un total de 14 mil millones dólares a los Estados Unidos. Ha sido calculado que la élite financiera internacional hizo un total de 208 mil millones dólares en la guerra.

El gobierno británico también supo sobre los planes Bolcheviques, ya que ellos también recomendaron que sus ciudadanos dejaran Moscú por lo menos 6 semanas antes de la toma del poder. (Antony C. Sutton, "Wall Street y la Revolución Bolchevique", Morley, 1981, pág. 45.) Así entonces, pareciera que Londres y Washington supieron con quien ellos estaban tratando.

El 8 de noviembre se acercaba y los Bolcheviques hicieron todo en su poder para extender la apatía entre los obreros y soldados, que más tarde ellos pensaban utilizar. Ellos también intentaron tentar a las personas con la palabra mágica: "¡Paz!", qué ya no sonaba a traición.

El Partido Bolchevique no era muy grande a estas alturas. Además, tenía un centro de Illuministas de 4000 miembros que eran muy activos.

Entretanto, la circulación de Pravda disminuyó de 220.000 a 85 000 copias.

Según Margarita Fofanova, Lenín volvió a Petrogrado el 5 y no el 20 de octubre, como oficialmente fue afirmado. Él se quedó con Fofanova hasta la toma del poder. Las autoridades sabían absolutamente bien, que Lenín estaba en Petrogrado. La hermana de Lenín, María, confirmó esto a un oficial.

El Gobierno Provisional no intentó de ninguna forma ubicar o arrestar a Lenín.

Los planes Bolcheviques para tomar el poder no eran secretos. El público general no estaba ignorante de ello y menos de todos, el Gobierno Provisional.

Zinoviev y Kamenev escribieron en forma bastante abierta de sus planes en el periódico Novaya Zhizn el 31 de octubre. Lenín también había hablado públicamente de esos planes en varias ocasiones. El historiador E. M. Halliday admitió en su libro "Rusia en Revolución" (Malmo, 1968, pág. 114) que las autoridades conocieron los planes Bolcheviques en detalle. ¿Así por qué, a menos que ellos estaban envueltos en la conspiración, ellos no hicieron nada sobre esto?

Para varios historiadores, sin embargo, el misterio no era tanto el hecho que los Bolcheviques habían discutido oficialmente los planes de la toma del poder en la prensa, sino que el Gobierno Provisional no tomó ningún paso para protegerse; de hecho hizo realmente lo contrario.

El Primer Ministro Alexander Kerensky se negó a ordenar tropas especiales a Petrogrado, cuando esto fue sugerido. (Mikhail Heller y Alejandro Nekrich, la "Utopía en Poder", Londres, 1986, pág. 37.)

Es claramente una fabricación, que los líderes Bolcheviques se reunieron el 23 de octubre (5 de noviembre) en el apartamento de Nikolai Sukhanov (Gimmel) y sólo entonces decidieron organizar el ataque al Palacio Invernal. Cualquier otro líder bolchevique, excepto Lenín y Trotsky, habrían dicho que la acción armada era completamente innecesaria, ya que ellos ganarían el poder en el Segundo Congreso de los Soviet el 25 octubre (7 de noviembre) de cualquier forma.

Esto parece haber sido una invención posterior ya que Trotsky ya había formado un comité revolucionario militar el 12 (25) de octubre.

El poder se transfirió a este órgano en secreto el 21 de octubre (3 de noviembre). (Heller y Nekrich, "Utopía en el Poder", Londres, 1986, pág. 38.) Todos los hechos disponibles hoy, hacen pensar en un complot organizado y no en algún tipo de acción espontánea.

Lenín no se vio entre el 2 y 7 de noviembre. No le necesitaban. Era Trotsky quien organizó todo. Lenín desapareció de la casa de Fofanova a finales de la tarde. Sólo Stalin supo algo sobre la misteriosa desaparición de Lenín. Lenín no estaba en lo de Fofanova en la noche del 24 de octubre (6 de noviembre). Tampoco estaba en el edificio del Soviet en el palacio Smolny. Esto fue confirmado en el libro "Sobre Nadezhda Krupskaya", publicado en 1988 en Moscú.

Nadezhda había venido de Smolny al apartamento de Fofanova buscando a Lenín. Pero él no estaba allí. Los historiadores Heller y Nekrich llegaron a la misma conclusión: Lenín ni siquiera estaba en Smolny en la noche del 24 de octubre (6 de noviembre).

Según otras fuentes, él volvió sólo el 7 de noviembre. Había tomado un tranvía hacia Smolny. Lenín dijo a Trotsky en alemán: "¡Es schwindelt!"/ "¡Estoy perplejo!). ¡Estaba al mando!

Lenín comenzó amenazando con las ejecuciones inmediatamente si él no fuese obedecido completamente. Pero todavía era Trotsky quién dirigía el show. El Congreso Soviético que había tomado residencia en la Escuela de Niñas Smolny fue dirigido por Fiodor Dan (en realidad Gurvich, 1871-1947), uno de los líderes Menshevikes.

Los conspiradores ya anunciaron a las 10:40 de la mañana del 7 de noviembre que el Gobierno Provisional había sido derrocado y el poder había sido tomado por los Soviets. El Congreso soviético aceptó la moción para formar a un nuevo gobierno - El Concejo de los Comisarios del Pueblo (Sovnarkom). La sugerencia recibió 390 votos de los 650. El gobierno estaría compuesto exclusivamente de Bolcheviques con Lenín a la cabeza. El líder de los Menshevikes, L. Martov, dejó el congreso junto con los otros miembros de su Partido.

En realidad fue el Comité Revolucionario Militar quienes tomaron el poder. Los Bolcheviques lo modelaron de acuerdo al Comité Revolucionario de los Jacobinos creados durante la llamada Revolución Francesa.

El comité en Petrogrado consistía en 18 Comisarios. La mayoría de ellos eran judíos o estaban casados con judías. El presidente era León Trotsky (judío). Otros miembros eran: Vladimir Ulyanov-Lenin (mitad-judío), Adolfo Yoffe (judío), Josef Unschlicht (judío), Gleb Boky (judío), Vladimir Antonov-Ovseyenko (judío), Konstantin Mekhonoshin (judío), Mikhail Lashevich (judío), Félix Dzerzhinsky (Rufin, judío), P. Lazimir (judío), A. Sadovsky (judío), Pavel Dybenko (casado con la Judía Alexandra Kollontay), Nikolai Podvoisky, Vyacheslav Molotov (realmente Skryabin), Vladimir Nevsky (Feodosi Krivobokov), Andrei Bubnov y Nikolai Skrypnik (judío).

Lenín y su gobierno ganaron el poder temporalmente. Eso fue por qué también a su gobierno le llamaron 'Gobierno Provisional' hasta que la Asamblea Constituyente se eligiera el 17 de noviembre.

Algo inexplicable pasó en este momento: de hecho - nada en absoluto pasó en la tarde del 7 de noviembre. Los historiadores no pueden entender por qué el Palacio de Invierno no fue tomado en seguida. El Congreso soviético también hizo una pausa por un rato. Trotsky entró en otra habitación para descansar. Oficialmente se afirmó que Lenín también estaba en el edificio, y que fue a dormir en otra habitación por la tarde.

En este momento Lenín parecía ser el perro sabueso de Trotsky. En el Congreso soviético, sólo Trotsky se vio cuando él salía de vez en cuando a hablar con algunos miembros. Lenín no sería visto en ninguna parte. Él sólo envió unas notas a Vladimir Antonov-Ovseyenko, Nikolai Podvoisky y algunos de los otros en el congreso. (Sergei Melgunov, "Cómo los bolcheviques tomaron el Poder", París, 1953.)

Según el mito, aproximadamente 5000 marinos se habían reunido ya alrededor del Palacio de Invierno para preparar el ataque temprano por la mañana el 25 octubre (7 de noviembre).

En los hechos, este edificio fue tomado por un par de cientos de "revolucionarios", incluyendo a 50 Guardias Rojos que calmadamente marcharon direto al palacio.

¿Qué pasó con todos esas decenas de miles de "soldados revolucionarios" que se habla apasionadamente en los libros de historia? Ésta fue simplemente otra fabricación, ya que el Palacio de Invierno jamás fue tomado por asalto. No fue necesario. Pero tomar el asiento del poder a una hora cuidadosamente calculada fue un acto simbólico con connotaciones astrológicas para Lenín y Trotsky.

Eso fue por qué Trotsky aún deseaba reunir a tantas personas como fuese posible. Se trajeron 235 obreros del Astillero báltico. Sólo 80 de la

Fábrica Putilov, a pesar que allí habían 1500 Guardias Rojos registrados oficialmente. Un total de 26.000 trabajaban allí. Todos los sitios importantes en la ciudad fueron tomados por unos mil "revolucionarios"...

Los primeros Guardias Rojos se reunieron junto al Palacio de Invierno sólo alrededor de 4:30 en la tarde, según el desterrado historiador ruso Sergei Melgunov. El jefe de los Guardias Rojos, Vladimir Nevsky (quién después llegó a ser Comisario para las comunicaciones), recibió órdenes de esperar. Alrededor de las 6 de la tarde, el comandante de la Academia de Artillería en Mikhailovsk ordenó a sus cadetes dejar el Palacio de Invierno. Los cosacos también salieron. (Sergei Melgunov, "Cómo los bolcheviques tomaron el Poder", París, 1953, pág. 119.)

Finalmente sólo dos compañías del batallón de mujeres y 40 soldados inválidos permanecían. Esto no puede explicarse de otra forma que el Gobierno Provisional hizo todo en su poder para entregar el Palacio de Invierno tan apaciblemente como fuese posible a los Bolcheviques. El Gobierno Provisional ya no tenía el poder. Fue solamente un gran show para el público.

Los teatros sostuvieron sus funciones, los restaurantes se mantuvieron abiertos. Nadie notó que algo extraño estaba sucediendo. Los guardias de puentes no tenían ninguna idea sobre la situación real, o más bien, Lenín y Trotsky, deseando estar en el lado seguro afianzando todas las rutas de transporte entre las diferentes áreas de la ciudad, habían sobornado a todos los guardias de puentes.

Pasó el tiempo y nada sucedía aún. Todos esperaban. Según el mito, los Bolcheviques habían emitido un ultimátum al Gobierno Provisional que este se negó a contestar. ¿Pero cómo pudieron emitir un ultimátum a un gobierno que ya el 3 de noviembre había entregado voluntariamente el poder al Comité Revolucionario Militar? Además, Trotsky había confirmado a las 2:35 por la tarde del 7 de noviembre que el Gobierno Provisional ya no existía. A las 10 en punto el Congreso soviético había proclamado: "¡El poder del Gobierno está en el Comité Revolucionario Militar! "

Por qué era necesario para Trotsky poner en escena un show, será pronto evidente al lector atento.

Trotsky quería que todo el espectáculo apareciera más dramático de lo que realmente fue. Por esta razón, ordenó disparar un número de proyectiles desde el fuerte Peter-Paul mientras los tranvías continuaban rodando sobre el Puente Troitsky, según el embajador británico Sir George Buchanan (quién, a propósito, estaba involucrado en el derrocamiento del Zar).

La cosa notable fue que esos proyectiles nunca impactaron el Palacio de Invierno. La explicación oficial fue que ellos estaban mal dirigidos. ¿Pero por qué los bolcheviques no pudieran encontrar a nadie entre todos esos miles de "soldados revolucionarios" que podrían apuntar apropiadamente?

Pareciera que aquellos que dispararon los proyectiles repentinamente perdieron su habilidad de apuntar directamente. Todos esos disparos sólo lograron romper una ventana. ¿Por qué fueron disparados exactamente 35 proyectiles? ¿Tenía ese número algún significado cabalístico?

Los Guardias Rojos esperaron durante algún tiempo fuera del Palacio de Invierno a pesar de la ausencia de guardias en la puerta lateral, según Mikhail Heller y Alejandro Nekrich ("Utopía en el Poder", Londres, 1986, pág. 41). Tampoco la Guarnición de Petrogrado tomó alguna acción contra los Bolcheviques. Ellos sólo miraron el show.

Los Guardias Rojos dieron una vuelta por la ciudad y presionaron a unos marinos a seguirlos al Palacio de Invierno, incluyendo a Indrikis Ruckulis que era un oficial Letón de 27 años de Kronstadt y comandante de un grupo de marineros. Él fue amenazado de muerte cuando se negó a acompañar a los Guardias Rojos. Él afirmó que ningún proyectil se disparó desde crucero acorazada Aurora para dar la señal para el ataque, como se afirmó posteriormente. (Expressen, 17 de octubre de 1984.) Éste fue otro mito.

No hubo toma por asalto del Palacio de Invierno. Todo sucedió serenamente. No hubo sangre derramada. Los Guardias Rojos simplemente esperaron hasta que fuera el momento para marchar al interior. Ellos esperaron hasta las 1:30 de ese día, según Indrikis Ruckulis y varias otras fuentes.

Abrieron fuego durante quince minutos sólo por las apariencias. Nadie fue herido en esa "batalla", según un joven marxista, Uralov que estaba allí. No había nadie para herir. El fuego de los Bolcheviques nunca fue contestado.

Los Guardias Rojos y marineros caminaron entonces a través de puerta lateral al interior del Palacio de Invierno, según los historiadores Mikhail Heller y Alejandro Nekrich que encontraron testimonios con relación a esto. Los miembros restantes del batallón de mujeres no ofrecieron resistencia, sino "capitularon inmediatamente."

Cuando los Bolcheviques habían atravesado fríamente las entradas indefensas, se pasearon por los vestíbulos y corredores y saludaron a los "defensores" que no se resistieron, de una manera amistosa (E. M. Halliday, "Rusia en la Revolución", Malmo, 1968, pág. 120).

Incluso E. M. Halliday confirma que allí nunca hubo una batalla. Sólo en Moscú se ofreció alguna suerte de resistencia. El Kremlin recibió disparos después de las tres de la madrugada, a pesar del hecho que los cadetes habían dejado el edificio a las 19 hrs. de la tarde anterior.

A Vladimir Antonov-Ovseyenko (1883-1937), quién era camarada de Trotsky, se le había ordenado la tarea de sacar al Gobierno Provisional.

Aquí ocurrió algo sumamente confuso. Radio Rusia lo relató el 12 de agosto de 1991 a las dos de la tarde.

Antonov-Ovseyenko y sus Guardias Rojos llegaron al Hall Malachite justo antes de las 2:00 y esperaron detrás de una puerta que lleva a la cámara del Concejo del Gobierno Provisional. El gobierno (sin Kerensky) contra toda razón lógica, se había reunido allí. ¿Por qué?

Antonov-Ovseyenko estaba parado allí justo mirando el reloj. Los Guardias rojos y los marinos también estaban parados, esperando por la señal de Antonov-Ovseyenko. Esperaron allí por aproximadamente diez minutos. Él posteriormente enviaría un telegrama a Lenín: "El Palacio Invernal fue tomado a las 2:04. " A las 2:10 Antonov-Ovseyenko dijo: "Es tiempo! " ("¡Para!") a los Guardia Rojos. Abrió la puerta y dijo algo muy secreto: "¡Señores! Su tiempo es!".

Nosotros podemos presumir que los Bolcheviques tomaron el poder oficialmente el 26 octubre (8 de noviembre) de 1917 a las 2:04 por la mañana. Una investigación astrológica más íntima revela que el sol estaba entonces justo en el centro preciso del signo Escorpión (14°58').

En el horóscopo del régimen soviético, MC (Medium Coeli = el cenit) ponga 4°28' en Géminis (que significa Poder) - un aspecto que fue favorable para la toma del Poder. Este horóscopo fue el peor posible para los habitantes de la Unión Soviética. Muestra que todo estaba basado en el engaño. Sólo el desarrollo técnico era favorable, los valores espirituales eran completamente rechazados.

Sólo los terroristas traficantes del poder estaban en ventaja. Según su horóscopo, el régimen soviético no traía nada en absoluto bueno al mundo. Las personas deberían haber sido cautas de tal poder mortal. Trajo sólo enormes problemas y catástrofes. El astrólogo sueco Anders Ekstrom en Skyttorp confirma esta interpretación.

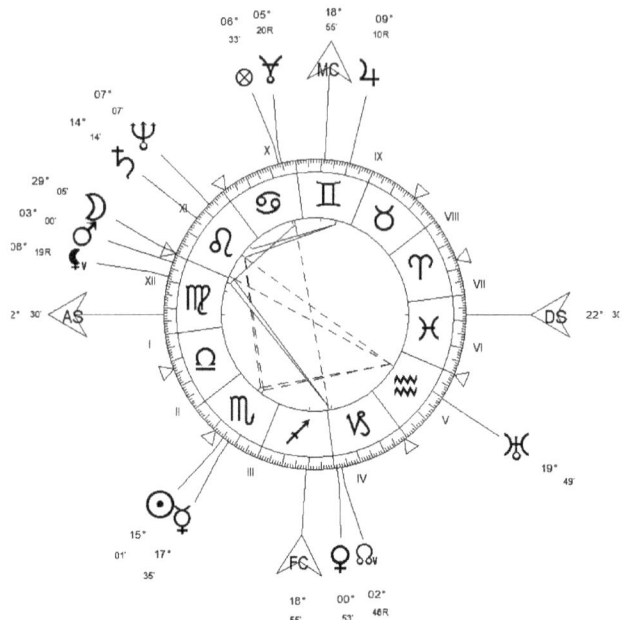

El Horóscopo del Régimen Soviético
8 de Noviembre de 1917, 2:04 A.M., Petrogrado.

Todo esto va a mostrar que los francmasones Bolcheviques eran bien versados en los secretos de la astrología. Su astrólogo más importante era el bolchevique judío, Lev Karakhan (Karakhanyan), posteriormente Vice-Comisario del Pueblo para los asuntos extranjeros. Más tarde excluyeron a otros de una investigación similar, los Bolcheviques declararon inmediatamente que la astrología era una cosa burguesa sin sentido y mera superstición. Un movimiento muy diestro.

Los judíos rusos y polacos también fundaron el estado de Israel. Si nosotros investigamos el horóscopo de Israel, vemos que el tiempo más conveniente, también había sido allí calculado. El resultado fue el mejor posible. De esta manera, ellos se favorecieron a las 4:37 en la tarde del 14 de mayo de 1948...

El hecho que Antonov-Ovseyenko esperó hasta 2:10 favoreció sólo al nuevo régimen. Las 2:10 hrs., eran cuando sacaron a los miembros del Gobierno Provisional, probablemente fue un momento importante. (Nicolás Campion, "El Libro de Horóscopos Mundiales", Wellingborough, 1988, pág. 280.)

Lenín también afirmó esto. Trotsky tenía su cumpleaños 38el 26 octubre (8 de noviembre) 1917, y todo el espectáculo se transformó en su fiesta de cumpleaños, así mismo, en el principio de una nueva época. (las fases de la luna se repiten cada 19 años.) Escorpión es el octavo signo del zodíaco - el signo del crimen y la muerte.

Ciertos días tenían una importancia especial para la dirección Bolchevique. ¿Por qué razón se oculta la verdadera fecha del nacimiento de Lenín ? Me gustaría apuntar aquí que el ejército soviético hizo todo lo posible para tomar Berlín el 1° de mayo de 1945 para que la bandera roja del Illuminati pudiera izarse encima de la ciudad en ese mismo día.

Es obvio que el tiempo oficial (8 de noviembre) era sumamente importante para los conspiradores. ¿No había Kerensky abandonado el poder a la élite Bolchevique, sin que el público supiera algo sobre esto, el 3 de noviembre (21 de octubre)? Para desinformar a sus ciudadanos, los Bolcheviques comenzaron a celebrar oficialmente la revolución el 7 de noviembre.

Esa élite que en realidad se transformó en un secreto gobierno de transición rojo fue la responsable del show. Esos diez hombres, de quienes por lo menos la mitad eran francmasones secretos, conformaban el Politburó y el Comité Revolucionario Militar que había sido fundado el 16 (29) de octubre - el Día del Juicio Final de Yahweh.

Ellos eran: Vladimir Lenin (medio-judío), León Trotsky (judío), Grigori Zinoviev (judío), León Kamenev (judío), Grigori Sokolnikov (judío), Yakov Sverdlov (judío), Joseph Stalin (medio- judío), Félix Dzerzhinsky (judío), Moisei Uritsky (judío) y Andrei Bubnov (ruso). ¿Fué entonces este espectáculo una Revolución Rusa?

Ningún historiador ha podido explicar lógicamente por qué los Bolcheviques esperaron en la tarde del 7 de noviembre y no tomaron el Palacio de Invierno en seguida. La única razón que algunos historiadores han propuesto, es que la dirección Bolchevique le faltó la resolución en esa tarde.

El lector puede decidir si acepta esta explicación o no.

La próxima pregunta es: ¿Por qué el Gobierno Provisional se rindió voluntariamente y tan fácilmente? Trotsky intentó explicar esto diciendo que el Gobierno Provisional quiso evitar el derramamiento de sangre. Trotsky difícilmente puede ser considerado un hombre fiable. Él quiso simplemente ocultar que los Hermanos Masones habían hecho ciertos tratos entre ellos.

Debo mencionar aquí, que había una figura misteriosa que representaba a los francmasones Bolcheviques pero que tomó parte en la reunión del Gobierno Provisional. Su nombre era Yuri Steklov (en la realidad Nakhamkis) y era el agente del Comité Central Bolchevique. Sus comportamientos le hicieron parecer como si fuese él quién decidía cuánto tiempo el Gobierno Provisional podía actuar y permanecer en el poder. Era como si sólo él reconocía y permitía la existencia misma del Gobierno Provisional. Actuaba como si él estuviera a cargo de que el gobierno no sobrepasara su autoridad y mandato. (Vladimir Nabokov, "El Gobierno Provisional y el Golpe Bolchevique", Londres, 1988, pág. 116.) Yuri Steklov era un francmasón del Grado 32 y el yerno de Kerensky.

El ingrato Lenín sólo mostró el aprecio a sus amos Masónicos en París, que lo había ayudado a llegar al Poder. Envió en 1919 cantidades enormes de dinero a la orden Masónica Gran Oriente de Francia, para ser usado en la renovación de su magnífico cuartel principal en París, en propaganda y para otros propósitos. Entretanto, millones de rusos estaban muriendo de hambre. (Oleg Platonov, "La Corona de Espinas de Rusia: Historia del Pueblo Ruso en el Siglo XX", Moscú, 1997, pág. 557.)

Fue la tarea de Vladimir Antonov-Ovseyenko decirle al Gobierno Provisional que era su tiempo. La chusma que, algo después que los Guardias Rojos, entraron al Palacio de Invierno, comenzaron el saqueo y destruyeron el mobiliario. Los ojos de los retratos fueron cortados, valiosos libros e iconos fueron arrojados al suelo y pisoteados. También comenzaron a violar a las mujeres.

Según otro mito más, en el gran repertorio Bolchevique, todos los Ministros (excepto Kerensky) fueron arrestados y sentenciados al encarcelamiento, pero hay nombres entre ellos que después, volvieron, en la administración Bolchevique. Por ejemplo, el francmasón y ex Ministro de Comunicaciones, Nikolai Nekrasov, se transformó en un burócrata en la Unión Central de Cooperativas en 1920. (Artículo del Profesor N. Pervushin "Los Francmasones rusos y la Revolución" en el periódico Novoye Russkoye Slovo, Nueva York, 1º de agosto de 1986, pág. 6.)

Incluso la Enciclopedia Soviética Mayor (Vol. 56, Moscú, 1936, pág. 301) confirma que el Ministro del Interior de Kerensky, Sergei Urusov, después trabajó en el Banco Nacional Soviético. Él todavía era el emisario de los francmasones franceses.

El mundo está de verdad confundido y la historia oficial contiene tantos e increíbles cuentos de hadas para adultos que "Las Mil y Una Noches" palidecen en comparación.

Según la versión Bolchevique oficial, Kerensky logró escapar a Gachino cerca de Petrogrado vistiendo de mujer, después de lo cual él siguió a Pskov. Nada más.

Kerensky afirmó en sus memorias que él se puso el uniforme de un marino y escapó a Gachino, dónde quiso organizar una resistencia pero falló, ya que las tropas se marcharon (¿¡!?).

Los historiadores Nesta Webster y Kurt Kerlen, sin embargo, han encontrado algunos datos reveladores que ellos publicaron en su libro "Boche y Bolcheviques" (Nueva York, 1923, pág. 19).

Según esta versión, Lenín y Trotsky permitieron a Kerensky "desaparecer" en reconocimiento de sus contribuciones cuando él los protegió del público en julio de 1917.

También fue Kerensky quién se ocupó que los boletos del ferrocarril para el viaje de Lenín y su grupo desde Estocolmo a Petrogrado fuese pagado. Y finalmente, él entregó el poder en sus manos.

Según el mito, Kerensky se opuso a los Comunistas. Él era en realidad Gran Secretario del Gran Oriente en Rusia. Lenín y Trotsky le proporcionaron con documentos falsos y una cantidad grande de dinero y lo escoltaron a Murmansk, que había sido ocupada por los británicos.

Kerensky fue recibido como un refugiado "Blanco" en Murmansk. Abordó un vapor italiano y navegó a Inglaterra, según documentos, que han sido preservados en Londres. Kerensky vivió después en Berlín, París y California como un hombre adinerado. Murió en Nueva York el 12 de junio de 1970.

Incluso el gran falsificador de historia, E. M. Halliday, admitió en su libro "Rusia en la Revolución" (Malmo, 1968, pág. 117) que Kerensky dejó el Palacio de Invierno y Petrogrado en la mañana del 7 de noviembre en un automóvil que fue puesto a su disposición por la Embajada norteamericana.

El automóvil portaba una bandera norteamericana. Así, ahora sabemos cómo él consiguió llegar a Murmansk y de allí a Inglaterra.

Esto debe haber sido planeado muy bien, antes que los Bolcheviques tomaran el Poder. Él tuvo tiempo suficiente para esto, pero no lo suficiente para llamar a las tropas especiales a defender Petrogrado. ¿No es ésto muy peculiar?

Todo esto obliga a una persona que piensa independientemente que haga la pregunta si el Gobierno Provisional realmente no se preparó para el terror de los bolcheviques que se aproximaba.

¿Qué otra razón hizo que los Estados Unidos de Norteamérica y Gran Bretaña le pidieran a sus ciudadanos que abandonaran Rusia anticipadamente antes del traslado del poder? Los bolcheviques eran entonces, oficialmente tan democráticos como Kerensky y sus lacayos.

Lo que pasó en febrero (marzo) 1917 no fue una revolución, sino un golpe de estado organizado externamente. Los bolcheviques mismos, sin embargo, no llevaron a cabo un golpe de estado en octubre (noviembre) 1917, tal como lo conocemos en occidente, sino simplemente tomaron el poder.

Era una conspiración internacionalmente controlada. Si éste no fuera el caso, entonces un gran número de hechos importantes no pueden explicarse; y en cambio, todo se pone oscuro e incomprensible.

Si nosotros asumimos que realmente fue una conspiración planeada, entonces todos esos eventos extraños que yo describí antes, inmediatamente tienen una explicación clara.

La Enciclopedia Soviético-Estonia mantuvo que el sólo hecho que el Marxismo se introdujo en Rusia, demuestra que es una ideología verdadera. Ninguna otra evidencia era necesaria. Lenín dijo después el tomar el poder: "Nosotros construiremos ahora el orden socialista". Trotsky lo corrigió: "Nosotros debemos establecer una dictadura socialista".

El escritor judío Alexander Zinoviev dijo en una entrevista en la primavera de 1984 que "el régimen soviético es eterno, la sociedad soviética no podrá ser destruida ni siquiera en mil años". Enfatizó más allá al entrevistador, George Urban,: "El sistema soviético permanecerá hasta el fin de historia humana". Ni siquiera Trotsky ni Lenín podrían creer eso.

El astrólogo E. H. Troinsky, calculó en 1956 que el estado soviético comenzaría a caerse a pedazos después de 72 años y 7 meses, es decir, después de julio de 1990.

Tal como todos sabemos, el régimen soviético se debilitó seriamente, precisamente después de junio de 1990 y finalmente se desplomó en agosto de 1991.

La Unión Soviética se disolvió oficialmente cuatro meses más tarde.

LA AYUDA ALEMANA

Los Bolcheviques Masónicos deseaban tener la certeza que ellos podrían permanecer en el poder.

Por ello pidieron ayuda a los alemanes. Las tropas alemanas fueron enviadas para trazar un férreo anillo alrededor de Petrogrado, para que ninguna fuerza de oposición, incluyendo a los cosacos del General Piotr Krasnov, pudiese amenazar al gobierno Bolchevique (Igor Bunich, "el Oro del Partido", St. Petersburgo, 1992, pág. 24).

También fueron los alemanes quienes controlaron una revuelta entre los cadetes del ejército en la escuela militar de entrenamiento en Petrogrado, capturaron el Kremlin para los Bolcheviques en Moscú, combatieron a los cosacos de Krasnov y llevaron a cabo otras acciones vitales similares para la supervivencia de los Rojos.

El General Kirbach prometió que Moscú y Petrogrado serían ocupados por las tropas alemanas si el gobierno Bolchevique fuese amenazado. El débil régimen soviético fue protegido por 280.000 disciplinados soldados alemanes.

Parte de esas tropas alemanas fueron llamadas al principio 'batallones internacionales', pero en los libros de historia soviéticos, ellos fueron conocidos como "rifleros letones". Hubo solamente 20 Letones (de Latvia) entre estos "Internacionalistas", según el historiador Igor Bunich ("El Partido del Oro" pág. 79).

En el otoño de 1918 hubo 50.000 hombres en este ejército internacional. Ese número había aumentado a 250.000 por el verano de 1920 (M. Heller y A. Nekrich, "Utopía en el Poder", Londres, 1986, pág. 95).

Hubo también un número considerable de soldados chinos y judíos polacos en esas tropas.

Los últimos normalmente jugaron un papel importante.

El Coronel Heinrich von Ruppert, había viajado con un pasaporte sueco a Petrogrado ya en abril de 1917, para entregar instrucciones secretas a los prisioneros de guerra alemanes que después ayudaron a los bolcheviques en todos los sentidos imaginables según Igor Bunich.

Un informe norteamericano muy interesante que llegó a Washington el 9 de diciembre de 1917 declaraba entre otras cosas, que el General William V. Judson vio a muchos alemanes cuando él visitó a Trotsky en Smolny. (Antony C. Sutton, "Wall Street y la Revolución bolchevique", Morley,1981, pág. 45.)

Los alemán también proporcionaron armas a los "revolucionarios". La nave Yastreb trajo armas y municiones de Friedrichshafen y llegó a Rusia a tiempo para la toma del poder por los Bolcheviques.

Los alemán consiguieron su anhelada paz por separado con Rusia el 3 de marzo de 1918, aunque Lenín había proclamado su decreto de paz inmediatamente, el 7 de noviembre de 1917.

Un desfile de los "internacionalistas", es decir, de los alemanes, para Lenín y su gobierno Bolchevique fue organizado para el 29 de octubre de 1917 (11 de noviembre 1917). Los alemanes habían recibido instrucciones para gritar: "¡Te saludamos, Revolución Mundial! " Pero en cambio ellos gritaron: "¡Te saludamos, Kaiser Wilhelm!". Lenín tomó esto como un insulto. (Igor Bunich, "El Oro del Partido", St. Petersburgo, 1992, pág. 24.)

El presidente norteamericano Thomas Woodrow Wilson, también dio órdenes de no intervenir contra la revolución Bolchevique, según Antony Sutton.

Pero en el caso de que las cosas justo salieran mal, los Bolcheviques más importantes estaban provistos de pasaportes extranjeros para que ellos pudieran huir al extranjero tan inesperadamente como ellos habían vuelto a. (Igor Bunich, "El Oro del Partido", St. Petersburgo, 1992, pág. 8.)

Nikolai Bukharin (en la realidad Dolgolevsky) había hecho planes para escapar a Argentina. Lenín calmó a sus criminales compañeros: "Nosotros siempre hemos tenido suerte y así permanecerá! "

Así que, éstos eran en realidad, grupos criminales judíos que habían llegado al poder para chupar la sangre del cuerpo de la víctima. Otros judíos recibieron inmediatamente las posiciones privilegiadas.

Esto es realmente confirmado por el rabino Elmer Berger en su libro "El Dilema Judío", publicado en los Estados Unidos en 1946. Berger escribió que el gobierno soviético privilegió a los judíos por ser judíos, no sólo a través del hecho que los judíos dominaban el régimen soviético. Por un solo golpe de pluma, cualquier sugerencia de antisemitismo llegó a ser castigada con la muerte.

EL COMIENZO DEL GOBIERNO DEL TERROR

Los grupos de gángster judíos que se llamaban a sí mismos Bolcheviques se pusieron particularmente peligrosos, ya que la teoría detrás de sus actividades intentaron justificar los crímenes que ellos cometían (en el nombre de los obreros) y practicar el engaño y el sabotaje contra la cultura espiritual.

Lenín era bien consciente que los bolcheviques necesitaban toda la ayuda que pudiesen conseguir para adquirir la riqueza de Rusia. Eso fue por qué dijo que deben hacer uso de los criminales comunes como aliados del Comunismo. (Louis Fischer, "La Vida de Lenín", Londres, 1970.)

Los delincuentes tomaron el eslogan de Lenín seriamente "¡Saqueen lo que pueda ser saqueado!" y lograron encontrar una gran cantidad de valores bien ocultos.

Los Bolcheviques los capturaron luego a ellos, confiscaron su botín y asesinaron a esos rivales en el acto. Los delincuentes probablemente comprendieron bastante pronto que los Bolcheviques pensaban monopolizar el crimen, tal como ellos lo hicieron en verdad. De esta forma, banda tras banda de bandoleros fueron liquidadas.

Tal como he mencionado previamente, los especuladores Bolcheviques alrededor de Lenín encontraron difícil de creer que todos sus planes realmente tendrían éxito, así que ellos comenzaron a saquear las riquezas de Rusia inmediatamente. Todas esas riquezas fueron enviadas rápidamente al extranjero, principalmente a Berlín.

Los banqueros internacionales estaban muy contentos sobre este giro de eventos, según Igor Bunich. Los Bolcheviques actuaron con tal prisa y violencia que pareciera que pensaron que el pillaje y los asesinatos podrían tener que cesar al día siguiente. Con la ayuda de "contratos de ventas" escritas bajo amenaza, muchas propiedades y casas se entregaron a "hombres de negocios" judíos que vivían fuera de Rusia.

Los líderes Bolcheviques inmediatamente se tomaron las casas majestuosas para vivir en ellas.

Lenín se transformó en el "dueño" de la mansión del Gran Duque Sergei Alexandrov en Gorky, cerca de Moscú. Todos los lugareños fueron obligados a dejar sus casas para hacer sitio para los guardias personales de Lenín. Trotsky consiguió el castillo del Príncipe Félix Yusupov. Los Bolcheviques estaban especialmente interesados en los artículos de oro. Por ejemplo, los líderes Chekistas usaban solo platos de oro para sus comidas.

El líder Bolchevique había, inmediatamente después de la toma del poder, dado las órdenes para elaborar las listas de las personas que absolutamente tenían que ser ejecutadas. Lenín declaró que una clase social entera (la burguesía) tendría que ser eliminada. El principal revolucionario creía que los hijos obligatoriamente, tenían que mirar mientras sus padres eran asesinados. Fueron los Bolcheviques quienes decidían quién era burgués. De esa manera se asesinaron también a muchas personas comunes, simples.

Los intelectuales talentosos percibieron rápidamente la verdadera naturaleza de este sindicato del crimen que se llamó Bolchevique-comunista. El nombre que le dieron los intelectuales a este despilfarro de asesinatos y robos fue Bolchevismo judío. Observaban con alarma como la riqueza era arrancada de las manos de los rusos. Lenín y sus delincuentes compañero quisieron librarse tan rápidamente como fuera posible de estos intelectuales clarividentes. Sólo el espiritualmente ciego o aquellos deslumbrados por la envidia les fue permitido vivir.

Este gigantesco robo se transformó en un tipo de negocio deforme. The New York Herald Tribune escribió: "Parece como si la revolución Bolchevique en Rusia fuese realmente una enorme operación financiera, cuya meta es transferir el control de inmensas sumas de dinero de los rusos a los europeos y a los bancos norteamericanos".

Al principio de abril de 1919, George Pitter-Wilson confirmó en The Globe (Londres): "El objetivo de Bolchevismo es ganar el poder completo en las áreas no-judías, para que ninguna riqueza permanezca en las manos no-judías. De esta manera, los judíos podrían ganar el poder sobre todos, ostensiblemente en el interés de otros".

Entretanto, ellos empezaron a diseminar el mito más famoso, según el cual, los judíos no tenían nada que ver con la llamada revolución rusa. No estaba en su interés permitir que la verdad saliera. Por esta misma razón Lenín dijo: "¡La revolución no necesita a ningún historiador! "

Los bolcheviques tienen que ser considerados como los peores mitómanos que el mundo haya conocido alguna vez, ya que ellos y sus secuaces comenzaron extendiendo la mentira inmediatamente, que estos eventos eran solamente la acción del sagrado pueblo ruso. Desgraciadamente, la mayoría de los historiadores tomaron posición con la falsedad.

Ellos creyeron que era necesario adaptarse a la situación.

Los bolcheviques empezaron confiscando tanta propiedad privada como pudieron. También prohibieron el comercio privado. Los ciudadanos fueron considerados como propiedad del estado (es decir de la dirección bolchevique-judía).

Las líneas siguientes todavía pueden leerse en el Nordisk Familjebok (una enciclopedia sueca) en 1944 (reimpresión de la 3 edición, Vol. 10, la col. 1228): "el fuerte elemento judío en la dirección del régimen Bolchevique ruso, aviva el resentimiento en muchos lugares en Rusia y llevó a extender la creencia que el Bolchevismo fue predominantemente un movimiento judío".

El Comunismo se usó simultáneamente como camuflaje para la actividad delictiva internacional. Eso fue por qué el Comunismo se volvió un forma moderna de un estado de esclavitud colectiva. El Partido comunista se transformó posteriormente en una real Mafia y su secretario general simplemente llegó a ser el Capo di tutti i capi (el jefe de todos los jefes).

El pueblo ruso enfrentó un tiempo terrible de choques violentos y completa degradación. El objetivo de los judíos Rojos era dominar a los rusos tan rápidamente como fuese posible y después extender su poder en otros países. Al principio estos criminales lograron, con la ayuda de tropas alemanas y el apoyo financiero norteamericano, eliminar o forzar al destierro a casi todas las personas de pensamiento independiente y honestas en Rusia y transformar la nación en una sociedad criminal.

Había también soldados de élite alemanes y otros extranjeros entre las Fuerzas Especiales de los Chekistas, según Igor Bunich. Un total de 280 000 de los así llamados internacionalistas protegió el régimen bolchevique. Los alemanes declararon que ellos enviarían las tropas inmediatamente si aparecía cualquier amenaza al régimen soviético. Los guardias personales de Lenín también eran principalmente alemanes; entre ellos estaba Friedrich von Platten de Suiza.

Los alemanes también continuaron entregando ayuda financiera a los Bolcheviques. En noviembre de 1917, recibieron 11.5 millones de marcos, una suma que era el equivalente a 130 millones de dólares en 1975. Lenín fue obligado a mantener su promesa. El 15 de diciembre él acordó la paz por separado con Alemania. Después de la firma del acuerdo de la paz, en Brest- Litovsk el 3 de marzo de 1918, recibió 40 millones de rublos en oro para luchar contra los Blancos.

El 20 de agosto de 1918, Lenín, a cambio, escribió una carta abierta a los obreros norteamericanos y les pidió que no lucharan contra Alemania.

93.5 toneladas de oro (245.5 toneladas, según Oleg Platonov, "La Corona de Espinas de Rusia: la Historia del Pueblo ruso en el Vigésimo Siglo", Moscú, 1997, pág. 528) serían transferidas a Alemania en conexión con el acuerdo de paz Brest-Litovsk. Este "asunto" también fue ocultado al público.

El rabino Judas Magnus del Comité de los Judíos norteamericanos en Nueva York, admitió el 24 de de octubre de 1918 que él también era un Bolchevique y que le gustaban las ideas del nuevo régimen en Rusia. Los principales periódicos Sionistas, Jewish Chronicle (Londres) y el American Hebrew (Nueva York) alabaron el régimen Bolchevique en Rusia como un triunfo del modelo judío de sociedad, en sus editoriales desde diciembre de 1918 hasta la muerte de Lenín en 1924.

Era ciertamente un triunfo. De hecho, el mundo nunca antes había visto tal triunfo del mal y la violencia.

American Hebrew escribió el 8 de septiembre de 1920: "La Revolución Bolchevique fue mayoritariamente el producto del pensamiento judío, del descontento judío, del esfuerzo judío por reconstruir".

American Hebrew escribió el 10 de septiembre de 1920: "Que el idealismo judío y el descontento judío han contribuido tan poderosamente para provocar en Rusia, las mismas cualidades históricas de la mente judía que se están tendiendo a promover en otros países."

El 23 de julio de 1919, Scotland Yard entregó un informe al Secretario de Estado norteamericano, donde escribe, entre otras cosas, que tenían bastante evidencia ahora, para demostrar que el Bolchevismo era un movimiento internacional controlado por los judíos.

Otro informe al Secretario de Estado norteamericano en 1918 declara que la dirección en cada uno de los Soviets de las ciudades, estaban conformados de por lo menos 50 por ciento de judíos, especialmente de judíos malignos "del peor tipo", muchos de quienes eran anarquistas. ("US State Department Report, Foreign Relations1918, Russia", Vol. 11, pág. 240.)

El Profesor Israel Shahak lo puso así, directamente: "Un examen de los Partidos Radical, Socialistas y Comunistas pueden proporcionar muchos ejemplos de judíos encubiertos, chauvinistas y racistas que se unieron a estos Partidos meramente por razones del "interés judío' y están en Israel, a favor de la discriminación 'anti-gentil' ". (Israel Shahak, "La Historia judía, la Religión judía: El Peso de Tres Mil Años", Londres, 1994, pág. 17.)

El periódico judío francés Le Droit de Vivre (El derecho de vivir) escribió el 13 de mayo de 1933: "El Judaísmo es el padre del Marxismo y del Comunismo."

Para neutralizar la amenaza de los anti-comunistas en otros países, el Jewish Voice (Voz Judía, E.E.U.U.) lanzó el siguiente eslogan en julio de 1941 (pág. 23): "¡Anti-Comunismo es antisemitismo!"

La infame organización sionista norteamericana, Liga de Antidifamación (ADL), ha sido de la misma opinión desde el principio (Executive Intelligence Review, No. 39, 30 de septiembre de 1988). Esta organización tiene conexiones muy íntimas con B'nai B'rith.

¿No declaró el Bolchevique, M. Kogan, fríamente en su artículo "Servicios de la Judería a la Clase Trabajadora" lo siguiente? : "Sin exageración puede decirse que la Gran Revolución Socialista de octubre, fue de hecho llevada a cabo por las manos de los judíos... El símbolo de la Judería que durante siglos ha luchado contra el capitalismo, también se ha transformado en el símbolo del proletariado ruso, el cual puede verse en la adopción de la estrella roja de cinco puntas, que en tiempos antiguos, tal como sabemos, era el símbolo del Sionismo y de Judería." (Kommunist, Kharkov, 12 de abril de 1919)

Esto es confirmado en una hoja impresa del famoso escritor Maxim Gorky, que alabó las enormes contribuciones de los judíos a la introducción del socialismo. Esta hoja impresa preocupó a Trotsky y a Lenín. Ellos pensaban que fue formulada de una manera tan infortunada que temieron que los enemigos de la revolución (es decir los antisemitas) podría usar la información contenida en esta - así que la hoja impresa fue prohibida.

Máxim Gorky sin embargo, no siempre había sido tan amistoso con los judíos. Justo después del infructuoso intento de golpe en 1905, publicó una hoja impresa, violentamente antisemita, en que él exhortaba: "¡Levántate pueblo ruso contra los judíos!" Más tarde, cuando se convirtió en una herramienta dispuesta de los "revolucionarios" judíos, quiso olvidarse totalmente de su hoja impresa anteriormente.

Los bolcheviques ocultaron tanto como pudieron acerca de ellos mismos. Todo tipo de verdades se transformaron inmediatamente en secretos de estado. Lenín fue el maestro de todos los mentirosos.

¿Quiénes eran esos ladrones y bandoleros que creyeron que la violencia era la mejor forma de controlar una sociedad? El órgano principal y más importante para controlar después de la toma del poder fue el Politburó, que lo conformaban las siguientes siete personas: Vladimir Lenin, León Trotsky, León Kamenev, Grigori Sokolnikov (Brilliant), Grigori Zinoviev, Joseph Stalin y Andrei Bubnov. Sólo el último de aquéllos nombrados era un ruso.

Esos hombres, junto con el Comité Central, decidieron a las 2:30 AM del 9 de noviembre formar un gobierno unipartidista (Sovnarkom), ignorando a los otros Partidos. Lenín se nombró a sí mismo la cabeza del gobierno. Nombró su segundo en el mando a Trotsky - Comisario del Pueblo para losAsuntos Internos. Trotsky sería por esto el vicepresidente del Sovnarkom.

Lenín quería que Trotsky fuese quien aplastara a la "burguesía" y a la aristocracia.

Trotsky declinó y más tarde explicó: "Le dije [a Lenín] que era innecesario, en mi opinión, jugar en las manos del enemigo... sería mucho mejor absolutamente, si no hubiese ningún judío en el primer gobierno revolucionario soviético". El historiador soviético, Viktor Danilov, publicó esta información en el periódico History Workshop Journal en 1990. (Svenska Dagbladet, 12 de abril de 1990) . Esa fue la razón por la cual un ruso alcohólico, Alexei Rykov (1881-1938) fue nombrado Comisario del Pueblo para los Asuntos Internos.

León Trotsky fue hecho responsable de los asuntos exteriores.

Así, Trotsky y otros judíos en el Politburó deseaban tan pocos judíos visibles como fuese posible en el gobierno bolchevique. La respuesta fue emplear a varios títeres rusos: V. Nogin (1878- 1924) quién era responsable del Comercio e Industria; el francmasón Ivan Skvortsov - Stepanov que se hizo Comisario del Pueblo para los Asuntos Financieros; Nikolai Avilov (Glebov), Comunicaciones; Vladimir Milyutin, Agricultura,; y Pavel Dybenko, ucraniano (1889-1938) quién se hizo Comisario del Pueblo para los Asuntos Navales. El medio-judío Joseph Stalin también pudo tomar responsabilidades por un asunto de nacionalidad, un puesto artificial. Casi nunca fue visto en el Comisariato del Pueblo.

Los otros miembros del primer gobierno soviético, sin embargo, eran todos judíos : el francmasón Anatoli Lunacharsky (en la realidad Bailikh-Mandelstam), quién se hizo Comisario del Pueblo para los Asuntos Educación; el francmasón Nikolai Krylenko (en la realidad Aaron Bram), 1885-1938), quién se hizo el Comisario de Pueblo para los Asuntos Militares; Ivan Teodorovich que se hizo comisario para los Alimentos; Georgi Lomov (realmente Oppokov), quién era responsable para la Justicia; Vladimir Antonov-Ovseyenko (1883-1939) y finalmente Alejandro Shlyapnikov (en la realidad Belenin), quién era responsable para Empleos.

Así, había allí 15 miembros en el primer gobierno soviético, según el Periódico de Gobierno Obreros y Campesinos, No. 1, 10 de noviembre de 1917.

Pronto fue evidente que los rusos en el Gobierno Bolchevique eran incapaces de introducir el régimen gangsteril con que los francmasones judíos soñaron, a pesar del hecho que todos esos títeres rusos estaban rodeados en sus oficinas por ayudantes judíos que, según varios protocolos, ávidamente tomaron parte en las reuniones gubernamentales. Yo mencionaré unos pocos de esos consejeros aquí: Fanigstein-Daletsky, Abram Slutsky y Altfater.

Así que Lenín como consecuencia, cambió a los rusos por bolcheviques judíos y creó también nuevos puestos de Comisarios.

El puesto del alcohólico Rykov se entregó a Grigori Petrovsky (1878-1958) sólo 20 días después. Georgi Lomov tuvo que dejar su puesto como Comisario para la justicia. Este puesto se dio en cambio al judío Josef (Isidor) Steinberg. Vladimir Milyutin se cambió para el judío Alejandro Schlichter (1868-1940). Nikolai Avilov (1868-1940) tuvo que dejar paso al judío Vyacheslav Zof.

Hubo también dos nuevos miembros: el judío V. Volodarsky (en la realidad Moisei Goldstein) se hizo Comisario del Pueblo para Propaganda y Prensa y la Judía Alexandra Kollontay se nombró el Comisario del Pueblo para Asuntos Sociales.

Había un total de 17 miembros gubernamentales de los cuales 11 eran judíos, dos medio- judíos y sólo cuatro sea eran eslavos (tres ruso y un ucraniano). Los miembros judíos comenzaron a ser más visibles como consecuencia.

El primer presidente del Comité Ejecutivo Central fue el francmasón León Kamenev (en la realidad Leiba Rosenfeld), en occidente halagadoramente denominado "Presidente". Su nombre supuesto, Kamenev, quiere decir "pedregoso". Casado con la hermana más joven de Trotsky, Olga. Kamenev mantuvo su puesto sólo durante 13 días antes que fuera reemplazado por otro francmasón judío, Yakov Sverdlov (en la realidad Yankel-Aaron Movshevich Solomon). Kamenev en cambio, fue nombrado alcalde de Moscú. Fue también durante algún tiempo el vicepresidente del Concejo de los Comisarios del Pueblo. Fue nombrado Comisario del Pueblo para el Comercio en 1926. Fue ejecutado el 25 de agosto de 1936.

Los bolcheviques abrieron una Caja de Pandora, ahogaron a Rusia, y después inundaron a muchos otros países en terribles sufrimientos. Introdujeron un régimen de bandidos feudal que ellos llamaron Bolchevismo. Sólo quedaba la esperanza y el miedo.

Las calles, plazas e incluso las ciudades fueron nombradas después con nombres de judíos en el poder: Volodarsky, Slutsk, Sverdlovsk...

Los Social Revolucionarios protestaron enérgicamente contra las acciones de Lenín.

Para mantener las apariencias, Lenín ofreció cuatro puestos al ala izquierda de los social Revolucionarios en el Sovnarkom. Al principio ellos rechazaron la oferta, pero algo después los Social Revolucionarios Josef Steinberg, V. Trutovsky, Vladimir Karelin y A. Kolegayev quisieron unirse al gobierno bolchevique y con ello apoyaron el terrorismo de Lenín. Esto hizo quebrar a la facción de izquierda de los Social Revolucionarios.

Entretanto, Lenín oficialmente prohibió la francmasonería para camuflar sus planes. Los Jacobinos habían hecho lo mismo. Fue incapaz de ocultar el predominio de los judíos dentro del aparato de poder gubernamental.

Los judíos dominaron por todas partes, incluso desde el otoño de 1917 - en el Comisariato del Pueblo y en la dirección de cada institución, a pesar del hecho que ellos constituyeron sólo seis por ciento (6.1 millón) de la población de Soviético-Rusia.

El alcalde de Petrograd era el judío Schreider. Incluso la dirección de los otros Partidos lo constituían judíos. Pero una parte considerable de los judíos de los otros Partidos los abandonaron para unirse a los Bolcheviques que empezaron una masiva campaña de propaganda para ganar las elecciones parlamentarias. Los judíos también controlaban todos los periódicos. Tras Izvestiya que era originalmente un periódico del Soviet y fue transformado en un órgano gubernamental, estaba Yuri Steklov (Nakhamkis), Ziperovich, Goldenberg y otros judíos. El periódico Kommunist estaba controlado por su jefe de redacción judío Vilhelm Knorin. Su sucesor fue otro judío - Stytsky. El jefe de redacción de Znamya Truda era Karl Lander, Levin y Noi Davidson. Volja Truda era controlado por Sachs, Polyansky y Katz.

El judío Moisei Kharitonov (en la realidad Markovich) fue nombrado jefe de la Milicia en Petrogrado. Había viajado junto con Lenín desde Suiza a Estocolmo. Se transformó en Trotskista posteriormente. Grigori Sokolnikov (en la realidad Brilliant) era el editor de Pravda en una fase temprana. Después que los bolcheviques tomaran el poder, trabajó como Comisario Jefe para los Asuntos Bancarios. Fue designado como Comisario del Pueblo para los Asuntos Financieros en 1921. Stalin lo arrestó en 1937 y murió dos años después en el archipiélago GULAG. El judío polaco Jakub Hanecki (Furstenberg) fue el Jefe del Banco Nacional.

Los bolcheviques no ganaron las elecciones para la Asamblea Constituyente el 25 (12) de noviembre de 1917. De los 707 asientos, los Social Revolucionarios ganaron 410 y por eso aseguraron una mayoría, los Bolcheviques ganaron 175, los Liberales 105, los Menshevikes ganaron sólo 16, los Cadetes 17, Burgueses, el Movimiento Pueblo Unido 86 ... Así que los Bolcheviques sólo consiguieron 24.7 por ciento de los votos (9.562.358 votos de 40 millones), a pesar del hecho que ellos habían manipulado al electorado tanto como pudieron.

Lenín incluso, había abolido la libertad de prensa por un decreto el 9 de noviembre. Trotsky había ordenado una demostrativa quema de la totalidad de la edición del periódico burgués Recht un día antes. Lenín prohibió todas los Partidos burgueses al finales de diciembre.

La Asamblea Constituyente se reunió el 5 (18) de enero de 1918 y rechazó el gobierno Bolchevique con 237 votos contra 136. Al día siguiente, Lenín tenía a los "Rifleros Letones" (es decir a las tropas alemanas) disolviendo el parlamento. Los soldados alemanes dispararon contra la gente que intentó defender la Asamblea Constituyente. Este fue el momento cuando los Bolcheviques verdaderamente realizaron su golpe. Ya no tenían ninguna intención de dejar el poder en esta fase.

Había quedado demasiado por saquear. Los bolcheviques saquearon riquezas que suman 7.5 mil millones de rublos en oro tan sólo de las iglesias, según una estimación conservadora de los expertos occidentales.

Los Bolcheviques ya habían preparado los tribunales revolucionarios, había comenzado la "nacionalización" (esto es - el saqueo) de la propiedad privada; abolieron los rangos militares y secretamente fundaron la policía política (la Cheka).

Había un número increíble de francmasones entre los bolcheviques. Aquí yo puedo mencionar más allá a Nikolai Bukharin, Grigori Zinoviev, miembro de B'nai B'rith y del Gran Oriente, según el libro de Valeri Yemelyanov "De-Zionisation", París, 1979, pág. 14), a Mieczyslaw Kozlowski, Semyon Sereda que después fue nombrado Comisario del Pueblo para la Agricultura, Ivan Skvortsov-Stepanov, Mikhail Skobelev, Nikolai Sokolov, Leonid Krasin, J. Peshkova (esposa de Gorki) y su hijastro Zinovi Peshkov (hermano de Yakov Sverdlov).

También hubo un gran número de francmasones que ocuparon altos puestos dentro de la administración soviética en los años cincuenta, según la francmasón y publicista Yekaterina Kuskova (Novoye Russkoye Slovo, 1º de agosto de 1986, pág. 6). Los agentes comunistas que eran francmasones, en occidente recibieron una ayuda considerable en sus carreras de sus hermanos de Logia. Aquí yo puedo mencionar a Georges Ebon que fue arrestado en Francia en los años cincuenta. (Terry Walton, "KGB en Francia", Moscú, 1993, pág. 67-68.)

El 28 de enero de 1918, Lenín decidió preparar el Ejército Rojo, los alemanes y norteamericanos tuvieron que dar todo tipo de apoyo a los Bolcheviques. La situación era catastrófica, porque las tropas enemigas estaban próximas a Petrogrado, y el 11 de marzo de 1918, el gobierno Bolchevique había huido a Moscú dónde permaneció. El vuelo fue organizado por Alexander Shlyapnikov. (Stalin lo ejecutó en 1937.) Moscú fue después la capital de hecho. Lenín también introdujo el nuevo calendario (Gregoriano).

El Partido Social Demócrata Bolchevique cambió su nombre a Partido Comunista el 8 de marzo de 1918 . Estos Comunistas formaron ahora un nuevo gobierno Judío-dominado dónde León Trotsky se hizo Comisario del Pueblo para Asuntos Militares. Otro judío, Georgi Chicherin (en la realidad Ornatsky) cuya madre judía se llamaba Meierdorf, fue nombrado Comisario del Pueblo para los Asuntos Exteriores. Previamente, había estado dos veces en un hospital mental. Esto debe de haber satisfecho a los Comunistas perfectamente: el más loco, el mejor.

El mal estalló ahora sobre toda la sociedad. El poder se centralizó aun más que en los tiempos del golpe de los Jacobinos en Francia. Trotsky quiso ver sus ciudadanos como esclavos militarizados. Toda forma de mendicidad fue prohibida, tal como la Comuna de París lo había hecho por decreto el 16 de abril de 1871. Aquellos que trasgredieron este decreto fueron ejecutados.

La burguesía fue obligada a barrer las calles y la nieve con palas.

Sus niños fueron excluidos de la educación superior. Las instrucciones de Lenín que las Universidades deben dar la bienvenida, sobre todo, a esas personas que simplemente buscan un diploma en lugar de conocimientos, se continuó después también.

Incluso los primeros taoístas supieron eso: "Mientras más conocimientos tienen las personas, más difíciles son de controlar".

En 1918 el Patriarca de la Iglesia Tikhon puso el régimen soviético bajo prohibición y lo proclamó el Anticristo encarnado. Protestó fuertemente cuando los Bolcheviques comenzaron a confiscar la propiedad y riqueza de la iglesia. El GPU lo asesinó en mayo de 1922. El reino comunista del terror no conocía límites - todas la atrocidades imaginables fueron cometidas en nombre del poder.

Moisei Uritsky (en la realidad Boretsky) fue nombrado jefe de la Cheka en Petrogrado. Trabajó de manera especialmente brutal y se ganó el apodo "el carnicero de Petrogrado". Fue Uritsky quien, con la ayuda de marinos y los soldados alemanes, disolvió el Parlamento en enero de 1918.

A pesar del hecho que los "revolucionarios" judíos y los verdugos de justicia preferían vivir bajo nombres supuestos, las personas normales de Rusia pronto comprendieron quién gobernaba su tierra con mano férrea.

Los partidos judíos, Bund y Po'alei Sión tenían permiso para funcionar, aún cuando los otros partidos fueron prohibidos en 1920. El último se unió al Partido comunista en diciembre de 1928.

Ni siquiera una sola sinagoga fue destruida o convertida en un retrete público o almacén, como pasó con las iglesias. Ni un solo rabino fue crucificado. Muchas iglesias en Moscú fueron demolidas en 1922 y en cambio, una sinagoga con espacio para dos mil personas fue construida. Un total de 60.000 iglesias fueron destruidas.

Los ejecutores de justicia judíos gritaban: "¡Larga vida al Terror Rojo!" "¡Muerte al burgués!" Pronto comenzaron a hacer efectiva la ley 'trabajo-deber". Los vagabundos eran ejecutados en el acto.

The Times admitió el 18 de septiembre de 1920: "El régimen soviético confía en las mentes judías, en letones [es decir alemanes], en las bayonetas chinas y en la terrible ignorancia rusa".

En 1922, el corresponsal para el periódico británico The Morning Post, Víctor Marsden, publicó los nombres de todos los 545 funcionarios dentro de la administración gubernamental. 477 de ellos eran judíos y sólo 30 eran rusos (5.5 por ciento).

En 1920, un total de 500.000 judíos ya trabajaban en el partido soviético, en el aparato de estado, en varias instituciones, como líderes de empresas y en todos los otros posibles campos de práctica dentro del régimen soviético. Muchos de esos judíos se habían mudado a Rusia, principalmente de Polonia y Lituania. ("El Libro del Judaísmo ruso, Nueva York, 1968, pág. 137.)

La mayoría de los diplomáticos más importantes en la Unión Soviética también eran judíos. También había funcionarios judíos dentro de la primera representación soviética en Estocolmo, por ejemplo, Aaron Zimmermann.

Aquí sigue una lista de sólo unos pocos de los judíos más poderosos en una de las primeras administración soviética. El Fiscal General era D. Kursky. El abogado del Concejo de Comisarios del Pueblo era Vladimir Bonch-Bruyevich (1873-1955). Yemelyan Yaroslavsky (Minei Gubelman, 1878-1943) fue Comisario del Kremlin y Secretario del Comité Central. Fue quien dirigió la toma del poder en Moscú.

Otros judíos importantes: Moisei Frumkin (quien llegó a ser Comisario del Pueblo para las Finanzas y Asuntos extranjeros), Adolf Yoffe, Karl Radek (Tobiach Sobelsohn), Sara Khavkina (trabajaba en el Comité Central), Alexander Ghe (Goldberg), Yuri Larin (en realidad Mikhail Lurye, 1882-1932), Vatslav Vorovsky (Orlovsky), Mieczyslaw Bronski (en realidad Moisei Warszawski, quien llegó a ser Vice Comisario de Comercio e Industria), Abram Skovno (1888- 1938), David Rosenblum, Christian Rakovsky (judío Búlgaro quien llegó a ser del Gobierno Rojo en Ucrania), Mikhail Lashevich, David Ryazanov (Goldenbach, 1870-1938, un judío de Odessa, llegó desde suiza en el segundo tren, fue Director del Instituto Marx), Aaron Scheinman, Georgi Safarov, Yakov Surits, Aaron Soltz, Nikolai Krestinsky (miembro del Comité Central), Yevgenia Bosh, Rulkovsky, Rozovsky, Samuel Kaufman (fue Comisario del Pueblo), Isidor Gukovsky (Comisario del Pueblo), Feningstein (Comisario del Pueblo), Olga Ravich (Sarra Gavvich, trabajó con el Comisario del Pueblo Feningstein), Yelena Stasova (secretaria del Comité Central), Theodor Rothstein (Jefe del Comisariato Exterior), Ivan Maisky (en realidad Steinman), Yan-Yakov Gamarnik, Moisei Rukhimovich, Alexander Shotman (1880-1939), Dashevich, Mikhail Kobetsky, Mikhail Goberman, Nikolai Gordon (Leiba Alie Chael, colaborador cercano de Grigori Zinoviev), Sergei Syrtsov, Mikhail Tomsky (Honigberg), Mikhail (Meier) Trilisser, Joseph Unschlicht, Arkadi Rosengoltz, Grigori Chudnovsky, Joseph Pyatnitsky (Tarsis), Yevgeni Gnedin (Leon Helphand, hijo de Alexander Parvus llegó a ser jefe de la Cheka en la oficina de París), Bor y muchos, muchos otros.

El Comité Central del Partido bolchevique, que se eligió en agosto de 1917 tenía 24 miembros. Por lo menos 14 de éstos, eran judíos y 2 medio-judíos. Incluso la secretaria de Moisei

Uritsky era una muchacha judía de 17 años. (Memorias de Heinrich Laretei "Al Juguete del Destino", Lund, 1970, pág. 75.)

Todo tipo de especuladores judíos y anarquistas enamorados del Bolchevismo viajaron a la Rusia Soviética en el mismo principio. Ellos vinieron de muchos países (de Turquía, Alemania, Austria, Bulgaria, Hungría, Polonia, Bohemia, Eslovaquia y de los Estados Unidos).

Por ejemplo, un comunista Sionista Bohemio de Praga, Ernest (Arnost) Kolman, trabajó en Moscú como funcionario del Partido entre 1918 y 1919 y como Politruk (Comisario Político) en Moscú y luego en Siberia en los años veinte. Trabajó después en actividades subversivas en Alemania dónde fue arrestado y expulsado a la Unión Soviética.

La mayoría de ellos venía de Estados Unidos. Los más famosos de éstos eran Emma Goldman y Alejandro Berkman que fueron enviados a Petrogrado por las autoridades norteamericanas en enero de 1920. Estos anarquistas habían alabado el estado soviético como el paraíso en la tierra por todo Estados Unidos. Después, describieron cómo los bolcheviques, en el restaurante de Smolny habían introducido un sistema de privilegios, dónde los Comunistas importantes recibían una comida mejor que los otros. Un total de 34 niveles de privilegios fue establecido.

Aquí entrego una lista de los nombres de algunos judíos norteamericanos importantes, que trabajaron en el aparato estatal soviético: Minnor fue activo como Comisario Político en el Comisariato para los Asuntos Interiores, Kisswalter trabajó en el Soviet Supremo como presidente del Comité de Reestructuración Económica, Kahan era activo en el Comité para la abolición de bancos privados, Simson coordinó el trabajo de los soviéticos, Gubelman era el comisario político en el distrito del ejército de Moscú, Michelson fue nombrado consejero en el Banco del Pueblo y un puesto alto también tuvo Isaac Don Levine.

Y por supuesto, judíos norteamericanos tuvieron altos puestos dentro de la Cheka. Meichman y Meherbey demostraron ser especialmente peligrosos, estaban entre los Chekistas más importante en Petrogrado. (Maurice Pinay, "The Secret Driving Force of Communism", pág. 45.)

La compañera de Trotsky, Clara Sheridan, escribió bastante abiertamente en 'The New York World' el 13 de diciembre de 1923: "Los líderes comunistas son judíos y Rusia es completamente dominada por ellos. Ellos están en cada pueblo, en cada escritorio gubernamental, en las oficinas y en las redacciones de los periódicos. Ellos sacan a los rusos y son responsable por la creciente actitud antisemita.

Mikhail Borodin Kakob Grusenberg)

John Gates (en realidad Israel Regentreif), uno de los líderes comunistas en los Estados Unidos, también ha confirmado en su autobiografía que los judíos tenían una posición completamente dominante en el movimiento ruso y Marxista internacional. (John Gates, "La Historia de un Comunista norteamericano", Nueva York, 1958.)

Aquí yo debo señalar que los judíos extremistas rusos y sus compañeros de viaje eran sólo herramientas en las manos de banqueros internacionales judíos, que quisieron transportar tanta riqueza como fuese posible fuera de Rusia.

Todo lo que pasó durante el Reino del Terror Jacobino en Francia se repitió en Rusia.

El banquero Jacob Schiff, le había dado 20 millones de dólares a León Trotsky para organizar la toma del poder Bolchevique. Esa apuesta ciertamente pagó. Entre 1918 y 1922, 600 millones de rublos oro, se transfirieron a los Estados Unidos de América, según el historiador Gary Allen.

En la primera mitad de 1921, sólo, la casa bancaria de Kuhn, Loeb y Cía. hicieron una ganancia de 102.290.000 de dólares en la riqueza que los bolcheviques habían robado, según el New York Times, 23 de agosto de 1921.

Multiplique esa suma por cien y tendrá el valor actual de ese dinero.

El historiador ruso Dmitri Volkogonov reveló después de encontrar en los archivos del Partido Comunista que "solamente las reservas privadas de la Zarina sumaban 475 millones de rublos oro (más 7 millones por las joyas de la corona) ". (Dagens Nyheter, 31 del 1992 de agosto.)

El departamento de finanzas Bolchevique, Goskhran, confiscó todos esto. Algunos periodistas suecos (incluso Staffan Skott) han intentado, de acuerdo con el mito que prevalece, de explicar que la mayoría de esta riqueza fue entregada a los Partidos Comunistas en otros países, mientras millones de rusos murieron de inanición. Eso no es completamente exacto.

Según el historiador Igor Bunich, Lenín y Trotsky cuidaban de este dinero personalmente. El oro, entretanto, fue pasado de contrabando fuera de Rusia y depositado en cuentas bancarias personales alrededor del mundo. (30 toneladas de oro por año se producían en la era Zarista en Rusia.)

Ésa fue, al parecer, la razón por qué el periódico británico 'The Guardian' (El Guardián), en marzo de 1923, llamó a los bolcheviques el Partido de Satanás Amarillo. Aquí tenemos un caso real.

El francmasón Yuri Lomonosov, que era la mano derecha del Ministro de Comunicaciones durante el tiempo del Gobierno Provisional, vivió en los Estados Unidos entre 1918 y 1919. Volvió a Rusia y mantuvo un alto puesto en el régimen Bolchevique. En 1920, el oro del Zar fue exportado a los Estados Unidos bajo el control de este mismo profesor Lomonosov y con la ayuda de la Corporación Bancaria Kuhn, Loeb & Co. de Jacob Schiff y del banquero judío Olof Aschberg (de Nya Banken) en Suecia.

Jacob Schiff

Tres envíos por mar con un total de 540 cajas de oro se enviaron desde el puerto de Tallinn en la República de Estonia. (U.S. State Department Decimal File, 861.51/837, 4 de octubre de 1920.)

El Profesor Lomonosov volvió al mismo tiempo a los Estados Unidos, cuando su misión ya había sido cumplida. Cada caja tenía un valor de 60.000 rublos oro. El valor total era así, 32.4 millones de dólares. Los bolcheviques también usaron el Harju Bank en Estonia para transferir el dinero.

En un futuro, todas las reservas de oro de los bolcheviques terminaron en los Estados Unidos, según el historiador ruso Igor Bunich. Más de 600.000 mineros murieron exclusivamente bajo el trabajo forzado en las minas de oro de Kolyma.

Para asegurar un éxito aún mayor, el banquero James Warburg de Nueva York y Frankcfurt am Main, también financió a Lenín y a Trotsky. (Gary Allen, "Diga 'NO! ' al Nuevo Orden Mundial", California, 1987, pág. 22.)

Mientras los asesinatos y el saqueo continuaban, más de 1.6 millones de rusos escaparon al extranjero. Los 19.564 judíos importantes en el Partido Comunista y los Partidos Comunistas judíos Bund y Po'alei Sión intentaron ganar el control total sobre la sociedad rusa. Ciento de miles de rusos fue obligados a hacerse Comunistas. Entretanto, estos extremistas judíos que estaban obsesionados por las alucinaciones Marxistas, transformaron a Rusia en un templo del mal.

La Unión Soviética se transformó en el nuevo y perfecto Templo de Solomón para los francmasones judíos. Más de cien millones de personas fueron sacrificadas allí.

En la Unión Soviética, los típicos términos masónicos-comunistas fueron usados constantemente. Ellos querían "construir una nueva sociedad" y "un futuro bueno y más luminoso". O ellos quería reconstruir lo viejo (perestroika).

El aparato de la propaganda emotiva estaba completamente en las manos de judíos "revolucionarios." Incluso tenían su propia agencia informativa, YETA, que diligentemente informaba todas las manifestaciones de antisemitismo.

Los funcionarios judíos incluso, comenzaron a publicar Pravda en yídish (Varhait) el 3 del marzo de 1918, y desde agosto de 1918, el mismo periódico fue publicado también en hebreo (Emet). (Enciclopedia soviética Mayor, Moscú, 1932, Vol. 24, pág. 120.)

Autores judíos producían la literatura de combate. Los compositores judíos creaban todos los tipos de marchas y cantos míticos para inspirar a los rusos comunes a actos heroicos en nombre del Socialismo. Mucho fue destacado, también en el extranjero, en las canciones de Isaac Dunayevsky y los hermanos de Pokrass.

El trabajo de Dmitri Pokrass incluyó el muy conocido "Konarmeiskaya" que los socialistas suecos cantaban ávidamente bajo el nombre de "Canción Sobre la Reacción", y el "Budyonny March". La última fue compuesta por Dmitri Pokrass a los veinte años de edad en Kiev en el verano de 1920.

En el mismo año, su hermano que tenía dos años más, escribió "Nosotros Construimos la Nación" dónde se afirma que el Ejército Rojo era el más fuerte de todos. Los soldados del Ejército Rojo sostienen firmes sus armas en puños encallecidos.

Esta canción revolucionaria fue tomada por los socialistas suecos que la hicieron su propio himno. Esta canción se cantó en el entierro de Olof Palme (Primer Ministro sueco, asesinado en 1986) en Estocolmo.

Samuil Pokrass fue invitado después a Hollywood. Por supuesto, no había nada para prevenir su emigración a los Estados Unidos. Murió en Nueva York en 1939. Su hermano, Dmitri Pokrass, ganó el premio Stalin por su contribución al proceso de adoctrinamiento.

La melodía más famosa de Isaac Dunayevsky se llamó "La marcha de los Jóvenes Entusiastas". Los compositores judíos (León Knipper, Alexander Tsfasman, Matvei Blanter, Yan Frenkel, Alexander Kolker, Mark Fradkin, Oskar Feltsman, N. Brodsky, I. Shvarts, Eduard Kolmanovsky, Venyamin Basner, Alexander Flyarkovsky, Alexander Bronevitsky, David Tukhmanov y otros) mantuvieron el control sobre la cultura musical rusa.

Los judíos, claro, también dominaron la rama más importante de los medios de comunicación - la industria cinematográfica. Los directores de películas más importantes fueron: Leo Arnstam, Abram Room, Leonid Trauberg, Friedrich Ermler, Dziga Vertov, Josef Heifitz, Mikhail Romm, Mark Donskoy, Sergei Jutkevich, Juli Raizman...

Vsevolod Meyerhold desarrolló el nuevo teatro.

El director judío y francmasón Sergei Eisenstein, hizo varios film de propaganda ("El Crucero Acorazado Potyomkin", "La Huelga", "Octubre"). El guión para su película más famosa, "El Crucero Acorazado Potyomkin", era escrito por el publicista judío, Alexei Kapler.

Incluso el cartel de anuncio para esta película fue diseñado por los hermanos judíos Steinberg judíos de Suecia.

Los judíos dominaban la vida cultural ucraniana a un grado aún más alto (76 por ciento de aquellos registrados en las uniones culturales eran judíos).

Lenín también aprovechó la oportunidad de proclamar la libertad sexual en diciembre de 1917, (la homosexualidad igualmente ya no fue un crimen), tal como pasó después del golpe de los Jacobinos en 1791.

Stalin, sin embargo, prohibió la homosexualidad en 1934, al mismo tiempo prohibió el aborto y e hizo las muy liberales leyes de matrimonio más estrictas.

Lenín hizo que los órganos soviéticos proclamaran: "Desde la edad de 18 años, toda mujer joven es propiedad del estado." Las mujeres solteras tenían que registrarse en la Oficina del Amor Libre. La omisión fue castigada severamente. Cada mujer registrada tenía que escoger a un hombre entre 19 y 50 años de edad.

Los hombres también tenían derecho de escoger a las mujeres, pero tenían que llevar la documentación que ellos pertenecían al proletariado. Los otros no eran permitidos de tener una vida sexual, ya que eran los enemigos de clase (es decir enemigos de los judíos). En el interés del estado, los hombres tenían el derecho de escoger a las mujeres registradas en la Oficina del Amor Libre, aun cuando las mujeres no estuvieran de acuerdo. Los niños que nacieron de estas uniones pasaban a ser propiedad de la república. (Mikhail y August Stern "Cortina de Hierro para el Amor", Estocolmo, 1982, pág. 26.)

Los bolcheviques judíos frecuentemente organizaron marchas desnudos y propagaron la sexualidad en grupos. Esas nuevas medidas causaron perturbaciones psicológicas profundas en el pueblo ruso, tradicionalmente orientado hacia la familia. Los líderes comunistas quisieron eliminar el concepto y la práctica de vida familiar.

El aborto, entretanto, fue legalizado. La violación también fue cada vez más común.

El poeta comunista Vladimir Mayakovsky propagó inmediatamente la nueva política de la siguiente manera:

¡Cualquier muchacha, joven y bonita deseo violar.
Y despectivamente escupir en ella!

Los funcionarios Soviéticos mas tarde, trataron de afirmar que este poema fue irónico.

Las normas morales se subvirtieron rápidamente en la Rusia Soviética. Una persona que se transformó en un "buen ejemplo" especial para este proceso de disolución, fue la ninfómana Alexandra Kollontay. Como Comisario del Pueblo, dio órdenes para que varios marinos vinieran a ella todos los días. Su trabajo era dormir con ella. Se sentía especialmente excitada por el uniforme de los marinos. El funcionario del Partido, Oleg Agranyants, reveló en 1989 que Alexandra Kollontay había sido antes sostenedora de un burdel.

Tan pronto como las normas morales fueron destruidas, la sexualidad fue prohibida.

El objetivo había sido alcanzado y un nuevo eslogan fue inventado: "La sexualidad es enemiga de la revolución! " Las mujeres tenían que ser en cambio, animales de trabajo. El Comisario judío para la educación y cultura, el francmasón Anatoli Lunacharsky declaró: "Esa pequeña institución de modales que es la familia... esa entera maldición... se trasformará en un capítulo cerrado".

De esta manera, la sociedad rusa había sido transformada en una manada de ganado, tal como el francmasón Mikhail Bakunin había predicho. "Dictionnaire Universel" (pág. 114) realmente confirma que

Bakunin era un francmasón. Bakunin sostuvo que la burocracia roja restringiría la moral y las ideas del pueblo.

El psicólogo judío Alejandro Zalkind admitió en su libro "La Revolución y la Juventud" (Moscú, 1925), que el Partido comunista sometería al pueblo ruso a la manipulación racial. Él escribió: "La sociedad tiene el derecho total e incondicional para poder intervenir en la vida sexual de las personas y mejorar la raza introduciendo una selección sexual artificial". En otros términos, los extremistas judíos quisieron asegurarse que ellos tendrían los esclavos convenientes (no demasiado inteligentes) en el futuro.

Oleg Platonov escribe lo siguiente en su libro "La Historia del Pueblo ruso en el Vigésimo Siglo" (Moscú, 1997, pág. 520): "Uno de los primeros símbolos del Bolchevismo fue la esvástica, propuesta por los oficiales judíos como el elemento principal de los brazos del Estado. Entre otros usos, la esvástica invertida apareció en las mangas del uniformes del Ejército Rojo, y, en 1918, en los billetes de banco en las denominaciones de cinco y diez mil rublos".

Continúa para declarar: "La estrella de David se usó en los primeros documentos bolcheviques y en la insignia militar soviética. Se reemplazó posteriormente por la estrella de 5 puntas Masónica".

La dirección comunista judía introdujo un gran número de símbolos y términos Masónicos - sobre todo la estrella cinco-puntas roja (la estrella de Solomón). El término para dirigirse a otro se volvió tovarishch (camarada). Este es el nombre del francmasón del segundo grado. Las Logias Masónicas más altas se llamaron 'Concejos', tal como en el Judaísmo. Había también un Concejo Supremo. Aquellos a los cuales se les confirió la Orden de Lenín, después se llamaron la 'Orden (Masónica) de los Caballeros de Lenín'.

Cada Maestro Masón usa un martillo ritual. Podemos encontrar el trasfondo de esta tradición en el Antiguo Testamento dónde está escrito que Yahweh es como un martillo en su destrucción de otros pueblos (Jeremiah 50:23).

El francmasón y líder comunista Mao Zedong también declaró en 1950: "El Comunismo es un martillo que aplasta a nuestros enemigos." La hoz también viene de la francmasonería. Simboliza la destrucción (la castración de Urano). también es mencionada en Jeremiah (50:16).

El sionista Partido Socialista que actuó más intensamente en Rusia durante el intento de golpe en 1905-06, se llamó 'La Hoz'.

Con la ayuda de Gran Bretaña, Norteamérica, Alemania y otros países, el régimen soviético se estableció en Rusia. Ese régimen propagó el terror, engaño, pillaje y prostitución política. El Comunismo se volvió especialmente peligroso porque justificó sus crímenes increíblemente malvados con una propaganda igualmente increíble de mentiras.

Así que, Rusia fue infectada con el Marxismo que, como un cáncer, destruyó el cuerpo de la sociedad y empezó a extender la enfermedad roja al extranjero, a otros países.

Los rusos sobrevivientes fueron usados como garrotes contra las otras naciones que fueron dominadas por los amos comunistas.

La responsabilidad yace sobre todo, en aquellos que usaron estos garrotes como armas. Una nación después de otra fue más menos eliminada. Aproximadamente 800.000 Bashkirians (Turcos que vivían en Rusia- el 57 por ciento de su población) fueron liquidados entre los años 1917-1922. (Kaarel Haav, "El Pueblo Estonio y el Stalinismo", Tallinn, 1990, pág. 36.)

Lenín enfatizaba que daba la bienvenida a la asimilación de los diferentes grupos nacionales; lo cual lleva a que pueblos diferentes se transformen en una sola nación. (Lenín, "Works", Vol. 20, pág. 18.)

La razón para la deportación de los tártaros, de los armenios y griegos de Crimea en la Segunda Guerra Mundial se ha revelado ahora también. Los Comunistas judíos habían sugerido fundar una república judía en Crimea el 15 de febrero de 1944, pero los planes nunca fueron comprendidos totalmente (Ogonyok, No. 5, 1990, pág. 22).

El sindicato del crimen de Lenín se volvió cada vez más poderoso, ya que era apoyado por los banqueros internacionales y también por el gobierno alemán en el principio. El 18 de mayo de 1918, el Ministro del Exterior alemán Richard von Kühlmann envió un telegrama al Embajador Wilhelm von Mirbach en Moscú: "Gaste grandes cantidades, ya que está en nuestro interés que los bolcheviques permanezcan en el poder".

El 3 de junio de 1918, von Mirbach informó que necesitaba 3 millones de marcos para este propósito. El 6 de julio de 1918, el régimen del terror Bolchevique estaba a punto de derrumbarse en conexión con la revuelta de los Social Revolucionarios pero fue salvado por las tropas alemanas y no por "rifleros letones" como la propaganda oficial declara. (Akim Arutiunov, "El Fenómeno Vladimir Ulyanov/Lenín", Moscú, 1992, pág. 13.)

Celebración (Riga)

Los líderes comunistas judíos de la Rusia soviética prepararon una demostración en el Día de Mayo en 1919 en la capital de Letonia, Riga, dónde habían erigido varios obeliscos decorados con símbolos Masónicos y una pirámide coronadas con el 'ojo que todo lo ve' que contenía los símbolos Masónicos secretos. Estas fotografías sumamente raras demuestran la ligazón entre los Comunistas de alto nivel y la red oculta del Illuminati. Unas semanas después de esta demostración (el 22 de mayo) el Landeswehr (ejército) alemán aplastó la ocupación soviética en Riga.

El gobierno alemán gastó un total de 50 millones de marcos en los bolcheviques, según el político, socialista judío en Alemania, Eduard Bernstein (Vorwarts, 14 de enero de 1921). Después de la Segunda Guerra Mundial, los soldados norteamericanos encontraron los archivos del Ministerio del Exterior alemán, en las Montañas de Harz. El archivo contenía los documentos de los años 1876-1920. Algunos de estos papeles fueron publicados en los Periódicos de Asuntos Internacionales en Londres en 1957. En el mismo año, la colección de documentos "el Retorno de Lenín a Rusia", editado por Werner Halweg, fue publicado en Holanda.

El Comunismo fue una ideología que dependía de la violencia para sobrevivir. La verdad no necesita ninguna violencia. Mientras tanto, el sistema comunista sólo animaba las mentalidades más bajas de los seres humanos. Los bandidos gobernaban a los buenos.

Este reino provocó la muerte espiritual de la sociedad rusa. Éste era el objetivo mismo del Illuminati. Esta vez su momento de terror se llamó revolución, y esta vez fue una enorme. Los Comunistas primeramente propagaron la lucha de clases y el odio con lo cual las personas fueron convertidas en una chusma, una manada. El escritor checo Karel Capek declaró que el sistema soviético era un intento de romper el mundo en pedazos y lograr una confusión internacional total.

La naturaleza tenía que ser dominada - era considerada un enemigo. Su eslogan central era: "No necesitamos ninguna limosna de la naturaleza, nosotros tomaremos de la naturaleza! " De esa manera los bolcheviques comenzaron una campaña masiva de destrucción medioambiental.

Fue Lenín quien, el 21 de diciembre de 1920, dio las órdenes para irrigar el área alrededor del Mar de Aral con canales artificiales. A través de esta decisión, ordenaba la destrucción del Mar de Aral. Este lago salado hoy casi se ha secado y la tierra circundante está envenenada con altos niveles de sal y químicos.

Lenín también quiso a otros países bajo su dominio. Esa fue la razón por la cual le ordenó a Maxim Litvinov (Hennokh Wallakh) y a Theodor Rothstein comenzar las preparaciones para una red de infiltración internacional. Lenín financió esa operación con los diamantes encontrados durante el saqueo de Rusia. El Comintern decidió en 1919 que convertirían a todas las naciones europeas en Soviéticas. Los bolcheviques Masónicos hicieron intentos en Hungría, Baviera, Eslovaquia. La dirección de Spartaquista judía en Alemania, también intentó imponer una dictadura roja. En un futuro, sus poderes se enfocaron en la subdesarrollada China.

Lenín declaró que internacionalismo significa que uno debe apoyar el movimiento revolucionario en todas las naciones, sin excepción. (Lenín, "Collected Works", Vol. 30, pág. 170.) Esto era, claro, el verdadero imperialismo. Karl Radek declaró en una línea similar que: "Los comunistas por el mundo también deben ser patriotas rusos, ya que Rusia es la única nación gobernada por la clase obrera."

Pravda escribió el 25 de diciembre de 1918: "Estonia, Letonia y Lituania perturban nuestra penetración en Europa Occidental. Ellos cortan a la Rusia Soviética de la Alemania revolucionaria. Tal obstrucción debe ser aniquilada. Los puertos bálticos nos darían la oportunidad de acelerar el desarrollo revolucionario en Escandinavia."

Parece claro que Lenín esperaba introducir el sistema comunista también en Alemania.

Otro "revolucionario" judío y francmasón, Karl Kautsky, se opuso a esto. Los líderes francmasones alemanes tenían planes completamente diferentes para Alemania. Lenín, por supuesto, estaba sumamente enfadado con Kautsky y lo llamó 'renegado'.

Lenín, a estas alturas, tuvo que re-diseñar sus planes para la revolución mundial. Había fundado una organización especial para este mismo propósito - Comintern (La Tercera Internacional). Su órgano ejecutivo fue la Ayuda Roja Internacional. El mejor agente del Comintern fue el comunista judío Jacob Kirchstein, según el general desertor del GRU, Valter Krivitsky (en la realidad Schmelka Ginsberg).

Lenín entregó 50 millones de rublos a Comintern en noviembre de 1919 para financiar la acción subversiva en el extranjero, según un informe secreto que recientemente ha sido desclasificado.

El hecho que los delincuentes Bolcheviques ganaron una base estable en Rusia, significó malas noticias para el resto del mundo, ya que empeoró la calidad de vida por todas partes. La meta de los Comunistas era usar el terror masivo para asustar a todos los ciudadanos en la sumisión total. Cómo comenzó el terror masivo, es descrito estrechamente en el próximo capítulo.

A TRAVÉS DEL LABERINTO DE ASESINATOS

Fue la mañana del 30 de agosto de 1918. Un ciclista dobló en la Plaza del Palacio de Petrogrado, alrededor de las nueve. Se detuvo en la casa número 6, oficina principal del Comisariato de la Comunidad para los Asuntos Interiores y la Comisión Extraordinaria, la Cheka.

Esta organización del terror se había fundado el 7 de diciembre de 1917, pero oficialmente no existía. Sólo el 18 de diciembre de 1927, Pravda publicó el decreto que establece la Cheka oficialmente. El ciclista era un hombre joven que lleva una chaqueta de cuero y gorra de oficial. Dejó su bicicleta en la puerta y entró.

Era un día de recepción en el Comisariato para los Asuntos Internos. Visitantes esperaban en el vestíbulo y no notaron al hombre joven que se sentó cerca de la puerta exterior.

Moisei Uritsky (en la realidad Boretsky) llegó en su automóvil alrededor de las diez. Era el Jefe de la Cheka en Petrogrado. Uritsky había llegado a ser el infame conocido como el "Carnicero de Petrogrado". Había amenazado matar a todos los rusos que hablaran bien su idioma nativo.

Afirmaba que no existía mayor placer que mirar a los monárquicos morir, según Igor Bunich ("El Partido del Oro", St. Petersburg0, 1992) y Oleg Platonov ("La Historia del Pueblo ruso en el Siglo XX", Moscú, 1997, pág. 613).

Uritsky había ejecutado a 5000 oficiales con sus propias manos. Ahora caminaba rápidamente hacia la puerta del ascensor. Se oyeron repentinamente varios tiros. Fue el hombre joven de la chaqueta de cuero que se había acercado a Uritsky y le había disparado en su cabeza y en el cuerpo. Uritsky se derrumbó. El asesino corrió hacia la calle, saltó en su bicicleta y empezó a pedalear tan rápido como pudo.

Cuando ellos empezaron a seguirlo en automóvil, él tiró su bicicleta y entró en la Representación británica. Dejó la representación después de haberse puesto un abrigo largo. Cuando vio a los Guardias Rojos, abrió fuego pero fue controlado rápidamente.

Ésta fue la descripción oficial del asesinato de Moisei Uritsky. El sospechoso era un joven judío de 22 años, estudiante de tecnología, Leonid Kannegisser. Esta historia de niños, se publicó en 1975 en el libro "La Eliminación del Movimiento Subversivo Anti-soviético" por D.

Golinkov, que investigaba los casos especialmente importantes en la oficina del Fiscal Público de la Unión Soviética.

El doctor en historia, P. Sofinov, describió el mismo evento de una manera muy diferente en 1960, en su libro sobre la historia de la Cheka.

En la mañana de los 30 de agosto, el Revolucionario-Social Kennigisser que era agente del francmasón Savinkov, así como espía para los británicos y para los franceses, asesinó al jefe de la Cheka de Petrogrado, Moisei Uritsky en su oficina. Félix Dzerzhinsky (en las realidad Rufin) dio los órdenes para investigar la Embajada británica el 31 de agosto.

El Social Revolucionario Kennigisser se había vuelto el estudiante Kannegisser en el entretanto, y ahora él habría asesinado a Uritsky en el vestíbulo de la Cheka en lugar de la oficina de Uritsky. La versión de Sofinov probablemente también parecía ideada para ser creíble.

El libro de Grigori Nilov (Alexander Kravtsov) "La Gramática del Leninismo" publicado en Londres en 1990. En este libro el autor no le dio credibilidad alguna a la teoría. En cambio afirma que el partido Bolchevique y la organización central de la Cheka con Lenín y Dzerzhinsky a la cabeza, estaban detrás del asesinato de Uritsky.

El libro "El Partido del Oro" del historiador Igor Bunich, fue publicado en St. Petersburgo en 1992. Igor Bunich revela que el asesinato de Uritsky, fue organizado por el protegido de Dzerzhinsky, Gleb Boky que después fue el sucesor del mismo Dzerzhinsky. El Chekista judío, Boky, usaba la carne de los ejecutados para alimentar a los animales en el parque zoológico.

Igor Bunich demostró personalmente que Lenín dio la orden para asesinar Uritsky y también para organizar un atentado a su propia vida para tener una razón y comenzar el terror masivo inmediatamente después, contra la población rusa. El asesinato también fue el castigo a Uritsky por robar algunas de las riquezas confiscadas, a espaldas de Lenín, junto con V. Volodarsky (en realidad Moisei Goldstein) y el francmasón Andronnikov (quién era el Jefe de la Cheka en Kronstadt). Todo fue vendido vía ciertos bancos escandinavos - pero sobre esto, más adelante.

El asesinato de Sergei Kirov (en realidad Kostrikov) el 1° de diciembre de 1934, fue de muchas maneras similar al asesinato de Uritsky. Kirov fue asesinado oficialmente por Leonid Nikolaiev.

Estos dos altos funcionarios del Partido, Uritsky y Kirov, habían sido asesinados profesionalmente y sin obstáculos. Los dos fueron advertidos de antemano. Ambos asesinos pudieron entrar libremente a los edificios respectivos.

Está claro hoy, que Stalin estaba detrás del asesinato de Kirov, a pesar del hecho que no hay ningún documento sobre esto. No hay falta de evidencia y de argumentos lógicos. Se evitó que la guardia personal de

Kirov lo acompañara, para que el verdadero asesino pudiera disparar al Secretario del Partido en Leningrado, exactamente a las 4:30 por la tarde. Ese evento entregó una buena razón a Stalin para comenzar su campaña de terror masivo. Por lo menos 7 millones de personas fueron asesinadas durante esa campaña y se encarcelaron 18 millones de personas.

97 por ciento de los participantes al Congreso del Partido en 1934 fueron liquidados.

Kravtsov presentó algunas circunstancias sospechosas en relación con el asesinato de Uritsky que también era miembro del Comité Central. Ningún análisis fue realizado en el revólver de Kannegisser y en la munición. La Cheka no parecía querer que la verdad se supiera. Kannegisser nunca fue llevado a juicio, pero si fue asesinado ilegalmente. Si Kannegisser realmente hubiera sido un Social-Revolucionario, entonces un juicio habría sido un triunfo de propaganda para el régimen.

Se habría anunciado públicamente quién planificó el asesinato. Pero ni siquiera el motivo para el asesinato de Uritsky fue revelado alguna vez.

En contraste, ahora se sabe que Lenín se puso furioso cuando recibió los informes de Alexander Parvus en Berlín, en que le revelaba que alguien en Petrogrado le había robado. Justo antes que Dzerzhinsky hubiera viajado a Suiza para investigar la situación. Resultó que no todas la cargas había llegado a Berlín; no todo el dinero había terminado en las cuentas bancarias suizas de Lenín y sus camaradas aprobados. Algunas cargas de bienes "nacionalizados" habían sido enviadas a Suecia, incluyendo muchos valiosos iconos (algunos de éstos todavía están en exhibición en el Museo Nacional en Estocolmo), el dinero había terminado en otras manos, que no eran las de Lenín y Trotsky.

Stalin transfirió el dinero de las cuentas de Lenín en el extranjero a Moscú en los años treinta. En 1998, una cuenta fue encontrada en Suiza que perteneció a Vladimir Ulyanov. Nadie la había tocado desde 1945. Había algo menos de cien francos suizos (50 USD).

Los culpables fueron encontrados pronto, en junio de 1918. Los principales sospechosos eran Uritsky, Volodarsky y Andronnikov (el jefe de la Cheka en Kronstadt). Ellos habían robado la carga completa y habían vendido todo a través de diferentes bancos escandinavos. 78 millones de rublos en oro habían desaparecido de esta manera. (Igor Bunich, "El partido del Oro", St. Petersburgo, 1992, pág. 41.)

Los ladrones (otros también estaban envueltos) habían robado bienes por un valor total de 2.5 mil millones rublos en oro. En varias subastas en Estocolmo, en el otoño de 1995, Rusia comenzó a recomprar valiosos mobiliarios antiguos que se habían transportado ilícitamente a Suecia.

Esto vino como una desagradable sorpresa para Parvus, ya que Uritsky y Volodarsky habían sido sus discípulos favoritos. Parvus había fundado un periódico yídish, Arbaiter Stimme (la Voz del Obrero) para Uritsky en Copenhaguen en que Grigori Chudnovsky y Nikolai Gordon (Leiba Alie Hael Gordon) también habían trabajado. El último era un Letón judío y un íntimo colaborador de Grigori Zinoviev (Ovsei Radomyslsky).

En Moscú, Lenín prometió resolver el problema. Y de hecho, Volodarsky fue asesinado en el mismo mes. Uritsky dirigió la investigación y supo la verdad, sobre la cual el fue asesinado también.

Kannegisser declaró que él había actuado solo. Los Social Revolucionarios negaron todo el conocimiento de Kannegisser. Él nunca había sido miembro de su Partido.

Incluso la circunstancia que Kannegisser llevaba la gorra de un oficial, que era extraño ya que muchos otros habían escondido sus gorras para evitar a ser ejecutados. Pareciera que quiso atraer la atención sobre él. El hecho que ingresara a la Embajada británica para cambiarse la ropa también era sorprendente. Sólo se quitó su chaqueta de cuero y se puso un abrigo largo. ¿Por qué, entonces, corrió fuera del sitio del asesinato? También fue muy extraño que lograra acercarse a Uritsky sin obstrucciones y que pudiera escapar con la misma facilidad después de dispararle. Era imposible entrar allí sin un permiso especial, ya que había guardias armados en la puerta. Las personas desconocidas ni siquiera podían hablar con Uritsky por teléfono. Mikhail Aldanov ha confirmado esto. ¿Por qué nadie reaccionó? ¡Ellos vieron y oyeron todo!

Mikhail Aldanov, demostró en su estudio que Kannegisser no pudo disparar. Aldanov le conocía bien y a su familia. ¿Cómo entonces, Kannegisser pudo darle a Uritsky en su cabeza como un buen tirador cuándo este último estaba caminando rápidamente hacia el ascensor? Pareciera que Kannegisser fue usado para distraer, así como Leonid Nikolaiev fue usado después, en el asesinato de Kirov.

Es más, Lenín, en la tarde del 30 de agosto de 1918, le envió a Dzerzhinsky una corta nota dónde se nombraban a dos personas que le habían disparado Uritsky. ¿Por qué nada se ha mencionado después sobre estos dos? ¿Quién eran ellos?

El hecho que Kannegisser admitió al crimen es irrelevante, ya que los verdugos de la Cheka podían hacer que cualquiera admitiera algo. En este caso, la oportunidad fue aprovechada para acusar al ala derecha de los Social Revolucionarios del asesinato.

Ha sido ahora confirmado que la organización central de la Cheka, encabezada por el francmasón Gleb Boky, estaba detrás del asesinato de Uritsky. (Igor Bunich, el Oro" de "La Fiesta, el St. Petersburgo, 1992, pág. 47.)

Así que el motivo fue tomar venganza en Uritsky por sus robos. El propósito principal fue que daría una razón para comenzar el terror masivo. El asesinato de Kirov tuvo el mismo motivo.

¿Pero no habría así mismo, otra razón para disponer de Uritsky ahora que él había resuelto el misterio de otro asesinato? V. Volodarsky (en realidad Moisei Goldstein) había sido asesinado bajo circunstancias enigmáticas el 20 de junio de 1918. Era el Comisario del Pueblo para Prensa, Propaganda y Agitación. Su asesino fue seguida estampado como un Social Revolucionario de derecha, a pesar del hecho que él nunca fue capturado.

La dirección Bolchevique en Moscú quiso comenzar de inmediato la matanza. Moisei Uritsky que investigó el asesinato de Volodarsky se negó a aceptar esto. Él sospechaba de la mano de la dirección central detrás de este asesinato. Fue por ello que fue imposible usar este asesinato como un pretexto. Lenín estaba enrabiado. Esto queda muy claro por los telegramas enfadados de Lenín, enviados el 26 de junio de 1918 a Grigori Zinoviev, presidente del Comité del Partido en Petrogrado. Lenín escribió, entre otras cosas: "¡Nosotros en el Comité Central oímos hoy, que los trabajadores de Piter quieren responder al asesinato de Volodarsky con el terror, pero usted (no usted personalmente, pero funcionarios de Piter) los detuvieron. Yo protesto enérgicamente! "

El único que podría ignorar las demandas para comenzar el terror era el Jefe de la Cheka de Petrogrado, Moisei Uritsky de 45 años. Según Alejandro Kravtsov, este telegrama claramente muestra que el asesinato de Volodarsky fue planeado y organizado por la Cheka bajo las órdenes de Lenín. El historiador Igor Bunich confirmó esto.

Volodarsky y Uritsky pertenecieron a los 275 conspiradores Menshevikes que, junto con Trotsky, había abordado el Kristianiafjord en el puerto de Nueva York el 27 de marzo de 1917 para viajar a Petrogrado, dónde todos ellos se unieron con el líder bolchevique, Lenín. Volodarsky había vivido en los Estados Unidos desde 1913.

Varias circunstancias extrañas pusieron a Uritsky en la huella de los asesinos de Volodarsky. El automóvil en que Volodarsky había estado viajando, se había detenido de pronto en una calle en Petrogrado el 20 de junio de 1918. Sin gasolina, se afirmó. Volodarsky bajó del automóvil junto con tres camaradas para caminar hasta el Distrito Soviético que estaba cercano. De pronto un terrorista apareció y le disparó tres veces a corta distancia antes de escapar.

Volodarsky murió inmediatamente: una de las balas impactó su corazón. El terrorista lanzó una bomba para detener a sus perseguidores. No hay información acerca de si la bomba explotó o no.

Uritsky fue el mayor sorprendido por el hecho que Lenín, al día siguiente, acusaba a los Social Revolucionarios de derecha. ¡Y abracadabra!

Durante el terror de 1922, un Social Revolucionario, Sergeiev, admitió el asesinato de Volodarsky.

Uritsky supo que no fue accidente lo que detuvo el automóvil en el lugar exacto dónde el terrorista estaba esperando. ¡Usted no lleva bombas consigo sólo para auto-protegerse! ¿Cómo podría saber el asesino que la gasolina se terminaría en esta misma calle? Uritsky pudo dibujar sólo una conclusión lógica - el asesinato había sido organizado por la Cheka de Moscú y sólo podría ser aprobada por Lenín. Lenín y Dzerzhinsky supieron claramente que Uritsky había descifrado la verdad sobre el asesinato, ya que él saboteó las demandas para el terror masivo. V. Volodarsky y Moisei Uritsky.

V. Volodarsky and Moisei Uritsky.

Ningún otro funcionario podría ser capaz de negarse a tal demanda. Ésa fue otra razón por la que fue considerado como una víctima especialmente conveniente, que fue presentada después como un mártir inocente. Eso pasó con Volodarsky y también con Kirov, Frunze y muchos otros. Era la mejor manera de deshacerse de camaradas indeseables.

Lenín tenía otro diabólico plan diabólico en reserva. Había escogido el mismo día - el 30 de agosto de 1918. A través de este plan, Lenín quiso estar seguro de legalizar el terror masivo el cual ya había comenzado en el distrito de Penza y se extendía también a otras áreas.

Así el 30 de agosto, aproximadamente a las diez del anochecer, Lenín habló a en una reunión de agitación en la fábrica Michelson en Moscú. Después de la reunión, el líder comunista salió del patio dónde comenzó a conversar con los obreros junto a su automóvil. De pronto se sintieron 3 disparos de pistola que hizo que los obreros saltaran atrás y Lenín cayó a tierra. Dos balas lo habían herido. La tercera había herido ligeramente a la matrona, M. Popova, del hospital de Petropavlovsk. El chofer judío de Lenín, Stepan Gil, que estaba sentado en el automóvil afirmó que una mujer con una pistola estaba a tres pasos más allá de Lenín. Gil se apresuró a salir del automóvil, pero la mujer tiró la pistola al suelo y desapareció en la muchedumbre. Lenín herido fue ayudado a subir al automóvil y fue llevado al hospital. S. Batulin, el Vice Comisario de la quinta división de infantería en Moscú, también estaba presente en la reaunión. Atrapó inmediatamente después a la mujer.

En Serpukhovka, contó de una extraña mujer que llevaba una portafolios y un paraguas. Parecía que ella estaba buscando evitar a los perseguidores. Batulin le preguntó por qué estaba bajo el árbol.

La mujer contestó: "¿Por qué quiere saberlo?" Batulin investigó sus bolsillos, tomó su cartera y paraguas y le pidió que lo acompañara.

En el camino, Batulin le pregunto por qué había intentado dispararle a Lenín. La mujer contestó nuevamente: "¿Por qué quiere saberlo?" Entonces Batulin le preguntó directamente: "Fue usted quién intentó dispararle a Lenín?" Ella contestó afirmativamente.

El presidente del comité de la fábrica, Ivanov, reconoció a la mujer.

Él la había visto antes de la llegada de Lenin. Fue entregada entonces al órgano de investigación preliminar.

El vicepresidente de la Cheka, Yakov Peters, quién también era el presidente del Tribunal Revolucionario, y D. Kursky, Comisario del Pueblo para los asuntos Judiciales, el estonio Viktor Kingissepp y otros Chekistas estaban entre los investigadores del atentado (Stalin ejecutó al Letón judío Yakov Peters en 1942).

Fanny Kaplan de 28 años (en realidad Feiga Roydman) explicó supuestamente que su atentado a la vida de Lenín fue una acción política personal, pero el Doctor en Historia, P. Sofinov, ha descrito la cadena de eventos en forma bastante diferentemente en su libro sobre la historia de la Cheka (publicado en 1960).

Yo daré un contorno breve de su versión.

Después de la reunión en la fábrica Michelson, Lenín dejó el taller junto con los obreros y caminó hacia el automóvil. De repente un tiro fue disparado, luego otro y también un tercero. Lenín fue herido por dos balas y colapsó, justo a unos pocos pasos del automóvil. Las balas estaban envenenadas. La mujer terrorista no logró escapar, ya que algunos niños que estaban en el lugar habían señalado a Fanny Kaplan a algunos obreros que la aprehendieron y la llevaron a la Cheka.

Fanny Kaplan era una Social Revolucionaria que organizaba acciones terroristas contra los Bolcheviques y la dirección soviética bajo los órdenes de los imperialistas británico-franceses. A pesar del hecho que Lenín estaba mal herido, su férreo físico logró sobrevivir a las heridas y el veneno. Ésa fue la forma como el "historiador" P. Sofinov describió el atentado en 1960.

En 1924, Dr Weisbrod confirmó en el libro de Yaroslavsky que Lenín se recuperó rápidamente. ¿No tuvo el veneno efecto entonces? Se explicó oficialmente que el veneno de los Social Revolucionarios era de calidad inferior y que no tuvo efectos. El Dr Weisbrod nunca mencionó algún veneno. Esta historia fue inventada después.

En 1938 la propaganda Stalinista afirmó que fue Nikolai Bukharin (Dolgolevsky), miembro del Comité Central del Partido Comunista, también llamado "el querido del Partido", quién había organizado el atentado a Lenín junto con los Social Revolucionarios. Kaplan había sido su favorita. Él también fue acusado de organizar el asesinato de Kirov y se suponía que había hecho los planes para asesinar a Joseph Stalin también. Bukharin también fue acusado de los asesinatos de Menzhinsky, Kuibyshev y Gorky. Finalmente, se suponía que había intentado envenenar Yezhov, jefe de la Policía Secreta.

Hay otra versión, posterior, del 30 de agosto de 1918. Esta fue un mensaje abierto escrito por Yakov Sverdlov (en realidad Yankel-Aaron Movshevich Solomon). Él sostiene que dos personas fueron arrestadas por el atentado. Sverdlov afirmó que ellos eran Social Revolucionarios, definitivamente derechistas, que trabajaban para los británicos y los franceses. Este documento incluso fue exhibido en el Museo de Lenín. Se dijo que Protopopov, uno de los enemigos más violentos de la Unión Soviética, había trabajado junto con Kaplan y también había ayudado en su escape. Se afirmó que Protopopov había sido ejecutado inmediatamente. Esta versión nunca se mencionó nuevamente después del 3 de diciembre de 1918. Tampoco la historia del profesor Sofinov parece saber algo sobre esto. Pero la primera pregunta de Lenín después de que él había sido herido fue: "¿Lo detuvieron?" ¡Así que fue un hombre quien disparó las balas!

El Profesor A. Litvinov logró más tarde demostrar que fue el Chekista Protopopov quien disparó las balas a Lenín. El agente fue arrestado y ejecutado en el mismo día o al siguiente. Kaplan no supo lo que había pasado y obstinadamente había guardado su versión. (Dmitry Volkogonov, "Lenín", Moscú, 1994,1, pág. 397.)

Un abrigo largo y la chaqueta deportiva que el líder bolchevique llevaba en el momento del atentado, también fue exhibida en el Museo Lenín en Moscú. Cuatro agujeros habían sido marcados dos rojos, para mostrar las balas que habían impactado su cuerpo, y dos blancas dónde las balas habían atravesado herir a Lenín. Todos, los cuatro tiros se habían disparado desde atrás.

La afirmación de la versión oficial es que se dispararon sólo tres tiros. La bala que hirió Popova parece haber sido una de aquellas que atravesaron la ropa de Lenín.

Yakov (Yankel) Yurovsky quien antes había organizado el asesinato del Zar y su familia sólo se le permitió investigar el sitio del atentado después de tres días. Encontró cuatro (!) cartuchos.

¡Pero se habían disparado sólo tres tiros! (Ibid, pág. 398.)

Hubo también algunos factores inexplicables involucrados. Si la dirección del Partido no hubiese planeado el asesinato de Uritsky, Lenín ciertamente habría cancelado su reunión en la misma tarde o habría por lo menos tomado ciertas precauciones. Ésta es la opinión de Grigori Nilov (Alejandro Kravtsov) en su libro "La Gramática del Leninismo". Él señaló las siguientes ambigüedades en la descripción oficial.

¿Sostenía Fanny Kaplan realmente una cartera y un paraguas en sus manos mientras disparaba? ¿Permaneció realmente bajo el árbol y esperó que sus perseguidores vieran la cartera y el paraguas? ¿Por qué tiró sólo el arma y no la cartera y paraguas? Alejandro Kravtsov era de la opinión que tales terroristas políticos normalmente no huyen, sino que permanecen junto a sus víctimas. Es especialmente extraño que, en la versión oficial, los obreros le permitieron escapar. ¿Y dónde estaban los guardias personales? El chofer Gil escribió en sus memorias que Lenín no tenía guardia personal con él. ¡Tampoco lo recibió el comité del Partido en la fábrica!

Fue muy peculiar que Lenín no tuviese guardia personal con él en esta ocasión particular. Los Bolcheviques tuvieron un particular cuidado para protegerse contra todos los posibles enemigos, justo después de la toma del poder. Al principio usaron solamente guardias personales chinos y alemanes.

Cuando el gobierno soviético se movió de Petrograd a Moscú, del 10 al 12 de marzo de 1918, se tomaron medidas preventivas extraordinarias y se usaron trucos para confundir a los "enemigos del Pueblo". A estas alturas, los Bolcheviques estaban cerca de ser derrocados. El tren que llevaba a los líderes Bolcheviques y su "gobierno" (Sovnarkom) de Petrogrado a Moscú fue detenido por alrededor de 600 marinos y soldados rusos que atacaron con el grito de guerra : "A destruir el gobierno judío que ha vendido a Rusia a los alemanes! " Una fuerza aun más fuerte de guardias personales que habían acompañado el tren desgraciadamente lucharon hasta hacer retroceder a la muchedumbre. (Platonov, "La Historia del Pueblo ruso en el Siglo XX", Parte I, Moscú, 1997, pág. 536.)

Pareciera, por la información en el libro de Ryabchikov "Detrás del Horizonte yace un Horizonte" que Lenín fue defendido por marinos armados con ametralladoras y vehículos blindados en marzo de 1918.

Lenín normalmente tenía en todo momento guardias personales con él, según el Chekista Alejandro Orlov. Había sólo un funcionario en la fábrica de Michelson el 30 de agosto de 1918 - Batulin. Lenín y Krupskaya fueron fotografiados juntos, con guardias personales el 28 de agosto, sólo dos días antes del atentado. ¿Por qué Lenín no quiso tener guardia personal el 30 de agosto?

Nunca hubo alguna explicación por qué no hubo investigación de la pistola que se encontró a los pies del chofer Gil. ¿Usó el asesino realmente esa arma encontrada? Otro revólver fue encontrado después. Durante la investigación, nadie estuvo interesado en saber cómo Kaplan sostuvo el revólver, la cartera y el paraguas. Esto es por qué existen razones para creer que otra arma fue usada en el "atentado a la vida" de Lenín.

Ahora la circunstancia más enigmática de todas: Fanny Kaplan en realidad, era media ciega. Estaba oscuro alrededor de las once del anochecer del 30 de agosto, cuando el ataque tuvo lugar. Ella apenas podría haber visto algo en la semi-oscuridad. Sus conocidos explicaron que ella normalmente parecía asustada y confundida en situaciones así. Su vista se había dañado en una explosión de bomba.

En tiempos Zaristas, ella fue sentenciada a muerte como terrorista Social Revolucionario, pero ya que era menor de edad en ese momento, la sentencia fue cambiada el 8 de enero de 1907 a trabajos forzados de por vida. Ella quedaba periódicamente completamente ciega y padeció de dolores de cabeza. Fue liberada en conexión con la toma del Poder por los Bolcheviques.

Así que era casi imposible que esta mujer media-ciega hubiese disparado a Lenín en la semi- oscuridad. Debe presumirse que la otra persona que Yakov Sverdlov mencionó, tenía la mano firme y la vista buena para no matar a Lenín, sino simplemente herirlo ligeramente. Sólo el Chekista Protopopov podría hacer esto.

Habría sido simple asesinar a Lenín en el patio de la fábrica si ésta hubiese sido la intención del "asesino". No había ningún guardia personal allí. Por esta razón, el Ministro de Seguridad Ruso decidió comenzar una investigación sobre el asunto el 19 de junio de 1992. El caso fue tomado después por la Oficina del Fiscal Público de Rusia. Ésa fue una decisión sensata, ya que encontraron información que sugiere que Fanny Kaplan no había estado en absoluto en la fábrica Michelson esa tarde en particular (Istochnik, No. 2, 1993). La nueva investigación no pudo certificar que ambas dos balas habían sido disparadas por la pistola Browning de Kaplan, que se supone ella habría usado. Se sabe que un obrero de la fábrica volvió después de tres días con una pistola Browning. Nunca fue clarificado entonces, si ésta era la misma arma o no.

Stalin fue antes sospechoso de este tiroteo, pero el historiador Igor Bunich ha sacado la conclusión ahora que Lenín organizó el "intento de asesinato". Aun cuando el jefe de la Cheka, Dzerzhinsky, hubiese dado las órdenes para que los guardias personales de Lenín se alejaran de su lado el 30 de agosto, el propio Lenín nunca habría aceptado esto, con lo cobarde que él era.

Esto significa que Lenín no quiso guardia personal con él en ese día, ya que había planeado el atentado personalmente. De otra forma el nunca más habría nuevamente mostrado su cara en público después de lo que había pasado en Petrogrado esa mañana.

Dzerzhinsky ayudó a ocultar la verdad, para que fuera imposible revelar quién era responsable del tiroteo. Él se llevó ese secreto a su tumba. El judío polaco Dzerzhinsky que era un infame drogadicto y sádico murió de pronto, bajo circunstancias misteriosas el 20 de junio de 1926 cuando comenzó a expresar su deseo de tener tanto poder como Stalin. Stalin también estaba interesado en "heredar" el dinero que Dzerzhinsky había puesto en las cuentas bancarias extranjeras.

Eso fue típico de Stalin, que por ejemplo, dio las órdenes el 31 de octubre de 1925 de asesinar al comandante militar, Mikhail Frunze, en la mesa de operaciones. Después un mito fue creado qué convirtió a Frunze en un héroe nacional.

El "atentado" a Lenín fue usado inmediatamente por la dirección del Partido que declaró que los Social Revolucionarios derechistas habían cometido la acción de terror y que el hecho se había dirigido contra toda la clase obrera. El 2 de septiembre, Yakov Sverdlov oficialmente exigió el comienzo de una campaña de terror rojo. Él era el presidente del Comité Ejecutivo Central (la cabeza del estado) y Secretario del Comité Central.

Según los informes oficiales, Pavel Malkov, Comandante del Kremlin, Fanny Kaplan fue asesinada ilegalmente (sin juicio) el 4 de septiembre de 1918. Ella se apegó a su versión que había actuado por si misma. Un prisionero político, Vasili Novikov, afirmó que él se había encontrado con Fanny Kaplan en la prisión de Sverdlovsk en julio de 1932. Esto fue negado oficialmente justo hace algunos años. El grupo del fiscal en Moscú no deseaba ignorar esta versión según la que Fanny Kaplan fue perdonada en el último momento y enviada a prisión en Sverdlovsk en los Urales (Dagens Nyheter, 17 de marzo de 1994). Ella salió en mayo de 1945 y murió en 1947.

Lenín supo que los Chekistas habían saboteado la investigación del "atentado" torciendo las circunstancias reales de tan importante "crimen" contra el régimen Bolchevique. Él nunca habría aceptado tal procedimiento, a menos que estuviese detrás del atentado.

Lo primero que fue hecho después del atentado, fue la ejecución de 900 personas indeseables en Moscú. Decenas de miles fueron asesinados posteriormente.

El 21 de noviembre de 1917, Lenín había dicho: "¡Nosotros organizamos la violencia en el nombre de los obreros! "

El Concejo de los Comisarios del Pueblo proclamó el terror rojo como política oficial el 5 de septiembre de 1918. Esta política nunca fue cancelada. Una campaña similar de terror fue comenzada después del asesinato de Kirov.

Se transformó en una enorme y espantosa celebración para aquellas bandas criminales judías que habían tomado el poder con la ayuda de los alemanes y los norteamericanos y habían gobernado al pueblo con sus mentiras y doctrinas antinaturales.

Aquellos que eran imposibles de controlar fueron liquidados. Listas de aquellas personas fueron compiladas inmediatamente después de la toma del poder, pero la máquina de las ejecuciones comenzó a rodar indiscriminadamente sobre Rusia. Por ejemplo, 20 doctores fueron ejecutados en Kronstadt, simplemente porque habían llegado a ser muy populares entre los obreros.

Ésa fue una razón suficiente. Se dictaban sentencias de muerte por la menor ofensa. Los Chekistas sólo necesitaban un pretexto. Ellos quisieron asesinar a tantas personas como fuese en la práctica posible. Inmediatamente después de la toma del poder, Lenín había amenazado a sus secuaces con la ejecución si ellos no seguían sus instrucciones a la carta.

Las circunstancias anormales en la Rusia soviética llevó a personas mentalmente desquiciadas - asesinos en masa - al frente. El Comunismo se transformó en un tipo de rabia mental. Incluso personas buenas compartieron una parte de la responsabilidad para este proceso de destrucción, ya que ellos no hicieron nada para impedir el avance de esta Mafia política y criminal.

Los Comunistas basaron su riqueza y privilegios en el robo. Y el mal era victorioso. Los Bolcheviques judíos, entretanto, declararon demagógicamente que la Dictadura del Proletariado era el forma más elevada de democracia.

Occidente comenzó a defender a esos criminales inmediatamente, diciendo que la sangre se derrama en las causas buenas... Sólo idiotas podrían ignorar el hecho que tales "revoluciones" siempre involucran destrucción sin sentido a largo plazo. Ninguna persona sabia y responsable podría por consiguiente, simpatizar con las revoluciones.

El Golpe de los extremistas judíos en Rusia en 1917 se transformó en la más grande catástrofe social en la historia de la humanidad. Los nuevos traficantes del poder robaron todo lo del pueblo ruso, incluso su historia. Pero la verdad siempre sale a la luz finalmente; los asesinatos masivos no pueden ser ocultados para siempre. Nosotros ahora sabemos casi con cada detalle lo que pasó y quién fueron las partes culpables

Aquí muestro una lista de los líderes de la Cheka cuando comenzó el terror en 1918: Felix Dzerzhinsky (Presidente), Yakov Peters (Vice-Presidente y Jefe de los Tribunales Revolucionarios), Viktor Shklovsky, Kneifis, Zeistin, Krenberg, Maria Khaikina, Sachs, Stepan Shaumyan, Seizyan, Delafabr, Blumkin, Alexandrovich, Zitkin, Zalman Ryvkin, Reintenberg, Fines, Yakov Goldin, Golperstein, Knigessen, Deibkin, Schillenckus, Yelena Rozmirovich, G. Sverdlov, I. Model, Deibol, Zaks, Yanson, Leontievich, Libert, Antonov, Yakov Agranov (Sorenson), quien llegó a ser notoriamente temido. Todos los judíos nombrados aquí llegaron a ser muy conocidos.

Grigori Zinoviev lideró el terror en Petrogrado. Zinoviev fue el camarada más íntimo y secretario de Lenín antes de la toma del poder, a pesar del hecho que era considerado poco inteligente e inexperto. Su secretario Richard Pickel lo ayudó. El hecho que no sólo era un alto francmasón del Gran Oriente, sino también un devoto judío, está claro con la siguiente historia.

El ex Chekista Alejandro Orlov describió en su libro "La Historia Secreta de los Crímenes Stalinistas" cómo se mostró a Stalin la última caminata de Zinoviev, camino a su ejecución. El 20 de diciembre de 1936, cuando Stalin celebraba el aniversario de la Cheka, se hizo una gran fiesta a la cual el jefe del NKVD Nikolai Yezhov, Mikhail Frinovsky (Sub jefe del NKVD), Karl Pauker (jefe de la sección operativa) y otros Chekistas judíos, importante en infames, habían sido invitados.

Cuando todos estaban festejando alegremente a la mesa, el cruel chistoso Pauker decidió imitar la escena de la ejecución de Zinoviev. Pauker hizo el papel de Zinoviev. Dos de sus colegas lo llevaban hacia el sótano donde sería ejecutado, "Zinoviev" rogaba por su vida con voz llorosa y entornando los ojos.

De pronto se arrodilló, se afirmó de las botas del guardia y gritó con voz macabra: "¡Querido camarada", en el nombre de Dios... llame a Joseph Vissarionovich! "

Stalin miraba y rugía de risa. Él dijo: "Por la causa de Dios!" Los invitados que vieron que Stalin estaba disfrutando la representación, le pidieron a Pauker que repitiera su actuación. Stalin no podía dejar de reír y se tomaba su estómago. Entonces Pauker dispuso de una escena extra dónde "Zinoviev" vomitó sus manos y gritó: "¡Oye, Israel! El Señor nuestro Dios es un Señor!" (La profesión judía de fe, ver Deuteronomio 6:4.) Entonces Stalin ya no era capaz de seguir el show, ya que comenzó a reír tanto que estaba a punto de ahogarse. Ordenó a Pauker que terminara su actuación.

Karl Pauker también fue ejecutado medio año después - el judío húngaro fue acusado de ser un espía alemán. El ex barbero había venido de Budapest para hacer carrera en la máquina del terror en Rusia, a pesar de ser una persona inculta e ignorante. Pero Stalin le había permitido afeitarle - lo cual demuestra cuanto confiaba en él.

No siempre era necesario ser Comunista (preferentemente judío) para transformarse en un funcionario importante dentro del aparato soviético. Era suficiente ser judío y también rico. El hermano más joven de Yakov Sverdlov, Venyamin, había emigrado a los Estados Unidos dónde él se había hecho un banquero exitoso. Yakov, como jefe de estado, invitó a su hermano a Rusia poco después de la toma del poder, donde él se transformó, con el acuerdo de Lenín, en el Comisario del Pueblo para las Comunicaciones, a pesar del hecho que ni siquiera era miembro del Partido. Él no pudo cubrir las demandas del trabajo, sin embargo, después pudo transformarse en cambio, en un importante funcionario dentro del Soviet de Economía Nacional, (1923-25).

El hermano mayor de Yakov y Venyamin, Zinovi, no quiso tener nada que hacer con el movimiento de revolucionario de los extremistas y se apartó de ellos. Su padre, por consiguiente, lo llenó de maldiciones y lo echó de su casa. El escritor Maxim Gorky (realmente Alexei Peshkov) adoptó a Zinovi que después emigró a Francia dónde él se hizo mercenario en la Legión Extranjera. Su padre se sintió jubiloso al oír que Zinovi había perdido su brazo derecho en una batalla. En el Judaísmo, el hijo maldito pierde siempre su brazo derecho.

Todo según el investigador ruso Gregory Klimov.

Matvei Maravnik admitió en la televisión sueca que realmente podría haber llegado a ser un rabino pero escogió trabajar en cambio como funcionario Bolchevique. Isaac Babel luchó para el régimen rojo en la caballería de Budyonny. Aprovechó la oportunidad de robar tantos diamantes como pudo. Él fue alabado más tarde por su paternidad literaria.

Los "revolucionarios" judíos creían que, en todos estos actos repulsivos y terribles de asesinatos masivos, ellos estaban sacrificando a las víctimas Goy para agradar a Yahweh.

En la palabra hebrea para 'capturar una presa' yace el significado 'pillaje'. Y eso fue precisamente lo que ellos hicieron en Rusia. Esa fue la razón por la que el poeta y escritor judío Heinrich Heine escribió: "Die Judische Religion ist uberhaupt keine Religion, sie ist ein Ungluck"/" (La religión judía no es en absoluto una religión, es una calamidad.) Él también confirmó en su libro "Confesiones" que: "Las acciones de los judíos son tan poco conocidas en el mundo como su verdadera naturaleza." Por supuesto, él quiso decir los actos de los extremistas.

Esos criminales también rindieron culto a Yahweh que, según la escritora francesa, Anatole France, era un demonio poderoso. ("Queen Goose-Foott", 1899.) Así, aquellos judíos Hasidic habían hecho disfrutar a su bendito Dios del sufrimiento y degradación de otras personas (Salmo 37:34).

Desgraciadamente estas personas representaban los peores elementos de la Judería. En Europa, judío se transformó en sinónimo con el engañador o desconfianza, según la Enciclopedia británica.

Los bandoleros políticos que asolaron a Rusia fueron totalmente implacables e inhumanos. Ésa fue la razón por qué Chiang Kai-shek confirmó que la falta más grande del Comunismo era su inhumanidad.

El pueblo ruso recuerda con horror a sus verdugos judíos, todos los cuales tenían sus propios métodos para librarse de sus enemigos. Ashikin en Simferopol hizo que sus víctimas marcharan completamente desnudos ante él, después de lo cual cortaba sus brazos y orejas con su espada antes de que les arrancara personalmente sus ojos y cortara sus cabezas. El jefe de los verdugos en Nikolaiev, Bogbender, tapiaba vivas a sus víctimas. Deutsch y Wichman trabajaron en Odessa. Ellos afirmaban que no sentían ganas de comer hasta que ellos hubieran matado varios cientos de Goys. Los Chekistas en Voronezh cometían asesinatos rituales. Entre otras cosas, hervían a sus víctimas vivas.

Ése era un método común para librarse de goys y de los renegados judíos. Casi todos los habitantes de Pyatigorsk fueron exterminados, Toda esta información fue publicada en el periódico ruso Russkoye Vosskresenye, No. 3, 1991.

En Vologda, Mikhail Kedrov (Zederbaum) y Alejandro Eiduk liquidaron a todos los intelectuales, por quienes sentían un odio particular. En el invierno de 1920, un judío de 20 años fue nombrado jefe de la Cheka en Vologda. Sus métodos perversos de ejecución fueron descritos por el historiador Sergei Melgunov en su libro "El Terror Rojo en Rusia", (Moscú, 1990, pág. 122). El jovenzuelo acostumbraba a sentarse en una silla a orillas del río. Tenía a su lado un montón de sacos y muchos prisioneros eran llevados hasta él. Los prisioneros eran obligados a meterse en los sacos y luego eran lanzados a través de una grieta en el hielo, dónde ellos se ahogaban. Pronto fue llamado a Moscú dónde fue acusado de ser antinatural. Después de todo - él no había lanzado a sus víctimas en el agua hirviente, ¿Lo hizo?.

Algunos verdugos y torturadores judíos se volvieron especialmente infames, entre ellos Roza Schulz. Arkadi Rosengoltz fue especialmente temida entre los marinos y ferroviarios. Entre los Chekistas de Kharkov, Yakimovich, Lyubarsky, el joven de 18 años Yesel Mankin, Feldman, Portugeis y Sayenko fueron particularmente temidos.

Las reservas de judíos extremistas no eran suficientes. Esa fue la razón por la cual contrataron un gran número de delincuentes rusos, de asesinos y chinos violentos para continuar los asesinatos día y noche. Los judíos como de costumbre, lideraban esta chusma. Muchos delincuentes hicieron carreras exitosas como Chekistas. Había también muchos bandoleros en la organización Soviet oficial. Oficialmente era algo de lo cual sentirse orgulloso. Mikhail Vinnitsky publicó un artículo en el Kommunisten, en mayo de 1919, en que dijo que él había trabajado, en su habilidad como ladrón, para el ideal del Comunismo, ya que sólo robaba a los miembros ricos de la burguesía. En 1919 él trabajó como secretario en la Cheka. Después, bajo el nombre Mishka Yaponchik, construyó un regimiento compuesto totalmente de ladrones y estafadores. El líder político de ese regimiento era el judío Feldman. El infame ladrón de Odessa, Kotovsky fue nombrado líder de un regimiento comunista. En Tsaritsyn, incluso los órganos del Soviet fueron dirigidos por (judíos) delincuentes. (Sergei Melgunov, "El Terror Rojo en Rusia", Moscú, 1990, pag. 178-179.)

Los judíos normalmente dirigían a los Chekistas rusos. Yelena Stasova y Varvara Yakovleva trabajaron especialmente brutal en Petrogrado. Revekka Plastina (Maizell) fue tristemente famosa en Arkhangelsk, Yevgenia Bosh en Penza, y la Judía húngara Remover en Odessa. La Judía María Khaikina que cometió terribles atrocidades, encabezó el Tribunal Revolucionario en Kiev.

Un negro norteamericano, Johnston, fue enviado a Odessa, dónde demostró ser un carnicero muy salvaje. Su tarea principal era desollar a las víctimas vivas (Ibid., pág. 139).

Es imposible, por falta de espacio, describir a todos los carniceros y sus crímenes. Mencionaré simplemente algunos números. Durante un solo año en el poder, los Bolcheviques exterminaron a 320.000 clérigos (Molodaya Gvardiya, No. 6, 1989).

Un total de 10.180.000 de "enemigos de clase" fueron asesinados entre 1918 y 1920. Otro 15 millones de personas murieron durante la guerra civil.

Durante el hambre de 1921-22, otros 5.053.000 personas perecieron. Los Bolcheviques, encabezados por Lenín, lograron destruir más de 30 millones de personas durante sus primeros cuatro años en el poder.

En 1917, 143.5 millones de personas vivían en la parte de la Rusia Imperial que después se transformó en la Rusia Soviética. Rusia había perdido más del 20 por ciento de su población en 1922. Sólo 131 millones vivían allí en 1923. Ha sido calculado que la población de Rusia, bajo circunstancias normales, debería haber aumentado a 343 millones a mitad de los años cincuenta, eso es, si el desarrollo hubiese continuado como había comenzado en la era Zarista. 165 millones de personas desaparecieron. ¿Quién en occidente lo lamenta por ellos? Dejaron sólo 178 millones.

Los asesinos en masa judíos más brutales fueron Roza Zemlyachka (en realidad Rozalia Zalkind) y Bela Kun (Aaron Kohn). El último vino de Hungría. Roza Zemlyachka era llamada " La furia del terror Comunista". Roza nació el 1º de abril de 1876 y murió el 21 de enero de 1947. Llegó a ser la Secretaria del Parido en el Kremlin y, en 1939, vicepresidenta del Concejo de los Comisarios del Pueblo (esto es: Vice Primer Ministro).

Era una judía absolutamente implacable y loca por el poder que trabajó como Chekista en Crimea junto con otros dos judíos, Bela Kun y Boris Feldman. Sus métodos de ejecución eran tan atroces que le ahorraré al lector los detalles, que incluso eran demasiado sucios para Dzerzhinsky en Moscú.

Bela Kun y Roza Zemlyachka eran particularmente insaciables cuando salían en sus correrías. Lograron agarrar una cantidad extraordinariamente grande de oro en Sevastopol. Ésta fue principalmente la base de su enorme riqueza. Al mismo tiempo, aprovecharon la oportunidad de asesinar a tantas personas como pudieron. Era una parte integrante de la crueldad de Bela Kun que violara a sus víctimas mujeres. Este par logró asesinar a 8.364 personas en Sevastopol durante la primera semana de noviembre de 1920. Asesinaron a 50.000 "enemigos del pueblo" en Crimea, según fuentes oficiales (12.000 en Simferopol, 9.000 en Sevastopol, 5.000 en Yalta). El escritor Shmelev, sin embargo, declara que por lo menos 120.000 personas fueron asesinadas en Crimea.

Bela Kun acostumbraba a cortar una mano de las personas con fuego de ametralladora. Llegó a ser llamado tristemente "el Comisario para la Muerte". Dzerzhinzky lo llamó loco.

Trotsky le dio personalmente órdenes para disparar a 40.000 soldados capturados en Crimea (Dagens Nyheter, 22 de noviembre de 1993). El francmasón Bela Kun dirigió el régimen del terror comunista en Hungría.

Era el Gran Maestro de la Logia Johannes en Debrecen. También era miembro de B'nai B'rith, la Logia judía. Los socialistas Masónicos le entregaron el poder el 20 de marzo de 1919. No hubo ningún golpe. Merece la pena decir que el 90 por ciento de los francmasones húngaros eran judíos. Su Concejo de los Comisarios del Pueblo se componía de 26 miembros de los cuales 18 eran judíos.

Los ocho húngaros eran sólo títeres. Bela Kun era un hábil estafador, extremadamente codicioso y cruel. Antes había sido secretario de la Unión de Obreros en Kolozsvar, pero fue expulsado por malversación de fondos públicos.

Con esto en mente, es fácil entender que su trabajo más importante consistiera en cazar Goys que poseyeran oro. Se transfirieron cantidades asombrosas desde Hungría a los bancos extranjeros.

El Ejército Rojo húngaro empezó a extender el Comunismo a Eslovaquia que fue finalmente ocupada. El 16 de junio de 1919, la República soviética de Eslovaquia fue proclamada y el pillaje comenzó allí también. Las tropas Checas aplastaron a ese gobierno infernal ya el 7 de julio y lograron ahuyentar lejos a esos gángsteres judíos codiciosos.

El régimen del terror increíblemente cruel de Bela Kun y sus camaradas judíos infestó Hungría durante 133 días. El comisario judío de Bela Kun, Isidor Bergfeld admitió que él, personalmente, había quemado a 60 Magyars, vivos en los hornos y había asesinado a otros 100 con sus propias manos.

Un total de por lo menos 560 víctimas fue establecido. El terror comunista dirigido por el judío Otto Korvin (realmente Klein), jefe de la policía política, costó al país 28 mil millones de forints en daños materiales más 14 mil millones en deudas. Fue descubierto después que el gobierno "revolucionario" también había robado 900 millones de forints en divisa extranjera del "Fondo interno del Pueblo". (A. Melsky, "Bela Kun y la Revolución Bolchevique en Hungría", Estocolmo, 1940, pag. 25-26, 46.)

Las tropas rumanas depusieron a Bela Kun y sus criminales compañero el 6 de agosto de 1919. Bela Kun escapó a Austria dónde fue detenido, pero el francmasón, judío, asesino y Social Demócrata, Friedrich Adler, se aseguró que fuese liberado. Bela Kun se fue entonces a la Rusia Soviética dónde continuó con su bandidaje.

Después que Adler asesinara al Primero Ministro austriaco, Count Karl Stiirgkh, el 22 de octubre de 1916, porque este último había intentado prevenir la actividad de los radicales de izquierda, Adler dijo antes de la corte: "No sólo es un derecho, sino un deber, de cada ciudadano usar violencia." Adler fue sentenciado, pero fue perdonado pronto y luego se transformó en el líder del Partido comunista en Austria. (En febrero de 1934, los Social Demócratas en Austria intentaron tomar el poder por la fuerza.)

Algunos de los socios en los crímenes de Bela Kun escaparon a EE.UU., por ejemplo Alexander Goldberger, y Joseph Pogany. Pogany era activo en el Partido de los Trabajadores de Norteamérica bajo el seudónimo de John Pepper. (Nesta Webster, "La Red Socialista", Londres 1926, pág. 59.)

Comunistas judíos dirigidos por Eugene Levine y Kurt Rosenfeld también tomaron el poder en Munich durante dos semanas (del 13 de abril al 1º de mayo de 1919).

Ellos habían proclamado la República Soviética de Baviera. Todos sus líderes eran judíos que pertenecían a la Logia Masónica secreta Número Once, localizados en Brennerstrasse 51 en Munich. Eugene Levine (en realidad Nissen Berg) y Max Levien también asesinaron a sus rehenes, y después estaban detrás de todos los bienes de oro y joyas, tanto como pudiesen agarrar.

Eugene Levine fue ejecutado por todos sus crímenes inmediatamente después de la caída de la República Soviética de Baviera. El asesino en masa Max Levien, logró escapar a la Rusia soviética dónde se transformó en miembro del Comité Ejecutivo Central.

Los bandoleros Bolcheviques podían asolar sólo aquellas áreas de Rusia que los alemanes habían capturado para ellos, según el historiador Igor Bunich.

Los alemanes estaban totalmente asombrados - ellos nunca habían visto algo como la crueldad de la que ahora eran testigos. Ellos podrían haber bajado fácilmente a los Bolcheviques pero no lo hicieron ya que un trato era un trato.

El teniente Balk, presidente de la Comisión alemana en la provincia de Yaroslavl, había exigido ya el 21 de julio de 1918 que el ejército voluntario de campesinos que estaban luchando contra los Bolcheviques debía capitular ante él. Los 428 ingenuos campesinos hicieron justamente eso, luego de lo cual fueron entregados a los Bolcheviques que inmediatamente los ejecutaron a todos ellos, ante el horror de los alemanes. (Igor Bunich, "El Partido del Oro", St. Petersburgo, 1992, pág. 22.)

Los Bolcheviques también recibieron las listas de los alemanes de los oponentes al Comunismo y en base a estas listas ejecutaron a 50.247 personas entre marzo y noviembre de 1918, según Igor Bunich.

El antisemitismo por supuesto, creció como nunca antes entre los rusos. En todas las áreas ocupadas por los alemanes que los Blancos reconquistaban, se hacían búsquedas de cualquier comisario judío que no hubiese logrado escapar bajo la protección de los alemanes. Pero no habían muchos - los Blancos sólo encontraron unos pocos. Esto fue inmediatamente utilizado por la propaganda Sionista en Occidente y como de costumbre, los hechos fueron torcidos en proporciones ridículas. Estos mitos todavía existen, lamentablemente, ciegamente creídos.

Daré justo un ejemplo de entre todas esas mentiras. Se afirmó que los Blancos en el pueblo ucraniano de Proskurov había ejecutado a 60.000 judíos el 15 de febrero de 1919. Ese pequeño pueblo tenía entonces, sólo 15.000 habitantes. Los judíos de Proskurov estaban muy ocupados introduciendo el régimen soviético en otras áreas. (Russky Kolokol, No. 7, 1929, Berlín.) Hubo 11.411 judíos en Proskurov en 1897 (50 por ciento de la población). En 1926 había 13.408 judíos en Proskurov (42 por ciento de la población).

¡Una metamorfosis notable! Proskurov tenía 34.592 habitantes en 1933.

La enciclopedia Judaica de 1971 declara que solamente 1.500 judíos habían sido asesinados en 1919, una cifra basada en la propaganda soviética. (Sólo nueve víctimas judías pueden verse en una fotografía de los archivos de Jerusalén.) Ahora se afirma que 60.000 judíos habían sido asesinados en toda Ucrania. Queda a mis lectores decidir si ellos desean creer esto o no.

Los Sionistas parecen tener una debilidad por los grandes números conectados con el número '6'; el mismo número de las puntas en la Estrella de David. La propaganda Sionista después de la Primera Guerra Mundial afirmó que seis millones de judíos habían muerto como resultado del hambre, epidemias y holocaustos. Un artículo de propaganda titulado "¡La Crucifixión de los judíos debe Detenerse! " fue publicada en el American Hebrew el 31 de octubre de 1919. Después se reconoció que solamente había sido propaganda de guerra.

El asesinato más atroz se cometió en la noche antes del 17 de julio de 1918, cuando el judío Yankel Yurovsky y sus carniceros, ejecutaron al Zar y a su familia en Yekaterinburg, en el sótano de una casa que había pertenecido al comerciante Nikolai Ipatiev.

A las dos y media en una calurosa noche de verano, doce hombres comenzaron el asesinato del Zar Nicholas II, la Zarina Alexandra y sus cinco hijos, Olga, María, Tatiana, Anastasia y Alexei, y también tres sirvientes y el doctor familiar, Ycvgeni Botkin. Uno de los verdugos incluso golpeó hasta la muerte al perro de los niños, Jimmy, con el extremo de su rifle.

La primera delegación de la Unión Soviética a la ONU tenía 12 miembros, todos judíos. El número 12 siempre ha jugado un papel central en la Cábala. Este número corresponde a las 12 tribus de Israel - un símbolo de la lucha por el dominio mundial.

El Chekista judío Yankel Yurovsky, de 40 años, disparó al Zar Nicholas II.

El Príncipe de la Corona, muchacho enfermo (padecía de hemofilia) de 13 años, Alexei, no murió inmediatamente, por lo que Yurovsky disparó varios balas en él. Tenía una pistola Máuser y una Colt.

Su abuelo era rabino, según el historiador Oleg Platonov. Yurovsky terminó su enseñanza después de dieciocho meses. Le había dicho a su hermano Leiba que soñaba con ser rico. Lograba hacer realidad sus sueños a través de la ventas de joyas.

El hombre que mantenía a la familia del Zar encarcelada fue el favorito de Trotsky - Alexander Beloborodov, uno de los líderes del Soviet en Yekaterinburg. Su nombre real era Yankel Weisbart y era el hijo de un judío rico, comerciante de pieles, Isidor Weisbart. Una vez fue sorprendido robando una gran cantidad de dinero pero nada le sucedió.

Yurovsky era uno de los Jefes Chekistas en Yekaterinburg. Su asistente, G. Nikulin, fue su cómplice en los asesinatos. Los otros miembros de la escuadra de ejecución eran Piotr Yermakov, Piotr Medvedyev, S. Vaganov y siete "revolucionarios" internacionales que fueron presentados después como "Latvians" (un truco común para camuflar la verdad, como el lector probablemente lo habrá notado).

Ellos eran Andreas Vergasi, Laszlo Horvath, Víctor Grünfeldt, Imre Nagy, Emile Fekete, Anselm Fischer e Isidor Edelstein. Todos esos hombres eran parte de la escuadra especial del regimiento de Kamyslov. Todo el operativo fue llamado "Tvyordy Znak".

Cuando todos esto fue hecho público en 1992, Erzsebet Nagy, hija de Imre Nagy que había dirigido la revuelta húngara contra la Unión Soviética en el otoño de 1956 reaccionó airadamente. Ella intentó afirmar que su padre había estado en un campo de prisioneros en el momento que el Zar y su familia fue asesinada. Se suponía que él le había escrito una tarjeta postal desde este campo. (Dagens Nyheter, 1º de septiembre de 1992)

Era poco probable que a los verdugos se les permitiera decirle a alguien dónde estaban o lo que estaban haciendo durante una operación secreta de este tipo. Cualquier ciudadano de ex Soviet puede confirmar la verdad de esto.

Fue el judío Schinder, jefe de la escuadra de ejecución de la Cheka en Yekaterinburg, quién seleccionó a los asesinos del Zar y su familia. El hombre que destruyó los cuerpos con ácido sulfúrico se llamaba oficialmente Pinkus Voikov (en realidad Pinkhus Weiner). Era un químico judío de 30 años que también había tomado parte en las preparaciones para el asesinato. Robó después un anillo de rubí del dedo de uno de los cadáveres, lo llevaba consigo y estaba muy orgulloso de él. Fue asesinado en 1927 en Varsovia.

El jefe más alto del Partido en los Urales y Siberia, el judío de 42 años, Shaya Goloshchokin, que era amigo íntimo de Yakov Sverdlov y nunca había trabajado previamente en su vida, también tomó parte activa en la planificación de los asesinatos. El historiador V. Burtsev que ha investigado el movimiento revolucionario lo describió como un tipo degenerado y un verdugo cruel. Más tarde dirigió la campaña de liquidación contra el pueblo de Kazakh.

Fue él, según el historiador Oleg Platonov, quien llevó varias cajas extrañas a Moscú a finales de julio de 1918. Esas cajas, según una discusión en el Sovnarkom, contenían las cabezas del Zar y su familia conservadas en frascos con alcohol. Después de la muerte de Lenín, una comisión encontró la cabeza del Zar Nicholas II conservada en alcohol en su armario. (Vladimir Soloukhin, "A la Luz del Día", Moscú, 1992, pág. 217.)

Hubo también otro funcionario judío detrás de los asesinatos - Georgi Safarov de 27 años (en realidad Woldin), camarada íntimo de Trotsky. Después llegó a ser uno de los líderes de Comintern.

Los cosacos y las tropas Checas capturaron Yekaterinburg el 25 de julio. Nikolai Sokolov comenzó a investigar el asesinato de la familia del Zar inmediatamente. Él había trabajado antes como investigador preliminar de asuntos especialmente importantes para la corte en Omsk.

Un cuarto del sótano con una reja delante de la ventana fue encontrado en el sótano de la casa del comerciante Ipatiev. Los rastros de sangre y los agujeros de balas en las paredes eran visibles, a pesar que los asesinos habían limpiado después de su crimen. Estaba claro que el pequeño sótano fue transformado en un verdadero matadero.

Uno de los investigadores encontró una cita escrita por Heine en alemán en una pared:

"Belsatzar ward in selbiger Nacht
von seinen Knechten umgebracht".

Esto es:

(Belsa)Tsar en la misma noche Fue asesinado por sus esclavos"

En el original, el nombre era Belzazer. El "historiador" judío Edvard Radzinsky sólo pudo decir que esta cita alemana era "notable" y no intentó interpretar estas líneas.

El modelo para el texto de Heine puede ser encontrado en el antiguo Testamento: "En esa noche, Belshazzar el Rey de los Caldeos fue asesinado." (Daniel 5:30.)

Ciertos "historiadores" han intentado ocultar que algunas señales cabalistas también fueron encontradas en la misma pared. Estas señales fueron imposibles de explicar más allá, ya que Edvard Radzinsky guardó silencio sobre ellas.

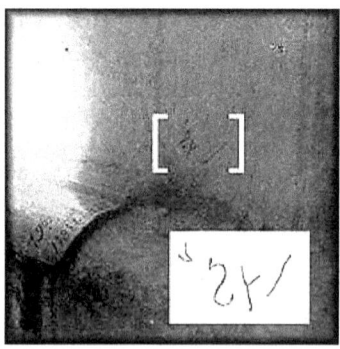

Las señales fueron descifradas posteriormente: "El Zar fue sacrificado aquí, por orden de las fuerzas secretas, para destruir el estado.

Esto se dice a todas las naciones." (Komsomolskaya Pravda, No. 169, 1989, Vilnius.)

Esto fue confirmado por el historiador Sergei Naumov.

Esto solamente, es suficiente evidencia para demostrar que éste había sido un asesinato ritual judío, ya que este texto cabalista también nos lleva al Antiguo Testamento (Daniel 5:25): "¡Mene, Mene, Tekel, Uparsin!" (lo cual, entre otras cosas significa que el reino ha sido dividido o destruido).

Hojeando a través de un pequeño libro, publicado en Berlín justo antes de la Primera Guerra Mundial, queda en evidencia que esta víctima, el Zar, había estado durante mucho tiempo en la lista de necesidades. El libro fue escrito por el judío G. Friedlander y se llama "La Dinastía Romanov en la Estaca de la Historia Mundial". Citaré simplemente una frase: "¡La dinastía Romanov debe ser aniquilada!".

El historiador judío-ruso Natan Eidelman también confirma que fueron los judíos quienes asesinaron al Zar y su familia. (Dagens Nyheter, 10 de agosto de 1988, pág. 5.)

El actual arzobispo de Yekaterinburg también cree que fue un asesinato ritual cometido por judíos Hasídic. (Expressen, 24 de noviembre de 1992.)

En marzo de 1908, Lenín escribió muy comprensivamente sobre el asesinato del Rey Carlos I y del Príncipe de la Corona Louis Philip de Portugal. El lector podría adivinar quién estaba detrás de los asesinatos. Una bomba fue lanzada al carruaje real el 1º de febrero de 1908. Lenín creía que este crimen era "un paso en la dirección correcta hacia la revolución social en ese país". Él lamentaba que no llevó a un terror general del tipo que renueva una nación y había hecho a la Revolución francesa tan famosa. (Lenín, "Works", Moscú, Vol. 12, pág. 151.)

El terror Indiscriminado era necesario, en la opinión de Lenín. ¿Pero no es ésto en que los francmasones habían estado trabajando todo el tiempo? Los francmasones asesinaron al rey Umberto I en Monza (Italia) en el Día de Yahweh, el 29 de julio de 1900. Hay muchos otros ejemplos de ataques terroristas similares.

Ya fue en el 1800, cuando el terrorista Sergei Nechayev, sugirió que la familia del Zar debe ser eliminada, Lenín inmediatamente apreció su sentimiento.

Los judíos extremistas norteamericanos también apoyaron la misma idea.

La astucia se ha usado también cuando es necesario. Los francmasones se libraron de Manuel II, quién era el hijo más joven de Carlos I, difundiendo falsos rumores.

Los francmasones quisieron detener sus reformas. El Rey Manuel II huyó desde una fiesta que se llevaba a cabo durante la visita estatal del presidente brasileño Hermes da Fonseca el 3 de octubre de 1910. Fonseca también era un francmasón.

El Rey creyó en el falso rumor que una revolución que incluso amenazaba su propia vida había estallado en su país. Los francmasones de la alta jerarquía Theophilo Braga y Affonso da Costa estuvieron así, en condiciones de proclamar la República de Portugal, el 5 de octubre de 1910.

Un gobierno provisional que consistía principalmente de francmasones entró en el poder. Theophilo Braga se nombró a sí mismo Presidente. Affonso da Costa se aseguró que Portugal entrara en la Primera Guerra Mundial en 1916.

La amenaza presentada por los francmasones había sido desde hace mucho tiempo conocida en el estado vecino, España. Esa fue la razón por la cual todos los miembros de las diferentes Logias fueron amenazados con la pena de muerte en 1814. La Enciclopedia soviética Mayor confirmó esto en 1938.

La orden para asesinar al Zar y a su familia en realidad llegó de Nueva York. Lenín apenas tenía algo que decir sobre la materia. Los Bolcheviques habían sido obligados a huir de Yekaterinburg con tal prisa que no tuvieron tiempo para destruir todas las cintas del telégrafo. Esas cintas se encontraron después en el local del telégrafo. Sokolov cuidó de ellas pero no pudo descifrar los telegramas. Esto sólo se hizo en 1922 por un grupo de expertos en París.

Sokolov descubrió entonces que las cintas eran sumamente reveladoras, ya que ellas trataban del asesinato del Zar y su familia.

El presidente del Comité Ejecutivo Central, Yakov Sverdlov, envió un mensaje a Yakov Yurovsky dónde le transmitía que después de que le contó a Jacob Schiff en Nueva York sobre la proximidad del ejército Blanco, él había recibido las órdenes de Schiff de liquidar al Zar y a toda su familia en seguida. Esta orden fue entregada a Sverdlov por la Representación norteamericana que entonces se encontraba en Vologda.

Sverdlov ordenó a Yurovsky que llevara a cabo esta orden. Pero al día siguiente, Yurovsky quiso verificar si la orden realmente se aplicaba a toda la familia o simplemente a la cabeza de la familia, el Zar. Sverdlov le dijo entonces que la familia entera sería eliminada. Yurovsky era responsable para que la orden fuese llevada a cabo. Así que Lenín no decidió nada sobre esto.

El historiador judío Edvard Radzinsky ha intentado afirmar que fue Lenín quien dio las órdenes para asesinar al Zar y a su familia. Pero ninguno de tales telegramas se ha encontrado en los archivos. La explicación de Radzinsky fue que Lenín había destruido este telegrama no se sostiene, ya que por otra parte existe una inmensa cantidad de material comprometedor sobre Lenín. ¿Por qué debería haber destruido sólo este telegrama en particular y ningún otro documento igualmente incriminatorio?

El 24 de noviembre de 1924, Sokolov le dijo a un amigo íntimo que su editor tuvo miedo de imprimir estos hechos sensibles en su libro. Ellos fueron censurados y sacados. Sokolov le mostró las cintas originales y las traducciones descifradas a su amigo. Sokolov murió de pronto, un mes más tarde. Él estaba listo para viajar a los Estados Unidos para entregar evidencia en favor de Henry Ford en un pleito de Kuhn, Loeb & Co contra el magnate de los automóviles que había publicado su libro "El judío Internacional".

El libro de Sokolov "El Asesinato de la Familia del Zar" se publicó en Berlín en 1925 sin la información mencionada. Estos hechos sólo fueron conocidos por el público en 1939, en el periódico del exilio 'Tsarsky Vestnik'. El rol de Jacob Schiff en esos asesinatos sólo fue descrito en Rusia en 1990.

Las autoridades soviéticas no se atrevieron a publicar al principio, sobre la matanza de toda la familia del Zar. Ellos declararon que sólo el Zar había sido ejecutado. Ya que el asesinato fue planificado tan apresuradamente, Trotsky nunca consiguió jugar el rol de fiscal en el juicio contra el "tirano" tal como lo había planeado. (P. Mykov, "Los Últimos Días de los Romanovs", Sverdlovsk, 1926.).

Trotsky diría: "La ejecución de la familia imperial era necesaria, no sólo para desmoralizar al enemigo y robarle de toda esperanza, sino también para agitar a nuestro pueblo y mostrarles que no existe retorno."

Piotr Medvedyev, jefe de los guardias en el exterior de la casa, afirmó posteriormente que no tomó parte en los asesinatos. Su esposa relató cómo estaba de choqueado cuando llegó a su casa. Nunca se recuperó de esta experiencia.

El fin de Yakov Sverdlov también fue terrible. El 16 de marzo de 1919, visitaba la fábrica Morozov en Moscú, dónde un obrero le pegó en su cabeza con un objeto pesado, sucedió alrededor de cuatro de la tarde. (A. Paganuzzi, "La Verdad Sobre el Asesinato de la Familia del Zar", EE.UU., 1981, pág. 133.) Él murió oficialmente de tuberculosis.

Sverdlov había tenido una enorme influencia sobre los Bolcheviques en Yekaterinburg desde 1905, cuando el Partido le envió allí para organizar actividades "revolucionarias" (él organizó robos y asesinatos para colectar más dinero para el Partido). Los hechos reales sobre la muerte de Yakov Sverdlov seguían siendo un secreto estatal en la Unión Soviética.

Sverdlov también había robado propiedad de otras personas. Genrikh Yagoda, el Comisario del Pueblo para los Asuntos Interiores, había preparado un documento secreto, No. 56 568, el 27 de julio de 1935 en que declaró:

"La caja fuerte incombustible de Yakov Sverdlov se guardaba en las bodegas del Kremlin.

Las llaves estaban perdidas". El 26 de junio de este año, abrimos la caja fuerte y encontramos:

"1. Monedas de oro del período de la era Zarista que suman 108.525 rublos. (2) Artículos de oro, con muchas gemas - 705 artículos... tambien se encontró documentos de préstamos por 750.000 rublos. "(Sovershenno Sekretno, No. 9, 1995, pág. 16.)

Jacob Schiff murió muy repentinamente en 1920. El asesino Yankel Yurovsky, sin embargo, murió después de sufrir un largo y doloroso cáncer. La mayoría de aquellos involucrados en el asesinato del Zar fueron ejecutados durante el terror masivo de los años treinta (Ohtuleht, 22 de julio de 1993). El resto de la escuadra de ejecución cayó víctima de una u otra desgracia.

La casa en que fue asesinado el Zar y su familia, sus sirvientes y su doctor, fue demolida por orden de Boris Yeltsin en 1977. Era entonces el jefe del Partido en Sverdlovsk (ahora nuevamente Yekaterinburg).

El judío Markov en Perm ya había ejecutado al último Zar de Rusia, Mikhail II, el 12 de junio de 1918. Los verdugos que lo ayudaban fueron Zhuzhgov, Myasnikov e Ivanchenko. El cuerpo de Mikhail Romanov fue incinerado. Nicolás había abdicado en favor de su hermano, Mikhail.

De esta manera, Rusia fue limpiada de todos lo tipos de "pestes" que era lo que Lenín había exigido en un decreto en enero de 1918.

Winston Churchill confirmó el 11 de abril de 1919: "De todas las tiranías en la historia, la tiranía Bolchevique es la peor, la más destructiva, la más degradante". (Paul Johnson, "Tiempos Modernos", Estocolmo, 1987, pág. 106.)

Esto es verdad. Cada uno de los castillos en Rusia fue saqueado, tal como los fondos de los negocios más grandes que fueron confiscados sin embargo, en una fase posterior.

Los Bolcheviques torturaban a las personas para llegar a sus joyas. Comenzaron gobernando con el hambre como arma, sólo como la mafia La Cosa Nostra en Sicilia empezó a gobernar aprovechándose de la sequía.

Todo tipo de bienes fueron enviados a Berlín. En 1918 solamente, 841 vagones de maderas, 1218 vagones de carne, dos millones de libras de lino, etc.. Los judíos "revolucionarios" sólo estaban interesados en ellos mismos.

Gleb Boky continuó usando el viejo truco de Uritsky de exigir grandes cantidades de dinero a los rehenes, el dinero fue a parar a su propio bolsillo.

El GPU descubrió en 1932 que Ganetsky tenía 60 millones de francos suizos en una cuenta bancaria en Ginebra. (Igor Bunich, "El Partido del Oro", St. Petersburgo, 1992, pág. 42.)

En octubre de 1918, los banqueros judíos en Berlín recibieron 47 cajas de oro de Rusia, conteniendo 3125 kilogramos de oro, en 191 barras. Todos esto, se habían saqueado del pueblo ruso, oro que después llegó a ser tristemente conocido como el oro judío. 50.000 marcos alemanes y 300.000 rublos también fueron entregados.

En el otoño de 1917, el banquero judío Mendelssohn en Berlín recibió 50.676 kilos de oro ruso robado, 113.636 rublos (qué era equivalente a 48.819 kilos de oro). La firma de Mendelssohn en los archivos del Partido Comunista ratifica el hecho que recibió estas riquezas: un verdadero caso de 'Recepción de Bienes Robados'. (Viktor Kuznetsov, "El Secreto del Golpe del octubre", St. Petersburgo, 2001, pág. 51.)

Los Comunistas quemaron millones de valiosos libros y manuscritos únicos.

95 por ciento de los sitios de herencia cultural fueron destruidos. Tan tarde como en 1970 un funcionario soviético le dijo abiertamente al director Yuri Lyubimov: "Nosotros no necesitamos a Bulgakov ni a Dostoievski..." (Edasi, 2 de agosto de 1988, pag 6.)

También se han quemado los libros indeseables en Israel. El 23 de marzo de 1980 cientos de copias del Nuevo Testamento fueron pública y ceremoniosamente quemados en Jerusalén, bajo los auspicios de Yad Le'akhim, un organización religiosa judía subvencionada por el Ministerio israelita de Religiones. (Israel Shahak, "Historia judía, la Religión judía", Londres, 1994, pág. 21.)

Los Bolcheviques hicieron todo lo realmente posible para dejar a los rusos que quedaron, en la cloaca étnica de la que Marx habló. Ellos quisieron aplastar el espíritu y la moral de las personas a través de la pobreza total y forzarlos en la criminalidad y el alcoholismo. Haciendo eso, deseaban hacer a los obreros menos peligrosos. Ciertamente tuvieron éxito. Todos tuvimos miedo de los Comunistas. Los Jacobinos también habían usado el terror con sus ciudadanos para hacerles más fácil de controlar.

Hace 2500 años atrás, el filósofo chino Sun Tzu (490 A.C.) escribió "El Arte de la Guerra ", dónde él describió las tácticas más eficaces contra un país enemigo de una forma tal, que es relevante hoy en día: "Todo los que es valioso en el país del enemigo debe ser atacado y destruirse... Cooperación con lo peor y más vil de las criaturas. Provocar luchas y conflictos entre los ciudadanos... Degradar las tradiciones del enemigo y arrancarles su historia. Infiltre la sociedad con espías."

El Comunismo internacional usó una técnica similar a esta, contra la sociedad rusa. Comenzaron a eliminar las tradiciones renombrando 1200 ciudades y pueblos rusos y millones de calles cambiaron su nombre.

Durante la nueva generación, los Comunistas empezaron a usar los medios socialistas más eficientes para detener el desarrollo espiritual y psicológico de la sociedad - las sendas de estudios fueron cerradas para los talentosos y sólo eran disponibles para aquellos sin inteligencia.

¿No había señalado Vladimir Lenin, que se permitiera la entrada a las universidades sólo aquellos que buscaban un diploma y no el conocimiento? Los Socialistas suecos también han usado "con éxito" este método. Los Comunistas y Socialistas saben que cada persona talentosa e inteligente está en contra de su locura social.

El doctor y publicista judío, Salomón Schulman, admitió al describir al pueblo soviético el 25 de septiembre de 1994 en Svenska Dagbladet, que un nuevo día estaba amaneciendo; una nueva raza judía había entrado al mundo. Se refería al pueblo soviético. ¿Es posible afirmar la situación más claramente? La élite financiera internacional decidió ya en 1814, en el Congreso de Viena, que Rusia debería ser destruida como una venganza sobre el Zar ruso que estaba contra los planes para crear Comunidad Social europea.

Los verdugos Bolcheviques creyeron que ellos tenían la justicia a su lado, ya que el Dios de los judíos les había dado el derecho para exterminar todas las razas indeseables (Deuteronomio 7:22-25). Su Dios también les había dado el derecho para esclavizar a otras razas pacíficas (Deuteronomio 20:10-11). Karl Radek proclamó que era un prejuicio burgués actuar como si el trabajo llevara a la libertad.

El sensato escritor judío A. B. Jehoshua confirmó: "Para mí, la catástrofe en el Judaísmo es la idea de ser el Pueblo escogido..." (Dagens Nyheter, 3 el 1988 de enero.) Pero ¿No construye el Sionismo su ideología totalmente en el mito sobre el "Pueblo escogido de Dios"? Es una ideología racista, aunque la ONU ya no lo considera como tal.

Los Bolcheviques empezaron manipulando la historia precisamente como les satisfacía para esconder sus crímenes. Presentaron su "historia" precisamente como deseaban que el mundo la percibiera. Esa fue la razón por la cual la amenaza más grande para el Comunismo, que estaba basada completamente en mentiras y temor, eran aquellos que valientemente se atrevieron a decir la verdad. Hablar la verdad fue considerado como agitación anti-soviética y castigada de acuerdo con esto. Durante el período Glasnost 1986-1991, la verdad agujereó el "corazón" mismo del Comunismo y lo destruyó.

Tal como el lector puede haber comprendido, el Leninismo fue nada más que bandidaje político organizado, dónde varios grupos judíos, constantemente lucharon por el poder entre ellos, aun cuando fueron otras razas las sufrieron terribles consecuencias de su locura. Esta lucha de poder fue camuflada oficialmente como "antisemitismo estatal". Y así, un nuevo mito nació.

El líder del grupo poderoso que derrotó a los otros, fue Lazar Kaganovich, uno de los peores asesinos en masa en la historia.

EL LOBO SANGUINARIO DEL KREMLIN
LAZAR KAGANOVICH

El mejor secuaz de Stalin fue Lazar Kaganovich. Nació el 22 de noviembre de 1893 en el pueblo de Kabany en la provincia de Kiev, según los documentos del Partido. Su fecha oficial de nacimiento se cambió al 22 de febrero de 1893.

Lazar Kaganovich empezó asistiendo a una escuela judía Heder. Un ex zapatero y Menshevike, hizo una increíble carrera en la Rusia soviética.

Oficialmente había trabajado previamente reparando calzado. No tenía otra educación. Por ello era clasificado como "autodidacta" en sus documentos del Partido. Ingresó al Partido Bolchevique ya en diciembre de 1911, su carnet de miembro del Partido era el número 000 008. Fue considerado como un funcionario enérgico que era bueno para organizar personas.

Escribiendo ruso cometía serios errores gramaticales, según el secretario de Stalin, Boris Bazhanov en sus memorias.

La biografía oficial de Kaganovich afirma que había sido desterrado a su pueblo natal en 1915, pero que había escapado y se ocultó bajo varios seudónimos hasta la revolución de febrero de 1917. Sus actividades en ese momento seguían siendo un secreto estatal, como el hecho que él era miembro del movimiento Sionista Po'alei Sión (Obreros de Sión). Esa organización buscaba combinar el Socialismo con el Sionismo. Decenas de miles de Bolcheviques judíos eran miembros de Po'alei Sión.

En el periódico Molodaya Gvardiya (No. 9, 1989), el historiador ruso Sergei Naumov (Magadan) afirmó, que Kaganovich era realmente un miembro de Po'alei Sión. Los documentos enviados a Lazar Kaganovich en que los emisarios de la organización Sionista internacional Po'alei Sión daban cuenta de la recepción de dinero, se ha encontrado en los archivos.

Aquellos que estaban fuera de la organización no se les permitía ver tales informes.

León (Leiba) Mekhlis, otro notorio verdugo bajo Stalin, también era miembro de Po'alei Sión.

Po'alei Sión se fundó en 1899 y la rama rusa en 1901. Los líderes de la organización eran entonces Khaim Zhitlovsky y Nakhman Syrkin (1868-1924). Ellos tomaron parte activa en la "revolución" en Rusia en 1905-

1906, cuando 25.000 miembros de este grupo Sionista-marxista lucharon contra el Zar.

La Unión Mundial de este grupo fue fundada en 1907 y su oficina principal estuvo en la Haya entre 1915 y 1916, pero entre 1917 y 1919 se trasladó a Estocolmo dónde recibió todo tipo de ayuda imaginable. La oficina principal se movió luego a la Unión Soviética, dónde Po'alei Sión existió legalmente como el Partido Sionista Socialista hasta 1928.

Los miembros infiltraron entonces el Partido comunista y otras organizaciones. Po'alei Sión apoyó la toma del poder Bolchevique activamente.

Los miembros de Po'alei Sión eran principalmente extremistas y terroristas que asesinaban a cualquiera que estuviese en el camino del Poder Judío en Rusia. Esa organización Marxista subversiva incluso estaba presente en la pequeña Estonia.

Bund - el Partido Nacionalista Judío - y Po'alei Sión continuaron sus actividades aunque todos los otros partidos fueron prohibidos, excepto el Partido Comunista. El Partido comunista incluso tenía una Yevsektsia (esto es: una sección judía). 90 por ciento de los Sionistas Rojos pertenecían al aparato represivo comunista, según Sergei Naumov.

En 1918 los judíos Lazar Kaganovich, Genrikh Yagoda y Yan Gamarnik deportaron a 50.000 campesinos rusos del área de Kuban. Claro, esas víctimas fueron llevadas lejos, como de costumbre, en carros ganaderos.

En 1922, Lazar Kaganovich ayudó a Stalin para lograr ser el líder de la sección organizacional y de educación del Comité Central. Luego pasó al Comité Central y a la Secretaría en 1924 - Lazar Kaganovich llegó a ser Secretario del Comité Central. Después de esto, él se encargó de las tareas más importantes. Entre 1925 y 1928 él fue el primer secretario del Partido en Ucrania. Él sólo tenía un jefe - Stalin.

La vida cultural judía en la Unión Soviética floreció bajo la protección de Kaganovich. En 1928 había ya en el imperio soviético 1.075 escuelas judías dónde se educaban 160.000 niños en yídish. El número de instituciones judías aumentó rápidamente en los años 1930-31.

Se publicaban tres periódicos diarios en yídish: Der Emess (en Moscú), Oktober (en Minsk) y Stern (en Kharkov). Oktober escribió airadamente que los rusos decían: "¡Malditos judíos!". Había también muchos periódicos locales y revistas (Einigkeit, Heimland). Un periódico para niños "Zei Gereit" (¡Estar Preparado!) también se publicaba en Kharkov.

El número de libros y periódicos aumentó de 11 títulos a 298 (la edición total subió desde 155.000 a 1.136.000). La Editorial Emess existió por 30 años. Debo mencionar aquí que las publicaciones judías no estaban sujetas a la censura como lo estaban otras publicaciones. Un importante personaje cultural judío me contó que Glavlit (el órgano de censura) no censuraba al periódico Sovetisch Heimland periódico. Ésa era una señal de la especial confianza del Partido.

Existía un departamento para los estudios de la Cultura judía en la Academia de Bielorusia. Un instituto para la Cultura judía se fundó en Ucrania en 1929. Ciertas universidades en la formación de maestros tenían departamentos especiales para la educación de maestros que daban instrucción calificada en las escuelas judías. La Universidad del Pueblo Judío se abrió después de la "revolución", según la Enciclopedia Judaica. Esas organizaciones judías que no satisfacían a los jefes de los bandoleros eran cerradas.

Lazar Kaganovich era la mano derecha de Stalin en la Máquina del Terror. No había una gota de compasión en alguna parte de su ser, según Robert Conquest. Creía que los intereses de los Bolcheviques justificaban cualquier crimen. Nikita Khrushchev, que era uno de sus ayudantes más íntimos, lo caracterizó como el "hombre más despiadado".

El periodista norteamericano Stuart Kahan, publicó un libro muy revelador sobre Lazar Kaganovich. Kahan es el nieto del hermano de Kaganovich, Morris, que emigró a principios de 1900 a los Estados Unidos de América. Habló largamente con su pariente en yídish, el 23 de septiembre de 1981 en Rusia. El resultado fue el libro "El Lobo del Kremlin" (Estocolmo, 1988).

Lazar Kaganovich confirmó a su pariente, entre otras cosas, que fue Trotsky quien dirigió la toma del poder el 7-8 de noviembre de 1917. Él por supuesto idealizaba a Lenín y a Stalin y conservaba los mitos soviéticos. Él sin embargo, confirmó la existencia de protocolos suplementarios secretos en el pacto Molotov-Ribbentrop.

KAGANOVICH COMO EMINENCIA GRIS

Lazar Kaganovich hizo una carrera maravillosa después de ayudar a que Stalin impusiera silencio a Nadezhda Krupskaya y, a través de ella, se apropiara de las riquezas que Lenín había enviado a Suiza. Después hizo una contribución significativa al enfrentamiento contra Trotsky.

Krupskaya se puso demasiado molesta para Stalin ya que ella, Kirov y Ordzhonikidze habían exigido que Stalin debía ser reemplazado por Trotsky. En una reunión de los líderes del Comité Central, Kaganovich exigió que Krupskaya debía cesar toda actividad política y que no debía permitírsele nuevamente asistir a las reuniones del Comité Central y que ella debería quedarse callada.

De otra forma, el Partido informaría al público que Yelena Stasova había sido la esposa real de Lenín y que Krupskaya había sido simplemente su amante. Krupskaya cedió. Por esa contribución, Lazar Kaganovich fue promovido a miembro del Politburó y jefe del Partido de Moscú. Previamente había mantenido el puesto de Secretario General de los sindicatos, entre otros.

Stalin le explicó personalmente a Krupskaya qué destino le esperaba si ella no transfería la fortuna de Lenín a Moscú. El Partido podría presentar Roza Zemlyachka incluso como la viuda de Lenín. Krupskaya cedió y reveló las locaciones y números de cuenta que Stalin necesitaba para llegar al oro de Lenín.

En ese punto, Lazar Kaganovich comenzó realmente a dirigir el cruel terror de Stalin. Pero para volverse una eminencia gris en el Kremlin él también necesitaba una "Esther" junto a su gobernante. La oportunidad se presentó cuando Stalin asesinó a su segunda esposa, Nadezhda Alliluyeva, en un ataque de rabia el 9 de noviembre de 1932.

Muchos historiadores no dudan que Stalin realmente estranguló a su esposa después que ella lo acusó de genocidio. Stalin ya estaba irritado sobre la relación lesbiana de su esposa con una Judía, Zoya Mosina que fue encarcelada después y enviada a Siberia. Todo esto según el diplomático soviético desertor, Grigori Besedovsky, (en realidad Ivan Raguza) en su libro "Memorias de Litvinov".

El propio Stalin tenía una inclinación hacia la homosexualidad, según el Bolchevique judío Isaac Don Levin ("El Gran Secreto de Stalin", Nueva York, 1956, pág. 40).

Así el segundo matrimonio de Stalin (su primera esposa era Yekaterina Svanidze, de quien se divorció en 1918) acabó violentamente. Había empezado con una violación, mientras Stalin estaba camino a Tsaritsyn en 1918 para acelerar los transportes de grano.

El bolchevique Sergei Alliluyev y su hija Nadya de 17 años viajaban en el mismo vagón. Se escucharon gritos desde su compartimiento durante la noche. El padre exigió que se abriera la puerta. Finalmente la abrieron y Nadya, en lágrimas, corrió afuera y abrazó a su padre. Ella afirmó que Stalin simplemente la había violado. Sergei AUiluyev sacó su revólver para disparar al ofensor. Stalin se arrodilló, rogó el perdón y prometió casarse con la muchacha si lo que había ocurrido quedaba en silencio. Sergei Alliluyev se tranquilizó y estuvo de acuerdo en no matar a Stalin.

Esa decisión le costaría a su hija la vida catorce años más tarde. Cuando caminaba en la procesión fúnebre, no sospechaba que Stalin probablemente también destruiría a su hijo. Pero esto fue lo que sucedió en 1939.

Joseph Stalin (en realidad Dzhugashvili) era medio judío, según el investigador ruso Gregory Klimov. El judío David Weissman afirmó que era totalmente judío. (B'nai B'rith Messenger, 3 de marzo de 1950, pág. 19)

El doctor judío y publicista, Salomón Schulman, admitió en Suecia que Stalin podía hablar yídish y podía referir el periódico 'Di Goldene Kayt' (1962) como su fuente. Esto fue revelado durante una reunión entre Stalin y los poetas judíos Abraham Sutzkever y Shlomo Mikhoels (Comisario para la Propaganda). Sutzkever discutió problemas de la cultura yídish con que Stalin estaba familiarizado. Sutzkever hablaba yídish y Stalin entendió todo pero prefirió contestar en ruso.

El hecho que Stalin entendía yídish era uno de los secretos estatales más celosamente guardados de la Unión Soviética. Stalin se transformó en una herramienta bastante obediente de la élite financiera internacional. Lazar Kaganovich se aseguró que él siguiera todas las directivas importantes. Stalin no permitió ningún tipo de antisemitismo al principio. Escribió un artículo sobre las formas más eficaces de combatir el antisemitismo que fue publicado por Pravda (No. 41) en febrero de 1929.

La hermana de Lazar, Roza, se transformó en la nueva esposa de Stalin y por ello también en una 'Esther' de los judíos, siguiendo el ejemplo del Antiguo Testamento. En 1924, un serio conflicto se desarrolló entre los judíos de Occidente (Haskala) y Oriente (Hasidic) en Rusia. Los primeros querían a Trotsky como el representante principal de su régimen, los últimos preferían al medio-judío Stalin y deseaban sacar a tantos judíos Occidentales como fuese posible de los corredores del poder. Trotsky, sin embargo, tenía planes para dejar la Rusia con los beneficios de todo su pillaje.

Zinoviev, Kamenev y Kaganovich estaban al principio a la cabeza de los judíos Orientales (los dos primeros habían cambiado de lado). Stalin deseaba permanecer en Rusia y aprovecharse de los rusos y de otros pueblos como esclavos de la Mafia Comunista. Los Stalinistas quisieron librarse de tantos judíos Occidentales como fuese posible. Estos grupos criminales lucharon el uno contra el otro, tal como los Jacobinos había luchado entre ellos durante su reino de terror.

Los judíos orientales lograron ganar la mano el 21 de mayo de 1924 y Stalin fue reelegido como Secretario General del Comité Central. Fue Zinoviev quien más ávidamente propuso a Stalin para la dirección. Este apoyo le costó su vida después (en 1936), ya que Stalin estaba detrás de la fortuna personal de Zinoviev. A través de la tortura, Stalin obtuvo el número de cuenta de Zinoviev.

Muchos otros bolcheviques importantes también entregaron sus riquezas a Stalin después de la tortura (Kamenev, Bukharin, Unschlicht, Boky, Ganetsky, Bela Kun y otros). Stalin tomó 60 millones de francos suizos exclusivamente de Ganetsky. Los Chekistas torturaron a Bela Kun durante tres días antes que cediera y les dijera dónde estaba oculta su fortuna.

Fue duro para él entregar sus ganancias mal adquiridas. Oficialmente, él fue ejecutado por la violación de muchas de sus víctimas mujeres. Sólo los judíos norteamericanos que habían acumulados enormes fortunas mientras trabajaron en el aparato de poder Soviético, fueron dejados en paz.

Trotsky estaba descontrolado, aunque logró permanecer en los corredores del poder. Decidió dejar Rusia después. Le permitieron llevarse su extenso archivo con él. Stalin había hecho espiar a Trotsky para averiguar dónde había escondido su fortuna. A estas alturas Lazar Kaganovich y otros judíos dispuestos, comenzaron a jugar importantes roles en el estado soviético.

Para camuflar esta lucha de poder, se llamó el "antisemitismo" de Stalin.

El público no sabía que los ayudantes más íntimos de Stalin aún eran judíos, según las Memorias del desertor Secretario del Politburó, Boris Bazhanov (escapó diestramente a Persia el 1° de enero de 1928). Incluso el secretario personal de Stalin, León (Leiba) Mekhlis, era judío. Su secretario para los asuntos "sensibles a la luz" era Grigori Kanner.

El posteriormente ahogado y último secuaz de Trotsky, Yefraim Shklyansky, fue un ejemplo perfecto de un asunto "sensible a la luz". Stalin tenía un total de 49 secretarios. 40 de ellos (80 por ciento) eran judíos. Pero esos hombres, a su vez, necesitaban ayudantes. Kanner empleó a un judío conocido como Bombin para ayudarle. Mekhlis tenía dos auxiliares judíos, Makhover y Yuzhak, según Boris Bazhanov.

Boris Bazhanov que llegó después a ser secretario de Stalin en el Politburó, afirmó en sus memorias, publicadas en occidente, que Stalin, debido a su ignorancia política, no estaba totalmente interesado en las materias de gobierno. Aquellas eran vistas por sus asesores judíos. Bazhanov también confirmó que todo aquello que necesitaba ser comprado en el extranjero (por ejemplo: locomotoras y otros productos de industria) se compraban a través de poderosos grupos de las finanzas judíos que tenían una actitud comprensible hacia la revolución Bolchevique. Bazhanov también admitió que en la realidad, la mitad de los miembros del Comité Central eran judíos y que habían ocupado todas las posiciones importantes rápidamente.

En 1939, los judíos mantenían todavía el 38 por ciento de los puestos dentro del Soviet Supremo. Había un número increíble de judíos en la cima misma de la pirámide administrativa de Stalin. Los no-judíos en el gobierno eran sólo títeres. Bazhanov declaró abiertamente que los judíos tenían más poder que los otros. Esta franqueza permaneció hasta 1925, cuando las posiciones privilegiadas y firmes de los judíos en la sociedad soviética comenzaron a ser camufladas.

El antisemitismo continuó creciendo entre las personas. Nikolai Bukharin dijo en 1927: "Nosotros nunca hemos tenido un anti-semitismo tan extremo como ahora". Se puso aún mucho peor después, a pesar de la creación de una oficina especial en el Comité Central de los Comunistas Jóvenes (Komsomol) con el propósito de combatir el antisemitismo.

Fue extraño que todas sus decisiones fueran fijadas como secretas. Un ejemplo de esto fue una resolución del 2 de noviembre de 1926, dónde se declaraba que el objetivo principal del Komsomol era combatir el antisemitismo en la sociedad. Esa fue la razón por la cual Stalin proclamó el 1º de enero de 1931 que: "los comunistas condenan anti-Semitismo resueltamente" y que "en la Unión Soviética, el antisemitismo se castiga de la manera más severa".

Era sin efecto, ya que los judíos extremistas continuaron dominando las áreas más importantes.

Incluso en las universidades, los profesores y disertantes principales eran judíos, que habían comenzado a formar la nueva generación comunista. Podemos ver el resultado terrible de ese "trabajo educativo" por todas partes en la sociedad amoral de la Rusia de hoy.

Había 25.000 disertantes universitarios judíos en la Unión Soviética en 1968, según Isaac Deutscher. Él confirmó en su libro "El judío Un-judío" que los judíos fueron privilegiados después de la toma del poder Bolchevique. Ellos tenían sus propios teatros, editoriales y periódicos.

En noviembre de 1936 el Primer Ministro de la Unión Soviética (Presidente del Concejo de los Comisarios del Pueblo), Vyacheslav Molotov (en realidad Skryabin), amenazó a los antisemitas con la pena de muerte.

Kaganovich supo muy bien que Stalin padecía de paranoia. Una mejor herramienta sería difícil de encontrar. Lazar Kaganovich se aprovechó de la paranoia de Stalin hasta lo máximo e incluso empeoró su enfermedad de todas las formas posibles de tal manera que tanto rusos como competidores judíos perecieran.

Stalin ya padecía de algunos problemas psicológicos en diciembre de 1927. Él se había vuelto especialmente irritable en la lucha por el poder con León Trotsky. Esa fue la razón por la cual el Politburó quiso que el mundialmente famoso neurólogo, Vladimir Bekhterev, examinara a Stalin.

Incluso el propio Stalin quiso un examen, ya que su brazo izquierdo se había perdido movimiento y quería un diagnóstico. El Profesor Bekhterev estaba participando en un congreso y fue llevado ante Stalin en el Kremlin. Examinó a Stalin durante unas horas.

Cuando volvió al congreso, dijo es voz alta, para que todos pudieran oír, que él simplemente había sido consultado por un paranoico histérico.

Así Bekhterev había hecho su diagnóstico - extrema paranoia. Bekhterev murió la noche siguiente. Fue envenenado. Jamás se realizó un examen post-mortem. (Svenska Dagbladet, 22 de noviembre de 1988; Dagens Nyheter, 25 de octubre de 1991).

Lazar Kaganovich le dijo a su pariente norteamericano que fue Stalin quien, el 29 de noviembre de 1934, había planeado el asesinato de Sergei Kirov junto con Genrikh Yagoda (nacido en 1891 como Hirsch Yehuda), el jefe judío del NKVD. Kirov fue asesinado el 1° de diciembre de 1934. León Trotsky fue acusado oficialmente de la planificación del asesinato de Kirov e incluso fue sentenciado en ausencia por dicho crimen.

Fue Kaganovich quien sugirió cómo librarse de competidores indeseables. Por ejemplo, sugirió ejecutar a Nikolai Bukharin por haber actuado como un lacayo de los Nazis. Bukharin había sido llamado antes "el muchacho de oro de la revolución". Kaganovich y Stalin estaban detrás de sus riquezas.

Dos terceras partes de los miembros del Politburó fueron ejecutados en un futuro a través de las intrigas de Kaganovich. De los 139 miembros elegidos en 1934 al Comité Central, 98 fueron liquidados posteriormente.

Nikita Khrushchev también confirmó esto. Otros funcionarios importantes del aparato del Partido fueron también asesinados, incluyendo a Eismont, Tolmachev y Martemyan Ryutin (un miembro de la banda de Bukharin).

Lazar Kaganovich también se aseguró que sus parientes obtuvieran altos puestos dentro del aparato gubernamental. Su hermano Mikhail Kaganovich se hizo Comisario del Pueblo para los Asuntos de la Aviación. Yulius Kaganovich fue nombrado Secretario del Partido en Gorky (Nizhny Novgorod). Boris Kaganovich fue nombrado Jefe de la industria de uniformes militares. Otros parientes de Lazar Kaganovich (Aaron Kaganovich, S. Kaganovich y otros) llegaron a ser importantes oficiales. (Rudolf Kommos, "Juden hinter Stalin" / "Judíos detrás de Stalin", Bremen, 1989, pág. 158.)

Los historiadores y los medios de comunicación en Occidente han afirmado que ya no había ningún judío en el aparato administrativo durante el tiempo de Stalin. Conseguí una impresión muy diferente cuando verifiqué las listas de oficiales y secretarios en los diferentes Comisariatos del Pueblo en los años 1930-39.

Los Comisarios del Pueblo de extracción judía todavía dominaban. En 1937, 17 de los 22 Comisarios eran judíos, a pesar del hecho que los Comunistas no quisieron exponer el considerable número de elementos judíos en el aparato gubernamental soviético. Aquí yo puedo nombrar Isidor Lyubimov (en realidad Kozelevsky), Moisei Kalmanovich, Arkadi

Rosengoltz, Israel Veitzer, Yankel Gamarnik y Máxim Litvinov (en realidad Wallakh-Finkelstein).

El Concejo de los Comisarios del Pueblo consistía de 133 miembros de los cuales 115 eran judíos. El Presidium del Soviet Supremo en 1937 tenía 27 miembros de los cuales 17 eran judíos.

Usaré el Comisariato del Pueblo para los Asuntos de Comercio Exterior como un ejemplo. El Comisario del Pueblo era el judío Arkadi Rosengoltz. Sus diputados también eran judíos: Moisei Frumkin e Israel Veitzer. Todos los funcionarios importantes del mismo Comisariato del Pueblo eran judíos: B. Belensky, S. Bron, S. Messing, B. Plavnik, M. Bronsky, S. Dvoilatsky, L. Friedrichsohn, M. Gurevich, Y. Yanson, M. Kattel, F. Kilevets, A. Kisin, B. Krayevsky, F. Rabinovich, N. Romm, Y. Sokolin, M. Sorokin, A. Tamarin, S. Zhukovsky, Y. Flior, I. Katznelson.

Sólo los muchachos de los mandados eran no-judíos. Los funcionarios de los otros Comisariatos del Pueblo también eran principalmente judíos.

El cuadro era el mismo a lo largo de los puesto principales del Comité Central. Incluso el puesto de Secretario General estaba ocupado por el medio-judío Georgiano, Joseph Stalin. La mayoría de los otros funcionarios importante era los siguientes judíos: Lazar Kaganovich, Yan Gamarnik (Jefe del Staff Político del Ejército Rojo), I. Kabakov (en realidad Rosenfeld), Mikhail Kaganovich, Vilhelm Knorin, Joseph Pyatnitsky (en realidad Aronsson), Mikhail Rukhimovich, M. Khatayevich, Moisei Kalmanovich, D. Beika, Tsifrinovich, F. Gradinsky, Grigori Kaminsky, Grigori Kanner, T. Deribas, S. Schwartz, E. Veger, Leon Mekhlis, A. Steingart, Genrich Yagoda, Yona Yakir, Moisei Einstein, Yan Yakovlev (en realidad Epstein), Grigori Sokolnikov (en realidad Brilliant), Vyacheslav Polonsky (en realidad Gusin), G. Veinberg, Itzik Feffer, Samuil Agurzky, Khaim Fomin y otros.

Estos judíos jugaron roles importantes en el aparato del Partido: Eismont, Tolmachov, Martemyan Ryutin. No hay bastante espacio aquí para nombrar a todos y pasar por todas las listas de esta manera. El cuadro es claramente uno. Los no-judíos ocasionales, normalmente se casaban con Judías, como Vyacheslav Molotov (Skxyabin) quién se casó con Polina Zhemchuzhina (en realidad Perl Karpovskaya). Ella era hermana de Samuel Karp, el dueño de Karp Export-Import Co. Bridgeport, Connecticut. Stalin la había encarcelado pero después la liberó. Fue todo un gran error de su parte.

Me gustaría sin embargo, tomar esta oportunidad para nombrar a algunas de las personas más importantes dentro de la Cheka (la policía política), quienes hicieron el trabajo sucio de Kaganovich y Stalin. La Policía Política tenía 59 líderes top. Solamente dos de ellos no eran judíos. Los líderes de la Cheka en 1930 fueron los siguientes judíos: Meier

Trilisser, Yakov Agranov (en realidad Sorenson), Mark Gay, Stanislav Redens, Roman Pilyar, Abram Slutsky (asesinaba enemigos del Comunismo en el extranjero), Yakov Aleksnis, Israel Leplevsky, Leonid Zakovsky, Zinovi Ushakov-Ushmirsky, Isaac Shapiro, Boris Berman (Jefe del NKVD Sección investigación, juicios), Lazar Kogan (fue un interrogador particularmente cruel), Yakov Rapoport, Joshua Sorokin, David Schuster, Mikhail Spiegelglas (Sub jefe del NKVD sección exterior), Moisei Gorb (jefe del NKVD Sección especial), Yakov Broverman, Leonid Reikhman, Leon Elberg, Leon Scheinin, Boris Stein, Yakov Surits (había sido embajador de la Rusia Soviética en Noruega, Alemania y Francia), Vera Inber, Alexander Langfang (verdugo sin educación que llegó a ser famoso como "el machete"), Vilhelm Knorin, Joseph Pyatnitsky (en realidad Aronson), Mikhail Frinovsky, Yakov Smushkevich (quien fue nombrado Jefe de la Fuerza Aérea en 1940), Mendel Berman, Boris Rodos (totalmente ignorante), Leon Schwartzman, Yevgeni Hirschfeld, Sergei Efron, Zakhar Volovich (tristemente famoso verdugo), Israel Pinzur, Leon Vlodzhiminsky, Naftali Frenkel, L. Zalin, L. Meier, Z. Katznelsohn, F. Kurmin, Leonid Vul, A. Forkaister, L. Belsky (en realidad Levan), S. Gindin, V. Zaidman, J. Volfzon, G. Abrampolsky, I. Weizman, S. Rosenberg, A. Minkin, F. Katz, A. Shapiro,

L. Spiegelman, M. Pater, A. Dorfman, B. Ginzburg, V. Baumgart, J. Vodarsky, K. Goldstein, Lipsky, Ritkovsky, Berenson, Zelikman, Sofia Gertner, Yakov Mekler y muchos otros.

Hubo algunos desertores defraudados incluso entre los funcionarios de más alto nivel, entre ellos el residente importante del NKVD, Leiba Feldbin, que desertó a los Estados Unidos de América en julio de 1938.

El 5 de mayo de 1993, Pravda publicó algunos documentos sumamente secretos de la 13 División del NKVD y después de una sección correspondiente a la KGB, que demostraban que un gran número de personas en la Unión Soviética fueron asesinadas como víctimas de asesinatos rituales judíos. Pravda declaró que" existen 40 a 50 personas cada año, que fueron asesinadas con huellas de tortura ritual".

¿Cuándo veremos el fin de tales crímenes primitivos?

Los judíos también jugaron los principales roles en el Servicio de Inteligencia Militar (GRU). Aquí puedo mencionar al agente secreto Leopold Trepper, cuyo padre era un comerciante en Polonia. Trepper decía orgullosamente: "¡Yo soy Comunista, porque soy judío! " (Harry Rositzke, "KGB", Helsinki, 1984, pág. 25.)

Antes, había sido un activista Sionista en Palestina, pero había sido expulsado a Francia, de allí se fue a Moscú. Otro agente exitoso fue Ignatz Reiss (en realidad Ignati Pretsky), a quien Stalin asesinó en 1937 en Lausana porque Reiss continuaba apoyando a Trotsky. Esta misión se la entregaron a Valter Krivitsky (nacido en 1899 en Polonia como Schmelka Ginsburg).

Valter Krivitsky ya era un asesino en masa a la edad de 19 años. El grupo de exterminio bajo sus órdenes asesinó a 2.341 personas. En 1935 llegó a ser Jefe del Servicio de Inteligencia Militar soviético. Después de 20 años trabajando como asesino soviético, se quebró cuando le pidieron que matara a su amigo judío y Comunista, compañero en los asesinatos, Ignatz Reiss en Suiza. Reiss había juntado mucho dinero para desertar a Occidente. Krivitsky desertó y se ocultó, después de lo cual, otro asesino judío, Isaac Spiegelglas, le fue ordenado completar la misión. Reiss fue asesinado el 4 de septiembre de 1937.

El Primer Ministro francés, el judío León Blum, prometió ayudar y proteger a Krivitsky. Un activista judío, Paul Wohl, llevó en forma ilegal a Krivitsky, de contrabando, desde Francia a los Estados Unidos de América. Israel Don Levine del 'Saturday Evening Post' le dio un contrato a Krivitsky por nueve artículos a US$ 5.000 cada uno. Krivitsky fue encontrado muerto en su casa, pronto después.

Los métodos contra los desertores fueron cambiados más tarde. El agente desertor del GRU, Viktor Suvorov, describió en su libro "El Acuario" (Yekaterinburg, 1993, pag. 4-6) cómo el GRU después de la Segunda Guerra Mundial quemaba vivos a los agentes que fallaban en sus misiones o traicionaban.

Ellos eran narcotizados y llevados en valijas diplomáticas de Occidente a Moscú para ser quemados vivos en hornos de fundición. Los film de las ejecuciones eran mostradas a los nuevos reclutas para que ellos no se hicieran ilusiones sobre lo que pasaba a aquellos que fallaban en sus misiones o traicionaban a la organización. Uno de tales traidores fue el Coronel del GRU, Oleg Penkovsky. Los británicos le permitieron a la KGB arrestarlo. Penkovsky admitió todo y fue sentenciado a muerte. El 16 de mayo de 1963, fue quemado vivo, ante de los ojos de un grupo de oficiales de alta graduación.

El Secretariado del Presidente Boris Yeltsin admitió en 1992 que el Partido Comunista había formado un Fuerza Especial para llevar a cabo los ataques terroristas contra oponentes políticos en Occidente (Svenska Dagbladet, 11 de julio de 1992).

Los mejores agentes del Comintern también eran judíos. Jakob Kirchstein y Rudolf Katz fueron considerados como los mejores.

La vida cultural de la Unión Soviética fue "organizada" por el Kultprovsvet.

Los 40 líderes de esa organización eran todos judíos. La propaganda soviética fue por supuesto, dirigida por un judío - Boris Feldman. Los periodistas de propaganda más prominentes también eran judíos. Mikhail Koltsov (en realidad Ginzburg) era particularmente eficiente y también tenía inclinaciones Chekistas. Dirigió la agitación comunista de Madrid durante la Guerra Civil española. El líder de los sindicatos era Solomon Dridzo (en realidad Lozovsky), quién fue reemplazado más tarde por Mikhail Tomsky (en realidad Honigberg).

La organización de los jóvenes comunistas, Komsomol, también fue fundada y dirigida por judíos. El Comité Central de los Jovenes Comunistas estaba en las manos de Oskar Ryvkin y después de 1920 por Lazar Shatskin, hijo de un rico comerciante judío. (Noorte Haal, 3 de noviembre de 1988)

Esto era, por supuesto, un secreto estatal. Shatskin se trasformó en un enemigo de Kaganovich posteriormente y tenía que morir. Los judíos también dirigían las secciones más importantes del Comité Central de los jóvenes comunistas. Por ejemplo, el jefe de la sección de Prensa era el judío Munka Zorky (en realidad Emmanuil Lifschits). El sub jefe del Comité de Planificación Estatal en los años treinta era León Kritsman. Uno de los jefes más importantes de la economía en los años cuarenta era Yakov Kiselman.

LA DESTRUCCIÓN DE LA CULTURA RUSA

Junto con sus camaradas judíos, Lazar Kaganovich organizó la destrucción de los sitios de herencia histórica y cultural de Rusia.

Siendo un judío Sionista, Lazar Kaganovich odiaba las iglesias. La cristiandad es considerada una herejía dentro del Judaísmo. Kaganovich empezó haciendo estallar los arquitectónicamente únicos y valiosos monasterios e iglesias en Moscú.

Un estudio más detenido revela que esta ola de demoliciones no fue nada casual, sino que tenía un cierto malvado plan detrás de él. Si se trazan líneas rectas entre las iglesias demolidas en un mapa, la figura resultante es como... la Estrella de David. (Galina Belaya, "Ahora los judíos son culpados de la tragedia Soviética", Dagens Nyheter, 2 de enero de 1991)

Muchas iglesias pequeñas fueron convertidas en retretes públicos o museos de ateísmo. Eso jamás sucedió con una sinagoga. Kaganovich también aprovechó la oportunidad de destruir varios fuertes medievales. Sólo un chaparrón esporádico de destrucción de iglesias ocurrió durante el tiempo de Lenín. Hubo ciertos diligentes bolcheviques rusos que, en su ignorancia, también dañaron sinagogas. Ellos tuvieron que pagar caro por ello después.

A las dos en la mañana del 5 de diciembre de 1931, Kaganovich hizo estallar la magnífica catedral del Cristo el Salvador. Fue construida en recuerdo de la liberación de Rusia de Napoleón en 1812 y fue terminada en 1883. La catedral estaba ricamente decorada - media tonelada de oro, varias toneladas de plata, amatistas, diamantes, esmeraldas, turquesas, topacios, iconos que no tienen precio,. Las sillas fueron fijadas con las joyas. Tomó 44 años construir la iglesia y se permitió su existencia durante sólo 48 años.

Dos obreros de demolición alemanes se negaron a destruir la iglesia. Fueron ambos ejecutados por su resistencia. El ingeniero ruso Zhevalkin llevó a cabo la demolición. Sólo se tardó unos meses en saquearla, destruirla en trozos y finalmente nivelar la catedral con la tierra.

Kaganovich y Stalin habían ordenado que el arquitecto judío Boris Yofan diseñara el Palacio del Soviet (o el Castillo del Kahal), qué sería construido donde estaba la catedral. Este edificio fue planeado para tener 415 metros alto y habría asombrado al mundo. El edificio del Estado Imperial (Empire State Building) construido en 1931 tenía sólo 381 metros de alto. Una estatua de Lenín de 70 metros lo cubriría en lo alto.

Los planes nunca fueron realizados, sin embargo. El problema con esta idea fue, que el terreno en esta área, justo a corta distancia del Kremlin, era inconveniente para un edificio tan grande y pesado. Nikita Khrushchev en su lugar hizo construir una piscina allí a finales de los años cincuenta. En 1993, los líderes de la iglesia rusa decidieron reconstruir la catedral.

Lazar Kaganovich fue puesto a cargo de la construcción del tren subterráneo de Moscú (el metro). Comenzó un sistema brutal de trabajo de esclavos dónde 70.000 obreros fueron obligados hasta el extremo en tres turnos. Hizo que los Chekistas capturaran a muchachos de 11 años y les hacía trabajar por sus vidas de tal manera que el Metro se terminara el 1º de Mayo de 1935, que correspondía al aniversario número 159 del Illuminati y el Día santo de Yahweh. Kaganovich fue galardonado como "Caballero de la Orden de Lenín" por la organización de este proyecto en que muchos obreros murieron. El pueblo ruso comenzó a llamarlo entretanto, "el Comisario de Hierro". Los funcionarios judíos lo llamaban "el Gran Lazar."

El tren subterráneo, diseñado por Alexei Shchussev, fue acabado a tiempo.

Los primeros en viajar en el Metro fueron los miembros del Politburó, con la excepción de Stalin que tuvo miedo ir tan profundo bajo tierra. Su enfermedad había tomado un giro para lo peor. El metro recibió el nombre de Kaganovich.

Después de esto, en 1935, Lazar Kaganovich fue nombrado Comisario del Pueblo para las Comunicaciones. Inmediatamente afirmó que había enemigos del pueblo que se camuflaban como obreros del ferrocarril. Ordenó que aquéllos debían ser rastreados y expuesto. En los archivos, hay 32 cartas de Kaganovich al NKVD que contiene demandas para el encarcelamiento de 83 funcionarios importantes dentro del sistema de transporte.

El libro "El Lobo del Kremlin" también relata cómo Lazar forzó a su propio hermano, Mikhail Kaganovich, a cometer suicidio para evitar un juicio aparejado dónde él sería acusado de espiar para los alemanes. Su hermano, tal como lo he mencionado previamente, era el Comisario del Pueblo para los asuntos de la Aviación. Kaganovich después también exterminó a otros hermanos. Declaraba: "¡Yo sólo tengo un hermano - Stalin! "

Kaganovich también estuvo detrás del "Plan quinquenal para el ateísmo" que comenzó en 1932. Planeaba cerrar la última iglesia rusa en 1936, de tal manera que el nombre de Dios nunca más se mencionara en la Unión Soviética después de 1937. Sin embargo, el "Plan de cinco años para el ateísmo" nunca fue realizado.

Kaganovich que administró el atroz terror, se aprovechó de todas las debilidades de Stalin, que no eran pocas. La hija de Stalin, Svetlana, afirmó en occidente que pareciera que su padre Stalin, estaba poseído por demonios. Era bajo de estatura, sólo 1 metro 55 centímetro (5 pies 1') y padecía de un complejo de inferioridad debido a esto. Al mismo tiempo, él padecía de algún tipo de parálisis en su brazo izquierdo encogido. Contrajo la viruela cuando era un adolescente y su cara todavía estaba desfigurada por las feas cicatrices de viruelas. Además, era un psicópata alcohólico paranoico. Quizás por ello era tan cobarde que ordenó que encontraran un doble de él en la primavera de 1935. La policía secreta encontró a un hombre conveniente en Vinnitsa. Se llamaba Yevsei Lubetsky. Artistas del maquillaje arreglaron tan bien su cara que ni el secretario de Stalin podía notar la diferencia entre él y su amo real.

Todos los que habían estado involucrados en el proceso de organizar el doble de Stalin fueron eliminados. Sólo Kaganovich, Molotov y Malenkov sabían que Stalin tenía un doble. El Camarada Lubetsky también vivía en una villa. Los sirvientes en la casa realmente creían que su amo era el verdadero Stalin.

Visitó teatros, se paró ante el mausoleo de Lenín, recibió a delegaciones extranjeras... Lubetsky fue arrestó en 1952 pero se salvó por la muerte de Stalin. Murió en 1981 en la capital de Tadjikistan, Dushanbe.

Hasta 1929, casi no existía una señal de culto por Stalin en la Unión Soviética. Visitó varias instituciones sin guardias personales para jugar al demócrata - disponible para todos. Fue Kaganovich y Mekhlis quienes cambiaron eso. Hacia fines de 1929, las primeras pinturas teñidas de rosa de Stalin comenzaron a transformarse. Después de eso, Stalin fue hecho crecer como un genio cada vez más grande.

LA GRAN HAMBRUNA Y OTROS CRÍMENES

En 1929, había un desempleo abierto en las ciudades y un desempleo disimulado en el campo. La población podría comer grandes cantidades en ese año y la Unión Soviética exportaba 2.5 millones de toneladas de grano. El 9 de octubre de 1930, Stalin abolió el desempleo oficialmente por ley.

El pago de beneficios de desempleo cesó al mismo tiempo. Kaganovich creyó necesario reducir la población a estas alturas. Había demasiadas personas. La mejor forma de librarse de ellos era provocar una hambruna. Esa fue la razón por la cual se introdujo la colectivización forzada en 1929.

Fue llamada la "de-kulakización", es decir - la tierra fue arrebatada de los granjeros que la poseían (los kulaks). Muchos propietarios de un minifundio también fueron afectados, a veces pueblos enteros, sin tener en cuenta la clase social de los habitantes. El 27 de diciembre de 1929, Stalin empezó a usar el eslogan de Kaganovich: "¡Liquidar a los kulaks como clase!" Kulak ('puño' en ruso) fue usado para referirse a un granjero capaz y de buena posición económica. Kaganovich causó la disolución de la vida de pueblo en Rusia.

El crimen más aborrecible de Kaganovich fue la organización, junto con Yan Yakovlev (en realidad Epstein), de la hambruna en 1932-33 en Ucrania y el norte del Cáucaso. Lazar Kaganovich tomó la responsabilidad de la Agricultura en el Comité Central en 1933 para completar este proyecto más fácilmente.

Según el historiador Vladimir Tikhonov que también es un miembro de una academia hubo 26.6 millones de grupos familiares en Rusia en 1929. Cinco años después, esta cifra había descendido a 23.3 millón, una reducción de aproximadamente tres millones o del 11-12 por ciento. La conclusión de Tikhonov: "Más de diez millones de personas fueron sujetos de un castigo arbitrario". Los granjeros y campesinos afectados fueron "los mejores, los más experimentados y los que trabajaban más duro". Había sido decidido al principio, que por lo menos 6.8 millones de "kulaks" tenían que ser eliminados. ("La construcción del Socialismo en la Unión Soviética", Moscú, 1934.)

La "de-kulakización", o colectivización, fue provocada de la siguiente manera: confiscación de casas y de toda la propiedad, y traslado de los kulaks y sus familias sin alimentos en vagones ganaderos.

Estos transportes significaron la muerte de la mayoría de los niños y de los ancianos. Subsecuentemente, los adultos fueron forzados a trabajar tan duramente, que la mayoría de ellos murió en un futuro. Sólo en la construcción del Canal del Mar Blanco, de 227 Km. de largo, que fue terminado en 1933, 250.000 jornaleros esclavos murieron. ¡Les obligaron a que trabajaran marcando el paso!

Ocho millones de personas murieron como resultado de la hambruna según el historiador Sergei Naumov. Algunas de las víctimas fueron comidas (Molodaya Gvardiya, septiembre de 1989).

Fue un crimen sumamente serio contra la humanidad, pero los responsables de ese crimen, nunca fueron castigados. Muchos historiadores han alcanzado otra cifra recientemente, al calcular el número de fatalidades. Seis millones murieron exclusivamente en 1933. 25.000 personas morían cada día en Ucrania por la primavera de 1933. Los muertos estaban por todas partes en las calles.

Kaganovich había exportado entonces, la mayor parte del grano producido en Ucrania, aunque la población estaba muriendo de hambre. Aproximadamente 15 millones de personas murieron en relación con la colectivización. Éste fue genocidio. Los bolcheviques, sin embargo, consideraban a sus ciudadanos como propiedad del estado. Ellos pensaban que ellos podían hacer lo que desearan con ellos. Stalin fue obligado a hacer algo sobre el desempleo a causa de la propaganda y no hizo ningún secreto de esto. Los financieros extranjeros podrían haber terminado esta matanza al por mayor, pero ellos no lo hicieron.

Tres judíos, Lazar Kaganovich, Yakov Yakovlev (en realidad Epstein) y Grigori Kaminsky, decidieron cuántos kulaks eran necesarios y quién debería ser considerado como "kulaks" y debería ser expulsado de su tierra a Siberia, a las prisiones o a los campos de trabajo forzado.

Ellos decidieron manejar la amenaza de los otros campesinos independientes forzándolos en los kibbutses (versiones más suaves de las que se han probado en Palestina desde 1909). Los miembros de esos kibbutses, llamados 'kolkhozes' y 'ovkhozes' en la Rusia soviética, no se les entregaba pasaportes, ya que las autoridades soviéticas consideraron a estos nuevos esclavos como su propiedad. No se les permitía moverse o escapar de su trabajo degradante, virtualmente sin pago (había siempre un Politruk en cada kolkhoz que se aseguraba que todo sucediera de la manera comunista).

Ya que estos obreros forzados no tenían pasaportes domésticos, tampoco tenían, en principio, ningún derecho cívico. Necesitaban permisos especiales incluso para ir de compras o a comerciar al pueblo más cercano. Este sistema sólo fue abolido en los años setenta.

Trotsky, en el destierro, escribió en 1931 que la colectivización era "una nueva era en la historia del hombre y el principio del fin de la idiotez en el campo". (León Trotsky, "Problemas del Desarrollo de la URSS", 1931.)

Durante el tiempo de la primera política de colectivización Trotskista, entre 1929 y 1932, no sólo humanos fueron destruidos sino también 17.7 millones de caballos, 29.8 millones de ganado (de los cuales 10 millones de vacas lecheras), 14.4 millones de cerdos y 93.9 millones de ovejas y cabras.

Había dejado solamente 19.6 millones de caballos, 40.7 millones de ganado, 11 millones de cerdos y 32.1 millones de cabras salidos en 1932. Un total de 159.4 millones de animales de granja desapareció entre 1929 y 1934. El escritor Yuri Chernichenko hizo un comentario sobre esto en el periódico Literaturnaya Gazeta el 14 de abril de 1988, dónde dijo: "Era una guerra, una lucha contra los poderes productivos de la nación, de tal magnitud que las clásicas escenas de horror de la batalla de Stalingrado parecen pálidas e ingenuas en comparación."

Esto llevó a una hambruna por el invierno de 1932-33, así tal como Lazar Kaganovich y sus camaradas más íntimos lo habían planeado. Estaba prohibido vender grano en los mercados locales. La producción agrícola fue reducida en un cuarto y la producción de carne a la mitad durante esos cinco años, 1929-1933, según el historiador G. Shmelev. Al mismo tiempo, se exportaron 1.8 millones de toneladas de grano. El eslogan soviético oficial era muy cínico: "¡Todo por el bien del pueblo, todo se hace en el nombre de la felicidad del pueblo!" [se referían al Pueblo Judío]

Kaganovich y sus camaradas provocaron este genocidio por la introducción de impuestos confiscatorios sobre aquellos campesinos que quedaban después del exterminio de los "kulaks".

Entretanto, envió a nuevas bandas de activistas fanáticos que comandaban patrullas de control de las órdenes, sobre todo en Ucrania, dónde las fronteras con las otras repúblicas soviéticas, habían sido cerradas.

Los activistas políticos se llevaron cada grano de maíz y cada huevo, cada verdura y cada fruta del producto de las granjas. Los convoyes de camiones llevaron todo el alimento lejos. Cada pedazo de pan que se le debería llevar a los hambrientos fue confiscado en la frontera. Cada ucraniano, quién pudiera ser sospechoso del menor, a menudo inventado, intento de disminuir el impacto lleno del hambre o de ocultar comestibles de las autoridades, recibía un disparo o era enviado a los campos de trabajo forzado. (Robert Conquest, "La Cosecha del Dolor: La Colectivización soviética y el Terror-hambre", Alberta, 1986.)

Cada mañana, los carros recolectaban los muertos en Ucrania y en Rusia del sur. Los cuerpos se alinearon en los caminos también en Asia Central. El canibalismo llegó a ser cada vez más común en Ucrania en 1934. Varias fuentes muestran que el hambre incluso llevó a verdaderos mataderos para niños huérfanos cuya carne fue vendida después.

Víctimas del hambre en la Ucrania en 1933.

Lazar Kaganovich y sus cómplices fueron finalmente responsables por las muertes de casi 15 millones de personas durante la gran hambre. Si nosotros agregamos 15 millones más - el número de aquellos que murieron durante la colectivización, nosotros vemos que Kaganovich y su banda de asesinos destruyeron casi 30 millones de vidas humanas en sólo unos años. Pero incluso esa montaña espantosa de víctimas parece no haber satisfecho la sed de sangre de Stalin o de Kaganovich.

Por consiguiente, en 1932, comenzaron también la primera ola masiva de terror desde la muerte de Lenín. La mayoría de aquellos que fueron enviados a campos de trabajo forzado, fueron por ello sentenciados prácticamente a la muerte. Ya en 1921, Lenín y Trotsky habían construido el campo de muerte Kholmogory, cerca de Arkhangelsk, dónde se asesinaba a los prisioneros lentamente y eran constantemente reemplazados. Kaganovich usó el mismo método. Normalmente tomaba justo dos semanas para matar a los prisioneros más débiles.

Muchos de los presos en los campamentos "normales" fueron sentenciados más tarde al la muerte por un disparo, o por los tribunales "revolucionarios" especiales o por instrucciones del NKVD. Hubo también campos especiales de eliminación dónde se enviaban prisioneros en flujo, para ser asesinados.

Debo señalar aquí que un gran número de prisioneros nunca llegaron a los campos debido al tratamiento inmensamente cruel que ellos recibieron durante el trayecto.

Por ejemplo, los comandantes judíos habían diseñado el siguiente método: el tren era detenido en alguna estación dónde la temperatura era 20 grados bajo cero y todos eran obligados a desnudarse. Los prisioneros eran mojados con agua helada con mangueras. Los soldados gritaban: "¡hermoso vapor!" (Rahva Haal, 12 de julio de 1989)

Este terror no conocía límites. Cuando todos los trozos del puzzle están finalmente en el lugar, nos enfrentamos con el cuadro más horrible de la realidad que haya oído o leído alguna vez. El "Infierno" de Dante es una obra infantil en comparación.

EL GRAN TERROR

Por 1937, otras 18 millones de personas, además de los 30 millones que habían sido eliminadas durante la colectivización y el hambre había perdido sus vidas como resultado de la ola de terror de Kaganovich. Todavía no era suficiente. Quedaban todavía "demasiadas personas". Esa fue la razón por la cual el gran terror comenzó en 1937. Las personas fueron ejecutadas en olas, según el historiador Dmitri Yurasov. Una de tales olas ocurrió en Moscú y Leningrado el 30 de octubre de 1937, cuando un número especialmente grande de personas fueron asesinadas.

¿Estaban quizás los Chekistas celebrando algo?

En el año anterior (el 30 de septiembre de 1936), el Comisario del Pueblo para los Asuntos Internos, Genrikh Yagoda (en realidad Hirsch Yehuda) había sido despedido y había sido reemplazado por Nikolai Yezhov. Fue Kaganovich quien quiso librarse de él. No era lo suficientemente eficiente. Yagoda que había sido previamente farmacéutico siempre llevaba su maletín de medicinas con él.

Le gustaba envenenar a sus víctimas personalmente, en las celdas de la Lubyanka.

El propio Yagoda se transformó en una de las víctimas del gran terror. Fue arrestado en 1937 y fusilado el 15 de mayo de 1938. Yagoda era casado con la prima de Yakov Sverdlov. Durante este período, el NKVD fue dirigido por el sub jefe Matvei Berman y Mikhail Frinovsky.

Entretanto, algunas de estas ejecuciones en masa a título de nada fueron causadas directamente por las purgas de judíos extremistas contra otros judíos. Un lucha de poder estaba en curso al mismo tiempo que se inflingía un terrible sufrimiento al pueblo ruso. Los funcionarios del NKVD comenzaron a llevar un nuevo símbolo en sus mangas durante el gran terror de 1934-38 - la espada y la serpiente. Esto simbolizaba la lucha de los judíos cabalistas contra sus enemigos.

No existe el diablo según el Talmud. Satanás y Dios están unidos en Yahweh.

Muchos funcionarios importantes perecieron en esta lucha de poder: Zinoviev, Kamenev, Smirnov, Pyatakov, Radek, Tomsky (Honigberg), Sokolnikov, Rykov (quién fue el jefe de gobierno tras la muerte de Lenín), Krestinsky, Bukharin... Stalin y Kaganovich estaban tras el oro de sus rivales.

Incluso las cuentas personales de Lenín fueron transferidas a Moscú. Todos los involucrados en el asunto de ese oro fueron liquidados en 1937. Stalin también quiso poner sus manos en el oro de los Social Revolucionarios. Ellos habían estado robando bancos en Rusia y Europa durante 15 años y habían cambiado todo lo recolectado en oro. La economía Planificada comenzó a ser aplicada así como los asesinatos.

Kaganovich había formulado el primer plan de exterminio en julio de 1937.

Según este plan, el NKVD debería liquidar, durante un período de cuatro meses, a 268.950 personas, de los cuales 75.950 serían matados inmediatamente.

Kaganovich comprendió pronto que el tiempo todavía era demasiado poco. Diferentes sugerencias de cómo el número de matanzas podría se aumentado fueron presentados por los traficantes del poder locales al Politburó que aceptó todas estas sugerencias. Por ejemplo, les permitió destruir a 48.000 personas y otros 9.200 que fuesen encarcelados en un período de cuatro meses. Pero las cuotas todavía no eran satisfactorias (Moskovskie Novosti, 21 del 1992 de junio).

Un total de 7 millones de personas se transformaron en los nuevos prisioneros políticos en la Unión Soviética durante los años 1937-38. En la cima del terror de Stalin y Kaganovich, el número de ejecuciones alcanzó a 40.000 por mes, según Alejandro Solzhenitsyn que estimó la cifra total de aquellos ejecutados en los años 1937-38 en un millón y evaluó que otros dos millones murieron en los campos de trabajo forzado.

'Literaturnaya Rossiya' publicó la estimación más grande del número total de víctimas del régimen soviético, incluyendo aquellos que murieron de inanición inducida y maltrato - 147 millones.

Esto llega a casi 5 millones por año durante 30 años, aunque los años 1937 - 1938 se presenta una cantidad desproporcionada de muertes. Debo señalar aquí que muchos de aquellos asesinados eran mujeres y niños que habían sido clasificados como "enemigos del Pueblo". La matanza sistemática de un gran número de niños comenzó ya en 1934. Después de todos, ellos costaban dinero...

En Moscú, los asesinatos se llevaron a cabo en los calabozos de la prisión Lubyanka, Butyrka y Lefortovo. Stalin y Kaganovich incineraban a sus víctimas más famosas por la noche, luego llevaban las cenizas furtivamente y las enterraban en una fosa común en el cementerio de Donskoye. Ésta parecía la manera más segura de completar la eliminación total de sus víctimas importantes.

La mayoría de aquellos asesinados en las cárceles de Moscú durante los años treinta, los años cuarenta y a principios de los años cincuenta fueron incinerados. La mayoría de ellos fueron lanzados en varias fosas comunes en Moscú. Una de aquellas fosas hasta ahora desconocidas se encuentra en el cementerio Kalitinsky al sur de Moscú. El NKVD lo usó como un sitio de descarga para los cuerpos durante varios años, en los años treinta.

Los camiones cubiertos llegaban alrededor de las cinco de la tarde, cada día, durante siete años, entre 1934 un 1941. Ellos conducían hasta el final de un barranco, daban vuelta y retrocedían hasta el borde. Los camiones estaban pintados azul y verde y no tenían ventanas a los costados. En cambio, grandes letras en cada lado del camión anunciaban "SALCHICHAS" o "CARNE" y a veces "PASTELES".

Cuando el camión llegaba al borde y se detenía, una compuerta se abría en la parte de atrás y dos funcionarios usando uniformes de NKVD, con botas de gomas, largos delantales de caucho negro y dorado y con guantes de caucho hasta los codos, tomaban los cadáveres por las cabezas y piernas y los tiraban abajo al barranco. Otros dos soldados esperaban abajo con palas y tiraban algo de tierra sobre los cuerpos. Los cadáveres siempre estaban desnudos. Todos ellos tenían agujeros de balas en sus cabezas; un pequeño agujero de entrada en la parte de atrás del cuello y un gran agujero de salida delante. Ellos habían recibido el disparo por la espalda.

Los verdugos tenían un suministro ilimitado de alcohol. Ellos estaban normalmente bebidos, a veces borrachos. El vodka se consumía durante y después del trabajo.

La KGB admitió en julio de 1990 que existían también fosas comunes masivas en los cementerios Donskoye y Vagankovskoye en Moscú.

Un gran sitio de ejecución fue encontrado ahora en Kuropaty, a 2 kilómetros de Minsk, la capital de Bielorusia. Por lo menos 102.000 personas fueron asesinadas allí, incluyendo a muchas mujeres.

Testigos han relatado que las ejecuciones comenzaban en las tardes y continuaban a través de la noche. Los verdugos llevaban uniformes del NKVD. El testigo Mikolai Karpovich vio cómo las personas se ponían en fila delante de la fosa común. Estaban amordazados y vendados. Para ahorrar balas, los verdugos intentaban normalmente dispararle a dos personas con cada tiro. Las ejecuciones tuvieron lugar allí todos los días entre 1937 y junio de 1941.

Las personas que vivían cerca del bosque Kuropaty podían oír salvas de tiros y prisioneros rogando y gritando por sus vidas. Había por lo menos cinco de tales sitios de ejecución alrededor de Minsk dónde los carniceros trabajaban en turnos. Los hombres uniformados del NKVD acostumbraban asistir a los bailes en el pueblo de Kuropaty alrededor de las 11 al anochecer de los sábados. (Expressen, 18 de octubre de 1988)

Cerca de 50 tumbas masivas han sido abiertas en esta área posteriormente. Los prisioneros que eran conducidos a Kuropaty en el invierno, eran obligados a salir de los carruajes en el severo frío, después de lo cual eran mojados con agua helada y se les pedía volver a los carruajes. No muchos sobrevivían hasta la mañana siguiente. Las cabezas eran cortadas de todos los cadáveres congelados.

Los sobrevivientes eran asesinados al borde de la fosa común en que todas las víctimas eran lanzadas.

Moscow Television relató el 12 de septiembre de 1989 que se habían encontrado casi 300.000 víctimas en una mina de oro abandonada cerca de Chelyabinsk.

Ésta fue la fosa común más grande. Los Comunistas mataron a 250.000 "Enemigos del Pueblo" en el bosque Bykovnya cerca de Kiev entre 1937 y 1941. La mayoría con disparo en la nuca, pero algunos también había sido envenenados por humo (Dagens Nyheter, 25 de marzo de 1989).

Ese lugar se había llamado antes 'la tumba de las víctimas del fascismo'. Se supuso que los cuerpos de muchos judíos podían estar allí ocultos, pero esta mentira fue expuesta después de la caída del Comunismo.

Boris Berman inspecciona el trabajo de los prisioneros en el Canal del Mar Blanco.

Cuando el terror alcanzó su máxima expresión en 1937, los hombres del NKVD ya no podían mantener el ritmo de su tarea disparando a las víctimas, por lo que ellos comenzaron a gasearlos hasta la muerte en camiones. (Dagens Nyheter, 17 de junio de 1991, A 9.) .

A la luz de esta información se vuelve entendible que todas las personas honestas, decentes, palidecieran sólo ante la mención del NKVD. Las personas también fueron gaseadas hasta la muerte durante el tiempo de Lenín.

El NKVD había construido un sistema de información eficiente, dónde aquellos que denunciaban a un "enemigo del pueblo" recibían una cantidad grande de dinero del Comisario con chaqueta de cuero del NKVD.

Occidente consideró que todos esto era bastante normal. El embajador norteamericano en Moscú, Joseph Davies (un judío francmasón), era especialmente entusiasta con los juicios simulados. Informaba al Secretario de Estado que el material de prueba demostraba, "más allá de una duda razonable" que la sentencia por traición estaba justificada. Alababa el sistema soviético de justicia a tal magnitud en la prensa y en sus informes diplomáticos que se le otorgó la 'Orden de

Lenín'. (Svenska Dagbladet, 7 de octubre de 1990, "Las Purgas Estalinistas Son Rc - 304 Examinadas".)

Las revelaciones sobre la situación real fueron consideradas como difamación por la prensa norteamericana.

Los observadores occidentales también estaban bastante contentos con el Fiscal Jefe y judío Andrei Vyshinsky que comenzaba sus apelaciones con la frase: "¡Dispare a los perros rabiosos!"

El escritor comunista danés, Martin Andersen-Nexo escribió sobre Vyshinsky: "¡La apelación del fiscal fue altamente convincente y la sentencia completamente justa! "

El escritor británico George Bernard Shaw desechó el comportamiento bestial de los Bolcheviques diciendo que la primitiva Rusia necesitaba ser sujetada con fuerza desde arriba. Él afirmó que ciertas naciones tenían el derecho para exterminar a los llamados elementos indeseables entre las personas. Incluso recomendó a Stalin para el Premio Nobel de la Paz después de una visita a Rusia en 1931 (Svenska Dagbladet, 13 de septiembre de 1991).

Stalin no sentía ninguna compasión, incluso por sus propios camaradas, menos cuando se sentía amenazado. El Comisario del Pueblos Grigori (Sergo) Ordzhonikidze exigió el fin del terror masivo el 16 de febrero de 1937.

Ordzhonikidze dijo: "Usted está demente. Ahora yo lo sé... " El 18 de febrero, Stalin envió a los Chekistas a su hogar. Ellos le informaron que tenía la opción de dispararse o teñir el sótano de NKVD.

Ordzhonikidze no tenía salida. Oficialmente cometió suicidio y Stalin públicamente lloró por su muerte. Stalin era un buen actor. (Abdurakhman Avtrokhanov, "La Tecnología del Poder", Francfort am Main, 1976, pág. 422.)

Raskolnikov, otro viejo Bolchevique ingenuo, protestó. Estaba en el extranjero y envió una carta al Secretario General: "¡Usted debería ser llevado a juicio, Camarada Stalin, como instigador de la hambruna, un vándalo, traidor a la revolución y como verdugo de la intelectualidad, del ejército y de la ciencia! "

Stalin continuó con su "perestroika". Nikolai Yezhov, entretanto, se puso cada vez más molesto. Era conocido como un alcohólico y que también usaba otras drogas. Cuando Stalin tenía que escoger al nuevo Jefe del Terror, tenía la opción entre Yezhov y Beria. Él escogió a Yezhov que lo había impresionado golpeando a Sokolnikov (en realidad Brilliant) en su cara en una reunión del Comité Central. Esto, el argumento de Yezhov, ganó el aprecio de Stalin.

Yezhov fue promovido para ser el ayudante más íntimo de Stalin.Yezhov se sentía amenazado por Lavrenti Beria, así que comenzó, como jefe del NKVD, a recolectar información comprometedora sobre este último. También intentó ganarle la partida a Kaganovich. Beria supo de ésto a través de la red de rumores e inmediatamente voló a Moscú para informar de todo a Stalin. Stalin pidió una investigación sobre la materia.

La comisión investigadora sacó la conclusión que, según Yezhov, quedaban sólo dos Comunistas honestos en la dirección del Partido - Stalin y Molotov, aparte del propio Yezhov, por supuesto.

Yezhov fue despedido en julio de 1938 y fue designado Jefe del transporte de agua. Por su contribución a destapar el complot anti-estalinista, el judío Lavrenti Beria (su madre era una Judía) fue nombrado Comisario del Pueblo para los Asuntos Internos y después también designado Jefe del NKVD. Marshal Georgi Zhukov le llamó "una persona monstruosa". Esto era ciertamente verdad, y ahora él se transformaba en el mejor secuaz de Stalin y Kaganovich.

LA CONTRIBUCIÓN DE BERIA

Stalin se puso sumamente interesado en el fenómeno de los Ovnis. A Beria se le ordenó colectar información sobre ese enigma. Stalin también estaba interesado en otros asuntos misteriosos. Se sintió muy contento cuando, antes de la Segunda Guerra Mundial, el astrólogo y vidente judío de Hitler, Wolf Messing, fue a Rusia y ayudó a Stalin en todos los sentidos. Incluso pudo predecir que Hitler sería derrotado en mayo de 1945.

Stalin comenzó a confiar en Beria, ya que Beria lo había salvado de un atentado a su vida en el lago Ritsa en Abkhazia. Stalin y Kaganovich ejecutaron a Yezhov a través de Beria el 1º de abril de 1940, por la vía de la "broma del tonto de abril". Yezhov había castigado a los ciudadanos sin razón". (Todo esto según el periódico Ogonyok, febrero de 1988)

La primera cosa que Lavrenti Beria hizo fue ablandar el régimen en los campos de prisión. La tortura cesó. Al mismo tiempo, empezó ejecutando a los viejos Chekistas inmediatamente. Quería a nuevos hombres que competirían entre sí, intentando encarcelar o ejecutar a tantas personas como fuese posible.

El General Leonid Reikhman se transformó en uno de sus Chekistas más importantes.

Beria odiaba a los niños. Por esta razón quería que tantos niños como fuese posible se enviaran a trabajo pesado esclavo. En octubre de 1940 sus Chekistas lograron encarcelar a un millón de niños entre 14 y 17 años de edad. Las unidades del NKVD habían secuestrado a esos niños en varias ciudades rusas e inmediatamente los habían reunido en rebaños como ganado fueron conducidos a los campos de prisión, dónde la mayoría de ellos murió de inanición y agotamiento. Desde 1943, los Chekistas lograron colectar dos millones de niños por año.

Beria se transformó en un terrible verdugo durante la Segunda Guerra Mundial, ya que pudo ocultar sus crímenes como trabajo de los Nazis. Tenía casi 20 millones de personas capturadas y enviadas a trabajar como esclavos en los campos de prisión.

Según las últimas estimaciones, la Unión Soviética perdió por lo menos 32 millones, posiblemente 45 millones, de ciudadanos durante la Segunda Guerra Mundial. El historiador Nikolai Tolstoy afirma que la mayoría de ellos (probablemente 20 millones) fueron asesinados por orden de Lavrenti Beria. Todas esas muertes se culparon a los alemanes.

Durante la guerra, Beria había fundado una temible organización del terror, el Smersh ("¡Muerte a los espías! ") que asesinó a un inmenso número de personas. Esos verdugos eran tan orgullosos de su trabajo que incluso filmaban mientras estaban en acción. El director Stanislav Govorukhin mostró unas tales filmaciones en su film "La Rusia que nosotros Perdimos", dónde Smersh colgaba a los "enemigos del Pueblo" y alegremente aplaudían su crimen. Muchas personas terminaron en los campos especiales llamado 'ChSIR'. Esos campos estaban destinados a los familiares de los traidores a la patria.

También se consideraban a todos los prisioneros de guerra como traidores. Millones fueron capturados entre los años 1941-1942. Muchos de ellos fueron hambreados hasta la muerte ya que Lazar Kaganovich y Lavrenti Beria, en el nombre de Stalin, prohibieron a la Cruz Roja entregarle comida a los prisioneros. Muy extrañamente, la Cruz Roja cumplió, y aún más personas murieron.

Stalin, Kaganovich y Beria tuvieron el cuidado de destruir toda la comida guardada, antes que Leningrado fuera sitiada por los alemanes - quisieron destruir a todos los testigos comprometedores de los eventos históricos en esa ciudad. Ludmila Grunberg que vivió en Leningrado en ese momento confirmó esto.

Beria fue nombrado Mariscal de la Unión Soviética por su cruel terror durante la guerra. Semyon Ignatiev fue nombrado el nuevo jefe del NKVD. Beria fue designado Presidente de la Comisión Atómica en 1946. Aún tenía mucho poder como Comisario del Pueblo para los Asuntos Internos y continuó su campaña del terror también después de la guerra. Él demostró que fue mil veces peor que Yagoda y Yezhov juntos.

Durante las campañas contra los "contra-revolucionarios y para la realización de la reforma agraria 1949-1952" fueron ejecutados por lo menos, cinco millones de personas, según estimaciones conservadoras. (Svenska Dagbladet, 27 de noviembre de 1988) Kaganovich y Beria fueron responsables de aquellos asesinatos masivos.

La historia de la Segunda Guerra Mundial también ha comenzado a ser revisada ahora en Rusia. El oficial Viktor Suvorov (Vladimir Rezun), desertor de la inteligencia rusa reveló en sus libros "El pica hielos" (Moscú, 1992) y "Día M" (Moscú, 1994) que realmente fue Stalin quien planificó atacar a Hitler y que Alemania fue forzada por consiguiente a un ataque preventivo.

El periodista judío Ilya Ehrenburg animaba a los soldados soviéticos a que violaran a las mujeres del enemigo, decía en centenares de sus Comunicados de Prensa durante las últimas semanas de la guerra. "¡Mátenlos! Nadie en Alemania es inocente. Ni los que viven, ni lo que aún no nacen. ¡Considere las palabras del camarada Stalin y aplaste la bestia fascista en su cueva! ¡Rompa el orgullo racial de la mujer alemana! ¡Tómela como legítimos despojos de guerra! Mátenlos, Ustedes valientes soldados del victorioso Ejército Rojo!" Su exhortación fue obedecida.

El Ejército Rojo, según 'TV Rapport' (Suecia, 8 de enero de 1994), violó a dos millones de mujeres alemanas (180.000 murieron como resultado). Las violaciones en grupos de mujeres alemanas tuvieron lugar. 300.000 niños, muchos de quienes murieron de desnutrición, nacieron como resultado.

Lavrenti Beria constantemente abusaba de su poder, mujeres rusas fueron obligadas a dormir con él para satisfacer sus caprichos. Se usaban automóviles policiales para secuestrar a muchachas hermosas que eran llevadas a Beria. Las violaba, luego de lo cual recibían un tiro y eran enterradas en el jardín de su pequeño palacio privado. Se encontraron varios esqueletos de mujeres jóvenes en este jardín en marzo de 1993.(Dagens Nyheter, 6 de abril de 1993). Beria también secuestraba, explotaba sexualmente y asesinaba a muchachos jóvenes.

Ordzhonikidze había advertido a Stalin sobre el hecho que Beria había sido agente del Musavatists en Baku entre 1918 y 1920. Los británicos controlaban la inteligencia de los Musavatists. En 1919, Beria comenzó a trabajar para los británicos. Stalin no se preocupó de esas imputaciones, ya que Beria se había transformado en un doble agente posteriormente para el NKVD. Por ello, todos lo que se atrevieron a mencionar este asunto, desaparecieron misteriosamente. Por esa misma razón, Grigori Kaminsky, Comisario del Pueblo para la Salud Pública, fue ejecutado. Algunos historiadores afirman que Beria era el amante homosexual de Stalin.

Stalin también había sido agente de la policía zarista, el Okhrana, después que había perdido su trabajo como ayudante de meteorólogo en Tiflis (ahora Tbilisi). Stalin había escrito muchos informes para el jefe del Okhrana, Vissarionov. En 1906, fue arrestado junto con otros Bolcheviques, pero fue liberado unas horas después. Pero cuando Stalin quiso librarse de su compañero agente, Roman Malinowski, le enviaron a

Siberia. Malinowski fue atraído con un engaño a la Rusia Soviética en noviembre de 1918, dónde fue ejecutado por órdenes de Lenín.

Stalin, Kaganovich y Beria habían ejecutado a 25.700 ciudadanos polacos en abril de 1940. El asesinato de más de 4.000 oficiales polacos (incluyendo a muchos de sangre judía) en Katyn fue sacado a la luz por los alemanes. Fue Ivan Krivozhertsev quien informó a los alemanes sobre las tumbas masivas en los bosques de Katyn. Nadie quiso escuchar la denuncia de los Nazis, diciendo que estos asesinatos habían sido el trabajo de los Bolcheviques, ya que la Unión Soviética había culpado previamente a los alemanes.

Fue sólo el 14 de octubre de 1992 que una copia de la decisión firmada por Stalin y aprobada por Molotov, Kaganovich, Kalinin y otros, fue entregada al Presidente polaco Lech Walesa por el gobierno ruso. No fue demasiado extraño que los Chekistas judíos también hubiesen ejecutado a oficiales polacos judíos (incluyendo a Abram Engel, Samuel Rosen, Isaak Gutman, Isaak Feinkel y otros) quienes había servido en el ejército polaco.

¡Después de todo, el Antiguo Testamento declara que Yahweh es igualmente despiadado contra su propio Pueblo Elegido (Joshua 24:19). Ellos eran considerados como traidores!

El Presidente de los Estados Unidos de Norteamérica, Franklin Delano Roosevelt, y el Primer Ministro británico, Anthony Eden, prohibieron toda la publicidad sobre este asesinato masivo.

Roosevelt afirmó oficialmente que los eventos en Katyn eran un complot de los alemanes. Winston Churchill advirtió a sus Ministros: "¡Todo este asunto debe evitarse!". Al mismo tiempo, le aseguró a Stalin que haría todo lo que pudiese para imponer silencio los periódicos del exilio polaco en Londres.

La Voice of América, incluso en los años setenta, no se le permitió decir que los bolcheviques habían matado a los oficiales polacos. Hans Holzapfel, el jefe judío de la sección europea, fue el responsable de la censura.

Ahora se conoce exactamente lo que sucedió. Los asesinatos masivos comenzaron en abril de 1940. Los oficiales polacos, vistiendo sus uniformes de invierno, fueron llevados en grupos pequeños de 30 o 40 hombres cada vez, hasta el sitio de ejecución. Fueron entonces disparados en la nuca, uno por uno, mientras estaban de pie en el borde de la tumba masiva.

El NKVD continuó trabajando todos los días durante casi seis semanas. Un total de los cuerpos de 4.143 oficiales han sido encontrados. Asesinaron a 4.421 personas en los bosques de Katyn, según los documentos. Se ha demostrado en todos los cuerpos identificados, que estos eran prisioneros en Kozielsk. Los prisioneros que habían sido encarcelados en Starobielsk (cerca de Kharkov) y Ostashkov (cerca de Kalinin) fueron asesinados en otros lugares. En el último, sumaban a 10.131 (3.820 + 6.311) personas. Otros 7.305 ciudadanos polacos fueron asesinados en Bielorusia y en Ucrania. Los documentos relacionados con estas muertes estaban marcados "¡Nunca debe abrirse!"

Kaganovich fundó verdaderos campos de esclavos, dónde los presos trabajaban encadenados. Los comandantes judíos más importantes de estos campos (Aaron Soltz, Naftali Frenkel - un judío turco -, Yakov Berman, Sergei Zhuk, Yakov Rapoport, Nakhimson, Yakov Moroz, Abramson, Pliner, Matvei Berman, Samuil Kogan, Samuil Firin, Biskon, Finkelstein, Serpukhovsky). Lazar Kogan fue sacado por ser insuficiente en su efectividad. Fue ejecutado en 1938 y reemplazado por otro judío.

Kaganovich hizo una importante contribución a la fundación del estado de Israel. Moscú declaró a principios de mayo de 1947 que Palestina debía ser dividida en un estado árabe y un estado judío.

Entretanto, los judíos Sionistas marchaban en Palestina cantando la "Internacional". Algo después, el momento astrológico perfecto para el nacimiento del nuevo estado estaba a punto.

Astrológicamente, favorecía a ambos, a la dirección y a los ciudadanos. Por consiguiente, el estado de Israel se proclamó el 14 de mayo de 1948 a las 4:37 de la tarde. La Asamblea General de la ONU, sin embargo, ya había tomado la decisión que daba luz verde a este proyecto, el 29 de septiembre de 1947.

Los Zionistas, liderados por el primer Presidente de Israel, Chaim Weizman (quién venía de Polonia), supo que las mejores armas disponibles venían de Checoslovaquia, pero el gobierno derechista de ese país se negaba a vender algo a los judíos. Así que Stalin organizó un golpe comunista en Praga (liderado por Klement Gottwald) en febrero de 1948 y en el verano del mismo año, 6 meses después del golpe, los pilotos europeos occidentales (incluyendo a suecos) comenzaron a pasar de contrabando los bienes de la Checoslovaquia comunista al nuevo estado de Israel.

Fue David Ben-Gurion quién tomó la iniciativa para los contratos de armas. Stalin y Kaganovich se habían preocupado que todas aquellas entregas de armas fueran efectuadas por una compañía de aerolíneas norteamericana. Instructores norteamericanos en un campamento secreto fuera de Praga entrenaron a los pilotos israelitas. (Dagens Nyheter, 23 de diciembre de 1990, "Svenskar hjalpte Stalin" / "Suecos ayudaron a Stalin" por Anders Persson.)

Todas esas armas se fabricaron en 1944-1945 para la Alemania Nazi de Hitler y estaban destinadas a los Árabes anti-británicos. La munición usada después contra los Árabes estaba marcada con esvásticas y letras árabes.

Incluso Issaac Deutscher admitió que Stalin envió tanta ayuda financiera como material eficiente a los judíos en Palestina. ("El judío Un-judío", Estocolmo, 1969, pag.99.)

Stalin comenzó a luchar contra los líderes Sionistas en 1949. Sus perturbaciones psicológicas se habían puesto mucho peores. Ésa fue la razón por la cual comenzó la campaña contra los "Cosmopolitas" en noviembre. Pensó que ya era tiempo de empezar a perseguir a los judíos y ultrajar a los Zionistas. Stalin encarceló al escritor judío Samuil Persov, arrestado el 18 de enero de 1949 y ejecutado el 23 de noviembre de 1950. Samuil Gordon tuvo el mismo destino al ser ejecutado el 21 de julio de 1951.

Stalin empezó a perseguir a todos los tipos de trabajadores culturales judíos en agosto de 1952. El 12 de agosto de 1952, 24 trabajadores culturales judíos (incluyendo autores en el idioma yídish) fueron arrestados y 23 de ellos ejecutados.

En la misma tarde, otros 217 poetas y prosistas judíos, 108 actores, 87 artistas y 19 músicos también desaparecieron sin rastros. Los autores David Bergelson, Fefer Itsik y David Hofstein estaban entre aquellos asesinados.

Luego Stalin comenzó a limpiar el aparato gubernamental de los elementos judíos, no sólo en la Unión Soviética sino también en sus estados satélites. El juicio de Praga contra Rudolf Slanski (en realidad Salzmann), Vlado Clementi y otros fue muy discutido.

EL ASESINATO DE STALIN

Los líderes judíos estaban sumamente preocupados y comenzaron a tomar contra medidas. Ellos lograron sacar a Joseph Stalin del puesto de Secretario General en octubre de 1952.

("The Encyclopaedic Reference Book", Moscú, 1955, Vol. 3, pág. 310.) Este hecho se ha omitido de todas las biografías de Stalin. El público en general jamás ha oído hablar algo de esta venganza judía. Georgi Malenkov fue elegido para ocupar el puesto de Primer Secretario del Comité Central. No hay más información sobre esto en las enciclopedias. Stalin fue relegado a una secretaría común dentro del Comité Central. También retuvo el puesto de Primer Ministro.

Stalin estaba muy preocupado y respondió con contra-medidas.

Así, ordenó que un grupo de doctores judíos (el Profesor Boris Kogan, Profesor J. Rapoport, A. Feldman, Miron Vovsy, A. Grinstein, Y. Etinger y otros) fueran arrestados el 7 de noviembre de 1952.

¡Fueron acusados de causar la muerte de dos miembros rusos del Politburó! (Andrei Zhdanov Jefe de Cominform - y Alexander Shcherbakov). En el caso de Zhdanov, esos doctores supuestamente habían hecho un diagnóstico falso y mantenido los síntomas de la condición de su corazón en secreto.

El 1º de septiembre de 1948, Izvestiya informó que Andrei Zhdanov había muerto en el hospital. Ahora Stalin afirmaba que sus doctores judíos habían contribuido a su muerte. Stalin también los acusó de la planificación para matar a otros miembros rusos del Politburó y que ellos recibían instrucciones de la organización Sionista 'Joint Distribution Committee', todo esto según las confesiones del profesor Vovsy. (Abdurakhman Avtrokhanov, "El Misterio de la Muerte de Stalin", Frankfurt am Main, 1981, pág. 182.)

Podemos presumir que ésta era uno de las imputaciones inventadas de Stalin. Cuando Stalin acusó a Trotsky de ser un espía alemán, todos pensaron que estaba mintiendo. Los documentos encontrados en los archivos occidentales han confirmado ahora, que Stalin tenía razón.

El 'Joint Distribution Committee' es una organización Sionista internacional, fundada en 1914 que trabaja a gran escala, en actividades económicas y de propaganda en el interés de la Judería. La dirección central de la organización tiene su oficina principal en Nueva York. Paul Warburg estaba entre los líderes. 'Joint Distribution Committee' tiene representantes secretos en casi todos países.

La organización era oficialmente activa en la Unión Soviética hasta 1938.

El presidente del 'Joint Distribution Committee' en EEUU fue en un momento, el Illuminatus Félix Warburg, según la Enciclopedia Judaica. Ésta era la organización subversiva para la cual, acusaba Joseph Stalin, los doctores judíos trabajaban.

Beria respondió con una intriga para sacar al médico ruso de Stalin, el profesor Vladimir Vinogradov. Informó a Stalin que Vinogradov había recomendado que él (Stalin), debería limitar toda actividad por razones de salud. Stalin estaba furioso y gritaba: "Póngalo en los hierros!"

Stalin continuó librándose de ayudantes judíos tan rápido como pudo. León Mekhlis a quien Stalin había hecho jefe de redacción de Pravda, estaba entre las víctimas. Stalin sospechó que Mekhlis tenía algo en común con los doctores judíos arrestados y por esta razón lo envió a Saratov dónde fue secuestrado en secreto, y luego llevado a Moscú para ser asesinado. Atestiguó contra los doctores judíos encarcelados en el hospital de la cárcel de Lefortovo. Mekhlis murió el 13 de febrero de 1953. Fue enterrado en la Plaza Roja, pero esta vez, Stalin no estaba allí para derramar lágrimas de cocodrilo por él. (Abdurakhman Avtrokhanov, "El Misterio de la Muerte de Stalin", Frankfurt am Main, 1981, pág. 197.)

Un artículo de Stalin sobre los doctores judíos asesinos, se publicó el 13 de enero de 1953. También quedaba claro de este artículo que el próximo objetivo de Stalin era purgar el Politburó de judíos y de los otros miembros con parientes judíos (las esposas). Quedaban dos judíos (Kaganovich y Beria) entre los once miembros del Politburó en ese momento, así como cinco miembros rusos con parientes judíos (Molotov, Malenkov, Khrushchev, Andreyev, Voroshilov), según el historiador Abdurakhman Avtrokhanov. Stalin quiso formar un nuevo y más grande Politburó con miembros rusos.

Los líderes judíos empezaron a preocuparse por sus posiciones. Comprendieron que Stalin podría ir muy lejos. Uno de aquellos involucrados era Lazar Kaganovich, miembro del Politburó. Él decidió organizar un complot para sacar a Stalin. Invitó a otros tres miembros del Politburó; Nikolai Bulganin, Vyacheslav Molotov y Kliment Voroshilov, a la villa de Voroshilov en Zhukovka dónde él, según su propia admisión, sugirió usar a su propia hermana Roza (esposa de Stalin), quién era doctor, para matar a Stalin por medio de tabletas que causaran hemorragia cerebral. Fue decidido que las tabletas usuales de Stalin debían ser cambiadas por otras, qué Molotov llamaba Veneno para Ratas. Todos aprobaron la sugerencia de Kaganovich. (Stuart Kahan, "El Lobo del Kremlin, La Mano Derecha de Stalin", Estocolmo, 1988, pag. 268-269.)

Beria también se sintió amenazado y comenzó su propio plan que él llamó 'Mozart'. Beria se ganó a Nikita Khrushchev, Georgi Malenkov y Nikolai Bulganin a su lado. Todos esperaban por el momento adecuado.

Stalin sospechó que algo estaba sucediendo. Comprendió que ya no le era más útil a los judíos. Por consiguiente dijo en el Presidium a finales de febrero que el gran juicio contra los doctores judíos tendrían lugar a mediados de marzo.

Al mismo tiempo, aprovechó la oportunidad de presentar una propuesta para un nuevo decreto, según el cual, todos los judíos serían deportados a Asia Central. Kaganovich y Molotov protestaron. Stalin no se preocupó de las consecuencias. Ya había tenido bastante de los judíos. Todo esto según el Secretario del Comité Central, Panteleimon Ponomarenko, que contó la historia a periodistas extranjeros en 1956.

Ponomarenko era entonces también embajador de la Unión Soviética en Polonia. (A. Avtrokhanov, "El Misterio de la Muerte de Stalin", Frankfurt am Main, 1981, pág. 228.)

Los conspiradores ya no podían esperar más, ya que la Unión Soviética se habría caído en pedazos totalmente si el decreto se hubiera puesto en la práctica.

En la majestuosa casa de Stalin en Kuntsevo (anteriormente propiedad de Orlov), a 84 Km. de Moscú, sus guardias personales, Piotr Lozgachev y Mikhail Stratostin, sospecharon en la tarde del 1º de marzo de 1953, ya que no habían tenido noticias durante todo el día de Stalin. Tenían miedo de llegar a él sin ser llamados. Lozgachev tuvo finalmente el valor de abrir la puerta. Encontró que Stalin estaba en el suelo junto a la mesa de cenar, con un codo sostenido torpemente contra la alfombra. Al lado de él había un reloj de bolsillo y un ejemplar del Pravda. Estaba consciente, pero había perdido la capacidad de hablar.

Stratostin informó inmediatamente a Georgi Malenkov, Secretario General del Partido que le pidió que llamara también a Beria. Beria no quiso que alguien más se enterara de la enfermedad de Stalin.

Llegó a las tres de la mañana junto con Malenkov. No traían médicos consigo. Escucharon a Stalin roncar ruidosamente durante algún tiempo. Entonces Beria se volvió a Lozgachev y le dijo en una voz amenazadora: "¿Está Usted intentando causar pánico, eh?.... ¿No ve Usted que el camarada Stalin está profundamente dormido?"

Nikita Khrushchev llegó solamente a las 7:30 en la mañana del 2 de marzo, recién después de su llegada aparecieron los primeros doctores. Beria se había asegurado que Stalin no recibiera ayuda médica alguna durante las primeras 12 a 13 horas después de descubrirse su enfermedad. Stalin murió tres días más tarde, el 5 de marzo.

Beria fue nombrado Comisario del Pueblo para los Asuntos Internos por su contribución en el fallecimiento de Stalin. Al mismo tiempo, se hizo todo lo necesario para restablecer el control judío.

Stalin realmente había intentado lo mejor de sí, para librarse de los judíos extremistas en cuanto comenzó a desconfiar de ellos. Por ejemplo, Piotr Pospelov (en realidad Fogelson) había trabajado como el principal ideólogo del Partido Comunista entre 1940 y 1949. Stalin había sacado a Pospelov y le nombró director del Instituto para los estudios de Marx, Engels y Stalin. También fue despedido de este puesto en 1952.

Beria liberó a los judíos que trabajaban en cultura y a los doctores que habían sido encarcelados tan rápidamente como fuese posible. M. Ryumin y otros Chekistas que estaban envueltos en la investigación preliminar contra los principales doctores judíos fueron ejecutados en 1954. El Profesor B. Kogan llegó a ser un importante líder bolchevique que dio fuerza al régimen soviético en Volynia en 1954. (La revista del Soviet de Estonia Aja Pulss, No. 9, 1988, pág. 28.)

LA LUCHA POR EL PODER DESPUÉS DE LA MUERTE DE STALIN

Entre el 6 de marzo y el 27 de junio de 1953 (113 días), la Unión Soviética fue controlada completamente por los judíos, encabezados por Lavrenti Beria. Él obligó a Georgi Malenkov a que renunciara como cabeza del Partido el 14 de marzo. (Malenkov murió en Moscú en enero de 1988 a los 86 años de edad.) Nikita Khrushchev fue nombrado Vice Secretario General.

Al Partido comunista le faltó un líder oficial hasta septiembre de 1953, cuando una reunión del Comité Central confirmó la posición de Khrushchev oficialmente como líder del Partido. Fue Kaganovich y Molotov quienes ayudaron que Khrushchev se librara de Malenkov. Debe declararse aquí que este período no fue tan caótico como Khrushchev sostiene después. Los documentos secretos son explícitos al respecto.

El profesor de historia Boris Starkov presentó estos documentos en su artículo "¿Los 100 Días del Mariscal de Lubyanka o Lavrenti Beria fue un Reformador?" (Periódico Fontanka en St. Petersburgo, 9 de noviembre de 1993.)

El 23 de marzo, Beria emitió un decreto que liberaba más de un millón de presos políticos. Tenía planes para reformar el sistema GULAG. El 16 de junio de 1953, propuso que el sistema del trabajo forzado debía abolirse ya que era ineficaz y faltó de perspectivas. También propuso que debían revisarse todos los casos de personas en que se había probado actividades contrarrevolucionarias.

Recomendaba que todas esas personas debían ser rehabilitadas y que se debería pagar por los daños y perjuicios a las víctimas inocentes. Incluso quería que los deportados fueran liberados. Fue Beria quien revocó todos los cargos contra los médicos judíos.

Lavrenti Beria fue incluso más allá. Prohibió todos los eslóganes comunistas antes del desfile de celebración de la victoria el 9 de mayo de 1953. El 27 de mayo, propuso detener el desarrollo del Socialismo en Alemania Oriental, permitiendo que se reunieran ambas Alemanias, sobre una base burguesa.

Para la Unión Soviética, sin embargo, sostuvo algunos planes inaceptables. Beria quería vender los estados bálticos a los poderes Occidentales. Lo dijo el agente de la KGB, Georg Meri (padre del ex presidente de Estonia, Lennart Meri), quien llegó a ser Primer Ministro de la democracia independiente de Estonia.

Fue Khrushchev quien primero habló de los planes de Beria para entregar los países bálticos. El 12 de junio de 1953, Beria dio las órdenes para que los rusos en las repúblicas bálticas retornaran a Rusia y permitieran a las autoridades locales asumir el poder. Esta orden se efectuó inmediatamente.

Beria fue el primero en comenzar a abolir el culto a Stalin. Era extraño, entretanto, descubrir la firma de Kaganovich en tantas propuestas de cambio. Beria comenzó a alentar a Khrushchev y a Bulganin para tomar el poder oficialmente, pero éstos, junto con Malenkov, decidieron detener las reformas de Beria, que habían asustado al aparato del Partido hasta la muerte. Ellos querían que fuese arrestado.

El Mariscal Georgi Zhukov, dirigió la operación para arrestar a Beria en la reunión del Politburó el 27 de junio de 1953. El juicio a Beria y a sus seis hombres más cercanos, se realizó entre el 18 y 23 de diciembre de 1953.

Todos ellos fueron sentenciados a muerte y ejecutados el mismo día que se dictó la sentencia - el 23 de diciembre.

Kaganovich ayudó a liquidar a Beria. Había esperado ganar el poder para sí mismo y estaba muy defraudado cuando Nikita Khrushchev fue elegido como nuevo líder del Partido comunista en septiembre de 1953. Nikita había sido antes su alumno y subordinado.

Había sido un simple minero con apenas alguna educación cuando se encontró con Kaganovich. Pero se casó con una judía, Nina Gorskaya. Khrushchev había arrestado al hijo de Stalin, Vasili, el 28 de abril de 1953, ya que este había acusado abiertamente al Politburó, del asesinato de su padre. Vasili fue sentenciado a ocho años de trabajo forzado. Su falsa imputación al Mariscal Alexander Novikov se usó como pretexto para el juicio. Fue liberado pronto sin embargo, y se le entregó una pensión. Vasili fue encontrado muerto en su cama medio año después.

En 1953, había 12 millones de prisioneros en los campos y 8 millones de soldados en el ejército (quiénes tenían una vida aún más dura) así como 30 millones de campesinos que trabajaban virtualmente por nada en los kolkhozes y 40 millones trabajando bajo las mismas condiciones en las industrias, según Vladimir Soloukhin.

Kaganovich decidió esperar por una oportunidad conveniente para deponer a Khruschev y tomar el poder para sí. En 1957 intentó provocar un golpe junto con Malenkov, Molotov y otros conspiradores, pero fue Khrushchev quien tuvo éxito en aplastar a Kaganovich y su grupo.

Khrushchev expuso a Kaganovich completamente en la reunión del Partido en junio de 1957. Le dijo a la dirección del Partido que Kaganovich había ordenados destruir un número increíble de importantes funcionarios del Partido y funcionarios civiles en base a falsas acusaciones.

Khrushchev también presentó evidencias - las órdenes escritas de Kaganovich a las cortes de justicia, sus propuestas al NKVD y los telegramas a Stalin conteniendo declaraciones difamatorias. Finalmente,

Khrushchev acusó a Kaganovich del asesinato intencional de por lo menos 20 millones de ciudadanos soviéticos.

Kaganovich telefoneó a Khrushchev para rogar por misericordia. Él no quería ser ejecutado. Khrushchev le contestó: "¿Pero que deseabas hacerme a mi?" Como castigo, el líder del Partido envió a Kaganovich de 64 años a los Urales dónde fue nombrado director de una fábrica de amianto en el pueblo de Asbest. Molotov fue enviado como embajador a Mongolia.

Ocho pueblos que habían sido nombrados en honor a Kaganovich, incluyendo Kaganovichibad y Kaganovichesk, recibieron nuevamente sus antiguos nombres. El metro en Moscú cambió su nombre a Lenín. Los funcionarios top del Partido habían alcanzado un acuerdo para detener la matanza de unos a otros.

Hubo un crimen, sin embargo, que Khrushchev calló totalmente, ya que estaba involucrado en él. En 1946 algunos problemas surgieron con los Ukrainianos que obstinadamente continuaban su resistencia pasiva.

Khrushchev que había sido el primer secretario del Partido en Ucrania, tenía grandes dificultades, a pesar de haber recibido las instrucciones de Stalin, de romper la resistencia de los Ukrainianos con una hambruna artificial. Falló en esta misión.

Esto fue la razón por la que Stalin le depuso temporalmente, y envió a Kaganovich como primer hombre del Partido en Ucrania.

Kaganovich fue (como siempre) tan eficaz que dos millones de personas murieron en la nueva hambruna. La resistencia de los Ukrainianos se rompió. Stalin estaba contento.

Este horrible crimen fue silenciado en occidente y cuando salió a la luz en un futuro, la prensa occidental no quiso admitir que había sido el trabajo de Kaganovich. Ellos culparon de todo a Khrushchev que era un Gentil.

Después de cometer este terrible crimen contra la humanidad, Kaganovich retornó a Moscú entregando nuevamente el poder en Kiev a Khrushchev. Ésa fue la razón por qué Khrushchev no deseaba mencionar esto junto con los otros crímenes de Kaganovich.

Sin embargo, este no fue el único crimen que cometieron juntos,. A principios de 1954, la dirección del Partido de más alto nivel (Khrushchev, Malenkov, Kaganovich que era entonces Vice Primer Ministro) dio la orden para probar la explosión de una bomba atómica en seres humanos el 14 de septiembre en el mismo año.

La bomba fue detonada 500 metros sobre el nivel de la tierra, explotó con una fuerza de 40 kilotones. La bomba atómica que destruyó Hiroshima e inmediatamente mató a 80.000 personas no estaba ni cerca en su poderío (13 kilotones). El experimento tuvo lugar en los Urales cerca del pueblo Totskoye, entre los pueblos Kuibyshev y Orenburg, a 970 Km. al este de Moscú (Izvestiya, 14 de agosto de 1993).

Las autoridades soviéticas querían averiguar qué tan pronto se podría enviar las tropas a una área dañada por la radiación. 44.000 soldados fueron obligados a entrar en el área, sólo 20 minutos después de la explosión. Los soldados, sin saberlo, habían sido sentenciados a la muerte.

Las autoridades no se molestaron en pensar en la población local al no considerar la dirección del viento. La población incluso, nunca fue advertida. El nivel de la radiación era 10 veces (50 Roentgen) superior al nivel considerado por los norteamericanos como el más alto en el nivel de seguridad para los seres humanos. Era imposible usar máscaras de gas, ya que la temperatura en el área, era de 45° grados Celsius (113 grados Fahrenheit). Más de un millón de personas vivían en el área (dentro de un radio de 150 km. del epicentro).

Entre los participantes estaba el Capitán Yuri Sorokin, que, después de la caída del Comunismo, demandó al Ministerio de la Defensa de Rusia por 52 millones de rublos.

El Mariscal Zhukov siguió el experimento desde un bunker a 25 Km. de distancia.

El Ministro de la Defensa, Nikolai Bulganin, pensaba que el experimento había sido un éxito. Después de la Segunda Guerra Mundial, los Comisarios del Pueblo de la Unión Soviética recibieron la denominación más civilizada de Ministros.

Similar dureza se mostró durante la Segunda Guerra Mundial cuando los británicos le ofrecieron a los Comunistas detectores de minas, pero un general del Ejército Rojo se negó a ello, diciendo: "¡No necesitamos eso, tenemos las personas para ese propósito!" El NKVD enviaba a los prisioneros políticos para limpiar los campos minados bajo amenaza de muerte, según el historiador Nikolai Tolstoy.

En 1957, otra bomba atómica explotó accidentalmente en el área. Esta vez se evacuaron a 10.000 personas.

Puede mencionarse aquí al pasar que unos judíos norteamericanos, la pareja Julius y Ethel Rosenberg y sus ayudantes. Morton y Sobel, entregaron toda la información necesaria para la construcción de la bomba atómica a los físicos top en la Unión Soviética (entre otros el judío León Landau).

Stalin vio 286 informes sobre el desarrollo de la bomba atómica. Klaus Fuchs estaba entre los informantes. Beria fue nombrado Jefe del proyecto de la bomba de átomos soviética. El FBI era consciente de esto, pero entró en acción sólo cuando la información estaba segura en las manos soviéticas. Nadie estaba interesado en la posibilidad de liquidar el Comunismo amenazando el régimen soviético con armas atómicas.

116 explosiones atómicas sobre la tierra y 370 debajo de la tierra, tuvieron lugar en Semipalatinsk entre 1949 y 1989. La fuerza de las explosiones llegó hasta los 150 kilotones.

800.000 personas tienen severas lesiones de la radiación hoy en día.

Su material genético ha sido destruido. Uno de cada tres niños presenta malformación, tiene cáncer o fallas en su sistema inmunológico. Investigadores declaran que la próxima generación no podrá vivir. (Dagens Nyheter, 23 de febrero de 1992)

Stalin había practicado todos los principios del Marxismo-leninismo, aseguró la dictadura, liquidó el mercado libre, abolió la idea de ética, degradó a los intelectuales, animó la lucha de clase cruzando los límites nacionales, intentó exterminar la religión, esclavizó a los obreros (quién comenzaron a beber en lugar de trabajar).

Pero las diferentes razas no quisieron mezclarse entre sí, los creyentes no deseaban abandonar sus credos, los campesinos odiaban el trabajar en granjas colectivas (y se pusieron sumamente perezosos porque les obligaron a trabajaran para que otros ganaran).

Los Comunistas fallaron en todo y lograron aniquilar una inmensa cantidad de personas en el proceso - los enemigos de la clase y los enemigos del Pueblo que habrían perturbado la construcción de la sociedad Illuminista.

Los Comunistas fueron obligados a comprender finalmente que su sistema era totalmente irreal, tal como sus antagonistas lo habían afirmado desde el principio. El Homo Sovieticus se transformó en una herramienta sin valor. Era imposible continuar. Los Comunistas sufrieron todo tipo de retrocesos. Hubo algunos que empezaron a arrepentirse de sus crímenes, como Malenkov que se puso religioso en su vejez y se le vio en muchas iglesias en Moscú y sus alrededores. Tenía bastante para expiar.

Lazar Kaganovich no estaba entre aquellos que sintieron arrepentimiento por sus acciones.

Murió en la tarde del 25 de julio de 1991, a los 97 años. Sus métodos inmensamente crueles no habían llevado a ninguna parte. Su vida es una lección terrible para todos los que realmente desean aprender de los errores de otros.

LA AYUDA NORTEAMERICANA A LA UNIÓN SOVIÉTICA

El 15 de agosto de 1871, el General norteamericano Albert Pike, que era un líder masón de alto nivel, escribió una carta al líder del Illuminati, el italiano Giuseppe Mazzini. En esa carta, le describía su asombroso plan, incluyendo la destrucción del Imperio ruso.

El camino de los Bolcheviques al poder fue pavimentado financieramente por Jacob Schiff, Paul Warburg, John Rockefeller, Franklin van der Lip, John Pierpoint Morgan Jr (quién le entregó por lo menos un millón de dólares a Lenín) y William Averell Harriman de los Estados Unidos de América. Hubo también fuerzas similares en Europa con los mismos objetivos. Allí, el inglés Gran Maestro de la Masonería, Alfred Milner y la familia Rothschild apoyaron a los Bolcheviques. La Unión Soviética comenzó a usar el estandarte rojo de los Rothschilds como símbolo oficial del Socialismo-Comunismo.

Hay unos pocos libros escritos por investigadores honestos, incluyendo el libro de Antony Sutton "Will Street y la Revolución Bolchevique" y el libro de Gary Allen "Nadie se atreve a llamarle Conspiración" que exponen los círculos financieros que ayudaron a los Bolcheviques a permanecer cueste lo que cueste en el poder. Sin este apoyo financiero habría sido imposible para ellos permanecer en la silla; La Rusia los habría tirado rápidamente fuera.

El Doctor en Economía, Antony C. Sutton, se pasó varios años recolectando los documentos para demostrar esto. El material que él encontró fue publicado en una serie de libros, incluyendo el trabajo gigante en tres tomos "La Tecnología Occidental y el Desarrollo Económico Soviético", publicados por el Instituto Hoover. También ha publicado otros dos libros importantes sobre el asunto: "El Suicidio Nacional" y "El Mejor Enemigo que el Dinero puede Comprar."

El embargo comercial norteamericano fue simplemente una gigantesca farsa. El estado soviético totalitario y completamente ineficiente nunca habría podido sobrevivir sin la ayuda externa. La historia de China antigua nos proporciona un ejemplo de un estado similar. En el año 8 D.C., un importante oficial, Wang Mang, usurpó el poder y se proclamó emperador después de un año.

Intentó ganar el control de la economía con la ayuda de reformas radicales (la mayoría socialistas). Wang Mang fortaleció al gobierno central con la característica disciplina y severidad Oriental. Nacionalizó la propiedad y prohibió la venta de esclavos. La situación económica se deterioró catastróficamente. En el año 17, los campesinos habían tenido suficiente y habían comenzado una revuelta para deponer a Wang Mang. Tuvieron éxito y lo mataron como a un perro rabioso.

Antony Sutton enfatizó que el 95 por ciento de la tecnología soviética venía de los Estados Unidos de América o de sus aliados. Su conclusión era que los Comunistas no habrían podido permanecer en el poder, ni siquiera un solo día sin esta ayuda. Los Bolcheviques habrían indudablemente perdido la guerra civil de cuatro años de duración, a menos que occidente les hubiese ofrecido ayudarles. Fue por ello que los aliados organizaron la llamada intervención.

El congreso de EEUU mientras destinaba miles de millones de dólares para la defensa contra el Comunismo, al mismo tiempo le entregaba más de seis mil millones de dólares en ayuda directa tanto militar como económica a los Comunistas. Aviones cazas F-86 equipados con radar con un valor sobre 300.000 dólares cada uno, fueron vendidos al dictador comunista de Yugoslavia por 10.000 dólares. La Administración Eisenhower aprobó esto. ("Informe," Ayuda Norteamericana al Exterior", Agencia USA para Int. Dev., 21 de marzo de 1962.)

LA INTERVENCIÓN COMO DISTRACCIÓN

Es necesario señalar que la iniciativa para la "intervención" realmente vino de los Bolcheviques. León Trotsky, Comisario del Pueblo para los asuntos Militares, envió una nota escrita en inglés pidiendo ayuda militar de los Aliados el 5 de marzo de 1918. Las tropas británicas serían enviadas a Arkhangelsk y las tropas norteamericanas ocuparían Vladivostok para prevenir el avance japonés. (Yuri Felshtinsky, "El Fracaso de la Revolución Mundial", Londres, 1991, pag. 283-284.)

En el mismo mes (19 de marzo), 2.000 soldados británicos aterrizaron en Murmansk.

Ellos debían detener el avance de las tropas finlandesas. La dirección Bolchevique local recibió órdenes de Petrogrado para establecer una cooperación completa con las tropas británicas. (Staffan Skott, "Sovjetunionen fran borjan till slutet" / "La Unión Soviética de Principio a Fin", Estocolmo, 1992.) Trotsky aprobó la junta militar compuesta de representantes británicos, soviéticos y franceses. (M. Jaaskelainen, "Ita-Karjalan kysymys: kansallinen laajennusohjelman synty ja sen toteuttamisyritykset ulkopolitiikassa Suomen vuosina 1918-20" / "El Asunto de Karelia Oriental: El Comienzo del Programa de Extensión Nacional e el Intento de la Política Exterior finlandesa a Realizar en los Años 1918-20", Helsinki, 1961.)

Oficialmente hubo 10.052 soldados extranjeros en Murmansk el 1º de julio de 1918, incluyendo a 6.850 ingleses y también a servios y franceses. Tales cifras oficiales son normalmente discutibles.

Las cifras del Mayor-General británico, Sir Charles Maynard, publicadas en sus memorias "La aventura Murmansk", era bastante diferente. Afirmó que las tropas Aliadas nunca excedieron de 1.500 hombres.

Trotsky había pedido la ayuda previamente de los franceses para financiar su Ejército Rojo, pero París no tenía ningún deseo de hacerlo. El Coronel norteamericano Raymond Robbins, sin embargo, no tuvo ningún escrúpulo en ayudar a los Bolcheviques. 4.500 soldados norteamericanos llegaron a Arkhangelsk el 4 de septiembre de 1918, según Louis Fischer. ("La Vida de Lenín", Londres, 1970, pág. 430.)

El Presidente norteamericano Woodrow Wilson había enviado dos millones de hombres al frente Occidental por la primavera de 1917. El propio Maynard dejó a Inglaterra el 18 de julio de 1918 con sólo 150 soldados de la Marina Real.

Los Bolcheviques no necesitaban protección contra los alemanes, ya que en la realidad, eran los alemanes quienes estaban protegiendo a los Bolcheviques de los Blancos. Los británicos sólo consideraban a los Blancos Finlandeses como los enemigos.

Las tropas finlandesas Rojas, que eran pro-comunistas, eran dirigidas por los británicos, según el General Maynard. Cuando él quiso entregar 150.000 libras esterlinas a las tropas rusas Blancas (y un total de 5.000 hombres), Londres se negó a dar su aprobación.

Él fue a Londres para explicar la situación desesperada de los Blancos.

Sólo entonces le fue dada la autorización para entregar el dinero a los Blancos que luchaban contra los Bolcheviques y querían restablecer el Imperio Zarista.

Los Blancos Finlandeses estaban ávidos por ocupar Murmansk lo más pronto posible, pero el Presidente finlandés, Pehr Evind Svinhufvud, después de recibir las advertencias de Londres, no se atrevió a dar las órdenes para este efecto.

Cuando quedó claro que las tropas rusas Blancas en el norte, estaban haciendo un avance demasiado grande, David Lloyd George (francmasón) exigió que Churchill debía cancelar la aventura británica en Murmansk. Las demandas que los británicos debían cesar su ayuda a los Blancos en Rusia, también se publicó más frecuentemente en la prensa. En agosto de 1919, Sir Henry Rawlinson (francmasón) fue enviado de Londres a Murmansk. Entregó las instrucciones para llevarse nuevamente las tropas a casa.

Al principio, occidente afirmó muy hipócritamente que los Bolcheviques eran peligrosos. A pesar de estas advertencias, los británicos enviaron sólo unos pocos soldados a que, ostensiblemente, lucharan contra los Rojos. En el hecho real, los Aliados evitaron perturbar a los Bolcheviques.

Un ejemplo de esto fue cuando los británicos le prometieron a Boris Savinkov, uno de los líderes Social Revolucionarios y francmasón, enviar dos divisiones contra los Bolcheviques en Arkhangelsk. Se enviaron sólo 600 soldados en la realidad y éstos, no estuvieron involucrados en ninguna batalla. Savinkov acusó a los británicos de ayudar secretamente a los Bolcheviques.

El Presidente Woodrow Wilson, fue uno de los primeros jefes de estado en reconocer a la Rusia Soviética. El 6 de julio de 1918, los norteamericanos decidieron enviar 7.000 soldados más a Vladivostok. El propósito de esto era disminuir la preparación japonesa para el ataque. Los norteamericanos pronto se preocuparon y fueron obligados a tomar medidas contra el ejército japonés.

El 26 de agosto de 1918, el cónsul norteamericano en Vladivostok, John Caldwell, envió un telegrama a Robert Lansing, Secretario de Estado en Washington,: "Casi 18.000 soldados japoneses han aterrizado en Vladivostok. Otros 6.000 están camino al frente en Manchuria. Los japoneses están avanzando por todas partes donde pueden... la situación es crítica." ("Informes Relativos a las Relaciones Exteriores de los Estados Unidos, 1918, Russian", Vol. II, pag. 328-29.)

Los norteamericanos consideraban la situación peligrosa, principalmente porque los japoneses derrocaban el régimen soviético en todas partes que ellos llegaba. Ya tenían 70.000 soldados japoneses en el lejano oriente a principios de noviembre de 1918, de acuerdo con fuentes oficiales.

Robert Lansing, a propósito, no ocultaba su opinión que los judíos Bolcheviques eran espiritualmente subdesarrollados, es decir: seres primitivos.

A pesar de la estricta censura soviética, una frase importante y reveladora todavía puede leerse en ciertas colecciones: "El gobierno norteamericano estaba obviamente contra el avance japonés". ("Documentos de Política Exterior en la Unión Soviética", Vol. I, Moscú, 1957, pág. 225.) Esta frase fue censurada después, ya que los falsificadores de la historia la consideraron demasiado peligrosa y reveladora.

La guerra civil era demasiado agotadora para Lenín. Esa fue la razón por la cual Occidente aumentó sus contribuciones para finalizarla. Los

Aliados comenzaron a retirarse y sus equipos militares fueron entregados a los Bolcheviques.

Ya en marzo de 1918, cinco oficiales norteamericanos habían comenzado a entrenar unidades del Ejército Rojo. Los norteamericanos también enviaron algo de equipamiento militar de guerra a los Bolcheviques, según Antony Sutton ("El Suicidio Nacional", Melbourne, 1973, pág. 76). Sutton se refiere a otro importante documento que demuestra que Trotsky le pidió al embajador norteamericano, David R. Francis, ayuda oficial para entrenar al Ejército Rojo en los Estados Unidos, siendo un poder militar poderoso, aseguraría que los japoneses no amenazarían el establecimiento del régimen soviético.

Los Estados Unidos ocuparon el Lejano Oriente hasta que el Ejército Rojo pudo pararse en sus propios pies y pudo controlar el territorio soviético. El Presidente Woodrow Wilson había dado las instrucciones secretas correspondientes al comandante de las tropas norteamericanas en el Lejano Oriente, William S. Graves. Antony Sutton se refirió a esos documentos.

Los norteamericanos controlaban la Vía férrea Trans-siberiana, por lo que fue fácil para ellos controlar las fuerzas Blancas de Kolchak y expulsarlas de Vladivostok.

Ellos podrían entregar en el futuro, ceremoniosamente, toda el área a los Bolcheviques. Un anuncio sobre este evento fue publicado en el New York Times el 15 de febrero de 1920. Associated Press relataba en un telegrama que hubo mítines en las calles y desfiles de celebración en Vladivostok después que las tropas del Almirante Alejandro Kolchak habían sido obligadas a salir. Las banderas rojas flamean en muchas casas. En los discursos ceremoniosos, los norteamericanos fueron llamados verdaderos amigos que en un momento crítico salvaron la situación.

Los norteamericanos, por su parte, enfatizaron que ellos no deseaban invadir el Lejano Oriente controlando ciertas áreas soviéticas, pero que la operación debe considerarse como contribución de los Aliados al asentamiento pacifico de la situación local.

El General Alexei von Lampe reveló en el periódico del destierro ruso 'Russky Kolokol' N° 6 y N° 7, 1929, publicado en Berlín, que el propósito de la presencia Aliada en Rusia fue evitar la amenaza alemana contra los Aliados.

Había varios miles de soldados extranjeros estacionados cerca de Murmansk y Arkhangelsk al norte de Rusia. Cuando el frente ruso se puso superfluo, simplemente, dejaron la escena de operaciones.

Antes que pasara esto, los Aliados sugirieron que las tropas rusas Blancas, también, debían cancelar sus actividades militares. Cuando los Blancos se negaron hacerlo, los ingleses botaron sus equipos y municiones en el mar.

Alexei von Lampe describió los eventos en las afuera de Petrogrado cuando la armada británica abandonó a las fuerzas Blancas del General Nikolai Yudenich en 1919. Ya no les dieron apoyo. Por supuesto, había ingleses que no deseaban estar al lado de los Bolcheviques.

Uno de éstos, fue Crombie, el agregado militar británico en Petrogrado. Fue alejado de una manera original. Los Guardias Rojos simplemente entraron en la Embajada británica el 31 de agosto de 1918 y asesinaron a Crombie. Nadie ofreció algún tipo de resistencia allí.

Winston Churchill escribió una carta al Primer Ministro británico, David Lloyd George, el 21 de febrero de 1919. No tenía ninguna objeción al punto de vista general que los rusos tenían que cuidar de ellos mismos. David Lloyd George explicó oficialmente el motivo para no ayudar a los rusos Blancos, de la siguiente manera: Enviar a nuestros soldados a disparar contra los Bolcheviques sería igual que crear el Bolchevismo aquí en casa." (Paul Johnson, "Tiempos Modernos", Estocolmo, 1987, pág. 108.)

Justificaba su cooperación con los Bolcheviques de esta forma: "Hemos hecho tratos con caníbales, ¿Por qué no con los Bolcheviques?" Lloyd George estaba a favor de una contribución activa para ayudar al gobierno soviético. Un acuerdo de comercio entre el Unión Soviética y Gran Bretaña se firmó el 16 de marzo de 1921.

El 14 de febrero de 1919, el Presidente Wilson exigió el retiro de las fuerzas extranjeras de Rusia. Los Bolcheviques simplemente serían dejados en paz. Explicó esta demanda de la forma más peculiar: "No existe razón útil para nuestras fuerzas en Rusia".

La posición del Presidente norteamericano, queda bastante clara en su mensaje, que fue leído en el Cuarto Congreso Soviético Extraordinario el 14 de marzo de 1918. Escribió, entre otras cosas, que el gobierno de los Estados Unidos hará todo lo que pueda para ayudar a Rusia a transformarse en un estado totalmente soberano e independiente en sus propios asuntos internos así como en el recrear su importante rol en Europa y en la vida de nuestra sociedad presente.

Ésas no eran simplemente palabras comunes y corrientes - Estados Unidos de América comenzó el apoyo a los Bolcheviques de todas las formas imaginables inmediatamente. Por 1920, los norteamericanos ya habían construido dos puertos en el Lejano Oriente para la Rusia soviética. Cuarenta y cinco mil soldados franceses (el número probablemente es exagerado) fueron estacionados cerca de Odessa y en la Península de Crimea.

Los franceses también abandonaron a los Blancos. Las fuerzas aliadas repentinamente salieron del teatro de guerra y se negaron a combatir a los Bolcheviques. Al mismo tiempo, los franceses en Berezovsky cerca de Odessa entregaron los primeros tanques a los Rojos.

La historia entera debe haber parecido muy confusa para los Blancos, especialmente, por el hecho que los Bolcheviques, según los franceses, tenían instructores alemanes. Se suponía que oficialmente los Aliados combatían a los alemanes en todos los frentes.

Se encontraron posteriormente documentos secretos los cuales explicaban mucho sobre esta situación. Se ha revelado que a los ingleses sólo se les permitía proporcionar comestibles a los Blancos y que los franceses habían recibido órdenes para permanecer completamente pasivos, también en el momento de los problemas del General Anton Denikinl con los Rojos en Caucasia.

Las pasivas fuerzas francesas fueron completamente retiradas de Rusia el 5-6 de abril de 1919. Alexei von Lampe afirmó que las contribuciones Aliadas eran simplemente un espejismo o propaganda de los Comunistas. Los aliados ni siquiera coordinaron alguna vez sus actividades. Esto saboteó las operaciones del Ejército Blanco que estaba compuesto de voluntarios nacionalistas. Los Aliados frustraron a los Blancos en todo momento, y al principio incluso lucharon contra ellos.

Entretanto, los Bolcheviques recibieron todo tipo de ayuda, dinero e información de Occidente. Gran Bretaña envió rifles y municiones para 250.000 hombres de la Rusia soviética, según 'The Manchester Guardián' (2 de mayo de 1919). Los Blancos recibieron una porción insignificante de este embarque. Los franceses sólo dieron sumas diminutas de dinero a los Blancos. Los Aliados incluso le entregaron ayuda directa a los Bolcheviques cuando ellos conquistaron Ucrania, considerando que el líder nacionalista ucraniano y francmasón, Simón Petlyura, y sus combatientes libertarios no recibieron ninguna ayuda, en absoluto ("Ukrania & Ukranianos" Dr Ivan Owechko, Greeley, Colorado, 1984, pág. 114).

De todos sus antagonistas, la guerra contra Simón Petlyura fue la más dura de los Bolcheviques. En todas las áreas que el conquistaba, el pueblo celebraba la derrota del régimen judío Rojo. Esas celebraciones fueron llamadas más tarde "pogromos Judíos" en la propaganda comunista. Petlyura tuvo que huir a Polonia en octubre de 1919. Sus últimos esfuerzos para salvar a Ucrania del yugo bárbaro de los comunistas también había fallado. Occidente había puesto todo en los Bolcheviques.

Moscú, entretanto, no podría olvidarse de la lucha de Petlyura contra ellos. Esa fue la razón por la cual el Bolchevique judío y francmasón Samuel Schwartzbart, le asesinó en París el 26 de mayo de 1926. (Georg Leibbrant, "Ucrania".) según la Enciclopedia Soviético-Estonia, ésta fue la venganza de los judíos. A nadie se le permitía amenazar su poder.

Los Blancos trataban a sus antagonistas de forma algo diferente. En 1918, un editor del periódico en Yekaterinoslavl publicó una exhortación para luchar contra el General Lavr Kornilov. Le fue prohibida la entrada en la ciudad por su crimen. Todo según Alexei von Lampe.

Antony Sutton señaló que occidente comenzó ávidamente a apoyar a los Bolcheviques en diciembre de 1917, cuando la posibilidad de establecer el Régimen soviético todavía era muy incierta. De hecho, un operación sistemática e intensa de ayuda comenzó justo después de la toma del poder por los Bolcheviques.

Antony Sutton afirma que los Bolcheviques recibieron todo lo que ellos necesitaban (principalmente armas y estaño) de occidente. La Unión Soviética fue fundada por el mismo círculo financiero que había separado a Europa en Versalles y con ello había creado las condiciones necesarias para la erupción de la Segunda Guerra Mundial. Este círculo ha controlado ambos lados en varias guerras.

Siendo un francmasón, el Presidente norteamericano Woodrow Wilson (1856 - 1924) había enviado, muy renuentemente, 4.500 soldados al norte de Rusia, ya que el francmasón y Comandante Supremo de las tropas Aliadas, Ferdinand Foch, lo había exigido. El historiador Louis Fischer confirma en su biografía de Lenín, que Wilson intentó mantener la presencia norteamericana al mínimo - las fuerzas norteamericanas no hicieron virtualmente nada en el norte de Rusia. Los cifras oficiales también fueron enormemente exageradas. Fischer enfatizó que las tropas extranjeras jugaron un papel muy pequeño para el resultado de la guerra civil. (Louis Fischer, "La Vida de Lenín", Londres, 1970, pág. 489.)

Así, los Estados Unidos de Norteamérica y sus aliados no estaban en absoluto interesados en deponer a los Bolcheviques. El anteriormente secreto y extremadamente interesante informe acerca de la Guerra Civil rusa, en los archivos del Departamento de Estado norteamericano confirman este hecho.

Estos papeles han estado disponibles a los investigadores desde septiembre de 1958. Entre otros documentos, están las instrucciones del Departamento de Estado que se telegrafiaron al embajador norteamericano, David Francis, el 15 de febrero de 1918, que le dice que mantenga un estrecho contacto extraoficial con los Bolcheviques, de tal manera que no fuese necesario reconocer oficialmente al régimen soviético. Francis había sugerido aplastar a los bolcheviques en forma total.

Washington ignoró esta sugerencia.

No habría sido difícil aplastar a los Bolcheviques, si hubiese habido algún deseo real de hacerlo, ya que ellos eran sumamente débiles a mitad de 1918. En julio de 1918, los alemanes y chinos que aplastaron la revuelta de los Social Revolucionarios los salvó. El General finlandés Carl Gustaf Mannerheim, también creía que sus tropas bien disciplinadas eran capaces de conquistar Karelia Oriental y deponer a Lenín en Petrogrado (Lenín era totalmente ignorante en tácticas militares). Sin embargo, los alemanes prohibieron la acción. Luego las amenazas vinieron de los británicos. Londres incluso consideró una declaración de guerra contra Finlandia, si los finlandeses realmente amenazaban a los Bolcheviques. (M. Jaaskelainen, kysymys de Ita-Karjalan"... " / "El asunto de Karelia Oriental... ", Helsinki, 1961.)

En la primavera de 1918, León Trotsky pidió ayuda económica de los Estados Unidos para poder combatir a los Blancos más eficazmente. Lenín también le pidió la ayuda al Presidente Wilson para construir su estado socialista, según Louis Fischer "La Vida de Lenín" (Londres, 1970).

Por supuesto, los Estados Unidos les dieron todos tipo de ayuda a los Bolcheviques. El embajador norteamericano, David Francis, informó a Washington el 17 de marzo de 1918 que Trotsky quería a cinco expertos militares norteamericanos, a controladores de tráfico ferroviario, y equipamiento (EE.UU. Departamento de Estado Archivo Decimal. 861.00/1341). Trotsky escribió oficialmente en 'Russkoye Slovo' el 20 de marzo de 1918 que era imposible aliarse con Estados Unidos.

Esta maniobra pertenecía a las reglas del juego.

Cuando Lenín comenzó la nacionalización de las compañías extranjeras en 1918, hizo excepciones de las compañías norteamericanas. Louis Fischer confirma esto en su libro "La Vida de Lenín" (Londres, 1970). Los norteamericanos fueron permitidos mantener el control de Singer y Westinghouse, International Harvester y otras empresas.

Los Aliados hicieron un retiro completo del norte de Rusia para dañar seriamente la moral de las tropas Blancas, después que el General Anton Denikin había logrado conquistar Kiev el 31 de agosto de 1919 y había comenzado a marchar a Moscú. Esto fue revelado en el libro de Paul Johnson "Tiempos Modernos" (Estocolmo, 1987, pág. 109).

El General socialista polaco Jozef Pilsudski, tuvo mucho éxito, sin embargo. Derrotó a los Bolcheviques en la batalla del Wisla. Siendo un francmasón, le obligaron inmediatamente después de esto, que firmara un acuerdo de paz con Lenín. Lenín admitió después, que si Pilsudski hubiese continuado la guerra, sólo una semana más, habría significado el fin del poder de los Bolcheviques, ya que las fuerzas del General Peter von Wrangel estaban acercándose y los Rojos eran incapaces de oponérseles. Los judíos polacos, entretanto, ayudaron activamente a las tropas de Lenín cuando el Ejército Rojo atacó Polonia en 1918-19.

La Intervención y el asedio económico eran, desgraciadamente, sólo un ridículo mito. La élite financiera internacional necesitaba esta distracción para poder introducir rápidamente una forma totalitaria de capitalismo sin economía de mercado en Rusia- la forma más importante del Illuminismo que nosotros conocemos por el nombre de Comunismo.

¡La élite financiera Occidental quiso usar la Economía de Mercado capitalista como un yunque y el Comunismo como un martillo para gobernar el mundo y dominarlo completamente, tal como el historiador y publicista norteamericano Gary Allen, lo expresó en su libro "¡Nadie se atreve a llamarle Conspiración!. Ésta fue la razón por la cual se hizo todo lo posible para mantener vivo, el Imperio Comunista de Moscú, a pesar del hecho que había entrado al mundo como una monstruosidad económica que tenía que ser constantemente mantenida viva. Al mismo tiempo, los falsos frentes del Comunismo debían ser preparados.

Oswald Spengler, un gran pensador e historiador de nuestro siglo que escribió "Der Untergang des Abendlandes" ("El Declive de Occidente"), también percibió el hecho, que los Partidos políticos de izquierda también son controlados por los mismos hombres de la finanzas, a quienes ellos oficialmente consideran sus enemigos. Él afirmó: No existe ningún proletario, ni siquiera un movimiento comunista, que no haya operado en el interés del dinero, en la dirección indicada por el dinero - y sin que los idealistas entre los líderes tengan la más leve sospecha del hecho". Spengler fue tan lejos como para llamar al Socialismo, el Capitalismo de las clases bajas.

Reginald McKenna (Jefe del Banco Midland en Gran Bretaña) admitió francamente: "Aquellos que crean y entregan el dinero y el crédito, dirigen las políticas del gobierno y controlan el destino de las naciones en sus manos."

Varios trabajos serios han demostrado por medio de documentos, que cada una de las guerras en Europa, durante los dos últimos siglos, han sido causadas por la élite financiera para sus propios intereses. El Comandante William Guy Carr confirmó en su libro "Peones en el Juego" que el Jacobino Napoleón Bonaparte fue, al principio, el fiel sirviente de la élite financiera (era un espectador pasivo al lado de los hermanos de Robespierre durante la llamada Revolución francesa, pero violentamente aplastó la revuelta de los realistas en 1795). Finalmente entendió la naturaleza del sucio juego en el cual estaba tomando parte, comenzó a trabajar contra él, y consecuentemente fue removido.

El presidente norteamericano, Franklin Delano Roosevelt, admitió una vez, que "nada en política sucede por accidente. Si algo pasa, usted puede estar seguro que fue planificado así". Un Illuminatus judío, famoso y francmasón, Walter Rathenau, quien llegó a ser Ministro de Finanzas en la República de Weimar alemana, admitió en 1912,: "Trescientos hombres, que se conocen unos a otros, controlan las finanzas de Europa y designan a los sucesores de sus propias líneas." (Wiener Presse, 24 de diciembre de 1912) "Todo se ha hecho según el programa".

Eso fue revelado por Walter Rathenau en París, en 1913, cuando la élite financiera y el Illuminati fundaron la Alianza Bancaria Internacional:

"Ha llegado el momento para que la elite financiera dicte oficialmente sus leyes al mundo, aún cuando ellos lo han hecho previamente, sólo que secretamente... La élite financiera exigirá tener éxito a los imperios y reinos con una autoridad que no sólo se extiende a un país, sino que implica todo el mundo".

Es por consiguiente, poco sorprendente que los Bolcheviques recibieran suficientes fusiles y municiones de occidente para aplastar a los Blancos. Las democracias Occidentales no prestaron atención a los informes que mostraban que la mayoría de aquellos asesinados por los Rojos, eran gente común, los pobres, los obreros, incluso mujeres embarazadas. Esto fue confirmado por un estonio exiliado de 90 años, Kustav Pohla, en 1978. Él había sido testigo presencial de esos crímenes en Rusia. (Eesti Pdevaleht, Estocolmo, 8 de abril de 1978)

LA HAMBRUNA COMO ARMA

Lenín supo que él podría romper la base de apoyo de los Blancos dañando a los campesinos. La confiscación sistemática de los productos agrícolas dio paso a una terrible hambruna que, a su vez, causó epidemias de tifus y otras severas enfermedades. Las personas comenzaron a saquear. La situación fue caótica. El hecho que el grano confiscado fue vendido en el extranjero fue ocultado del público. De esta manera Lenín usó el hambre como arma contra sus enemigos.

Otra razón para el hambre fue establecer el régimen Bolchevique y reducir la población rusa, según Vladimir Soloukhin ("A la Luz del Día", Moscú, 1992, pág. 52). La situación se deterioró drásticamente. Por consiguiente, los Bolcheviques tuvieron que dejar de confiscar el grano en 1921, pero ya era demasiado tarde.

Diez millones de personas estaban muriendo de hambre en julio de 1921. Durante el invierno de 1921-1922, 35 millones de personas estaban sin comida. (Artículo de Vladimir Berelovich "La Diplomacia de la Inanición" en el periódico semanal Russkaya Mysl, París, 27 de septiembre de 1985)

Lenín se aprovechó de la situación y preparó trampas con los alimentos, los 'Torgsin' dónde las personas podían comprar macarrones, manteca de cerdo, granos, con oro o divisas. Todos aquellos que intentaban comprar algo, fueron detenidos inmediatamente y se les quitaba todo su oro. También les obligaron a que explicaran dónde tenían su dinero.

Millones de vidas fueron salvadas por varias organizaciones privadas de Suecia y de los Estados Unidos - sobre todos por ARA

(Administración de Ayuda norteamericana). ARA recolectó 70 millones de dólares (56 millón de estos venían de donaciones de norteamericanos). Este dinero fue suficiente para comprar comida para 18 millones de rusos.

Lenín había recolectado 400 millones de rublos en oro de Kiev, 500 millones de Odessa y 100 millón de Kharkov, pero no sintió la más mínima inclinación para regalar algo de esto a los hambrientos. Anunció: "¡Nosotros no tenemos dinero!" (Igor Bunich, "El Partido del Oro", St. Petersburgo, 1992, pág. 85.)

Entretanto, las bandas de criminales y ladrones que Trotsky había liberado, continuaban saqueando el país gratuitamente. Después, Mao Zedong en China también usó a los delincuentes. El hambre amenazaba llevar decenas de millones de personas a la tumba. El canibalismo surgió en las áreas más duramente golpeadas.

Un comité llamado 'Pomgol' fue establecido para ayudar a los hambrientos. Los más eminentes ciudadanos de Rusia se unieron a este grupo. Lo que sucedió después fue perfectamente repulsivo. El comité aún no terminaba de formarse cuando todos sus miembros, excepto Máxim Gorky y Vera Figner, fueron arrestados. Habían distribuido comestibles y medicinas. A los bolcheviques no les gustó el hecho que los miembros del comité habían hablado sobre la causa del hambre, lo que aumentó la crítica contra el Comunismo de Guerra. Cuando el comité había sido disuelto, toda la ayuda cesó (la película de Stanislav Govorukhin "Nuestra Perdida Rusia"). El ARA fue acusado de espionaje.

Cinco millones de personas murieron de inanición durante 1921-22, según las fuentes oficiales. Los emigrantes afirmaron que la cifra real era superior significativamente. La prensa rusa también ha demostrado esto, más recientemente. Lenín fue el responsable de todas esas vidas.

El cruel Comunismo de Guerra no funcionaba, a pesar de las inmensas cantidades de ayuda extranjera, ya a principios de 1921, Lenín fue obligado a decir: "¡Esto se acabó!". Sin embargo, la élite financiera internacional no quiso rendirse, pronto se tomaron medidas colosales y a principios de marzo de 1921, Lenín anunció que una nueva política económica - la NEP - entraría en vigor. Esto fue hecho para salvar al Comunismo de su crisis económica y para calmar las muchas revueltas de los campesinos a través de Rusia, ya que éstos eran otra causa contribuyente importantes de la introducción del NEP.

Lenín permitió a los extranjeros iniciar las llamadas compañías de concesión, dónde los occidentales poseían el 51 por ciento y la parte soviética poseía el 49 por ciento. Antony Sutton enfatizó en un artículo, que la censura soviética hizo todo lo que estaba en su poder después, para borrar toda la información sobre estos negocios cooperativos de los libros de historia.

Lenín llamó a esta campaña de reformas "La política de dos pasos adelante un paso atrás". Proclamó que las puertas estaban abiertas al capital extranjero y a la tecnología Occidental. Animó la iniciación de aventuras privadas dentro de la agricultura, de los servicios y de los pequeños negocios en el hogar. Desde 1922, Lenín permitió la fundación de 330 compañías cooperativas y otras 134 empresas, que tenían parte en ayuda técnica. El 21 de febrero de 1922, Pravda escribió sobre cómo la Corporación 'American Barksdall Corporatio' comenzó a entregar modernos equipos para la industria petrolera en Baku.

Singer fue otro negocio, que fundó una compañía de concesión en 1925. Los Bolcheviques tomaron después, completamente esta empresa. Muchas otras compañías pudieron, por un período subsiguiente, cooperar bastante abiertamente con los Comunistas e incluso sacar sus ganancias de la Unión Soviética. Esos hombres de negocios incluyeron a Armand Hammer y W. Averell Harriman quien llegó a ser el embajador norteamericano en Moscú en 1943. Esta cooperación abierta continuó hasta 1937 en ciertas áreas.

El 28 de octubre de 1921, Lenín le entregó al empresario judío, Armand Hammer, lo que llegó a ser un monopolio. Su familia había emigrado de Odessa a Norteamérica dónde había fundado el Partido comunista norteamericano junto con su padre. Más tarde, puso todo en orden para representar a 38 compañías norteamericanas (incluyendo a Ford) en Moscú. Hammer cooperó con casi todos los líderes comunistas. Se reunió con Gorbachev por primera vez el 18 de junio de 1985. Stalin fue el único que le dio algunos problemas. En 1930, Stalin se negó a tratar con Hammer y le obligaron a que cesara sus actividades en Moscú. La razón para esto fue que Hammer, había cooperado demasiado estrechamente con León Trotsky.

Lenín, como fue previamente mencionado, estaba más interesado en apropiarse de propiedades y de la riqueza de los rusos que en practicar el socialismo Utópico. Los socialistas suecos, también, en nombre de la "justa distribución", han transformado a sus ciudadanos en esclavos de impuestos de la élite financiera.

En esta situación, el pillaje realizó una escalada. Fue principalmente "el judío avaro", Armand Hammer quien llevó las joyas y objetos de arte de los Zares y de los aristócratas a norteamérica dónde eran vendidos a otros judíos ricos. (Todo esto según Svenska Dagbladet, 30 de marzo de 1987)

Hammer comenzó su "negocio" con Lenín intercambiando joyas y pieles por comestibles que los rusos podrían haber producido y hasta les sobraría si Lenín no hubiese destruido su capacidad de hacerlo. Ésta era una parte del plan de los bandidos.

De esta manera, el 'huevo Faberge', las tiaras cubiertas de diamantes y los iconos que habían sido robados en las iglesias terminaron en las manos de Armand y su hermano Víctor Hammer. Cuando sus suministros se acababan, nuevos bienes robados eran llevados desde la Unión Soviética; esto no presentaba dificultades ya que los jefes de los bandolero en Moscú siempre estaba ávidos de engordar un poco más sus cuentas bancarias en el extranjero con la ayuda de Armand Hammer y de otras formas.

Lenín había dicho a Armand Hammer: "La Rusia soviética necesita capital norteamericano y ayuda técnica para conseguir las ruedas que rueden nuevamente". (Dagens Nyheter, 25 de de noviembre de 1984)

Cuando Hammer aterrizaba después en Moscú, en su avión privado, nunca necesitó pasar por el control de pasaportes o bienes. Todos eran iguales, pero parece que algunos eran más iguales que otros. "Fue Lenín quien me convenció que me transformara en un capitalista", Hammer declaró después.

En 1980, el comunista y multimillonarios Hammer "donó" a Moscú, el Sovincentre, un gigantesco bloque de oficinas, para vigilar más estrechamente sus intereses. Las fábricas químicas de Hammer en la Unión Soviética, devastaron el ambiente natural así como la salud de las personas (por ejemplo, en Ventspils en la ocupada Letonia). Pero él no se preocupaba. La cosa más importante eran sus ganancias. ¡Él nunca tenía suficiente!

Hammer no ocultó su actitud satánica: "Quien dice la verdad no tiene ningún futuro. El futuro se construye exclusivamente en las mentiras." Esas mentiras se les han vuelto ahora a los mentirosos.

Durante el período de la NEP, Lenín realizó también la maniobra política de cambiar el nombre del Cheka al GPU (Staff de Política Gubernamental) el 6 de febrero de 1922. Devolvió varias compañías a sus dueños originales, pero ellas fueron re-confiscadas después.

En junio de 1925, el jefe del GPU en el área de Lubensk (en Ucrania), Dviyannikov, envió una circular secreta a sus jefes distrito. Dviyannikov le decía al GPU que mantuvieran un perfil bajo durante el pasivo período de la NEP, pero que guardaran la información recolectada sobre los enemigos del régimen soviético, para que estuvieran listos para descargar golpes mortales contra estas fuerzas en el momento adecuado.

Animó que sus subordinados fueran más activo espiando en las personas para que las listas estuvieran completas cuando fuese el momento para empezar a liquidar a los enemigos del pueblo, cuyas sonrisas de alivio podrían pronto ser reemplazadas por muecas de miedo. Estaba esperando que los enemigos se dieran a conocer ellos mismos.

La propaganda soviética ávidamente ha extendido el mito sobre la amenaza occidental al sistema comunista en Rusia. A esta propaganda le faltó completamente la sustancia, sin embargo. Esto puede demostrarse fácilmente con los siguientes hechos. En marzo de 1924, el Comandante en jefe Mikhail Frunze, exigió que el Ejército Rojo sea disuelto porque se había convertido en una banda de ladrones y criminales. Esto fue hecho - en el secreto más completo. Sólo los comandantes permanecieron.

Así que, la Unión Soviética estuvo, en la realidad, sin ejército a lo largo del verano de 1924. Frunze comenzó a construir un nuevo ejército sólo en el otoño de 1924, cuando él logró reunir, como servicio obligatorio, un gran número de campesinos jóvenes. Los círculos principales en occidente sabían de este hecho, pero lo ocultaron del público. Ellos no tenían ningún deseo de eliminar el Comunismo, aunque ellos sabían que el Comunismo era un tipo de sistema en que se hicieron grandes esfuerzos en resolver problemas que nunca habrían existido sin el Comunismo...

TRATOS CON LOS BOLCHEVIQUES

Poco después que los Bolcheviques habían alcanzado el poder, Standar Oil compró un corredor de pozos de petróleo en Caucasia, aunque éstos estaban oficialmente nacionalizados.

Esta información viene del libro de Harvey O'Connor "El Imperio del Petróleo", Nueva York, 1955, pág. 270. Antony Sutton explica que Standar Oil de Nueva York, construyó una refinería en Rusia en 1921, para fortalecer la economía Bolchevique. Standar Oil y su compañía subsidiaria, Vacuum Oil, vendían el petróleo ruso en los países europeos.

Estrechamente asociado con Standar Oil y otras pertenencias de Rockefeller, estaba Jacob Schiff de la empresa bancaria de Wall Street, Kuhn, Loeb & Co. El periódico 'National Republic' anunció en septiembre de 1927 que los Bolcheviques habían recibido incluso, un préstamo de 65 millones de dólares.

En 1928, el Chase National Bank de Rockefeller, comenzó a vender Bonos Bolcheviques en los Estados Unidos de América. Se construyeron diecinueve grandes refinerías de petróleo en la Unión Soviética entre 1917 y 1930, pero sólo una de estas unidades contenían piezas fabricadas en la Unión Soviética.

Incluso al principio, cantidades grandes de equipo industrial, maquinaria agrícola y municiones fueron llevadas a la Rusia soviética desde los Estados Unidos. Durante los años 1921- 1925, los norteamericanos entregaron 37 millones de dólares en maquinarias y otras tecnologías a los Bolcheviques.

A cambio, las compañías norteamericanas recibieron los derechos de extracción del oro en el Río de Amur. La compañía británica Lena Goldfields S.A. construyó una mina moderna con todo el equipo necesario cerca de Vitimsk en la taiga cerca del río Lena. Una ensayada y probada técnica fue usada más tarde para ocultar este regalo: los Bolcheviques encarcelaron a todos los principales ingenieros británicos y les acusaron de espionaje económico.

Los prestamistas y empresarios menos importantes que actuaban solos, comenzaron a experimentar severos problemas con los líderes Bolcheviques locales, que tomaban la propaganda anti-capitalista oficial en serio.

Un ciudadano Checo, Benedickt que vivía en Viena, llegó a Rusia a principios de 1924. Compró un buque de vapor y lo cargó con valiosos bienes. Había recibido permiso oficial. El GPU en Novorossiysk embargó el vapor y encarceló a Benedickt. La dirección central dio la orden inmediata de liberar a Benedickt y devolverle sus bienes, pero las autoridades locales se negaron a obedecer. Benedickt terminó en Siberia (en la prisión Novo-Nikolaievsk). Le enviaron después a una prisión en Solovky dónde estuvo 3 años.

Un hombre de negocios finlandés no pudo encontrar un alojamiento conveniente en Moscú. A estas alturas, el GPU vino en su rescate y le ofreció un cuarto en la oficina principal de GPU. Terminó en la prisión de Butyrka. Normalmente se acusaba a empresarios de este tipo , incluyendo al nombrado Koch, de espionaje. (A. Klinger "El Trabajo Forzado Soviético", 1928.)

General Electric (una Subsidiaria de Morgan) en los Estados Unidos, hizo una contribución especialmente grande a la construcción del Imperio soviético. Esta compañía ayudó llevar a cabo el plan 'GOELRO' que fue diseñado para electrificar a Rusia a través de la construcción de 100 estaciones de poder eléctrico, entre 1920 y 1935. Zinoviev en cambio habló de 27 estaciones de poder en enero de 1921.

Sólo una parte pequeña del plan se llevó realmente a cabo. El representante de la compañía, Carl Steinmetz, se dirigió a Lenín el 16 de febrero de 1922 y le deseó la mejor de las suertes en la construcción de su estado socialista. Lenín agradeció a Steinmetz por su ayuda en su respuesta escrita. (Lenín, "Collected Works", Vol. 27, pag. 275-276, y pág. 539.)

Debe mencionarse probablemente aquí, que los directores de General Electric y Standar Oil también eran miembros de CFR (Concilio en las Relaciones Exteriores). Este grupo tiene una gran influencia en la sociedad, según el 'Chicago Tribune' (9 de noviembre de 1950). Ellos se han aprovechado del prestigio que sus riquezas, posición social y la educación que les han dado, para llevar a su nación a la quiebra y al declive militar.

Entre los años 1927 y 1932, los ingenieros norteamericanos y británicos construyeron la estación de poder eléctrico Dneprogess con la ayuda de la tecnología norteamericana y los esclavos rusos. El Coronel Hugh Cooper completó el edificio en 1932. Dneprogess tenía 760 metros de largo y 60 metros alto, se llamó el edificio más grande del mundo. Producía 2.5 billones de Kwh de electricidad por año.

Al principio, las estaciones de poder eléctrico (Volkhov, Svir y Dneprogess) fueron construidas completamente por la General Electric. La compañía planificó más tarde, una gran fábrica de turbinas en Kharkov, para que los rusos pudieran producir sus propias turbinas. La producción de esta fábrica era dos veces y media mayor, que las fábricas de General Electric en E.E.U.U. Seis ingenieros británicos (incluyendo Thornton de Metropolitan Vickers) fueron sentenciados a trabajo forzado por "sabotaje" en 1933 como forma de amedrentar a los otros ingenieros extranjeros para mantener silencio. (Mikhail Heller y Alejandro Nekrich, "Utopía en el Poder", Londres, 1986, pág. 245.)

Entretanto, más y más oro terminaba en las cámaras del tesoro de la élite bancaria. Las compañías norteamericanas empezaron a construir a la industria pesada de la Rusia soviética ya a principios de los años veinte. Arthur G. McKee de Cleveland, diseñó la fábrica de aceros más grande del mundo en Magnitogorsk en 1928 y la construcción comenzó en enero de 1929. Se transformó en una réplica de la fábrica de aceros Garg en Indiana. Todo los equipos vinieron de los Estados Unidos de América, de Clearing Mach Corporation, entre otros. Los ocho hornos más grandes, también fueron construidos para los Bolcheviques. El complejo entero tenía 17 kilómetros a lo largo.

El Kremlin empezó a alardear sobre esto en su propaganda inmediatamente, tal como lo hizo con todos los otros proyectos gigantes que los norteamericanos emprendieron para la Unión Soviética.

Ellos habían incluso, calculado de antemano, el número de obreros y esclavos rusos que esperaban que fallecieran durante la construcción.

Expertos y obreros alemanes y norteamericanos también trabajaron allí. Uno de éstos fue John Scott, que fue empleado como soldador en septiembre de 1932. Trabajó en Magnitogorsk durante cinco años. John Scott tuvo bastante suerte en recibir el permiso para dejar la Unión Soviética antes de la Segunda Guerra Mundial. La mayoría de los expertos extranjeros ya había salido en 1932.

La producción de acero aumentó a 4.2 millones de toneladas en 1928. Según el plan, deberían haber sido, 10.5 millones de toneladas, pero incluso en 1933, el último año del primer plan quinquenal, rindieron sólo 5.9 millones de toneladas de acero.

Así, la producción sólo se había aumentado en 1.7 millones de toneladas. De esta forma, sólo 57 por ciento del plan fue logrado. Lo mismo pasó en todas las áreas, ya que la producción siempre era de una calidad mucho más baja que aquello que consideraron los cálculos. Stalin aún así, proclamó que el primer plan quinquenal había sido 93.7 por ciento exitoso. La economía monopolizada se convirtió en pobreza organizada en el futuro.

Un período de industrialización aún más grande comenzó en la Unión Soviética en 1926, dos años después de la muerte de Lenín. Durante dos años (1926-1927) la mayoría de las 788 fábricas mayores que se construyeron, fue con ayuda norteamericana.

Antony Sutton reveló: Hay un informe en el Departamento de Estado que nombra a Kuhn, Loeb y Cía. como los financistas del Primer "Plan Quinquenal". (Tecnología Occidental y el Desarrollo Económico Soviético, Vol. II.)

Durante este período quinquenal (1928-33) un total de 1.500 empresas industriales fueron construidas, incluso una fábrica de aviones, una planta de tractores y una planta de automóviles, según la Enciclopedia Soviético-Estonia (Tallinn, 1973, Vol. 5, pág. 439).

LA COLECTIVIZACIÓN COMO ARMA

Había sólo 7.000 tractores en la Unión Soviética a principios de 1929. Los tanques tuvieron que ser usados para arar en el comienzo de la colectivización.

El número de tractores aumentó a 30.000 a finales de la guerra. Algunos de éstos se habían comprado directamente de EE.UU.. Por lo menos se necesitaban 250.000 tractores para la colectivización. Kuhn, Loeb & Co. aumentó sus contribuciones de ayuda de acuerdo con Moscú, para neutralizar a los campesinos independientes (son demasiado peligrosos para los dictadores) y les obligaron a trabajar en los kolkhozes (kibbutses).

Ochenta compañías norteamericanas tomaron parte en la construcción de tres gigantescas fábricas de tractores en Rusia. La fábrica en Stalingrado en realidad fue construida en los Estados Unidos, llevada a la Unión Soviética en piezas y fue ensamblada en tres meses. Veintiséis compañías norteamericanas se unieron exclusivamente para este proyecto. Los Bolcheviques querían producir 50.000 tanques y tractores de oruga cada año. Se construyeron fábricas de la misma forma en Kharkov y Chelyabinsk. La construcción de la fábrica Chelyabinsk de tractores y tanques fue planificada y dirigida por un ingeniero de Detroit de nombre Calder. Al principio, estas fábricas eran todas dirigidas por ingenieros Occidentales.

Los norteamericanos también construyeron una moderna industria de amianto para Moscú y diseñaron el sistema de irrigación para Asia Central que ahora, virtualmente destruyó el Mar de Aral. Disminuyó de 62.000 kilómetros cuadrados en 1923 a sólo 40.000 en 1990.

Los granjeros y campesinos independientes se consideraron especialmente peligrosos ya que el sistema agrícola había comenzado una vez más a producir un excedente de comestibles. Vladimir Tikhonov, especialista agrícola, también confirmó en 'Literaturnaya Gazeta' el 4 de agosto de 1988 que la afirmación de Stalin que la colectivización se había emprendido debido a la escasez de alimentos era completamente falsa. En el hecho real, el sistema agrícola había empezado a recuperarse bastante rápido después que Lenín les había devuelto su tierra a los campesinos y había abolido el control gubernamental sobre ellos.

La situación era casi normal en 1927 y Rusia había comenzado nuevamente a exportar granos. 100.000 toneladas de grano fueron exportadas por Rusia en 1928, 1.3 millones de toneladas en 1929, 4.8 millones de toneladas en 1930 y 5.1 millones de toneladas en 1931.

A estas alturas Stalin y Kaganovich comenzaron a llevar a cabo la demente idea de Trotsky, la colectivización agrícola. Stalin declaró que, después de la rápida industrialización (qué se llamó 'perestroika'), ellos podrían proporcionar alimento a las ciudades de la gigantescas granjas. Ese argumento era completamente falaz, según Tikhonov.

Quince millones de personas perdieron sus hogares como resultado de la colectivización.

Muchos campesinos huyeron de los kolkhoses a las ciudades. Un millón de ellos fueron enviados a campos de trabajo y 12 millones fueron deportados a Siberia, porque Stalin y Kaganovich etiquetaron a todos los campesinos que poseyeran más de una hectárea de tierra, como enemigos de clase. Los niveles de la producción agrícolas cayeron masivamente después de la colectivización.

Después de esto, el secuaz de Stalin, Kaganovich, organizó una hambruna durante los años 1932-1933, qué envió a la tumba a casi ocho millones de Ukranianos y dos millones de rusos en el norte de Caucasia, en el delta del Volga, y en otros lugares.

El historiador británico Robert Conquest, ha afirmado incluso, que el número de víctimas sumaban 15 millones. ("La Cosecha de Dolor", Alberta, 1986.) Varios historiadores rusos han llegado a la misma cifra.

El hambre fue provocada cuando le pidieron a los soldados que confiscaran todas las reservas de grano de los campesinos. En Estados Unidos serenamente miraban como esta tragedia tenía lugar.

En Yalta, Stalin cínicamente le aseguro a Churchill y a Roosevelt que diez millones de personas habían caído víctimas de sus reformas. Stalin subestimaba el total, que más tarde se ha calculado más cerca de 48 millones. Todos los rumores acerca del hambre fueron negados oficialmente, ninguna ayuda se entregó a las sufridas áreas, ninguna (humillante) ayuda del extranjero se aceptaría.

Como previamente se mencionó, una nueva hambruna fue organizada en Ucrania entre 1946 y 1947 en que dos millones de personas murieron. Al mismo tiempo, los Ukranianos fueron obligados a proporcionar al Ejército Soviético (varios millones de hombres) la comida. Los chinos y los comunistas etíopes también usaron la inanición como una arma.

La colectivización causó una enorme erosión de la tierra utilizable, lo cual llevó a la destrucción de muchos pueblos y después, a la introducción de un sistema de racionamiento.

El historiador Sergei Kharlamov, especialista en las circunstancias que rodean la colectivización forzada, enfatizó que el primer plan quinquenal causó una repercusión negativa en la producción industrial, ya que los rusos gastaron grandes cantidades de metales, recursos y energía, a menudo sin ningún propósito.

Sergei Kharlamov va incluso más allá, afirma que si el conflicto alemán-soviético hubiese estallado unos años después que 1941, la Unión Soviética se había desmoronado por si misma como resultado de la economía y la opresión de Stalin. Kharlamov escribió lo siguiente sobre la política de la Unión Soviética: "No había ningún avance, de hecho era lo contrario". Wagens Nyheter, 7 de abril de 1988) La dirección Comunista de Moscú era cada vez más dependiente de la ayuda norteamericana. Esa era la intención. Una situación similar ocurrió en China en los años cincuenta, durante el llamado "el Gran Salto Adelante".

La élite financiera internacional no estaba angustiada por este desarrollo.

El falso frente del Comunismo tenía que ser construido a toda costa. Norteamérica estaba gobernada por capitalistas y políticos que no perdían el sueño por los millones de las personas que eran llevadas en ese momento a los campos Gulag para morir allí. Éstos sumaron 15 millón entre 1926 y 1938, según investigaciones hechas por el historiador Dmitri Yurasov. (Dagens Nyheter, 7 de abril de 1988) . Se reveló después que esta cifra realmente había sido aun más alta.

El Comisario del Pueblo para los Asuntos Exteriores, Máxim Litvinov, se reunió con el banquero Paul Warburg (Kuhn, Loeb & Co.) en una conferencia en Londres en 1933, en la cual se discutía la economía mundial. El Unión Soviética recibió un préstamo enorme brevemente después de esto.

Universal Oil Products, Badger Corporation, Lummus Company. Alco Products, McKee Corporation y Kellogg Company, entre otros construyeron la industria petrolera soviética.

En junio de 1944, Stalin admitió al embajador norteamericano, W. Averell Harriman, que dos tercios de la gran industria soviética había sido financiada por las compañías norteamericanas. Stalin agregó que Alemania, Francia, Gran Bretaña e Italia habían construido el resto. Esto era exactamente lo que Harriman escribió en su informe al Departamento de Estado norteamericano en Washington D.C. Los Contratos seguido de contratos. En 1922 la Comisión de Comercio Russo- norteamericana, cuya tarea principal de esta comisión fue salvar la economía bolchevique, fue fundada. El Chase National Bank de Rockefeller jugó el papel más importante en esta comisión. Herbert Clark Hoover (respaldado por el extremadamente influyente Concejo en las Relaciones Exteriores) financió el dinero para las entregas de alimentos. Pero Lenín usó este capital exclusivamente para si mismo y las necesidades personales de los líderes de más alto nivel, según el historiador Gary Allen ("Nadie se atreve a llamarle Conspiración"). Los campesinos que recibieron de vuelta su tierra fueron obligados a cuidar de si mismos - lo cual también hicieron, tal como el lector pronto se dará cuenta.

El 30 de diciembre de 1922, el Imperio ruso soviético fue nombrado oficialmente Unión Soviética. El gobierno norteamericano no podía mantener lazos diplomáticos con el estado soviético ya que el público norteamericano tenía una visión muy negativa del barbarismo comunista. Esa fue la razón por la cual los círculos financieros hicieron todo lo que ellos pudieron para pintar un cuadro amable del régimen soviético en la prensa. La verdad tuvo que ser ocultada, Rockefeller contrató a la oficina de publicidad de Ivy Lee para mostrar a los Bolcheviques con los colores más cálidos posibles. Ivy Lee incluso afirmó que los Bolcheviques deben ser considerados como confusos idealistas y benefactores de la humanidad. Hizo propaganda para un reconocimiento de la Unión Soviética, agregó que los Comunistas "estaban bien" y que los comunistas realmente no eran ningún problema. Simplemente era un error psicológico.

Walter Duranty, corresponsal para el New York Times en Moscú, hizo todo lo que pudo para retratar los juicios simulados de los años treinta, tan favorablemente como fue posible - incluso él los justificó. (Dagens Nyheter, 29 de septiembre de 1990). Estos periodistas norteamericanos sabían muy bien lo que realmente estaba pasando, ya que ellos han escrito sobre la situación en sus memorias. La redacción norteamericana no les permitió decir la verdad. Por consiguiente, no fue sorprendente que Stalin fuese llamado amablemente "Tío Joe" y fuese nombrado 'hombre del año' por Time Magazine en 1939.

Adolf Hitler había recibido el mismo honor un año antes. Ivy Lee había publicitado a Hitler de la misma forma. Time Magazine explicó su decisión de la siguiente forma: "Hitler es una garantía para la paz mundial".

Pero cuando el reportero del periódico británico 'Manchester Guardian' publicó un artículo sobre la mortandad masiva en los campos ya en 1933, la "progresista" opinión Occidental no deseaba creerlo.

PROMOVIENDO EL RÉGIMEN SOVIÉTICO

Los alemanes también tomaron parte ávidamente en la construcción de la Unión Soviética, ya que estaban esperando grandes ganancias y la oportunidad para reconstruir su propia maquinaria de guerra... Después de la Primera Guerra Mundial, el tratado de Versalles prohibía a Alemania desarrollar una industria de guerra y las fábricas de aviones Junkers, Dornier y Rohrbach fueron obligadas a moverse al extranjero. El tratado de Rapallo, firmado por la Rusia soviética y Alemania el 16 de abril de 1922, le dio la oportunidad a Junkers-Werke para fundar la industria aeronáutica FIL, cerca de Moscú. La fábrica se completó en abril de 1924. Los pilotos alemanes tuvieron la oportunidad de entrenar allí. La fábrica, bajo la dirección de Junkers y con licencia de Mercedes Benz, empezó produciendo 300 aeroplanos por año, de los cuales, el gobierno soviético compró 60. Junkers también tenía un alumno dotado en la fábrica FIL, Andrei Tupolev que después construyó el ANT-5 con ayuda norteamericana.

Junkers construyó otra fábrica en la provincia de Tver dónde ingenieros alemanes fueron empleados. Junkers también fabricó aviones de pasajeros en esa planta. Los motores de aviones y repuestos fueron comprados para Moscú por el Chase National Bank que seguían siendo los primeros en ayudar.

Los bancos de Rothschild en Gran Bretaña, Francia y los Estados Unidos de América también fueron usados para financiar la industria de guerra en la Unión Soviética y en Alemania entre 1925 y 1939...

Alejandro Solzhenitsyn señaló en su "Carta a los Líderes de la Unión Soviética" (París, 1974), que Moscú había, después de la firma del tratado de Rapallo, permitido que la Wehrmacht entrenara a los oficiales alemanes en tácticas de guerra relámpago moderna. El Ejército Rojo también encontró útiles las maniobras conjuntas de tanques en Ucrania.

La Unión Soviética comenzó una cooperación en gran escala con Krupp, que desde el principio sólo vendía locomotoras de su fábrica en Essen.

Krupp había, hasta 1927, construido 17 fábricas de armas en Leningrado, Petrokrepost y Asia Central. Krupp también comenzó a producir submarinos en Leningrad y Nikolaievsk. Construyeron motores diesel para los Bolcheviques y fundaron, en el norte de Caucasia, el primer modelo de una cooperativa agrícola mecanizada. Se produjeron tanques en la fábrica de tractores en Rostov na Donu que fue construida por Krupp. Una campo de entrenamiento para tanques fue construido en Kazan, dónde también se permitió que tripulaciones de tanques alemanas pudieran practicar.

Además, Moscú tenía un acuerdo con el fabricante de aeroplanos, el judío Ernst Heinrich Heinkel que vendió aviones de guerra ensamblados por partes que fueron enviados de Alemania a la Unión Soviética. AEG y Linke-Hoffman-Werke también movieron sus fábricas a la Unión Soviética.

La economía de Rusia había empezado a caer inmediatamente después que los Bolcheviques tomaron el poder. En 1920, la producción industrial alcanzó sólo el 13.8 por ciento de lo que había sido en 1913. El desempleo aumentó. La producción de sal cayó masivamente a sólo 25 millones de toneladas. Rusia había producido 122 millones de toneladas de sal anualmente en la era Zarista. El aparato del Partido, sin embargo, aumentó su tamaño enormemente, a pesar de todos los intentos por limitar este desarrollo.

La propaganda batió todos los record anteriores en mentiras. Sólo se reveló en octubre de 1988, en el periódico 'Komsomolskaya Pravda', que el record minero, conocido mundialmente, del obrero Alexei Stakhanov, era una farsa. Otros dos obreros le ayudaron cuando él alcanzó la legendaria marca en la minería del carbón, el 31 de agosto de 1935. Stakhanov tenía 29 años cuando logró supuestamente excavar 105 toneladas de carbón en 5 horas y 45 minutos (un turno normal). Esto era 15 veces el promedio y llevó a una gran campaña de propaganda.

Stakhanov incluso tenía un pueblo con su nombre, dónde una estatua de él fue erigida.

Stakhanov murió en 1977 a los 71 años de edad.

Stalin pensaba uniformar a la población. Los diferentes grupos (obreros, intelectuales, funcionarios del Partido y otros) debían llevar overoles especiales de diferentes colores simbólicos. Pero los patrocinadores extranjeros no tenían ningún deseo de pagar por este proyecto, por lo que esta idea fue archivada.

Después de la Segunda Guerra Mundial, Stalin tuvo éxito, en por lo menos uniformar a una parte de la población: ferroviarios, guardias y la milicia llevaban camisas militares azules (gimnastyorkas). Los estudiantes tenían que llevar camisas militares grises mientras que los alumnos en las escuelas profesionales tenían que llevar camisas negras. Los Comunistas en Corea del Norte y China decretaron que casi toda la sociedad debería estar en uniforme.

EL CRECIENTE APOYO NORTEAMERICANO

Rockefeller prestó especial atención en la construcción de la maquinaria bélica de los soviéticos.

Los expertos norteamericanos admitieron que el Comunismo estaba nuevamente en peligro y se derrumbaría sino se financiaba el primer plan quinquenal. Los norteamericanos también le continuaron financiando posteriormente, a pesar del hecho que la ignorancia de los rusos, constantemente presentaba nuevos problemas. El dinero norteamericano continuó entregando aliento de vida a este sistema frágil, ineficiente y brutal, a pesar de todas las dificultades.

Un contrato fue firmado con la Ford Motor Company el 1° de mayo de 1930. Ford prometió gastar 30 millones de dólares (aproximadamente 600 millones de dólares de hoy) para construir la industria automovilística soviética. Y así, los norteamericanos construyeron una fábrica de Ford en Nizhny Novgorod que se llamó la fábrica de Molotov y comenzó a producir 140.000 automóviles por año, en 1932, incluyendo al GAZ-A (Ford-A).

El francmasón Henry Ford se había asegurado previamente que los obreros rusos tuvieran una buena experiencia de trabajo en sus fábricas en los Estados Unidos. También donó equipamiento. Los norteamericanos dirigieron la fábrica durante los primeros años. Ford mas adelante construyó fábricas en Ulyanovsk, Odessa y Pavlovsk dónde también se produjeron tanques. 10 millones de dólares en sueldos se pagaron a los norteamericanos cada año.

La American Electric Boat Company, y empresas italianas y británicas comenzaron a ayudar a la Unión Soviética a construir submarinos en 1930. La fuerza aérea soviética fue construida completamente con capital extranjero en los años treinta.

Moscú había comprado antes, aeroplanos de Alemania, Bretaña, Italia, EEUU y de otros países.

La American Seversky Aircraft Corporation empezó ayudar a la fuerza aérea soviética con la construcción de hidroaviones en 1937. Cuando la fábrica en Rusia estuvo terminada, podía producir 10 hidroaviones por día.

La Radio Corporation of America empezó construyendo el sistema de radio y telégrafo ya en 1927. La DuPont Company construyó cinco fábricas químicas en Rusia que producían (entre otras cosas), ácido nítrico, necesarios para la producción de explosivos.

Los rusos eran a menudo incapaces de construir una fábrica sofisticada, aun cuando los norteamericanos les dieron detalladas instrucciones. Así que el constructor industrial, de Detroit, Alberto Kahn, cerró un trato con Moscú el 30 de febrero de 1930, por el cual construiría varias industrias en la Unión Soviética. El costo total sumaba cerca de dos mil millones dólares. De los mayores proyectos que el sionista Albert Kahn llevó a cabo, puedo mencionar la fábrica de motores eléctricos en Elmash en los Urales y la fábrica de turbinas en Kharkov (diseñada por General Electric). Sus ayudantes más cercanos eran consejeros del gobierno soviético para asuntos relacionados con el segundo plan quinquenal, según la Enciclopedia Judaica.

La propaganda soviética sedujo a 100.000 obreros norteamericanos para ir a Rusia. A la mayoría de ellos no se les autorizó el regreso a casa. Se convirtieron en ciudadanos soviéticos contra su deseo.

Algunos que empezaron a protestar y criticar el Comunismo terminaron incluso, en campos de prisión. Esto demuestra cuanto asustaba a los traficantes del poder, que el público norteamericano conociera una detallada información sobre las reales condiciones en el "paraíso" comunista. 60.000 obreros alemanes también se mudaron al imperio de Stalin.

Describir todos los proyectos norteamericanos diseñados para construir el falso frente del Comunismo, tomaría demasiado espacio. Esto tendrá que ser suficiente.

La élite financiera internacional (Kuhn, Loeb & Co., Morgan, Rockefeller, Warburgs, Dillon, Cyrus Eaton, David Kendall y otros), quiénes cuidaron tanto a los Bolcheviques, también ayudaron a Adolfo Hitler a llegar al poder. Esto es confirmado por varios documentos y realmente es otro asunto.

Es un mito que los principales capitalistas no sabían lo que estaban haciendo. Ellos supieron muy bien por qué ayudaron a ese tipo de bandoleros políticos. Ellos se aseguraron que la Unión Soviética recibiera toda la tecnología extranjera necesaria.

Que los recursos de los bolcheviques eran enormes también está claro, considerado el hecho que sólo un cuarto de la tecnología extranjera se usó realmente en la Unión Soviética, debido a la falta de orden en el país.

Hubo recursos técnicos que tuvieron que esperar diez años antes de que pudieran ser usados. Nadie pudo usar el equipo extranjero para una fábrica de azúcar en el área de Dnepropetrovsk, que había costado millones de dólares. Sólo el 13 por ciento de las bandas transportadoras que venían del exterior fue usado. El resto se oxidó. La situación en Uzbekistán era aun mucho peor. Sólo dos por ciento de las bandas transportadora que se habían enviado a Uzbekistán por los capitalistas extranjeros fue usado.

Esto fue revelado por Yuri Chernichenko en su artículo "Quién Necesita un Partido de Campesinos y Por qué? " (Literaturnaya Rossiya, 8 de marzo, 1991.)

Stalin e Hitler tenían intereses comerciales comunes aunque se preparaban para aniquilarse uno a otro. Alemania vendió 36 aeroplanos, incluyendo 6 aviones de combate Heinkel He-100, 5 Messerschmidt Bf-ll0s, dos bombarderos Junkers Ju-88 y otros a la Unión Soviética, según el acuerdo de comercio firmado en relación con el pacto de Ribbentrop el 23 de agosto de 1939.

Shavrov reveló esto en su historia sobre la construcción de aeroplanos. La Unión Soviética compró 22.000 toneladas de cobre de los Estados Unidos en noviembre de 1939 y luego lo vendió a Alemania. Algunas cargas se embarcaron desde México vía Vladivostok a Alemania. La Unión Soviética continuó entregando sus bienes hasta justo antes del ataque alemán.

LA AYUDA MILITAR A MOSCÚ

Se decidió en San Diego en mayo de 1941 que Hitler atacaría a Stalin y no vice-versa. Esto sería más beneficioso para los intereses de la élite financiera. El análisis del almirante James O. Richardson había llegado a la conclusión que sería más beneficioso para E.E.U.U. si Hitler atacara a Stalin primero (Bunich, "El Partido del Oro", St. Petersburgo, 1992, pág. 133).

Por consiguiente, el régimen terrorista Bolchevique una vez más, entró en grave peligro por el verano de 1941, cuando Stalin había planeado un ataque contra Hitler (Operación Trueno), aunque él había eliminado personalmente del Ejército Rojo, a sus mejores comandantes.

El ataque habría tenido lugar el 6 de julio de 1941. Esta información viene del desertor del GPU, el agente Viktor Suvorov (Vladimir Rezun) en sus libros "El Pica Hielos" (Moscú, 1992) y "Día M" (Moscú, 1994).

Los espías de Hitler habían advertido a Berlín sobre esto y un plan de contraataque, Barbarossa, fue diseñado. El plan se puso en acción, después de ciertos retrasos, el 22 de junio de 1941, anticipándose al ataque planeado por Stalin en dos semanas.

Stalin fue sorprendido, a pesar de los informes de sus propios espías. Él no podía entender la temeridad de Hitler para mantener dos frentes simultáneamente. No había esperado esto - incluso tuvo dificultades para creer el anuncio de guerra. Lo vio como una provocación. Tampoco había creído las historias de un próximo ataque que le entregaron desertores alemanes el día anterior. Sólo fue después, en la tarde que dio las órdenes para resistir.

Stalin ya había declarado ante el Comité Central en 1925: "Si estalla una gran guerra en Europa, no miraremos simplemente. Tomaremos parte, pero entraremos últimos - para decidir el destino de la guerra. Por consiguiente y en forma natural escoger los frutos de la guerra... "

En 1941, nadie quiso creer las explicaciones de Adolfo Hitler que se anticipó al ataque planeado de Stalin. Suvorov ha logrado demostrar, con los documentos de los archivos alemanes y las fuentes soviéticas abiertas, que la información de Hitler era correcta.

El Alto Mando del Ejército Rojo ya había, el 21 de junio (el día antes del ataque de Hitler), recibido las órdenes para atacar Rumania el 6 de julio de 1941. El comandante de esta operación habría sido el Mariscal Semyon Timoshenko. Se suponía que él había viajado a Minsk el 22 de junio para preparar el ataque, en que se habrían usado 4.4 millones de hombres.

Pero los alemanes atacaron primero. Las llamadas, Divisiones Negras, fueron formadas con prisioneros de los campos rusos que se habían preparado muy bien en Sochi y se enviaron a luchar contra los alemanes en julio - agosto de 1941. Stalin tenía más tropas paracaidistas para los propósitos del ataque que cualquier otra nación. Stalin había prometido por el féretro de Lenín que él extendería las fronteras de la Unión Soviética (Pravda, 30 de enero de 1924). Él también tenía los tanques especiales A-Tanks (Avtostradnye tanki) qué podían rodar en las autopistas alemanas.

Stalin tenía un total de 15.000 tanques, tres veces más de Hitler. Suvorov cita al Mariscal Georgi Zhukov, Alexander Vasilevsky, Vasily Sokolovsky, Nikolai Vatutin, Ivan Bagramyan y otros, todos los cuales confirmaron que Stalin estaba preparando un ataque y no la defensa como se afirmó después.

Ésta fue la razón por qué las pérdidas de Moscú llegaron a ser tan enormes - 600.000 hombres en las primeras tres semanas, 7.615 tanques, 6.233 aviones de combate (de los cuales 1.200 se perdieron el primer día) y 4.423 piezas de artillería.

El senador judío y francmasón de alto nivel, Harry S. Truman, que fue vicepresidente y posteriormente Presidente de los Estados Unidos explicó la situación después del ataque de Hitler de la siguiente forma:

"Si vemos que Alemania está a punto de ganar, nosotros debemos ayudar a Rusia, y si vemos que Rusia está ganando, nosotros debemos ayudar a Alemania, porque de esta manera, podremos dejarles que se maten tantos como puedan". Pero a nadie le fue permitido arriesgar la vida de Stalin, ya que su muerte sería una "real catástrofe". (Noam Chomsky,

"Man kan inte morda historien" / "Usted no Puede asesinar la Historia", Gothenburg, 1995, pag. 503-504.)

¿Temió Truman que ningún otro jefe bandolero Rojo podría asesinar a los rusos tan eficazmente?

Truman podría saciar su lujuria por los asesinatos en agosto de 1945 cuando tuvo las bombas atómicas y las dejó caer en dos centros culturales de Japón. Gore Vidal revela, en su introducción al libro del Profesor Israel Shahak "La Historia judía, la Religión judía: El Peso de Tres Mil Años" (Londres, 1994), que Truman recibió dos millones de dólares "de apoyo" de un sionista cuando se presentó a la carrera para Presidente en 1948.

Un número grande de soldados rusos se dejaron tomar prisioneros. A finales del primer año, 3.8 millones se habían pasado a los alemanes. El Ejército Rojo simplemente, se negaba a luchar por la causa del Comunismo. La mayoría de los que se quedaron 1.2 millones murieron en acción.

Joseph Stalin se asustó. El 24 de agosto de 1941, Radio Moscú animó a que la Judería internacional ayudara sinceramente a la Unión Soviética en su momento de necesidad. Es por consiguiente comprensible que los financieros de Wall Street entraran en pánico y comenzaran a enviar todo los tipos de equipamiento a la Unión de Soviética tan rápidamente como ellos pudieron.

En agosto de 1941 los Estados Unidos comenzaron a conferenciar con Moscú sobre la forma más eficiente para repeler las tropas alemanas de Hitler. Los Estados Unidos continuaron dando ayuda militar y económica a los Nazis, pero en una escala más pequeña.

Los equipos comenzaron a ser enviados a la Unión Soviética inmediatamente. Los Estados Unidos también exigieron temporalmente que Stalin se "olvidara" de los eslóganes comunistas y de la propaganda anti-rusa. Tenía que abrir las iglesias, liberar a los sacerdotes e incluso permitir una cierta cantidad de libertad religiosa (la correspondiente exigencia del Presidente Roosevelt fue entregada a Stalin por el Padre Brown, el sacerdote católico en la Embajada norteamericana en Moscú).

Washington también quiso que la Unión Soviética empezara a usar nuevamente los viejos uniformes del ejército zarista. Stalin tuvo que obedecer esto. Los nuevos uniformes fueron fabricados en los Estados Unidos en 1941-43. El ejército soviético vestiría las casacas militares del ejército zarista hasta 1970. Una canción patriótica rusa, "La Guerra Santa" - qué había unido a los soldados del Zar en la Primera Guerra Mundial, también fue explotada.

La Unión Soviética, los Estados Unidos de América y Gran Bretaña firmaron el protocolo preliminar acerca de la ayuda militar en Moscú el 1º de octubre de 1941, después de esto se enviaron inmediatamente 400 aviones, 500 tanques, piezas de artillería y otras municiones a la Unión Soviética.

Uno de aquellos involucrados en este acuerdo fue Henry Ford. Stalin pidió alambre de púas el 1º de octubre de 1941 y se enviaron 4.000 toneladas de alambre de púas a la Unión Soviética el 10 de octubre.

La producción de guerra de la Unión Soviética aumentó 25 veces durante los cuatro años de la guerra. Una parte significativa de la ayuda norteamericana entró en la forma de alimentos.

4.291.012 de toneladas de confituras, azúcar, sal, nueces, té, frutas y otros comestibles, incluyendo vitaminas fueron enviados a la Unión Soviética entre el 1º de octubre de 1941 y el 31 de mayo de 1945. Un total de 782.973 toneladas de carne enlatada se envió a Moscú. En 1945 las empresas abastecieron 46 veces más carne en conserva que en 1940.

Stalin se asustó cuando vio cuán rápidamente avanzaban los alemanes (ellos ya habían alcanzado Minsk por el sexto día de guerra).

Huyó de Moscú en el otoño de 1941. Dos millones y medio de judíos fueron transportados, por orden de Stalin, de las áreas invadidas hacia las regiones centrales de la Unión Soviética dónde comenzaron a participar inmediatamente en el mercado negro. (Isaac Deutscher, "El judío a-judío", Estocolmo, 1969, pag. 96-97.)

Stalin estaba preparado para hacer las paces con Hitler en octubre de 1941. Quiso darle los estados bálticos, Byelorussia, Moldavia (Bessarabia), una parte de Ucrania (Bukovina) y el Istmo de Karelia a los alemanes.

El General Nikolai Pavlenkov reveló esto por primera vez en 1989 en el periódico 'Moskovskyie Novosti'. Al Comisario del Pueblo para los Asuntos Internos, Lavrenti Beria, se le dio la tarea de comenzar las negociaciones de paz con Hitler, a través de su agente Stamenov, que era el embajador Búlgaro. Hitler se negó a negociar con Moscú. Todos esto está demostrado por documentos que Dmitri Volkogonov presentó en Izvestiya el 9 de mayo de 1993.

El Presidente Truman quiso justificar su ayuda al Partido comunista, así que se dirigió a su amigo judío, Jack Warner, en Hollywood, y le pidió una película de propaganda, "Misión a Moscú" que alababa el Stalinismo. La película se completó en 1943. La propaganda soviética afirmó después que todos los avances en la guerra contra los Nazis, fueron debido al heroísmo del pueblo Soviético.

La suerte de la guerra se dio vuelta, gracias a la ayuda norteamericana, y las cosas parecían más brillantes para Stalin, que usó esta oportunidad para proclamar una guerra santa de Comunismo. En Yalta se le dejaron las manos libres para ocupar nuevas áreas y países en Europa Oriental. La Enciclopedia Soviético-Estonia admite: "Fue decidido que

Konigsberg y su área circundante deben ser entregadas a la Unión Soviética."

El ex agente de la Inteligencia, Douglas Bazata, admitió en el otoño de 1979 en Washington, que su jefe, Donovan, le había pagado 800 dólares extra, para detener el avance del General Patton en Francia en 1943. Bazata hizo esto en agosto de 1944, cuando Patton y sus tropas estaban cerca de Dijon. Patton había sido lejos demasiado exitoso y habría acabado demasiado temprano la guerra..

A pesar del hecho que el General norteamericano, George Patton, logró liberar después, grandes partes de Checoslovaquia, recibió órdenes estrictas del Comandante en jefe, Dwight Eisenhower (1890-1969), un francmasón del más alto nivel, de abandonar Checoslovaquia al Ejército Rojo.

Patton cumplió de mala gana y con el corazón dolido, sus tropas se retiraron de Checoslovaquia. Cuando el Tercer Ejército de Patton estaba preparado para entrar en Berlín, toda la gasolina fue retirada repentinamente - la intención era detenerlo y que no lograra entrar en Berlín antes que los rusos. Después de esto, recibió órdenes para atacar - muchos soldados norteamericanos murieron en vano. Patton podría haber acabado la guerra nueve meses antes.

De esta forma, a los rusos se les dio la oportunidad de tomar Berlín, antes Praga y Viena. La Unión Soviética se arriesgó para también ocupar Rumania, a pesar de su acuerdo de paz por separado con este país. Después de esto, el General Patton proclamó a todos, ávidamente, que el enemigo real de EE.UU. estaba en Moscú y que los norteamericanos debían en cambio continuar la batalla contra el Este, para liberar a los pueblos esclavizados de la Unión Soviética. Patton se puso demasiado difícil para los francmasones de más alto nivel jerárquico. Él también quiso usar las tropas alemanas para aplastar a los Comunistas en Moscú.

Por esta razón, fue necesario disponer de Patton en 1945. Bazata fue pagado para matar a Patton. Pero él en cambio, le advirtió al general.

Otro agente fue usado para estar en el lado seguro entonces. Hizo varios intentos que fallaron. En el otoño de 1945, el General Patton fue víctima de un misterioso accidente de automóvil (un camión chocó contra su automóvil) en Alemania (Baviera). En conexión con este accidente, el agente intentó disparar a Patton con un proyectil de metal de una arma especialmente fabricada. Patton estaba herido. A pesar del hecho que el general estaba paralizado, comenzó a recuperarse en el hospital. En ese momento fue envenenado con un nuevo tipo de cianuro de potasio. Patton murió el 21 de diciembre de 1945 después de una larga estadía en el hospital. Se considera que la Casa Blanca estaba detrás de todos estos crímenes.

El asesino mismo relató esto a Bazata. Bazata se sometió a un detector de mentiras. Se consideró que él estaba diciendo la verdad. (The Spotlight, 22 de octubre de 1979)

Los poderes Occidentales también entregaron más de dos millones de refugiados de guerra a Stalin. Era bien conocido qué destino les esperaba. No hubo errores. Algunos de aquellos que habían logrado escapar de la Rusia soviética en los años veinte y ya se habían vuelto ciudadanos Occidentales también fueron entregados.

El viejo General de la Reserva de 76 años, Piotr Krasnov, que era un ciudadano alemán, fue enviado de vuelta a la Unión Soviética. Fue ejecutado en Moscú el 17 de enero de 1947, según la Enciclopedia Soviético-Estonia. El caso Krasnov es el ejemplo más infame de la traición de Norteamérica a los anti-comunistas. Los británicos extraditaron al legendario General Blanco, Andrei Shkuro a Stalin. Él había recibido la 'Order of Bath' del Rey George V por sus servicios a Gran Bretaña.

El francmasón Harold Macmillan envió también de regreso a 70.000 cosacos que habían logrado entrar en occidente. Toda la información sobre ellos fue clasificada secreta. Muchos documentos desaparecieron sin rastros. El historiador Nikolai Tolstoy en Inglaterra reveló esto. A la BBC no le fue permitido mencionar su libro "El Ministro y las Masacres" que trata de este sucio negocio.

Los cosacos se resistieron, pero los británicos les tomaron por asalto en un fuerte ataque para entregarlos en mayo de 1945. La mayoría de ellos fueron asesinados junto a sus familias. Posteriormente se supo que la iniciativa había venido del francmasón Anthony Eden. (Nikolai Tolstoi, "Las Víctimas de Yalta".)

El dictador yugoslavo Josip Tito (en realidad Broz) cuyos ayudantes más íntimos eran el judío Moisés Pijade y Aleksander Rankovic (Rankau, quien dirigió el terror rojo como Ministro del interior) también recibió devueltos a sus desertores.

Muchos eventos se ponen significativamente más claros cuando se les ve desde una perspectiva histórica. Los agentes británicos ayudaron derrocar al gobierno yugoslavo el 27 de marzo de 1941.

Una nueva dirección, con el francmasón General Richard D. Simovic a la cabeza, comenzó inmediatamente a cooperar con Stalin, firmando un pacto de amistad el 5 de abril. Londres financió intensivamente a Tito durante toda la Segunda Guerra Mundial y después le ayudó a tomar el poder. Después de la guerra, Tito recibió el apoyo masivo de occidente para construir el Comunismo.

Sin ese apoyo su régimen se habría derrumbado inmediatamente. Sus crímenes eran al mismo tiempo disimulados. Sólo Estados Unidos envió 35 mil millones dólares en ayuda secreta entre 1948 y 1965. Un experto en ley internacional, Smilja Avramov, reveló esto a un periódico serbio, 'Politika Ekspres', en una entrevista, publicada el 16 de enero de 1989.

Ese apoyo para Tito cubrió el 60 por ciento de los gastos del régimen comunista. Smilja Avramov enfatizó: "Nuestro régimen nunca habría sobrevivido sin esa ayuda económica". La ayuda norteamericana a Yugoslavia es un secreto estatal tan importante que la Embajada norteamericana en Belgrado se negó a comentar. Las contribuciones de los bancos privados Occidentales se transformaron en un secreto aún mejor guardado.

Occidente entregó las listas de todos los soldados capturados que habían solicitado asilo político. Ellos fueron ejecutados inmediatamente en su retorno a la Unión Soviética. Otros soldados soviéticos que habían sido prisioneros de guerra fueron enviados a campos de prisioneros especiales. El consejero militar del Presidente Boris Yeltsin, el General Dmitri Volkogonov, reveló las instrucciones de Stalin para construir un gran número de campos de prisioneros con una capacidad de diez mil prisioneros cada uno. Allí fue donde estos desafortunados soldados fueron enviados.

Era un secreto estatal en Suecia que casi mil soldados prisioneros rusos fueron enviados desde Gavle en dos naves, bajo el secreto más estricto, a una certera muerte en la Unión Soviética el 10 de octubre de 1944. Ellos habían tenido suficiente de la guerra y habían decidido escapar a Suecia.

Esto sólo se reveló en la primavera de 1992 por el historiador Dr. Anders Berge en su libro "Flyktingpolitik i stormakts skugga, Sverige ochl sovjetryska fangarna under andra varldskriget" / "La Política de Refugiados a la Sombra de un Super Poder, Suecia y los Prisioneros rusos-soviéticos durante la Segunda Guerra Mundial" (Uppsala, 1992). según Anders Berge, Moscú exigió también las direcciones de los prisioneros rusos que habían recibido permiso de residencia en Suecia.

El gobierno sueco cooperó e hizo las listas que entregó a la Embajada soviética. Esto fue espionaje a alto nivel. Los agentes comunistas fueron enviados para comenzar a trabajar en esos refugiados inmediatamente. Berge declara que Suecia "le dio a los agentes soviéticos plena autoridad... para persuadir a los que no querían cooperar, para desinformar, amenazar y otros métodos". Esto produjo que otros 180 rusos fueran devueltos a la Unión Soviética. Menos de la mitad - 1750 - de los refugiados que la Unión Soviética requería de vuelta, recibieron eventualmente asilo político en Suecia.

Fue una ironía del destino que Stalin le había permitido al NKVD cooperar y compartir sus experiencias con la Gestapo. El NKVD y la Gestapo incluso ejecutaron juntos a alguna personas. El historiador Nikolai Tolstoy también reveló aquellas acciones de pre-guerra.

LOS ESCLAVOS EXTRANJEROS EN LA UNIÓN SOVIÉTICA

Hasta recientemente, ha sido ocultado del público que la Unión Soviética también usó a centenares de miles de esclavos extranjeros para varios proyectos de reconstrucción después de la Segunda Guerra Mundial. Millones de nuevos esclavos se necesitaban.

Esa fue la razón por la cual, se construyeron nuevos campos de esclavos para extranjeros con la aprobación silenciosa de los líderes occidentales. Una reveladora película sobre estos esclavos se estrenó en Francia en 1995, "Foreign Slaves in the GULAG" / "Esclavos Extranjeros en el GULAG".

Aunque occidente celebró la victoria, una orden vino de Moscú a la zona soviética en Alemania, ordenando al NKVD y al Smersh (Muerte a los espías!) de encarcelar a cualquier extranjero en la zona. Entre aquellos arrestados hubo italianos, franceses, polacos y otros que habían trabajado en la industria de guerra alemana, y extranjeros (incluyendo muchos rusos) refugiados.

Muchos prisioneros de guerra aliados, que había sido mantenidos en los campos de prisioneros alemanes también fueron transformados en esclavos soviéticos. Por supuesto, también se esclavizaron a muchos prisioneros de guerra alemanes. De esta forma, cientos de miles de extranjeros inocentes fueron capturados durante un período corto de tiempo. Los gobiernos occidentales declararon a esas personas "desaparecidos" o "desertores". Quisieron ocultar las circunstancias reales del público.

Un ciudadano norteamericano, John Noble, estaba entre aquellos capturados en Dresde el 5 de julio de 1945. El hecho que tenía inmunidad diplomática suiza, no le salvó a él o a su familia. La Gestapo había mantenido a su familia bajo arresto domiciliario durante la guerra y John había estado esperando ávidamente por los "libertadores" soviéticos. Se desilusionó rápidamente, sin embargo, ya que los soldados Rojos comenzaron a asesinar, violando y saqueando en Dresde y en otros pueblos.

Las autoridades norteamericanas no escucharon el lamento de John Noble por ayuda. Al principio él se encontraba con otros extranjeros, doctores, abogados y empresarios con sus esposas e hijos, en una prisión dónde todos los prisioneros fueron torturados. Algunos de ellos recibieron el disparo en la nuca porque no se encontraban bien físicamente para el trabajo esclavo. Los extranjeros habían sido detenidos en allanamientos en sus casas, en instituciones y en las calles.

Los extranjeros capturados fueron llevados a campos de concentración. Lo que sucedió después de la guerra en aquellos campos de concentración, incluyendo aquellos en Buchenwald y Sachsenhausen ha sido completamente ignorado por los libros de historia. Muchos de los crímenes terribles cometidos en esos campos se culparon después a los Nazis.

John Noble declaró que 10.000 personas de diferentes nacionalidades murieron como resultado de la desnutrición sólo durante un año en Buchenwald. Había descubierto esto de los documentos soviéticos mientras trabajaba en las oficinas del campo. Los gobiernos de los prisioneros les habían traicionado y se habían olvidado de ellos. Esos crímenes también fueron cometidos para allanar el camino a la expansión del Comunismo. Los destinos de esos individuos a nadie les interesaba.

Los ciudadanos extranjeros en esos campos de prisioneros dirigidos por los comunistas en Alemania eran acusados de actividades "anti-soviéticas". John Noble recibió una sentencia de 15 años en un campo de esclavos en Vorkuta. Se pensaba que era un destino sin retorno. Los prisioneros extranjeros fueron transportados a la Unión Soviética bajo un estricto secreto. Los líderes políticos Occidentales estaban informados sobre esto pero se quedaron callados.

En Vorkuta, había un total de 500.000 esclavos que trabajaban en 40 minas de carbón, de cemento y fábricas de ladrillos. La producción media de un minero carbonífero era de 17 toneladas de carbón por turno, una cantidad totalmente inhumana. Seis a siete personas morían cada día. Sus cadáveres se lanzaban a una fosa común. 15 por ciento de los prisioneros eran mujeres y niños. Entre los esclavos había norteamericanos, alemanes, checos, eslovacos, estonios, finlandeses, ingleses, japoneses, italianos y otros. Sólo los más fuertes sobrevivirían.

Después de la muerte de Stalin, el General Maslennikov llegó a Vorkuta para averiguar que pensaban los prisioneros realmente sobre sus vidas. Nadie sería castigado por lo que dijeran. Nadie se atrevió a decir una palabra sobre la materia.

El general continuó animando a los prisioneros. Finalmente, un grupo de hombres, incluyendo un ex profesor de historia de Leningrado, salió adelante. El ex-profesor dijo: "Hablaré, aunque sé que me daré otro diez años de trabajo esclavo aquí por lo que tengo que decir." Maslennikov le aseguró que nada le sucedería. El profesor entonces, resumió la esclavitud a través de los tiempos y terminó haciendo un comentario sobre la esclavitud en la Unión Soviética: "Nunca antes, alguna esclavitud ha sido tan inhumana y cruel". Al profesor no le dieron otros 10 años de trabajo forzado - le dispararon de inmediato.

John Noble logró, con gran dificultad, enviar clandestinamente una tarjeta postal a sus padres en Detroit. Ellos se dirigieron al Presidente

Eisenhower que se vio obligado a pedirle a Moscú que liberara a John Noble. Él fue soltado finalmente en 1955.

Nikita Khrushchev liberó a más de 200.000 extranjeros de 45 países de los campos de esclavos. La liberación de esclavos cesó en 1964 cuando él fue depuesto.

Después de la caída del Comunismo, los archivos de la KGB sobre los esclavos extranjeros en la Unión Soviética se hicieron públicos finalmente. Fue mostrado que la policía de seguridad había logrado capturar a 57.238 extranjeros, incluyendo ingleses, yugoslavos, franceses, polacos, rumanos, iraníes, afghanos, chinos, japoneses, coreanos, turcos, daneses y belgas, exclusivamente en 1950. Un suizo también había sido secuestrado y había sido llevado a la Unión Soviética. Muchos extranjeros habían sido arrestados mientras visitaban Moscú.

El diplomático sueco Raoul Wallenberg fue la persona más famosa en ser capturada por la Unión Soviética. Fue secuestrado en Budapest el 17 de enero de 1945 y llevado a Moscú dónde intentaron reclutarlo como agente. Wallenberg se negó. Fue entonces asesinado por dos Chekistas judíos - los Coroneles Grigori Mairanovsky y Dmitri Kopelyansky - con una inyección de veneno. Esto fue revelado por el publicista judío y francmasón Arkadi Vaksberg en 'Svenska Dagbladet' el 13 de diciembre de 1995. Pensó que era una ironía del destino que los judíos asesinaran finalmente a Raoul Wallenberg que había salvado las vidas de muchos judíos.

Se ha revelado ahora, que la Legación sueca en Budapest, también había ayudado a alemanes e italiano nacional socialistas, para escapar del Ejército Rojo con pasaportes falsos. El Ministerio del Exterior sueco clasificó esta información en 1952.

Ni siquiera los funcionarios en la Embajada norteamericana estaban seguros - algunos terminaron como esclavos. Alex Dolgun, de 22 años, fue secuestrado mientras paseaba por una calle de Moscú en diciembre de 1948. Trabajaba en la Embajada norteamericana. Alex había nacido en Nueva York y era un ciudadano norteamericano. Su padre era un ingeniero que había sido engañado por la propaganda soviética y se había ido a Rusia junto con decenas de miles de otros norteamericanos ingenuos en 1933, para ayudar a construir la industria comunista.

No le permitieron dejar el país después que su contrato había finalizado. Fue considerado como un ciudadano soviético contra su voluntad y fue reclutado a la fuerza en el Ejército Rojo durante la Segunda Guerra Mundial. Su hijo Alex fue acusado de actividad "anti-soviética y espionaje" y enviado a un campo de esclavos. Fue liberado en 1956, en conexión con la amnistía de Khrushchev. A Alex no le fue permitido dejar la Unión de Soviética a pesar del hecho que su hermana en Nueva York le enviaba regularmente invitaciones. Gracias a los esfuerzos de su hermana, escapó finalmente del infierno rojo en 1971. (Alexander Dolgun y Patrick Watson, "Alexander Dolgun, La historia de un norteamericano en el Gulag", 1975.)

La más difícil que esas personas tenían que aceptar, era el hecho que sus propias embajadas no se preocuparan de su destino, aun cuando muchas señales pasaron clandestinamente hasta ellos. Ellos también estaban mentalmente choqueados por el hecho que eran mantenidos en los campos de esclavos a pesar de ser totalmente inocentes. Es más, estaban deprimidos obligados a vivir en un país extranjero y obedecer órdenes en un idioma extranjero.

Algunos de los extranjeros que estaban incapacitados para el trabajo físico fueron ejecutados en la Unión Soviética. El ex Coronel de la KGB Kirillin, confirmó que se habían disparado a 7.000 extranjeros en el pueblo de Butovo (en el llamado Polígono) cerca de Moscú.

Los documentos revelan que más de 60.000 extranjeros, incluyendo finlandeses y rumanos fueron llevados a Pechora en Komi. El Presidente Boris Yeltsin pidió que estos documentos sensibles fueran nuevamente clasificados.

Lenín había, durante su tiempo en el poder, decidido que la columna vertebral del sistema soviético comprendería el trabajo esclavo. Puso en funcionamiento el trabajo esclavo y el racionamiento de los comestibles. Incluso había decidido cuántas víctimas debían morir. Una orden, previamente desconocida, firmada por Lenín en 1919, fue mostrada en la película-documental francesa mencionada más arriba. "Publicación Prohibida!" había sido escrito en el documento. Esta asombrosa orden declaraba que todos los extranjeros "inútiles" serían enviados a campos de concentración.

LA GUERRA SANTA DE STALIN

En 1936, Stalin luchó también una "Guerra santa" en España. Moscú les envió 648 aviones, 347 tanques, 60 vehículos blindados, 1.186 piezas de artillería y 3.000 expertos militares soviéticos a los Comunistas españoles entre 1936 y 1939. El apoyo total sumó 274 millones de rublos (50 millones de dólares), según el periódico Vikerkaar No. 1, 1986.

La élite financiera cambió súbitamente sus planes y la ayuda de los soviéticos (es decir de los norteamericanos) a la República, fue retirada en el otoño de 1938. Por consiguiente, Franco pudo tomar Madrid el 28 de marzo de 1939. Murieron casi 1.4 millones de personas en la Guerra Civil española.

La reserva de oro española, de 600 millones de dólares, (la cuarta más grande en el mundo) fue entregada a Moscú para dejarla fuera del alcance de Franco. Moscú guardó el oro.

Dos Stalinistas italianos, Carlo y Nello Roselli, habían planeado una revolución en Venecia para el 25 de mayo de 1937, dónde ellos habrían dirigido el ataque de 2.600 terroristas y con ello habrían provocado una guerra civil. Stalin decidió cancelar esta operación repentinamente y prohibió a los hermanos Roselli de llevar a cabo acciones en Italia. Sin embargo, los hermanos comunistas ignoraron la prohibición. Entonces, el NKVD organizó el asesinato de los hermanos, con la ayuda de un grupo derechista, según el libro del historiador Franco Bandini "El Cono de la Sombra" (1990).

Bandini declaró al periódico 'Il Tempo' (Roma,), el 11 de abril de 1990: "El lobby de los historiadores ha intentado imponer silencio sobre cada trozo de información desagradable durante los últimos 45 años. Ellos consideran documentos de esta naturaleza como su propiedad privada. Sólo trabajaron para ocultar la verdad desagradable".

La Guerra Santa alcanzó Polonia el 17 de septiembre de 1939. Finlandia fue atacada el 30 de noviembre en el mismo año. Pero Moscú fue obligado a detener su guerra contra Finlandia el 12 de marzo de 1940 - había llegado a ser demasiado onerosa (el lado soviético ya había perdido a 250.000 hombres de un millón) Stalin dijo a Churchill en 1943: "Una nación que ha luchado tan intensamente por su independencia es digna de respeto." Stalin cambió su mente en 1948 cuando dijo, según el testigo Milovan Djilas: "Estaba equivocado en no ocupar Finlandia." (Helsingin Sanomat, 16 de marzo de 1948)

En el verano de 1940, era el momento para introducir el Comunismo en los estados bálticos y Bessarabia (Moldavia). Las florecientes economías de los estados bálticos eran una propaganda muy negativa para su vecino oriental y por esta razón los países tenían que desaparecer. Finlandia, Estonia, Letonia y Lituania tenían un volumen de ventas de 586.474.000 de dólares en el mercado mundial en 1938, mientras que la producción de la gigantesca Unión Soviética era sólo de 512.508.000 de dólares. (J. Bokalders, "Anuario" Internacional, Riga. 1944.)

Inglaterra rompió sus negociaciones con Stalin en conexión con los estados bálticos. La élite financiera decidió que Alemania debía entregar los estados bálticos y Finlandia a la Unión Soviética. Stalin entendió, durante las negociaciones en Londres, que le permitirían ocupar los estados bálticos.

El Presidente Roosevelt estaba bien informado sobre los acuerdos secretos del pacto Molotov-Ribbentrop al día siguiente que fue firmado. Esto es evidente de un telegrama secreto (71.6211/93). No dio ninguna señal externa, pero continuó jugando el papel del ingenuo y "bien intencionado" líder Occidental. Nunca advirtió a los estados bálticos, ya que también estaba en el interés de los Estados Unidos que esas naciones desaparecieran del mapa.

Cuando el Ejército Rojo había ocupado Estonia, Franklin Delano Roosevelt dijo cínicamente a los periodistas: "¡Si a los estonios no les gusta el Comunismo, ellos pueden dejar Estonia!". Roosevelt sabía muy bien con quien estaba tratando. Su juicio sobre Stalin lo muestras en esto. Cuando Félix Habsburg visitó la Casa Blanca, Roosevelt preguntó: "Félix, se ha encontrado con el diablo alguna vez? " Félix Habsburg no comprendió lo que él quiso decir por esto. Roosevelt continuó: "Félix, yo me he encontrado con el diablo. Él estaba en Yalta y su nombre es Stalin." (Erich Feigl, ""Kaiserin Zita", Viena, 1977, pag. 226-227.)

Debe enfatizarse aquí que los Estados Unidos continuaron ayudando Moscú para y durante la Guerra Invernal finlandesa, a pesar de la promesa de Roosevelt que Stalin no recibiría apoyo para el ataque contra Finlandia (había oficialmente un embargo contra la Unión Soviética). Trescientas empresas, en quince estados, enviaron sus bienes al Pacífico y de allí se enviaron a Vladivostok.

La Unión Soviética, entretanto, suplía a Alemania con el grano, petróleo y otros materiales crudos que se necesitaban para las operaciones de guerra contra Europa Occidental en la primavera y verano de 1940. En 17 meses Alemania recibiría de Moscú: 865 millones de toneladas de petróleo, 14.000 toneladas de cobre, 1 millón de toneladas de madera, 11.000 toneladas de lino, 15.000 toneladas de asbesto, 184.000 toneladas de fosfatos, 2.736 kilogramos de platino, 1.462 millones de toneladas de grano, y otras cosas más.

Sólo en noviembre de 1939, la Unión Soviética había comprado 22.000 toneladas de cobre de los Estados Unidos y lo había vendido con utilidades a Alemania.

Los finlandeses se aliaron con los alemanes en el verano de 1941 y retomaron las áreas que la Unión Soviética había ocupado. Stalin le pidió ayuda a Gran Bretaña. Y de hecho - Gran Bretaña declaró la guerra a Finlandia en Noviembre de 1941. Ellos enviaron inmediatamente 500 aviones de combate, 280 vehículos blindados y 3.000 camiones a Arkhangelsk. El sensato comandante en jefe finlandés, Mariscal Carl Gustaf Mannerheim, rompió con las fuerzas alemanas y continuó operando solo. Él quiso recapturar todas las áreas que Finlandia había perdido durante la Guerra Invernal de 1939-40.

Ni siquiera Pedro el Grande pudo derrotar al Rey sueco Charles XII sin la ayuda secreta de Inglaterra.

Los Estados Unidos de América no quisieron declarar la guerra directamente a Finlandia, pero en el verano de 1942, los norteamericanos cerraron sus consulados en Finlandia y también exigieron que Helsinki cierre sus consulados en los Estados Unidos. La Unión Soviética atacó una vez más el 9 de junio de 1944, esta vez con armas norteamericanas, pero Finlandia logró resistir.

Washington estaba enfurecido. Los Estados Unidos rompieron sus relaciones diplomáticas con Finlandia el 30 de junio de 1944 para obligar al pequeño país a tomar un curso más amistoso con los Soviéticos. Finlandia continuó defendiéndose. Moscú tuvo la falta de pudor para exigir 300 millones de dólares en "daños y perjuicios" de Finlandia, cuando la Guerra de Continuación terminó en septiembre de 1944.

El historiador francés Raymond Cartier, ha hecho un estudio interesante, comparando los armamentos de Hitler con los equipos que los Estados Unidos le enviaron a Stalin. Alemania, en su ataque contra la Unión Soviética, usó 1.280 aviones, 3.330 vehículos blindados y 600.000 vehículos de transporte. Los Estados Unidos enviaron lo siguiente a la Unión Soviética durante el período de 9 meses entre el 1º de octubre de 1941 a junio de 1942: 1.285 aviones, 2.249 vehículos blindados, 81.289 armas automáticas, 30 mil toneladas de explosivos, 36.825 vehículos de trasporte, 56.445 teléfonos de campo y otros equipos.

Durante toda la guerra, los Estados Unidos enviaron un total de 376.000 vehículos de transporte (incluyendo 45.000 jeep "Willis" y 29.000 motocicletas), 29.000 locomotoras, 12.536 tanques, 17.834 aviones de combate, 130.500 armas automáticas, 240.000 toneladas de explosivos y municiones, 13.200 revólveres, 2.5 millones de toneladas de gasolina y otros materiales de guerra.

Aquí yo puedo mencionar que los vehículos de transporte norteamericanos constituyeron los dos tercios del suministro total del Ejército Rojo, y que otros 43.494 vehículos de trasporte se enviaron desde Gran Bretaña. El Ejército Rojo recibió un total de 419.494 vehículos de transporte y otros vehículos.

Sólo 120.000 vehículos de transportes se fabricaron en la Unión Soviética entre 1942 y 1944 - así casi 3 veces menos de los que recibieron de occidente. Tampoco tuvieron problemas con los uniformes, porque los Estados Unidos tenían 34 millones de uniformes, incluso las camisas del ejército zarista, cosidas con las maquinas de coser 'Singer'. Norteamérica también entregó 50 millones de metros de tela de lana. Los dotaciones de los tanques usaban overoles norteamericanos. Esta información viene de Keesen "Archiv der Gegenwart" (Parte XV, 1945, pág. 76) entre otras fuentes.

Los Comunistas recibieron un total de 17.8 millones de toneladas de bienes con un valor de 10.8 mil millones dólares de Norteamérica. Por supuesto, Moscú fue incapaz de rembolsar más que una pequeña parte de esto. En enero de 1951, E.E.U.U. quiso en pago a la deuda, 84 navíos de guerra por un valor de 800 millones de dólares, pero Stalin se negó categóricamente.

Es obvio que Moscú nunca habría sobrevivido el ataque de Hitler sin la ayuda norteamericana. Como prueba de esta afirmación, apuntaré al hecho que a la Unión Soviética le faltaron grandes bombarderos. Se fabricaron solamente 79 Pe-8, el único avión de 4 motores de la Unión Soviética. En gran Bretaña y EEUU se fabricaron 50.000 aeroplanos similares durante el mismo período. El bombardero 11-4 soviético fue considerado un aeroplano de inferior calidad. .

LA AYUDA DURANTE LA "GUERRA FRÍA"

Los Estados Unidos continuaron construyendo a la Unión Soviética, incluso, durante la llamada "Guerra Fría". Occidente continuó haciendo tratos con el Oriente tanto militar como económicamente. Antony Sutton confirma que el aumento de la industria siderúrgica soviética fue completado por Fretz-Moon, Aetna Standar, Mannesman y otras compañías norteamericanas. Dos tercios de los navíos mercantes soviéticos, que en 1970 sumaban 6.000 naves, se construyeron fuera de la Unión Soviética. También se construyeron cuatro quintos de los motores marinos fuera del Imperio soviético. El resto se construyó con ayuda Occidental.

El congreso mientras destinaba billones para la defensa contra el Comunismo, al mismo tiempo daba más de seis mil millones dólares en ayuda militar y económica directa a los Comunistas.

Aviones cazas de combate, F-86, provistos de radar con un valor de más de 300.000 dólares cada uno, fueron vendidos al dictador comunista de Yugoslavia por 10.000 dólares. La Administración Eisenhower lo aprobó. ("Report, Asistencia extranjera de norteamerica, Agencia norteamericana para Int. Dev., 21 de marzo de 1962.)

Toda la industria soviética del automóvil vino de occidente, principalmente de los Estados Unidos. Moscú usó 30.000 vehículos de transporte pesados para mover sus proyectiles y otros materiales de guerra, todos los cuales se fabricaron con ayuda norteamericana.

Ford Motor Company construyó una gigantesca fábrica de camiones en Gorky (ahora Nizhny Novgorod) en 1968.

Gleason, New Britain Machine Company y TRW de Cleveland en los Estados Unidos, entregaron el equipo para la industria de automóviles Fiat en Togliatti.

Los norteamericanos también construyeron la fábrica de camiones más grande del mundo en Kama, en los años setenta. La Información sobre que compañías, además de Ford, tomaron parte, fue clasificado secreto por el Departamento de Estado. 1.200 extranjeros trabajaron en las instalaciones de la fábrica que tenía una capacidad de producción plena de 150.000 camiones de tres ejes y de 250.000 motores diesel por año. Como resultado de la falta de habilidad de los soviéticos, sólo 41.000 camiones fueron fabricados en Kama hasta 1978. La Compañía Kama tenía una gran importancia militar.

Otros documentos demuestran que Arthur Brandt Company de Detroit, Michigan, construyó la fábrica de automóviles ZIL. El Chase Manhattan Bank entregó 192 millones de dólares para este proyecto.

El Primer Ministro Alexei Kosygin, confirmó a finales de 1965 que "la mecanización se completó en forma demasiado lenta". En algunos casos los retrasos sumaron cuatro años o más. Más de 100.000 proyectos de construcción quedaran inconclusos como resultado. Ni siquiera los Estados Unidos pudieron ayudar a la Unión Soviética en ese tiempo.

Sólo 676.000 tractores de los 2.762.200 en la Unión Soviética entre 1966 y 1974 trabajaban apropiadamente. Los otros eran bastante inferiores. (Charles Levinson, "Vodka-cola", Essex, 1979, pág. 127.) Sólo el 30 por ciento de 10.000 cosechadoras se entregaron en 1964.

El tanque T-54 soviético es sospechosamente similar al Christie Tank norteamericano. Uno podría sospechar que los Comunistas robaron el modelo y lo copiaron. En realidad fue más simple que eso. U.S. Wheel Track Layer Corporation produjo los tanques para Moscú. Durante el tiempo de Gorbachev en el poder (1985-91) la Unión Soviética produjo dos veces más tanques que los Estados Unidos de América hizo durante la presidencia de Reagan (1981-1988).

Se fabricaron 3.300 tanques en la Unión Soviética en 1986, 3.500 en 1987, y lo mismo en 1988. También se produjeron miles de otros vehículos blindados en la Unión Soviética durante el mismo tiempo. Había un total de 53.000 tanques en el imperio soviético. Y esto, para poner las cosas en perspectiva, eran tres veces más de los que tenía la OTAN.

En 1966 Francia dio una garantía para financiar la construcción de industrias químicas por 3.5 mil millones francos. Moscú también recibió 1.5 mil millones francos para construir la fábrica de automóviles Renault junto al Río Kama en 1971 y otro 800 millones de francos para la construcción de una fábrica de papel. En 1988 el billonario Armand Hammer, invirtió seis mil millones dólares en la construcción de fábricas químicas en la Unión Soviética. Robert Maxwell, el capitalista judío, ahogado bajo misteriosas circunstancias en 1991, también operaba intensivamente con Moscú.

80 por ciento de todos los bienes entregados a la Unión Soviética fue comprado a crédito. (Charles Levinson, "Vodka-Cola", Essex, 1979,

pág. 26.) Muchos rusos inteligentes encontraron difícil de entender por qué los norteamericanos no acabaron con el Comunismo.

Entretanto, la KGB en la Unión Soviética y en sus estados satélites, tenían que seguir las instrucciones secretas a efecto que nadie fuese permitido de introducir cualquier nueva invención que aumentara la producción. Esas instrucciones sólo se revelaron en el verano de 1990.

Antony Sutton enfatizó que los rusos nunca habrían podido llevar a cabo su programa espacial, Soyuz, sin la ayuda de los Estados Unidos. Se enviaron a miles de expertos de cohetes alemanes capturados a la Unión Soviética y el primer sputnik ruso fue propulsado al espacio por cohetes alemanes que se habían desarrollado mucho más.

Las propias contribuciones de la Unión Soviética para la investigación espacial eran generalmente sólo un gran bluff, tal como el periodista Leonid Vladimirov que desertó, lo ha demostrado bastante claramente. El diario sueco 'Expressen' reveló el 21 de enero de 1985 que alta tecnología había pasado de contrabando, vía Francia, a la Unión Soviética a pesar del embargo norteamericano contra el Kremlin. Esto hizo posible continuar la cooperación en el espacio. Los presidentes norteamericanos habían clasificado un pacto de esta naturaleza con Francia. La NASA fue responsable de pasar de contrabando equipos electrónicos modernos a la Unión Soviética.

Los Estados Unidos de América tenían 5.000 computadoras al final de los años cincuenta, mientras que la Unión Soviética sólo tenía 120. En 1973 los Estados Unidos tenían 70.000 y el Unión Soviética 6.000 - las computadoras soviéticas eran todas de primera o segunda generación. Las computadoras norteamericanas podían manejar 2.500 operaciones por segundo en la Segunda Guerra Mundial y 15.000 en los años cincuenta.

IBM y la compañía británica International Computer and Tabulation S.A. comenzaron a suplir a la Unión Soviética con sus computadoras.

Las actividades de los institutos de investigación soviéticos y las llamadas letterbox factories eran estrictamente confidenciales. De esa forma la Unión Soviética ocultó del público el hecho que estaba quedando atrás en el campo del desarrollo tecnológico y que algunos proyectos se originaban en el extranjero. Aquellos en occidente que estaban interesados podían leer en varios libros sobre lo que estaba pasando en estas instituciones.

Los gastos militares de la Unión Soviética sumaban el 35 por ciento de su PNB (comparado con el 5.5 por ciento en los Estados Unidos y el 2.5 por ciento en Suecia). La Casa Blanca en Washington y Wall Street en Nueva York continuaron apoyando el sistema soviético a pesar de condenar oficialmente la invasión de Moscú de Afganistán.

Un acuerdo para desarrollar la agricultura soviética fue firmado el 18 de junio de 1985. Granjeros norteamericanos jóvenes fueron enviados para entrenar a los funcionarios de los kolkhoz rusos.

Tecnología moderna también fue entregada. (The International Herald Tribune, 19 de junio de 1985) Al mismo tiempo, Moscú enviaba ayuda a todos los otros países comunistas. Sólo Nicaragua recibió 294 millones de dólares durante tres años. Moscú envió 300 millones de dólares cada mes para apoyar el régimen comunista en Kabul.

EL DESMANTELAMIENTO DE LA UNIÓN SOVIÉTICA

Sólo una conclusión puede deducirse de todo esto: los Estados Unidos de América podrían destruir la Unión Soviética siempre que ellos quisieran.

Ellos sólo habrían necesitado dejar de entregar el equipamiento moderno.

Washington continuó. Los Estados Unidos podrían haber derrotado fácilmente a los Comunistas Vietnamitas. Pero ellos no quisieron hacerlo. Al contrario, se entregó equipo de guerra norteamericano moderno al Viet Cong. Y más de 58.000 jóvenes norteamericanos fueron sacrificados. Todo esto sirvió a los propósitos de la élite financiera (y los Estados Unidos tuvieron la oportunidad de experimentar con varias armas bacteriológicas y químicas). La élite financiera quiso mantener en el tiempo la Guerra de Vietnam cueste lo que cueste. Era una cubierta perfecta para el profitable comercio de narcóticos, según Dr Alfred W. McCoy.

Varios investigadores norteamericanos, incluyendo a Richard Pipes de Harvard, han señalado que los norteamericanos sólo necesitaban dejar de enviar su ayuda para derrocar a los Comunistas en Moscú. Antony Sutton enfatizó en una conferencia con la dirección del Partido Republicano, que esta arma eficaz nunca, por alguna razón, fue usada. Si la ayuda hubiese sido retirada, ellos habrían salvado millones de personas del sufrimiento más terrible y habrían impulsado la causa de la democracia.

La ayuda a la Unión Soviética y sus estados satélites fue ocultada de muchas formas diferentes, principalmente como préstamos con intereses increíblemente bajos. Era muy sabido que Moscú no podría permitirse el lujo de pagar ni siquiera intereses por estos préstamos. El reembolso no era esperado. Sólo en 1984, el bloque soviético recibió préstamos por un total de 50 mil millones dólares, al mismo tiempo que la tecnología moderna se entregaba gratis. (Det Basta, octubre de 1985)

En 1984 la Unión Soviética debía 136.7 mil millones dólares a los bancos Occidentales, incluyendo 28.7 mil millones a varios bancos privados. (Svenska Dagbladet, 4 de mayo de 1985)

A pesar de esto, "préstamos" sumando 200 millones de dólares, fueron entregados por el First National Bank de Chicago mientras que Morgan Guaranty, Bankers Trust e Irving Trust dio otros 200 millones de dólares a la Unión Soviética con un interés especialmente muy bajo. Estos préstamos no tenían seguros y el prestatario se suponía que debía comenzar a rembolsar después de seis años. El prestatario era permitido de usar el dinero para cualquier cosa - como si la Unión Soviética fuera el mejor cliente de los bancos.

Los archivos recientemente abiertos han revelado que Moscú hizo transferencia ilegales de dinero a los partidos comunistas alrededor del mundo.

Es más, algunos bienes se vendieron a la Unión Soviética a un precio mucho más bajo que en el mercado mundial. Los contribuyentes Occidentales tendrían que pagar la diferencia. La CEE "vendió" 100.000 toneladas de mantequilla a la Unión Soviética por aproximadamente 45 pfennigs por kilogramo, mientras los consumidores alemanes tenían que pagar más de 10 marcos alemanes por el kilogramo (100 pfennigs = 1 marco alemán).

Otras 100.000 toneladas de mantequilla se vendieron después a la Unión Soviética al precio más alto de 70 pfennigs por kilogramo. Todo según Expressen, 8 de agosto de 1987.

En los años 1984-1986, la Unión Soviética perdió aproximadamente 8 mil millones dólares en utilidades del petróleo (aunque el volumen de exportaciones fue aproximadamente el mismo) como resultado de la caída de los precios. Esto debe compararse con las exportaciones totales de la nación que sumaron 20-25 mil millones dólares. En 1989 la Unión Soviética logró apenas sólo 18 mil millones dólares, el valor de todas las exportaciones juntas (consistiendo principalmente en petróleo, oro y armas). Una tercera parte del capital de exportación en 1990 fue gastada en grano.

Otros bienes también tuvieron que ser importados. Las importaciones de la Unión Soviética, pagadas en moneda occidental, aumentó un 23 por ciento en 1989 mientras que sus ingresos en la misma moneda, sólo aumentaron un 7 a 8 por ciento.

Los estados satélites y los países del tercer mundo a su vez, debían a la Unión Soviética 85 mil millones dólares que ellos no podrían rembolsar. El déficit del presupuesto soviético en 1989 era 100 mil millones rublos, constituyendo el 25 por ciento del presupuesto.

En la primavera de 1990 la Unión Soviética enfrentó una aguda crisis monetaria, la proporción de crecimiento anual había disminuido al dos por ciento, la inflación galopante era por lo menos un 23 por ciento y había una escasez de todos los tipos de bienes de consumo. Las huelgas hicieron la situación mucho peor. Moscú recibió nuevos préstamos que sumaban a 14 mil millones dólares de los bancos privados en Alemania, Francia, Italia, Japón y otros países a finales de 1990, según el periódico comercial de Moscú, 'Kommersant' (26 de noviembre de 1990).

A pesar de los precios muy bajos, la Unión Soviética llegó a deber inmensas cantidades de dinero a muchos países por artículos de primera necesidad. Moscú le debía al banco alemán la suma de 37.6 mil millones de marcos a finales de 1991 (Svenska Dagbladet, 27 de noviembre de 1991).

A varias compañías japonesas Moscú les debía un total de 200 millones de dólares en 1996. La Unión Soviética tenía una deuda externa por bienes de diferentes compañías occidentales que sumaban casi 10 mil millones dólares en la primavera de 1990.

Los ciudadanos soviéticos estaban cansados de nutrir a sus parásitos. Esa fue la razón por la cual solamente hacían como que trabajaban. Los Estados Unidos intentaron mantener a la Unión Soviética sobre el agua de todas las formas posibles. Washington envió ayuda por un valor de 15 mil millones dólares a la Unión Soviética en 1991 (Moscú no estaba obligado a pagar esto).

Wall Street calculó que Moscú necesitaría préstamos de 30 mil millones dólares por año para cubrir sus necesidades más vitales. Pero ellos recibieron sólo la mitad de esto. Varias compañías occidentales ayudaron a financiar la propaganda soviética en la Televisión Central de Moscú anunciando bienes que eran casi imposible de obtener en la Unión Soviética.

Las personas inteligentes en el imperio soviético comprendieron que los capitalistas no tenían ninguna intención de permitirles vivir una vida normal, ya que ellos constantemente enviaron más ayuda a la Unión Soviética y con ello prolongaron el sufrimiento de sus ciudadanos.

¿Por qué hicieron caer finalmente a la Unión Soviética? Fue cada vez más difícil para los Estados Unidos apoyar al imperio soviético, tal como parece de los hechos mostrados por Dagens Nyheter el 13 de julio de 1991. Norteamérica ya no tenía incluso, suficiente dinero para cubrir sus propios gastos. El gobierno norteamericano debía 4.000 mil millones dólares a los bancos privados en 1992.

Entretanto, el déficit del presupuesto en 1992 había aumentado a 285 mil millones dólares (Svenska Dagbladet, 30 de octubre de 1992).

Voice of América declaró en agosto de 1987 que los bancos norteamericanos le estaba prestando entonces, por lo menos 33 millones de dólares a la Unión Soviética y a otros estados Comunistas por día (mil millones de dólares por mes). El Ministro de Relaciones Exteriores,

Alejandro Haig, se lamentaba: "Tendremos suerte si obtenemos 25 centavos por cada dólar."

Los bancos privados alemanes, británicos y franceses bombearon más de 11 mil millones dólares exclusivamente en la Unión Soviética durante los primeros diez meses de 1988. Voice of América proclamó ya en agosto de 1988 que ni siquiera todo los ingresos por impuestos de occidente podrían salvar la ineficiente economía soviética.

La CIA también había sobrestimado sistemáticamente el poder de supervivencia de la economía soviética. Fue declarado que la CIA cometió serios errores en sus análisis del desarrollo de la Unión Soviética, según Svenska Dagbladet, 5 de noviembre de 1989.

Había sólo una forma - Rusia tenía que cambiar a una economía de mercado. Toda posibilidad futura de crédito era ahora, completamente dependiente de esta condición. Esto también fue subrayado en Budapest por el importante francmasón judío, Jacques Attali, director del Banco Europeo de Reconstrucción: "Si cualquier problema surge con la democracia, o si el gobierno es incapaz de continuar su política presente, nosotros detendremos la ayuda inmediatamente." (Dagens Nyheter, 14 de abril de1992) Attali, un miembro de B'nai B'rith, era considerado como la eminencia gris detrás del francmasón François Mitterand, entonces presidente de Francia.

Los bancos occidentales urdieron un complot para minar la economía soviética a principios de 1991 y así acelerar la caída de la Unión Soviética. Inundaron el país con rublos sin valor y con ello causaron una hiperinflación, con la intención de deponer a Gorbachev. El Primer Ministro Valentin Pavlov reveló esto el 13 de febrero de 1991 en el periódico 'Trud'. Este flujo grande de dinero en la Unión Soviética había sido bien preparado. Bancos en Austria, Suiza, Canadá y en Rusia se unieron en la operación. El Presidente Mikhail Gorbachev estaba perturbando el desarrollo hacia una economía de mercado y haciendo esto, estaba parado en el camino de la élite financiera.

La Unión Soviética intentó protegerse sacando todos los billetes de 50 y 100 rublos de circulación. Esto se proclamó a la nación en el programa de noticias Vremya en la Televisión de Moscú a las 21:00 el 22 de Enero de 1991. Se permitió que las personas comunes cambiaran su dinero viejo por nuevo, pero sólo en una suma igual a su sueldo mensual, no excediendo de 1000 rublos. El estado recolectó 40 mil millones rublos del valor de esos billetes de un total de 48 mil millones. Éste es un ejemplo de cómo ciertas fuerzas pueden mantenerse cuando los imperios se destruyen.

El público nunca supo sobre otra, aún más decisiva maniobra, una maniobra secreta realizada por los círculos financieros para desmantelar la Unión Soviética. Entre 14 y 19 mil millones dólares en divisas extranjera fueron sacados de la Unión Soviética en 1991. Como resultado, la producción se hundió drásticamente. (Noam Chomsky, "Usted no Puede asesinar la Historia", Gothenburg, 1995, pág. 511.)

Esta acción inmediatamente arruinó a la Unión Soviética, ya que el 79 por ciento de la mano de obra trabajaba, de una manera u otra, en la industria de la guerra, que constantemente necesitaba divisas extranjera.

Incluso los vinos del Zar se vendieron en varias subastas en los años ochenta. 13.000 botellas de vino de Massandra, así como otras 62 botellas que habían pertenecido a la oficina ministerial, se vendió en Sotheby en Londres en marzo de 1990. Estas botellas de vino tenían un valor de casi un millón de dólares. Sacaron un precio de 280 dólares por botella en 1987. El oro y el suministro de diamantes también había sido significativamente reducido para pagar las facturas corrientes en los años ochenta. El Presidente George Bush informó a Mikhail Gorbachev el 27 de mayo de 1991 que se habían transferido 150 millones de dólares a la última cuenta bancaria en Suiza. Gorbachev llamaba al Presidente Bush "mi amigo George".

Todo esto es evidente de una entrevista con el General de la KGB, N. Leontiev. La entrevista fue publicada en 'Komsomolskaya Pravda' el 26 de diciembre de 1995.

Gorbachev había prohibido que sus conversaciones telefónicas con Bush fuesen interceptadas. Sin embargo, la KGB interceptó y grabó todas las conversaciones.

Los líderes soviéticos hicieron un pacto secreto con los Estados Unidos después del derrumbe del Imperio soviético según el cual, las piezas de arte más importantes en el país serían transportadas a los Estados Unidos.

Rusia recibió tractores y grano a cambio. Estas líneas pueden leerse en el pacto: "Este contrato es secreto. Los expertos en Arte no sabrán de él. Si ellos lograran saber sobre esto, se pondrían histéricos. Esta es la razón por la cual es importante mantenerlo en secreto."

TASS logró obtener una copia del contrato en Nueva York. ¡Este acuerdo de Arte por trigo fue llevado a cabo el 29 de octubre de 1991, después del quiebre de la Unión Soviética! Éste fue uno de los últimos crímenes de Gorbachev contra el pueblo ruso antes de su renuncia en diciembre. Sus crímenes anteriores son expuestos en mi libro ""Bakom Gorbatjovs kulisser" / "Detrás del escenario de Gorbachev" (Estocolmo, 1987).

Poco después esto, el Presidente Bush envió ayuda en dinero para alimentos en la forma de un préstamo de 1.5 mil millones dólares a las Repúblicas soviéticas, (no incluía a los estados bálticos que ya eran independientes) préstamos que debían ser reembolsados (Expressen, 19 de noviembre de 1991).

Al mismo tiempo exigió que Gorbachev debía usar la violencia si fuese necesario. El 8 de julio de 1992 en Munich, George Bush dijo: No hay bastante dinero en todo el mundo para salvar a Rusia. Ahora los rusos también tendrán que comenzar a trabajar". (Aktuellt, Televisión sueca el 8 de julio de 1992)

Siendo un influyente miembro de la Comisión Trilateral, Bush por supuesto sabía claramente de lo que hablaba.

EL DERRUMBE PROGRESIVO DEL COMUNISMO EN EUROPA ORIENTAL

La KGB hizo algunas contribuciones importantes a la demolición de las dictaduras comunistas en los estados satélites de Moscú. La KGB ayudó a derrocar los regímenes totalitarios en Alemania Oriental en forma bastante simple (Erich Honecker declaró después que hubo un complot para deponerlo), en Checoslovaquia, Polonia y Rumania. La televisión sueca ha mostrado documentales dónde varios representantes del ex régimen soviético confirmaron incluso, que una conspiración de este tipo fue controlada desde Moscú. Esa fue la razón por la cual fue tan fácil abrir las brechas en el muro de Berlín.

Fue el judío Kurt Goldstein, quien concibió la idea de construir tal muro. El jefe del Partido, el judío Walter Ulbricht, aprobó inmediatamente la idea. Esto fue revelado en 'Der Spiegel' (Nº16, 1991). Ese siniestro plan fue realizado el 15 y 16 de agosto de 1961. Puedo mencionar aquí, que los familiares de aquellos que fueron ametrallados intentando cruzar el muro, tenían que pagar las balas.

El presidente democrático de Checoslovaquia, Vaclav Havel, que es un francmasón, confirmó también que la KGB había hecho preparaciones para un golpe de estado y deponer al líder comunista Milos Jakes. No todo salió según sus planes, pero las preparaciones de la KGB llevaron directamente a la revolución llamada 'terciopelo' que barrió a los Comunistas del poder y llevó a Vaclav Havel al frente. El candidato presidencial de la KGB, Zdenek Mlynar, que vivía en Viena y era amigo desde la niñez de Gorbachev, se negó a tomar parte en el golpe. (Dagens Nyheter, artículo "KGB planerade kupp mot Jakes" / "La KGB Planificó un Golpe contra Jakes", 31 de mayo de 1990)

En el documental de la BBC "Checo-mate dentro de la Revolución" se declaró que la KGB reclutó a personas para provocar un problema entre los estudiantes y así deponer a Jakes el 17 de noviembre de 1989. El jefe de la policía secreta, Alois Lorenz, había recibido instrucciones precisas de Viktor Grushko, el sub-jefe de la KGB que había llegado desde Moscú.

Se harían correr rumores sobre un estudiante que supuestamente habría sido asesinado en un choque con la policía. El agente Ludek Zivcak se le entregó la tarea de ser el supuesto asesinado. Una ambulancia fue enviada para llevarse el "cuerpo" inmediatamente. Esta operación (cuña) fue sólo parcialmente exitosa. Jakes fue depuesto, pero los agentes de la KGB no pudieron imponer silencio a las demandas de los estudiantes posteriormente.

La KGB también ayudó a liquidar el Comunismo en Polonia. Varios observadores políticos lo han revelado. Después de esto, era el momento para derrocar el régimen comunista de línea dura en Rumania. En julio de 1994, el nuevo Servicio de Seguridad rumano, RIS, entregó un informe sobre las circunstancias, hasta ahora ocultas, que rodearon el derrocamiento del dictador Nicolae Ceausescu. RIS se refirió a los acuerdos secretos entre Bush y Gorbachev.

Aproximadamente 1.000 automóviles soviéticos comenzaron a llegar de pronto todos los días a partir del 9 de diciembre de 1989, (sólo 80 automóviles al día pasaban la frontera previamente). En cada automóvil iban dos o tres "turistas" hombres, bien-constituidos, entre 25 y 40 años de edad.

Voice of América había revelado antes, cómo los mensajes codificados dirigidos a los conspiradores habían sido publicados en la prensa rumana. RIS afirma que los agitadores comenzaron de pronto a emerger el 21 de diciembre de 1989.

Repartieron drogas, que provocó que las personas se sintieran lo suficientemente valientes como para enfrentar los tanques. Los "turistas" soviéticos (en realidad oficiales de la KGB) también tomaron parte en las asonadas cerca del pueblo de Craiova ('Hommikuleht', 19 de julio de 1994, pág. 7).

Rumania fue la única nación en el bloque Oriental que tuvo una "revolución" anti-comunista sangrienta - cobró miles de vidas. El dictador Nicolae Ceausescu percibió la conspiración detrás de los eventos en una fase temprana e intentó hablar en la televisión sobre la intervención extranjera.

Al poco tiempo fue arrestado después de lo cual los vencedores decidieron ejecutarle rápidamente junto a su esposa, lo cual sucedió el 25 de diciembre de 1989.

El poder gubernamental fue tomado por el agente de la KGB, Ion Iliescu, que inmediatamente comenzó a "democratizar" Rumania.

Derrocar todos los regímenes europeos orientales que se negaran a ceder era también importante para Moscú que necesitaba persuadir a sus propios viejos Comunistas de la línea dura, para tomar una nueva dirección. Los Estados Unidos de América estaban detrás de todo esto, tal como un representante soviético lo indicó a la agencia informativa Reuters en noviembre de 1989. (Dagens Nyheter, 30 de noviembre de 1989)

Fue también Estados Unidos de América quien incitó a la Unión Soviética para aplastar las rebeliones en Europa Oriental en 1956 y 1968, ya que los intereses de los altos círculos financieros lo exigieron. El escritor sueco rojo, Jan Myrdal reveló en el periódico 'Folket i Bild' (Nº 20, 1979, pág. 31) que "el Departamento de Estado norteamericano, a través de los diplomáticos suecos, antes de la invasión en 1956, le pidió a la Unión Soviética restablecer el orden en Hungría."

Antes del 4 de noviembre de 1956, el Departamento de Estado envió un telegrama explicativo a la dirección comunista en Moscú en que aclara que el gobierno norteamericano no está a favor de gobiernos hostiles a la Unión Soviética en las frontera de esta. ("Archivos del Congreso", 31 de agosto de 1960, pág. 17 407.)

Varios historiadores húngaros admiten que el gobierno norteamericano quiso hacer fracasar la revuelta anti-comunista húngara. La propaganda norteamericana también denunciaban que los húngaro habían comenzado a asesinar a los Comunistas judíos y que era por consiguiente tiempo para intervenir. Ésa fue una falsa declaración, sin embargo. Ni siquiera los verdugos judíos dentro del servicio de seguridad comunista fueron asesinados. De hecho, incluso el jefe judío de la odiada policía de seguridad, Gabor Peter (en realidad Benjamín Ausspitz), no sufrió ese destino.

Voice of América, entretanto, animaba a que los húngaro se sublevaran. Les convencieron que los Estados Unidos vendrían en su ayuda. Esto era meramente una puesta en escena para la galería, tal como el discurso de Allen Dulles sobre liberar a Hungría del Comunismo.

Los Estados Unidos serenamente miraron cuando Moscú aplastó violenta y cruelmente la revuelta. 1945 personas fueron asesinadas en Budapest y otras 557 en provincias. 20.000 personas quedaron heridas. (Dagens Nyheter, 1º de diciembre de 1990) Moscú usó 1.500 tanques y 150.000 tropas de infantería. 200.000 personas huyeron de Hungría. 40.000 fueron arrestadas.

En contraste, Estados Unidos y Moscú condenaron la agresión británica y francesa durante la crisis del Canal de Suez por el otoño del mismo año.

Washington también le dio luz verde al Kremlin antes de que ellos entraran en Checoslovaquia. Zdenek Mlynar que era miembro del Politburó del Partido comunista en Checoslovaquia en 1968, reveló después de su escape a occidente que Leonid Brezhnev les había dicho a los líderes en Praga a finales de agosto de 1968, que el Presidente norteamericano Lyndon Johnson, le había asegurado a la Unión Soviética que Estados Unidos no interferirían con la agresión soviética en Checoslovaquia. (Zdenek Mlynar, "Nachtfrost" /"Escarcha nocturna", Colonia/Frankfurt am Main, 1978, pág. 301.)

Los Estados Unidos se negaron dar el visto bueno cuando la Unión Soviética quiso atacar China en 1969. (Mikhail Heller y Alejandro Nekrich, "La Utopía en el Poder", Londres, 1986, pág. 713.) Moscú tuvo que archivar sus planes para atacar China. Pero se le permitía ocupar Kabul en 1979.

Los Estados Unidos también ayudaron a bajar al movimiento popular anti-comunista Solidaridad en Polonia. El periodista sueco Ulf Nilson le dijo lo siguiente a Expressen el 24 de julio de 1989: "El hombre a quien el presidente norteamericano valoró más favorablemente - y más ayudó - fue al ex-dictador Jaruzelski. Sin la ayuda de Bush, el hombre que prohibió Solidaridad no habría sido elegido Presidente, pero Estados Unidos se pusieron al lado, paradójicamente, de los Comunistas."

La oficina principal de la CIA se aseguró que la operación con 1.200 hombres en Bahía Cochinos fuese frustrada a principios de abril de 1961. La mano invisible en este caso, no estaban interesados en deponer al francmasón y Marrano, Fidel Castro, a quien habían ayudado a llegar al poder.

¡Adivine quienes pagaron por su equipamiento, el alimento y las armas en los campos de entrenamiento mexicanos! El historiador Jean Boyer enfatizó que el dinero y las armas de Castro, no vinieron de Moscú sino de los Estados Unidos.

Fue el francmasón Eisenhower quien ayudó a que Castro tomara el poder. La ayuda militar a Cuba se envió posteriormente vía la Unión Soviética. Así que nosotros no necesitamos sorprendernos del hecho que se usaran 5.000 soldados cubanos para proteger las compañías petroleras norteamericanas y francesas en el área de Cabinda en Angola cuando las fuerzas guerrilleras de la UNITA atacaron las plantas petroleras extranjeras. ("The Economist, Contra N°. 5/1988.)

Los Estados Unidos cesaron el apoyo al Presidente Anastasio Somoza en Nicaragua y empezaron a ayudar en cambio, secretamente a los Sandinistas Marxistas.(Svenska Dagbladet, 21 Julio de 1989.)

El Presidente James Carter cortó toda la ayuda militar a Nicaragua y prohibió la venta de hardware militar al país. La administración de Carter exitosamente cerró todos los mercados dónde Nicaragua podría comprar armas y municiones. El Fondo Monetario Internacional bloqueó dos veces con éxito créditos de reserva necesarios para Nicaragua.

La Casa Blanca presionó todas las compañías navieras para boicotear a Nicaragua y que la cosecha de café no pudiera ser exportada. El Departamento norteamericano de Agricultura dio arbitrarias instrucciones para que los inspectores de Carnes detuvieran las importaciones nicaragüenses a los Estados Unidos. Se dio público apoyo al movimiento comunista Sandinista. La Casa Blanca dejó que los marxistas tomaran Nicaragua. (Anastasio Somoza y Jack Cox, "Nicaragua Traicionada", Belmont, 1980.)

Según la versión oficial de la historia, la ayuda de la CIA a los Mujahadeen comenzó durante 1980, es decir, después que el ejército soviético invadió Afganistán, el 24 de diciembre de 1979. Pero esto no es correcto. El 3 de julio de 1979, el Presidente Jimmy Carter firmó secretamente la primera directiva para ayudar a los antagonistas del gobierno pro de-soviético, en Kabul.

Zbigniew Brezinski, el Consejero de seguridad Nacional en la Administración Carter, escribió una nota al presidente en que explicaba que esta ayuda iba inducir una intervención militar soviética contra Afganistán. (Le Nouvel Observateur, entrevista con Zbigniew Brezinski, 15-21 de enero de 1998.) Carter deseaba provocar una guerra en Afganistán.

Como si esto no fuera suficiente, la CIA incluso ayudó a la KGB a perseguir y descubrir críticos del régimen. El poeta de la propaganda soviético y francmasón Yevgeni Yevtushenko (en realidad Gangsnus) denunció esta ayuda en el periódico 'Ogonyok' el 6 de diciembre de 1988. El Senador Robert Kennedy, admitió durante una conversación con él, en 1966, que fue la CIA quien expuso a los críticos del régimen, Yuli Daniel y Andrei Sinyavsky que fueron inmediatamente llevados a juicio.

EEUU AYUDÓ A LOS COMUNISTAS CHINOS
A GANAR EL PODER

El stablishment del Comunismo en China también fue apoyado por los norteamericanos a través de Moscú o a veces directamente. Ya en los años veinte, funcionarios judíos estaban visitando China para introducir el Comunismo en ciertas áreas. Entre esos "consejeros" estaban Adolfo Yoffe, Michael Borodin (nombre real: Jakob Grusenberg, fundador del Partido comunista en México en 1919), Bela Kun, Enrique Fischer (en realidad Heinz Neumann) y Vasili Bluecher (en realidad Galen-Chesin), quiénes llegaron a ser después, responsables de repugnantes atrocidades contra el pueblo chino.

Otro judío soviético, Anatoli Gekker que había sido el poder velado detrás de los líderes títeres comunistas, Damdin Sukhkhe-Bator (1893-1923) y Khorlogin Choibalsan (1895-1952) en Mongolia en 1922, se transformó en Comisario Político para las regiones comunistas de China en 1924. El Comunismo se introdujo en Mongolia en 1921. Dos judíos de Rusia, V. Levichev y Yan Gamarnik, dirigieron el Ejército Rojo chino. Un judío inglés llamado Billmeier, dijo que los rojos chinos estaban armados con las armas soviéticas.

El Marxista chino Sun Yatsen (Sun Yixian) era un eminente francmasón.

Incluso Chiang Kai shek (Jiang Jieshi) cooperó al principio con los Comunistas. Él era un francmasón del grado 33 (del rito escocés) quién después rompió con los Comunistas y se transformó en el líder de la China burguesa.

Los Estados Unidos exigieron a los japoneses detener la lucha contra los Comunistas chinos entre 1937 y 1945. El gobierno norteamericano traicionó el frente anti-comunista de Chiang Kai shek en el otoño de 1948. El General George C. Marshall (1880-1959), entonces Secretario de Estado, exigió que Chiang Kai shek permitiera a los Comunistas en su gobierno.

Marshall había sido enviado especial del Presidente Truman en China de 1945 a 1947. Él afirmaba que los Comunistas eran buenas personas pero Chiang Kaishek se negaba a aceptarlo. Esta negativa fue todo lo que los norteamericanas necesitaban y Chiang Kai shek fue dejado sin ayuda. En cambio, el apoyo para Mao Tse Tong aumentó (la ayuda a los Comunistas chinos fue vía Moscú).

El 31 de enero de 1949, Comunistas en tanques norteamericanos rodaron en Beijing y el 31 de octubre, la República del Pueblo de China fue proclamada oficialmente. La guerra civil acabó después de haber cobrado 20 millones de vidas. En los años siguientes Estados Unidos afirmaba que Mao Tse Tong se había distanciado de la dictadura y buscaba introducir la democracia. Claro que ésta era una mentira, pero ellos necesitaban mostrar una buena foto de los Comunistas chinos.

Esto se planificó ya en la Conferencia de Potsdam en el verano de 1945, según Gary Allen. Comprensiblemente , EE.UU. deseaba ocultar su rol en este proceso. Esto fue confirmado por el representante del Departamento de Estado, Owen Lattimore: "El problema era cómo permitirle [a China] caer sin hacerlo parecer como si los Estados Unidos los habían empujado."

China es ahora una área de desastre en el medioambiente. El área de polución industrial más degrada en Rusia y en Europa Oriental, parecen reservas naturales en la comparación. Hay pueblos como Benxi (quizás el pueblo más sucio del mundo) donde chinos de 25 años están muriendo de cáncer. (Dagens Nyhetcr, 9 de enero de 1994)

Mao Tse Tong tenía varios consejeros judíos detrás de él. Uno de éstos era el judío británico Sidney Rittenberg que trabajó para Mao desde 1946 a 1976. Ellos eran llamados "Consejeros Voluntarios".

Gracias a tales consejos, Mao asesinó a 46.000 intelectuales en su campaña contra los intelectuales en 1957. El número de tales víctimas llegaría a subir más tarde. 43 millones de personas murieron de hambre durante un período de tres años en relación con el "Gran Salto Adelante". Otro dos millones fueron asesinados.

Las "reformas" agrícolas habían asesinado antes a 1.5 millones de hacendados. Durante la revolución cultural, los Guardias Rojos persiguieron a 100 millones de personas, aproximadamente la mitad se cree que murieron. Se sabe que por lo menos 400.000 fueron asesinados. Nadie sabe las cifras exactas - las cifras reales pueden ser dos veces más altas.

Se informó que 90.000 personas fueron masacradas sólo en Guangxi, según las estadísticas incompletas. (Dagens Nyheter, 17 de agosto de 1992) Al mismo tiempo, una epidemia de canibalismo barrió por Wuxuan. Sus formas más extremas eran los "banquetes de caníbales": carne, hígado, corazón, riñones, muslos, espinillas... hervidas, fritas, asadas. En el punto más "alto" de esta epidemia, la carne humana fue preparada y servida en los comedores del comité revolucionario del pueblo de Wuxuan. (Dagens Nyheter, 17 de agosto de 1992)

Zheng Yi, un Guardia Rojo de Beijing, relató lo siguiente en una entrevista para un documental de la BBC sobre Mao Tse Tung en 1993: "Al principio las personas se asesinaban unos a otros debido a sus convicciones políticas. Luego empezaron a comerse a las personas. Matándoles simplemente ya no era suficiente. Sólo comiendo la carne de sus enemigos podían mostrar su conciencia de clase. Usted torturaría a alguien primero, luego abriría su estómago, mientras ellos todavía estaban vivos. Como en la matanza de un cerdo, usted sacaría el corazón y el hígado, los cortaría y los comería."

Zheng Yi se transformó más tarde en un disidente y logró fotografiar algunos documentos secretos acerca de los crímenes comunistas en China. Por lo menos 137 personas y probablemente cientos más, fueron comidos, según los documentos secretos sobre el canibalismo entre los Guardias Rojos en la provincia de Guangxi a finales de los años ochenta. (Dagens Nyheter, 8 de enero de 1993)

Se asume que aproximadamente 30 millones de personas pudieron ser asesinadas durante los primeros diez años, hasta 1959. El terror sangriento empezó en Beijing el 24 de marzo de 1951 y se extendió a otras ciudades mayores. Sólo en 1960, se asesinaron a más personas en China que durante toda la guerra chino-japonesa.

El profesor Richard L. Walker de la Universidad de Carolina del Sur estimó que las muertes del Comunismo chino hasta 1971 serían 62.5 millones por lo menos. En julio de 1994, después de conocerse nuevos y estremecedores documentos, Chen Yizi en la Universidad de Princeton dijo al Washington Post que el número total de chinos asesinados durante el terror comunista fue por lo menos de 80 millones. (Dagens Nyheter, 19 de julio de 1994, A 9.)

Después se supo que el número de víctimas del Comunismo en China fue de 140 millones. (Hufvudstadsbladet, Helsinki, 23 de diciembre de 1997) Los Estados Unidos de América también son responsables de esas vidas.

El banquero judío multimillonario e Illuminatus, David Rockefeller, describe al régimen de terror del Presidente Mao como "uno de los más importantes y exitosos en la historia humana". Él creía que Mao había tenido éxito en fomentar un propósito altamente moral y común en China. (The New York Times, 10 de agosto, 1973, Gary Allen, "The Rockefeller File".)

Después de la matanza en la Plaza de Tienanmen en 1989, cuando Washington impuso sanciones oficiales contra Beijing, las compañías norteamericanas continuaron vendiendo sus productos en China como si nada hubiera pasado. Las sanciones no fueron observadas; las sanciones eran simplemente una obra para la galería. (Dagens Nyheter, 13 de diciembre de 1989) Israel también ha entregado ayuda militar y económica a China.

Los Estados Unidos ayudaron a Adolfo Hitler, a los terroristas de Pol Pot en Camboya, a Saddam Hussein (quién, con esta ayuda, asesinó a 300.000 Árabes que vivían en los pantanos ricos en petróleo entre el Tigris y Éufrates en marzo de 1991) y a otros terroristas políticos. Pero ésa es otra historia...

LOS COMUNISTAS TOMAN EL PODER EN ESTONIA

La diferencia en el estándar de vida entre la Unión Soviética y sus estados vecinos (sobre todo Finlandia y los estados bálticos Estonia, Letonia y Lituania que se habían salvado del Bolchevismo) era demasiado obvia para incluso no ver esta diferencia, Moscú hizo las preparaciones para incorporar a esos estados en el Imperio soviético. La élite financiera internacional le dio manos libres a Stalin para actuar. Los estados bálticos habrían sido la base de la Unión Soviética para su ataque planeado contra Alemania. (Carl O. Nordling, "¿Defensa o Imperialismo? Un Aspecto de la política Militar y de exterior de Stalin", Uppsala, 1984.)

Los judíos extremistas por supuesto, jugaron el rol importante en esta acción. Una cierta parte de la población judía (los iniciados) que vivían en los estados bálticos, se habían preparado para la toma del poder durante mucho tiempo. En Moscú, las preparaciones estaban acabadas ya en 1937, cuando el Kremlin tenía los primeros mapas de los estados bálticos impresos con los nombres "Latvian SSR" y Estonian SSR". Los libros de frases en estonio, latvian y lituano ya habían sido impresos para los soldados soviéticos en 1940 (justo antes de la ocupación).

Las preparaciones también incluían los planes para la deportación de ciudadanos bálticos. La información acerca de esto se extendió inmediatamente a las organizaciones Sionistas internacionales.

Vladimir Jabotinsky (nacido en Odessa 1880, murió en 1940), activista Sionista muy conocido que también fundó la organización terrorista los Guerreros de Sión, escribió una carta a uno de los funcionarios Sionistas más importante en los Estados Unidos el 2 de noviembre de 1939. La carta versaba sobre el tratamiento a los Palestinos, a quienes los Sionistas deseaban deportar de Palestina.

Había una frase muy notable en la carta acerca de los planes para una deportación futura de los Palestinos: "Si es posible transferir a los pueblos bálticos, también es posible mover a los palestinos.

La carta de Jabotinsky esta conservada en los Archivos Nacionales israelitas. (The Washington Post, 7 de febrero de 1988) La carta fue citada y comentada por el nacionalista judío David Ben-Gurion en "Diario de Guerra", Vol. III, pág. 788.

Ningún político común tenía algo de conocimiento en ese momento, de la futura ocupación soviética de los estados bálticos. Mucho menos pudo cualquiera imaginar algo tan despreciable como la deportación de la población original. Una decisión estrictamente secreta para deportar a los elementos anti-soviético de los estados bálticos fue firmada por Ivan Serov (quién era el Vice Comisario del Pueblo para la Seguridad) en Moscú el 11 de octubre de 1939.

El líder Sionista Vladimir Jabotinsky, no solamente sabía de este planificado crimen, sino que también tenía una actitud positiva hacia él. Jabotinsky ni siquiera era un Comunista - él era un extremista de derechas.

Se deportaron decenas de miles de personas a Siberia de los tres estados bálticos en la noche antes del 14 de junio de 1941. Se deportaron más de 10.000 personas de Estonia. Los Comunistas querían deportar más de 700.000 estonios para dejar simplemente 358.000 detrás de los administradores, pero no hubo bastante tiempo. Una nueva deportación tuvo lugar en Estonia el 25 de marzo de 1949, cuando se enviaron más de 20.000 personas lejos. También se deportaron personas de los otros estados bálticos en el mismo año (43.231 de Letonia). En 1951 se deportaron 259 Cristianos de Estonia.

750.000 Palestinos fueron expulsados o amedrentados fuera de su patria el 2 de diciembre de 1947. Las mayores ciudades árabes Jaffa y Haifa fueron vaciadas completamente. Las fuerzas judías forzaron a los Palestinos a salir de centenares de pueblos.

En un pueblo, Deir Yassin, 250 personas de las 254 que allí vivían, fueron asesinadas para asustar a las personas que dejaran sus casas en los villorios vecinos. En un futuro 400 pueblos Palestinos fueron vaciados o arrasados. El historiador israelita Benny Morris describe esos eventos en su libro "El Nacimiento del Problema de los Refugiados Palestinos, 1947-1949" (Cambridge University Press, 1988). Los documentos correspondientes en los archivos israelitas fueron clasificados secretos en cuanto Morris comenzó a publicar esta información.

El conocido escritor Sionista, Jon Kimche, describió en su libro "Los Siete Pilares Caídos" cómo el General Moshe Dayan, disparaba como un loco a los habitantes del pueblo de Lydda el 11 de julio de 1948. Los 30.000 árabes sobrevivientes huyeron. Un similar estallido de violencia ocurrió en el pueblo cercano de Ramallah al día siguiente. Kimche relató en este punto cómo las posesiones de los árabes habían sido saqueadas.

Así, la deportación de los Palestinos fue planificada de antemano y llevada a cabo bárbaramente con el brutal terror, según un documental de cine que se mostró en la televisión sueca en el otoño de 1993. Pero aún quedaban 150.000 Palestinos en el país. Algunos de ellos fueron apiñados en rebaños en "reservaciones". Israel, para ganar la entrada a la ONU, prometió permitirle a los Palestinos la vuelta a sus hogares, pero como de costumbre rompió su promesa.

Dos organizaciones culturales judías, Licht (luz) en Tallinn y Schalom Aleichem (Paz sea con usted) en Tartu, jugaron un rol importante en la introducción del Bolchevismo en Estonia. El mismo modelo de eventos se repitió en los otros dos estados bálticos.

Licht fue fundado en 1926. Era un movimiento subversivo desde sus inicios, según un documento (2197-2-3-227) en los Archivos Nacionales Estonios. La organización recibía sus instrucciones principalmente desde Moscú. Licht cooperó con MOPR o Ayuda Roja Internacional, una organización subversiva que camuflaba sus actividades detrás de contribuciones de ayuda a varios prisioneros (rojos) políticos. Licht mantenía contactos con la oficina de organización del Partido Comunista Estonio que estaba en Suecia. Licht también distribuía literatura comunista clandestina, (Todo según la Enciclopedia Soviético-Estonia, Tallinn, 1972. Vol. 4, pág. 432.)

La mayoría de los aproximadamente 120 miembros de Licht eran Socialistas Sionistas o Comunistas que empezaron sistemáticamente a planear el golpe contra la República Estonia ya en 1936. Muchos activistas (Moisei Pekker, Simón Perlman, Lazar Vseviov, Ksenia Aisenstadt, Leo Aisenstadt, Hans Grabbe, Sosia Schmotkin, Josef Goldman, Viktor Feigin y otros) entraron como miembros al Partido Comunista de Estonia (EKP) en 1936.

Debo señalar aquí que este Partido tenía 387 miembros en 1934, de los cuales solamente 133 permanecían en 1939. Entre esos años, Stalin había asesinado a 254 Comunistas Estonios. (Vladimir Karassev-Orgussaar, "Molotov, Voroshilov y Nosotros", Estocolmo, 1988, pág. 115.)

Hasta ahora se ha mantenido en secreto cuántos de los 133 miembros restantes eran judíos, pero información que se ha encontrado en 1945, pone el número de miembros judíos en el EKP en 69.("EKP en Números, 1920-1980", Tallinn, 1983.)

Esto significa casi con certeza que la mitad de los miembros de los Comunistas en Estonia en 1940, (justo antes que los Comunistas tomaran el poder) eran judíos. En 1979, 1.131 de los 4.966 judíos en Estonia eran miembros del Partido comunista. Comparado con otros grupos, los judíos eran muy fieles al Partido comunista y estaban sobre representados enormemente en sus actividades, tal como fue el caso también en otros países.

Nuevos Chekistas judíos llegaron a Estonia después de la Segunda Guerra Mundial y cometieron terribles atrocidades contra el pueblo Estonio.

El presidente de Licht en 1938 se llamaba Moisés Sachs. Trabajó estrechamente con otros Comunistas conectados con Licht, como Idel Jakobson, Viktor Feigin y Gerschon Zimbalov.

La literatura Marxista y el periódico Kommunist era impreso en el piso del Gerente de Banco Leo Aisenstadt. Las impresoras eran Ksenia Aisenstadt y Sosia Schmotkin. La Policía de Seguridad de Estonia, que no entendió la conexión Sionista, difícilmente pudo sospechar algo así del gerente del banco.

El líder de la comunidad judía, Hirsch Aisenstadt (de la misma familia) era, según un documento secreto ahora conocido, también agente de la Agencia Judía en Estonia. Más adelante se unió a uno de los batallones de exterminio del NKVD, bajo el nombre de Grigori Aisenstadt. Él después, fue una víctima de los castigos arbitrarios en 1949.

Después de haberle dado un ultimátum a Estonia, la Unión Soviética comenzó la ocupación de esa república el 17 de junio de 1940. La dirección política y militar de Estonia, encabezada por el Presidente Konstantin Pats y el Comandante en jefe Johan Laidoner, (ambos pertenecían a una Logia Masónica en Suecia), se negaron a resistir. Los golpes de Estado fueron organizados para ocurrir simultáneamente en los tres estados bálticos el 21 de junio. Después, un mito fue diseminado, que los pueblos bálticos se habían sublevado para esclavizarse ellos mismos.

"Un gran número de miembros de Licht tomaron parte en la revolución socialista en 1940", según la Enciclopedia Soviético-Estonia (Tallinn, 1972, Vol. 4, pág. 432).

Los hombres que bajaron la bandera Estonia de la torre Tall Hermann e izaron el estandarte Rojo el 17 de junio fueron: Herman Gutkin de 25 años, hijo de un adinerado comerciante judío, Heinrich Gutkin, y el traficante Viktor Feigin. (Chicago Tribune, 24 de junio de 1940). Los dos eran miembros de Licht.

El corresponsal del Chicago Tribune, Donald Day, había informado de los eventos en los estados bálticos durante 22 años. Sus informes imparciales son muy interesantes. Él relató cómo judíos extremistas, dirigidos por Herman Gutkin, marcharon a través de Tallinn a la Embajada soviética dónde los judíos rompieron la bandera de Estonia. Ese evento es confirmado por lo menos por una fotografía. Donald Day señaló en sus memorias que el editor había borrado las palabras "los judíos" de su texto como fue impreso en el periódico.

Los Rojos tomaron el segundo pueblo más grande de Estonia, Tartu, esta toma fue dirigida por la organización cultural judía Schalom Aleichem junto con el Partido comunista. El Comité de los Jóvenes Revolucionarios fue fundado el 22 de junio de 1940 la judía Selda Pats (en realidad Zelda Paatz) y Moisei Sverdlov.

El mismo Moisei Sverdlov dirigía a los jóvenes comunistas en Tartu. (Olaf Kuuli, "La Revolución en Estonia 1940", Tallinn, 1980, pág. 112.) Toda la actividad anti-Estonia en Tartu fue coordinada por Selda Pats y su hermano Jaakov Pesah de Schalom Aleichem.

Los judíos tenían libertad ilimitada en Estonia antes de la ocupación soviética. Tenían todos tipo de organizaciones, sus propias escuelas y periódicos, dentro de la estructura de autonomía cultural. (Judisk Kronika, No. 10, 1986.) Existía un puesto de profesor de estudios Judaicos en la universidad de Tartu.

Los círculos judíos internacionales han negado todo esto después. Max I. Dimont escribió en su libro "Judíos, Dios y la Historia" (Nueva York, 1962, pag. 374 - 375) que el antisemitismo prevalecía en la República de Estonia y que los judíos fueron perseguidos. Él afirmó que Estonia no tenía democracia y ese antisemitismo se "transformó en la forma más perfecta del arte de gobernar". según él, los estonios exigían una solución al problema judío. Afirmó que "los judíos estaban por ley fuera de las profesiones". Supuestamente los estonios hicieron que esta legislación "antisemita fuese aumentada."

Dimont, sin embargo, conocía perfectamente la situación real ya que él estaba estudiando en Finlandia en el momento. Dagens Nyheter (un periódico liberal-socialista)

Osmo Vatanen ha ayudado extender estos mitos. Él afirmó que los judíos no podían encontrar trabajo en Estonia antes de 1940. (Postimees, 21 de febrero, 1992.)

¿Realmente que era? Había sólo 4.434 judíos en Estonia en 1934.

Según el profesor de historia Hain Rebas, Estonia abrió sus fronteras a los judíos austriacos. Un número pequeño de judíos poseía el 11 por ciento de la industria y controlaba una parte aún mayor. (E. Martinson, "Profesión - la Felonía", Tallinn, 1970, pág. 22.) Más de la mitad de las tiendas en el viejo Pueblo de Tallinn eran poseídas por judíos. Heinrich Gutkin, mercader adinerado (nacido en 1879) representaba los intereses judíos en el Parlamento.

Junto con los judíos rusos, muchos judíos Estonios comenzaron a dirigir el terror contra el pueblo Estonio en conexión con la ocupación soviética.

Hans Grabbe (en realidad Hasa Hoff), un miembro de la dirección de la organización cultural judía Licht, se transformó en uno de los jefes del NKVD. Llegó a ser el peor criminal en masa en la historia moderna de Estonia. Él carga la principal responsabilidad por todas las atrocidades comunistas y las deportaciones.

Hans Grabbe también dio las órdenes para que los oficiales Estonios fueran ejecutados masivamente.

El judío Idel Jakobson no tenía ninguna razón para odiar a Estonia. Era un ciudadano Letón y vino de Letonia para poner fin a la República de Estonia e introducir la dictadura del proletariado (es decir la dictadura de los judíos extremistas).

Fue detenido en una imprenta subterránea en Tallinn y fue juzgado en 1931. Nunca fue juzgado después de la caída del comunismo. Trabajó de 1940 a 1941 como sub-jefe del departamento de investigación del NKVD. Nunca liberó a sus propios prisioneros.

Agitaba con discursos de propaganda comunista durante el tiempo de la independencia de Estonia. Introdujo varios métodos de 'persuasión' en la forma de crueles torturas poco comunes cuando trabajaba como Chekista. Una vez hirió seriamente a una muchacha con el extremo de su fusil durante un interrogatorio. Esa mujer se tranformó en una famosa escritora posteriormente.

En abril de 1942, Idel Jakobson, como principal investigador, firmó una orden para asesinar a 621 estonios en el campo de prisioneros de Vostok-Uralsky en Sosva, aunque ningún juicio se había llevado a cabo y no había sentencia dictada. Jakobson murió a los 93 años de edad, en noviembre de 1996 en Tallinn. Nunca fue arrestado por el asesinato masivo de ciudadanos Estonios y por otros crímenes durante la ocupación soviética.

Muchos otros judíos tuvieron exitosas carreras dentro de la policía política, por ejemplo el empresario Leo Epstein, el abogado Josef Markovitsch, el abogado Kroppman, el fotógrafo Schuras, los empresarios Mirvitz, Gens, Bakszt, Kofkin, Himmelhoch... El judío Feodotov fue jefe del departamento de prisiones. El judío ruso Lobonovich se hizo sub-Comisario para los asuntos Internos (en la práctica él dirigía el Comisariato).

El miembro de Licht, Viktor Feigin, que también era el líder de la temida organización terrorista Guardianes del Pueblo (RO), llegó a ser director de la cárcel central en Tallinn. El Comandante del NKVD Arnold Brenner, también se ganó una mala reputación. Feigin y Brenner habían luchado juntos en el lado de los Comunistas en la Guerra Civil española. (Olaf Kuuli, "La Revolución en Estonia 1940", Tallinn, 1980, pag. 111.)

Fueron principalmente los judíos quienes usaban la tortura. El dentista Budas se ganó una mala reputación en el pueblo de Kuressaare, en la isla de Saaremaa. Introducía las manos y pies de sus víctimas en agua hirviente para que su piel hinchada se soltara como guantes o calcetines.

Los médicos judíos del NKVD, A. Tuch y B. Gluckmann, que tenían conexiones con Licht, eran verdugos especialmente crueles, tal como lo fue la fiscal Stella Schliefstein, una mujer jorobada que llegó a ser famosa bajo el nombre "La Araña". Era una experta en torturar a sus víctimas, rompiendo sus brazos y músculos de la pierna. (Periódico semanal Estonio 'Vaba Eesti Sona', Nueva York, 25 de junio de 1981)

Hirsch Aisenstadt que fue Presidente del Concejo para la autonomía cultural judía admitió que los Chekistas judío eran los peores. (Sirp, 24 de diciembre de 1991, el artículo de Andrés Kiing "Sobre los Estonios y los Judíos Estonios".)

Sosia Schmotkin y Leo Aisenstadt también se transformaron en funcionarios soviéticos importantes, esto lo dice el profesor israelita Dov Levin. (Los judíos Estonios en la URSS, 1941- 45", Yad Vashem Studies, Vol. II, Jerusalén, 1976, pág. 277.)

Muchos miembros de Licht se unieron a la milicia soviética, según los documentos que estudié en los Archivos Nacionales en Tallinn en abeil de 1993. Entre éstos se encontraba Manne Epstein, Hirsch Kitt, Gerschon Zimbalov y otros.

Diplomáticos extranjeros y observadores militares cuyos informes relataron cómo los judíos Estonios se transformaron súbitamente en Comisarios Políticos de varios tipos, en alcaldes, en ayudantes de Comisarios del Pueblo y en verdugos en el NKVD, también han confirmado que una gran proporción de judíos extremistas traicionaron a la República Estonia que les había dado una existencia segura a través de una autonomía cultural y comenzaros a torturar y asesinar a estonios que eran buenas personas.

Aquí puedo citar un informe del 4 de abril de 1941, enviados desde Estonia al la Oficina Central del Servicio Secreto sueco del Staff General. Este informe trata de los cambios políticos que habían ocurrido en Estonia después de la ocupación soviética: "Durante la reorganización del sistema judicial, personas con un pasado turbio, incluyendo a muchos judíos, ha sido designados jueces...

El número de judíos dentro del NKVD es especialmente notable. Se afirmó que casi todos los judíos Estonios están directamente o indirectamente al servicio del NKVD. Los judíos antes tenían sus propias escuelas. Éstas han sido ahora disueltas y sus alumnos han sido ubicados como agentes comunistas en las escuelas Estonias.

Los judíos también se han tomado los negocios, bancos, etc.", (Dagens Nyheter, 11 de enero de 1993, B 2.)

Los judíos Dr. Gens y Leo Aisenstadt han sido elegidos como representantes del gobierno títere Soviético-estonio en Moscú, según Dov Levin. Los bolcheviques en el Kremlin no podrían confiar en nadie más.

El cuadro fue exactamente el mismo en Letonia y Lituania. La misma historia también fue repetida después (1948) en el resto de Europa Oriental. Los activistas judíos dirigían el terror contra los "enemigos del pueblo" en sus países nativos. Aquí yo puedo mencionar a la Ministra del exterior Ana Pauker (hija del Rabino Zvi Rabinson), Josef Kisinevsky (en realidad Jakob Brotman), al Ministro del Interior Teohar Georgescu (en realidad Burach Tescovich), el jefe de la Policía de Seguridad, General Zamfirl (en realidad Laurian Rechler) en Rumania; Jakub Berman como jefe supremo de la Policía de Seguridad en Polonia; Rudolf Slanski (en realidad Salzmann) y Stefan Reis en Checoslovaquia; Matyas Rakosi (en realidad Roth Rosenkrantz), Erno Gero (en realidad Singer), los francmasones Laszlo Rajk y Zoltan Vas (Weinberger), todos los cuales eran ciudadanos soviéticos, en Hungría. Sus víctimas primarias eran los representantes y los pilares de la sensata sociedad que ellos buscaban destruir.

¿Por qué rencorosos judíos extremistas siempre han predominado a la cabeza de revoluciones violentas, golpes de estado, asesinatos políticos y otras actividades terroristas a lo largo de la historia? ¿Es esto realmente una coincidencia o fue planeado así? Mis lectores deben buscar por sí mismos la respuesta a esta pregunta.

El shock al ver a los judíos que toman el rol principal en la introducción del Comunismo fue especialmente grande en Estonia, dónde los 4.434 judíos Estonios habían sido tratados muy bien.

Más de 10 millones de libros fueron destruidos después que los soviéticos tomaron el poder en Estonia en 1940, una cifra que nunca es mencionada en la propaganda de la quema de libros. Después de esto, los Comunistas comenzaron a extender su propias "verdades."

El terror en Letonia fue dirigido por los siguientes judíos: Presidente del tribunal del NKVD era Simón Shustin (quién vino de Moscú y después emigró a Israel), Isaac Bucinskis se hizo jefe de las milicias de Letonia, Alfons Noviks era Comisario de Asuntos Internos. El médico judío Moisés Zitron, infame como verdugo en la cárcel de Daugavpils.

En 1991, el Presidente del Soviet Supremo en Letonia, Anatolis Gorbunovs, condenó las atrocidades cometidas por judíos comunistas en el país. La Televisión sueca informó esto directamente. Dagens Nyheter escribió el 12 de abril de 1994 que Alfons Noviks, de 86 años, había sido arrestado y después sentenciado a encarcelamiento perpetuo por sus crímenes de guerra. Fue responsable de las crueles deportaciones masivas de Letones a Siberia. Muchos de ellos no sobrevivieron en los campos de castigo. Noviks fue nombrado jefe del NKVD en Daugavpils en 1940. Huyó a la Unión Soviética antes de que las tropas alemanas entraran, pero volvió en 1945.

Él fue nombrado entonces, Comisario de Asuntos Internos y jefe del NKVD en Letonia. Noviks fue acusado de genocidio, ya que el había organizado el terrible reino del terror y muchas de las ejecuciones en Letonia.

El método usual de Noviks, según los testimonios de sobrevivientes, era torturar y golpear a los prisioneros para lograr las "confesiones" de ellos. Fue descrito ahora como el "Verdugo del Pueblo" en los periódicos letones. El caso fue investigado por una Comisión gubernamental especial para la investigación de los crímenes políticos cometidos en Letonia durante los años de la ocupación.

El NKVD comenzó ejecutando patriotas letones inmediatamente después de la toma del poder soviético. Se descubrieron listas de 978 personas ejecutadas después de la retirada de los Bolshevikes en julio de 1941. Un documento que los Chekistas no habían tenido tiempo para destruir fue encontrado.

Era una orden de Simón Shustin de fusilar a 74 personas, incluyendo a seis mujeres. Se encontraron cuerpos descuartizados de las víctimas del terror Rojo enterradas en el patio de la

Prisión Central en Riga. Simón Shustin había firmado esta orden de ejecución el 26 de junio de 1941 y había agregado lo siguiente con tinta roja: "Considerado el peligro público que ellos constituyen, todos ellos deben ser fusilados." No era ninguna coincidencia que él fuese llamado el "verdugo de Letonia".

¿Por qué estas víctimas eran tan peligrosas?

J. Krischmanis había hablado en favor de una Letonia y Estonia Libre. Viktor Somovits había cantado canciones folklóricas letonas. Otros habían criticado el régimen soviético... Esos mártires habían sido objeto de torturas e indescriptibles sufrimientos terribles antes que sus vidas fuesen tomadas con un disparo en la nuca. Muchos cuerpos habían sido mutilados de tal manera que no eran reconocibles.

¿Es extraño entonces, considerando todos estos crímenes horribles contra la humanidad, que surgiera una actitud antisemita en Letonia dónde vivieron 95.000 judíos? Esto también habría pasado en Suecia o cualquier otro país.

Había judíos, ostensiblemente non-comunista en el Parlamento Letón. Estaba el Rabino Nurok que fue deportado a la Unión Soviética el 14 de junio de 1941. Sobrevivió, aunque parezca extraño y después se transformó en miembro del Knesset israelita. (Expressen, 24 de marzo de 1969)

El terror judío (Bernson, Gorlitsky y otros) contra el pueblo de Lituania fue excepcionalmente cruel. 34.000 mujeres y niños desaparecieron exclusivamente en 1940. Me faltan las palabras para describir todas esas atrocidades.

El médico y ex-comunista Joseph Schmollers, intentó describir el rol de los judíos extremistas en el terror Rojo, en su libro, "Vorkuta, La Historia de una Ciudad de Esclavos en el Ártico Soviético" (Londres, pag 108-110). Había 250.000 judíos en Lituania. 70.000 vivieron en Vilnius.

Ellos eran ultra-ortodoxos y por consiguiente ávidamente dieron la bienvenida al Comunismo que les dio un pretexto oficial para mostrar lo que ellos realmente pensaban de los lituanos.

No fue sorpresa cuando el judío sueco Mose Apelblat, llamó a la nueva ocupación soviética de Lituania en 1944, "la liberación del Ejército Rojo" en Dagens Nyheter el 27 de enero de 1987.

Los lituanos, si se cree en la propaganda oficial, mataron a casi todos los judíos. Si esto es verdad, ¿Por qué más del 20 por ciento de los nombres en la guía telefónica de Kaunas todavía tenían nombres de judíos después de la guerra?

El Rabino de los judíos más famoso, Maimonides (Moshe Ben Maimon) fue el autor del libro "More Nebochim", una nueva edición que fue impresa en Varsovia en 1872. En este libro Maimonides escribió, entre otras cosas: **"Es indudablemente que el deseo de Yahweh es que todos los gentiles deben ser asesinados, incluyendo a los niños pequeños con sus padres y a los padres de sus padres, sin discriminación. Este decreto se encuentra a menudo en la Torah."** (Op. cit.. Vol. 1, capítulo 54, pág. 81b).

Confucius dijo: "El hombre de mente noble busca alcanzar el bien en otros y no su mal. El hombre de pensamiento pequeño es todo lo contrario de esto." (Confucius, The Analects, 12:16. Traducido por W. E. Soothill. London.1910.) Los Illuministas judíos siempre han sido hombres de pensamiento pequeño. Nuestro infortunio es un resultado de esto.

Licht comenzó persiguiendo a los judíos no-comunistas "reaccionarios" activamente. La propiedad de las organizaciones no-socialistas fueron confiscadas. Licht intentó destruir al empresario judío Salomón Klutschik. El comerciante de 56 años, Salomón Epstein también tuvo confrontaciones con los judíos Marxistas fanáticos. Los judíos "progresistas" no permitieron que alguna empresa lo empleara.

Los alemanes ilegalmente lo enviaron después a un campo de concentración. Merece la pena hacer notar que por lo menos 14 estonios se atrevieron a defenderlo. (Eugenia Gurin-Loov, "El Gran Holocausto", Tallinn, 1994, pág. 115.) Los alemanes lo ejecutaron. Los judíos comunistas habían arrestado a su hijo y lo habían enviado a Rusia.

El 7 de septiembre de 1940, Licht empezó a publicar el periódico semanal Na Leben (Nueva Vida) para otros judíos Estonios. El editor en jefe era Simón Perlman (nacido en 1902). Licht, encabezado por Moisei Scheer y Leo Epstein, decidieron cerrar todas las organizaciones judías que perturbaban las actividades Marxistas. Sus fondos y recursos fueron tomados por Licht, según los documentos en los Archivos Nacionales Estonios.

Licht fue abolido el otoño de 1940. Había servido a su propósito - la República de Estonia había sido eliminada. Los judíos "revolucionarios" prefirieron después, trabajar detrás de bastidores.

Las fuerzas de Hitler atacaron al Imperio soviético el 22 de junio de 1941. Un rápido retiro del Ejército Rojo de las grandes áreas (incluyendo los estados bálticos recientemente adquiridos) era necesario. El 26 de junio de 1941, el Mayor General Rakutin, comandante de las tropas de fronteras del NKVD en los países bálticos, ordenó la formación de batallones especiales de exterminio, de 320 hombres cada uno, conforme al decreto de Beria del 24 de junio de 1941.

El terrible sufrimiento del pueblo estonio y también de los judíos "reaccionarios" y de otros grupos étnico fue organizado por judíos Marxistas.

Mikhail Pasternak tenía el Comando Supremo de los batallones de exterminio. Una calle en Tallinn fue nombrada en su nombre. Los batallones de exterminio del NKVD de Josef Goldman realizó algunas de las acciones especialmente brutales en julio de 1941. Goldman era un miembro de Licht.

Cuando yo comparé la lista de los miembros de Licht con los nombres de aquellos en los batallones de exterminio, me quedé sorprendido al ver cuántos miembros de Licht estaban comprometidos en la destrucción y los asesinatos. Ellos tenían incluso planes para envenenar los pozos de agua.

Aquí sigue una lista de los criminales más activos: Zemach Delski, Jakob Vigderhaus, Moisei Zimbalov, Refoel Goldmann, Isaak Halupovitsch, Schimon (Semjon) Hoff, Simón Strassman, Abram Vseviov, Isaak Bulkin, Meier Minsker, Isaak Minsker, Gerschon Zimbalov, Moisei Schimschelevitsch, Leo Epstein, Boruch Schor, Grinstein y otros.

Por lo menos 120 judíos Estonios estaban entre los 8.980 hombres en los 27 batallones de exterminio, según Dov Levin. Esa información es falsa. El Primer Ministro burgués de Estonia Mart Laar, reveló en su libro "Los Hermanos del Bosque" (Tallinn, 1993, pág. 24) que había un batallón de exterminio exclusivamente de judíos en Estonia. 320 es igual a 120 - ésas son las matemáticas Sionistas.

Los judíos estaban, en cualquier caso, masivamente sobre-representados en esas unidades despiadadas. Algunos historiadores juzgan que los judíos constituyeron el 6 por ciento de los batallones de exterminio, es decir por lo menos 540 hombres. (Eesti Ekspress, 7 de junio de 1991)

Su porcentaje de la población era sólo 0.4 por ciento. La pregunta más importante es ¿Quiénes eran los líderes del terror?.

Sólo el 40 por ciento de los miembros de los batallones de exterminio eran estonios. Muchos de éstos vinieron a Estonia como ciudadanos soviéticos desde Rusia, después del golpe comunista en junio de 1940. Los criminales Estonios comunes también se unieron esos batallones y por supuesto, también esos estonios eran agentes soviéticos. El resto eran rusos y otros nacionales, incluyendo a muchos judíos. La composición étnica de esos batallones era un secreto estatal, como también lo era del EKP (Partido comunista estonio).

Los batallones de exterminio trabajaron a menudo junto con el Ejército Rojo. Los exterminadores también llevaban "uniformes": usaban overoles con un brazalete rojo. Sólo los líderes llevaban el uniforme del NKVD o de la milicia. La mayoría de ellos también usaba una estrella roja de 5 puntas en sus gorras. Los Comunistas de baja-clasificación jerárquica en la guerra civil española a menudo también usaban los overoles de trabajo. Esto indicaba su trasfondo ideológico.

Algunos de los miembros de Schalom Aleichem en Tartu también se ofrecieron para unirse a los batallones de exterminio. Entre éstos estaba Selda Pats y su hermano Jaakov Pesah y también Josef Mjasnikov que fundó el movimiento Sionista Netzach en Estonia, según Dov Levin.

Movsa Michelson, presidente de la organización cultural judía en Tartu, admitió lo siguiente en una entrevista en el periódico Edasi (26 de febrero de 1989): "al principio de la guerra muchos [judíos] se unieron a los "batallones de exterminio". El miliciano Gerschon Zimbalov fue uno de aquéllos que unieron.

Los batallones de exterminio eran conocidos por su crueldad y brutalidad casi indescriptible, sobre todo hacia las mujeres y niños. Las víctimas eran lanzadas vivas al fuego, partes de sus cuerpos eran arrancados, eran clavados en los muros...

Todos esto también pasó en la Rusia soviética. El terror Rojo reinó Estonia durante dos meses hasta el 28 de agosto de 1941, cuando las stormtroops fueron derrotadas. Los exterminadores tenían órdenes de liquidar todo en su camino, encarcelar a los antagonistas del sistema comunista y eliminarlos sobre la marcha si era necesario.

Los tristemente famosos Boris Friedman y Jershik Schigol aterrorizaron el área cerca del pueblo de Voru, Jakob Jolanski en Parnu, Shustov y otros en Kuressaare.

¿Qué tipo de actos hacían estos violento criminales?

Aquí hay algunos ejemplos típicos, bien documentados que no han adquirido la anonimidad de las grandes olas del terror. Josef Goldman que comandaba uno de estos batallones de exterminio, dio las órdenes al efecto, que todas las mujeres y muchachas encontradas en los caminos, granjas o en los campos debían ser violadas en primer lugar, luego debía cortarse sus pechos y finalmente debían ser quemadas vivas. También los hombres debían ser tratados de una manera similar: primero ellos perdían sus órganos genitales, luego sus ojos, después su estómagos eran abiertos para ser finalmente asesinados tan lentamente como fuese posible. Siendo un miembro de Licht, el Camarada Josef Goldman realmente representaba una sumamente extraña, salvaje y peculiar "cultura".

Veinte hombres fueron arrestados por los exterminadores en la estación del ferrocarril en Viluvere. Fueron llevados a Tallinn dónde serían interrogados. El comandante judío del séptimo batallón de exterminio, L. Rubinov, dio la orden para asesinar a estos hombres en el bosque de Liiva. Antes de que fueran asesinados, fueron atados con alambres de púas haciendo un corte a través de las palmas de sus manos y sus orejas fueron arrancadas.

Selma Ratsep en Kudina, el granjero Rudolf Pall cerca de Tartu, Anna Kivimae y sus hijas Ulanda y Armilda cerca de Tartu, Lembit Ital en Kuusalu y muchos otros también fueron asesinados por los exterminadores después de haber sido torturados. La cabeza de Anna Kivimae había sido aplastada, sus hijas habían sido violadas, sus ojos arrancados de sus cuencas. En Estonia occidental, August Savir (40 años de edad) le abrieron su estómago y luego aplastaron su cabeza.

Tres exterminadores comandados por el judío Leo Epstein, atacaron la casa de Karolina Muhlbaum de 83 años en Jarva-Jaani el 24 de julio de 1941. Su casa fue saqueada y le obligaron a que los acompañara. Su cuerpo fue encontrado después en un camino que lleva a Kaagvere. Los asesinos habían destrozado su cara.

El jardinero Albert Palu fue quemado vivo en Helme el 5 de julio de 1941. Albert Simm y su esposa en Puhajoe sufrieron el mismo destino. El niño Tiit Kartes de 14 años fue arrestado después en Aseri, en el mismo día. Fue torturado cruelmente después que le habían cortado sus órganos genitales y luego fue asesinado. Su cuerpo se encontró en el bosque.

Los exterminadores desollaron vivas a algunas de sus víctimas, cortando sus dedos, arrancando sus brazos. Un muchacho pastor fue destrozado tirándolo con dos automóviles cerca de Haapsalu. Anette Lenk en Kuressaare fue torturada con agua hirviente.

Las juventudes judías, actuando como agentes para Moscú, le disparaban a los peatones en Tartu desde las ventanas. Unos pocos de estos asesinos fueron capturados. Llevaban botellas de gasolina para comenzar incendios. Otros llevaban veneno para envenenar los pozos de agua.

El Vikerkaar, periódico Soviético-estonio, publicó un artículo, en noviembre de 1988, del historiador Mart Laar (quién llegó a ser Primer Ministro de derecha de Estonia en el otoño de 1992), bajo el título "El Momento de los Horrores". El artículo describió los crímenes de los batallones de exterminio.

Esto por supuesto, perturbó a las autoridades soviéticas y ellos quisieron llevar a Mart Laar a la corte por divulgar falsa información, ya que estos actos inhumanos parecían improbables. Todo fue después confirmado por otras fuentes.

Aquí hay solamente unos pocos ejemplos de los horribles crímenes que describió Mart Laar. Los Comunistas destruyeron a tres pueblos Estonios y todos sus habitantes de una forma especialmente cruel. Los niños fueron clavados a los árboles, mujeres embarazadas fueron golpeadas hasta la muerte. En el pueblo de Ehavere, niños fueron clavados a los pechos de su madre con bayonetas. Las lenguas y los pechos de las mujeres habían sido cortados.

Encontré información después, cómo a veces, alimentaron los cerdos con los cadáveres de los Hermanos del Bosque (soldados de la guerrilla Estonia).

Los judíos Hans Grabbe (Hasa Hoff) y Mikhail Pasternak cargan la responsabilidad última por esos atroces crímenes.

La Nación Estonia perdió el 25 por ciento de su población (alrededor de 250.000 personas) durante los primeros diez años de la ocupación soviética. Los más educados y los más activos ciudadanos fueron aquellos que más sufrieron.

Imagine poniendo a cada estonio - hombres, mujeres, viejos y niños - en una larga línea y ellos disparando a uno de cada 4 personas. ¡Esto fue lo que ellos hicieron en Estonia! Otros crímenes parecen patéticos en comparación. El papel activo de los judíos extremistas fue una sorpresa completa. Para los estonios se sintió como una bofetada en la cara.

Un judío Estonio, Joosep Frank que emigró a Israel admitió en el periódico del destierro Estonio Meie Elu (Toronto) el 10 de julio de 1986 que "los estonios nunca fueron hostiles hacia los judíos".

El líder de los judíos Estonios, Samuil Lazikin, dijo al periodista sueco Jan Lindstrom en 1989: "Durante el tiempo de la República de Estonia, no había ningún tipo de antisemitismo oficial, en absoluto, en Estonia." Lindstrom le preguntó "¿Vivían bien entonces los judíos en Estonia?" Lazikin contestó: "Naturalmente, por supuesto! " (Expressen, 4 de septiembre de 1989.)

Entonces, esto no fue un asunto de venganza. A pesar de esto, todos los empleados judíos de ciertas compañías en Tallinn, se unieron a los batallones de exterminio. Puedo mencionar la fábrica Rauaniit, su dueño era judío y dónde cada judío que trabajaban allí, con el gerente Zemach Delski a la cabeza, se unió los exterminadores.

Ellos no eran fieles a la República de Estonia sino a un poder extranjero.

La judía Irina Stelmach, admitió en el periódico Hommikuleht (de Tallinn) el 17 de diciembre de 1993 que había muchos judíos en los batallones de exterminio.

La Estonia soviética se había transformado en la tierra prometida de los judíos, según Augustina Gerber, jefe de redacción del periódico judío Hasahar en Tallinn. De hecho, los judíos se transformaron en los jefes de más alto nivel dentro del aparato de poder soviético en la Estonia ocupada.

Ellos controlaban la radio (Ado Slutsk), la televisión, la industria de grabaciones, el desarrollo científico y, por supuesto, la propaganda. Los científicos políticos judíos,, Herbert Vainu, Gabriel Hazak y Simón Joffe eran los comentaristas de radio más importantes.

La falsificación de la historia fue controlada por el "dictador judío de la historia" Herbert- Armin Lebbin quien continuó publicando mentiras comunistas acerca de cómo los estonios se unieron voluntariamente a la Unión Soviética y escogieron el camino del socialismo progresista en el periódico Aja Pulss (N°. 11 y N°. 12), hasta junio de 1988. En 1980 él publicó el libro de propaganda "Al Servicio del Anti-comunismo", su audacia excedió todos los otros libros de su tipo. La ideología en las universidades estaba bajo el control de los siguientes judíos : Rem Blum (profesor de sociología en la Universidad de Tartu), y Eugenia Gurin-Loov (disertante en filosofía en el Instituto de Educación en Tallinn).

Cuando unos pocos estonios en el exilio, por primera vez y en cierta magnitud, se les permitió hablar con la prensa sueca sobre el importante rol de los judíos en los crímenes de los Batallones de Exterminio, el abogado judío, Hans W. Levy, de Gothenburg, intentó explicar que "las palabras 'batallón de exterminio' estaba reservado para los grupos Einsatzkommando Nazis". (Svenska Dagbladet, 6 de febrero de 1992).

Con toda seriedad, él quiso decir que los judíos nunca habían estado involucrados en exterminios. Hans Levy está equivocado. Los alemanes nunca cometieron atrocidades tan grandes y terribles como las que he mencionado cuando ellos estuvieron en los estados bálticos.

Necesito mencionar aquí que Moses Hess vio el Comunismo como el mejor método para extender la aniquilación.

Si nosotros comparamos los testimonios sobre la forma como los Batallones de Exterminio asolaron Estonia, con los informes de los territorios Palestinos ocupados por Israel, podemos ver que los crímenes cometidos por los Sionistas de hoy, es de la misma naturaleza que aquellos cometidos durante la introducción del Comunismo en los estados bálticos en 1940-1941.

Aquí hay algunos de los titulares típicos de la prensa sueca acerca de los crímenes contra los Palestinos: "Palestino Torturado hasta la muerte" (Aftonbladet, 9 de Febrero de 1988), "Terror Judío contra los Palestinos" (Svenska Dagbladet, 9 de Junio de 1987), "Soldado Golpea a Niño de 15 años hasta la Muerte" (Aftonbladet, 9 de febrero de 1988), "Joven de 17 años muerto de un disparo en Gaza" (Aftonbladet, 10 de enero de 1988),

"Diez Palestinos quemados vivos" (Aftonbladet, 29 de febrero de 1988), "Israelitas Asesinan a 2 Niños" (Aftonbladet, 6 de junio de 1990), Matanza "israelita en Pueblo Palestino - Seis Personas Mueren por Disparos" (Expressen, 14 de abril de 1989), "Soldados Rompen Brazos de Prisioneros" (Expressen, 27 de febrero de 1988), "Policía Dispara a Muerte a los Niños" (Expressen, 2 de abril de 1989), "Jugando, Niño de Cinco Años Muere de un Disparo" (Expressen, 19 de octubre de 1988), "Guerra Química Contra Palestinos" (Dagens Nyheter, 23 de marzo de 1988).

Que los soldados israelitas rompan los brazos de prisioneros Palestinos no es un acto de arbitrariedad individual. El modelo de este acto puede encontrarse en el Antiguo Testamento, Salmos 10:15-16 y 37:17. El primer pasaje lee: "Rompa el brazo del malo y del hombre torcido: busque su maldad hasta que no encuentre nada. El SEÑOR es para siempre jamás el Rey: los paganos perecerán fuera de su tierra."

En febrero de 1988, el estudiante de 15 años Iyad Mohammed fue sacado de su casa y golpeado hasta la muerte con las culatas de los fusiles. Testigos declaran que los soldados israelitas habían destrozado su cabeza completamente. (Svenska Dagbladet, 9 de febrero de 1988).

En la primavera de 1988, cuatro Palestinos fueron obligados a tenderse en el suelo, mientras una retro excavadora los cubrió con tierra en Kafir, cerca de Nablus, en la franja Oriental. Los lugareños lograron desenterrarlos vivos después. (Svenska Dagbladet, 16 de mayo de 1988)

Representantes de 'Salvemos los Niños' han llegado a denunciar ahora, que los soldados israelitas disparan a los niños a propósito. Por lo menos 64 niños fueron asesinados durante los primeros 11 meses, desde el comienzo de la Intifada (Dagens Nyheter, 8 de diciembre de 1988)

En defensa, los Zionistas dicen que tienen que disparar a las personas que tiran piedras contra ellos. Extranjeros (incluyendo a musulmanes) han tirado piedras a la policía en Francia e Inglaterra sin conseguir un disparo a cambio. Un joven de 23 años en Malmo (Suecia) lanzó una piedra a la policía en la primavera de 1993. La corte lo multó. (Dagens Nyheter, 30 de octubre de 1993)

Esto tendrá que ser suficiente. Los hechos muestran claramente, sin embargo, que los judíos Sionistas están involucrados en formas horribles, extraordinariamente violentas de exterminio en "varios de sus proyectos".

Los hogares Palestinos han sido volados con explosivos, se han arrasado muchos pueblos. Estos métodos son escasamente compatibles con las políticas de un país democrático. ¿Con qué propósito Israel firmó la Convención de Ginebra?

El periódico semanal israelita Ha'olam Hazzeh publicó el 5 de enero de 1974, el folleto del Teniente Coronel Avidan "La Pureza de las Armas". Él también es el rabino del Comando Militar de la Región Central.

En ese folleto instruye a sus lectores sobre su tarea de matar civiles. Los soldados no sólo tienen el derecho, sino el deber de matar civiles. Eso es Mitzvah – es decir, una buena acción para Yahweh.

El régimen soviético en Estonia se debilitó considerablemente en 1988. El lucha por la libertad comenzó seriamente. Los ideólogos y funcionarios se desesperaron - ellos no querían perder sus privilegios como miembros de la nomenclatura (nomenklatura - la élite del Poder Marxista).

Al mismo tiempo, querían hacer lo imposible para evitar la aparición de cualquier actitud antisemita en el país. Esa fue la razón por la cual, la KGB planificó una operación de castigo en Estonia entre el 20 y el 26 de noviembre de 1988.

La Operación planificada fue llamada 'El Desobediente'. Se llevó a cabo bajo la dirección del Coronel de la KGB Samuil Mikbailov (en realidad Samuil Michelson), un judío nacido en Parnu, Estonia. Era el jefe de la sección báltica de la KGB. (Nadalaleht, 19 de octubre de 1991)

Sin embargo, el régimen soviético en Estonia acabó. El país logró su independencia en agosto de 1991. Eso fue algo duro de tragar para los judíos Marxistas. El judío Yevgeni Kogan estaba a la cabeza de los llamados 'Internacionalistas' que intentaron sabotear el desarrollo de la independiente Estonia de cualquier forma posible. Ninguna medida se tomó contra él.

Las organizaciones culturales judías recientemente fundadas en Tallinn comenzaron una campaña de calumnias en Suecia para dañar la imagen de Estonia en el extranjero. Esa fue la forma cómo ellos premiaron a los estonios que amablemente les permitieron fundar estos nuevos clubes judíos de desinformación.

El 18 de noviembre de 1991, un facsímil sobre una supuesta reunión de hombres de la SS Estonios y de asesinos de judíos fue enviada al Comité sueco por los judíos soviéticos. La reunión fue, en el hecho real, para veteranos de guerra Estonios, del ex Ejército Rojo así como soldados de la Wehrmacht. Ellos se habían reunido para lograr reconciliación y para discutir materias de sus pensiones y otros problemas que ellos tenían en común. Pero el estúpido Ministro de Ayuda Exterior, Alf Svensson, que había hecho varias tonteras en ocasiones anteriores, tragó el cebo y advirtió sobre el peligro del fascismo en Estonia.

Los judíos Marxistas en Estonia, encabezados por Gennadi Gramberg, estaba dichosos por esta contribución a sus esfuerzos de recobrar algunos de sus privilegios anteriores. Un Letón judío, Samuil Zivs, ex vicepresidente de asociación de abogados de la Unión Soviética, también ha difundido calumnias y desinformación similar.

El 17 de enero de 1992, Kiichi Miyazawa, Primer Ministro japonés, se disculpó por sus soldados que habían usado decenas de miles de mujeres coreanas como esclavas sexuales durante la Segunda Guerra Mundial. (Dagens Nyheter, 18 de enero de 1992). También el Primer Ministro japonés Tomiichi Murayama se disculpó por los otros crímenes de guerra el 15 de agosto de 1995.

Yo ingenuamente esperaba un gesto similar de los judíos de Estonia. Estaba equivocado. Recibí en realidad lo contrario. El 8 de abril de 1992, el periódico semanal Eesti Aeg (de Tallinn) publicó un largo artículo dónde describí las contribuciones de las dos organizaciones culturales judías (Licht y Schalom Aleichem) al terror comunista en 1940-1941.

En la conclusión, le pedía a la unión cultural judía actual, distanciarse de esos crímenes y disculparse con el pueblo estonio. Los judíos extremistas fanáticos se enfurecieron y contra-atacaron. Ellos definitivamente, se han negado a disculparse. Afirman que el pueblo estonio debe asumir la culpa y responsabilidad colectivamente por los crímenes que las fuerzas de ocupación alemanas cometieron contra los judíos Chekistas y terroristas.

El gobierno Estonio realmente pidió disculpas a los judíos. Estonia incluso se unió en la vergonzosa decisión para abolir la resolución de la ONU que el Sionismo era una forma de racismo. Los judíos, en contraste, intentaron negar los crímenes que ellos cometieron durante la primera ocupación soviética. Acusaron que el pueblo estonio carga la responsabilidad colectiva por las "masas" de judíos asesinados en el país. Los judíos, por otro lado, no cargan la responsabilidad colectiva por los crímenes que "quizás unos pocos judíos cometieron", según la Judía marxista Eugenia Gurin-Loov. (Eesti Maa, 3 de febrero de 1993).

La Enciclopedia Judaica afirmó en 1971 que 1.000 judíos habían sido asesinados en Estonia. Luego Expressen en Suecia publicó las mentiras soviéticas al efecto que 12.000 judíos (una cifra imposible) fueron asesinados solamente en Tartu, incluyendo mujeres y niños. (Expressen, 21 de abril de 1987, pág. 9.) Pero solamente 200 judíos fueron asesinados en Tartu según la información israelita. La mayoría de ellos eran culpable de violentos crímenes. La judía Eugenia Gurin-Loov pone la figura de judíos muertos en Tartu en 159.

El New York Times publicó un informe de los procedimientos con el testigo ocular Oskar Art, que había manejado el autobús Volvo, llevando a los prisioneros al lugar de ejecución. Afirma que 50 judíos solamente fueron fusilados en Tartu, "pero ningún niño".

¿Cuál de estas cifras pareciera ser más probable la verdad?

Los alemanes no lograron organizar disturbios anti-judíos entre los estonios - ellos no quisieron tomar parte, a pesar de los crímenes terribles que los judíos habían cometido contra ellos. Ningún pogromo judío ha tenido lugar alguna vez en Estonia. Incluso los mismos judíos admiten esto. Aún así hay todavía sionistas que denuncian que los estonios comenzaron a matar judíos antes que las fuerzas alemanas llegaran. Uno de éstos fue Salomón Schulman que publicó su visión en Expressen, entonces el periódico más grande en Escandinavia, el 10 de enero de 1992.

Quedaban menos de 1.000 judíos en Estonia en el otoño de 1941, según el profesor judío Dov Levin. (921 según el informe del jefe de la Policía de seguridad de los alemanes, Martin Sandberger). 3.000 judíos fueron evacuado a Rusia. Los judíos Estonios sólo pudieron presentar 474 nombres de judíos que fueron asesinados.

Sólo 475 judíos habían sido asesinados antes de que Estonia fuera declarada "limpia de judíos" en enero de 1942, según documento 180-L que fue usado en el Juicio de Nuremberg (Sirp, 24 de diciembre de 1991).

Eugenia Gurin-Loov presentó los nombres de 929 judíos ejecutados en su libro "El Gran Holocausto" (Tallinn, 1994). La misma propagandista afirmó en el periódico Horisont en 1991 que 2.000 judíos estonios habían sido ejecutados.

Esta cifra era realmente más alta que el número total de judíos en Estonia en el momento. Uno podría pensar que ni uno solo de los judíos se salvó en Estonia. Los hechos cuentan una historia diferente.

Valev Uibopuu, un famoso lingüista y escritor Estonio exiliado en Suecia, confirmó que algunos judíos Estonios que eran bastante inocentes de los crímenes cometidos por el régimen soviético, sobrevivieron la ocupación alemana. Él escribió: "A principios de la primavera de 1943, me sentaba en la silla de una dentista en Nomme (un suburbio de Tallinn). Mi dentista que era una mujer, era también judía. Fue la última vez yo la vi, desde que dejé Estonia aquel verano para escapar la incluso más molesta, ocupación alemana. Escuché después que mi dentista se había movido a Estonia del sur dónde ella había continuado con su trabajo. Ella sobrevivió la guerra, es decir, nadie informó de ella. Su hija que era una joven estudiante también sobrevivió y es ahora médico en Tartu." (Estniska Dagbladet, Estocolmo, 10 de enero de 1992) Este informe había sido escrito para Sydsvenska Dagbladet que se negó a publicarlo.

La propaganda soviética constantemente acusó a los estonios (colectivamente) de participar en asesinatos masivos de judíos. Incluso el exiliado escritor estonio Andrés Kiing fue clasificado como criminal de guerra, a pesar del hecho que él ni siquiera nacía en el momento de la guerra. (Dagen, 5 de marzo de 1987).

Los activistas judíos continúan cometiendo crímenes contra Estonia al afirmar, que los judíos no tenían nada que ver con el régimen soviético. Recientemente ellos han admitido que había unos "simpatizantes solitarios" entre los judíos. Este es un verdadero ejemplo de audacia judía - chutzpah- (ser caradura en hebreo). La Enciclopedia Judaica da a un ejemplo de esto: el hijo mató a sus padres y luego fue al Fondo de Ayuda de la sinagoga para pedir los beneficios por ser huérfano....

Hubo 4.613 judíos en Estonia en 1989 (hubo 5.436 en 1959).

Sólo el 8.4 por ciento de ellos hablaba estonio, mientras que el 34.5 por ciento entendía el idioma. (Aja Pulss, N°. 1, 1991.) ¡Esto es cómo los judíos muestran su respeto por la cultura Estonia!

La verdad deberá aflorar en el futuro. Aquellos que ocultan un crimen se vuelven cómplices. No obstante, los activistas judíos han hecho todo lo que está en su poder para impedir que la verdad aflore sobre los crímenes de los marxistas judíos contra el pueblo Estonio en 1940-1941. Ellos se niegan a revelar cuántos judíos estonios trabajaron para el régimen soviético. Todavía desean vengarse de aquellos que se atreven a decir la verdad.

Durante el tiempo del régimen del terror Rojo, no era permitido ni tan siquiera decir que la vida era mejor en la Estonia burguesa que en la Unión Soviética comunista. Oskar Sommer lo dijo sin embargo. Fue sentenciado a diez años en un campo de trabajo forzado.

Los sionistas desean que no se les mencione revelando los artículos sobre los crímenes judíos en Estonia. El Rabino León Mark Perlman incluso declaró el 17 de agosto de 1992 en el Goteborgs- Posten que "la democracia en los estados Bálticos está amenazada" como resultado de artículos que revelan el rol de los judíos en el terror comunista. ¡Esto es ser caradura! (chutzpah)

Al mismo tiempo, uno puede leer en los periódicos cómo el mundo financiero judío ha comenzado a infiltrar la economía Estonia. (Rahva Haal, 16 de julio de 1993) El Primer Ministro estonio Mart Laar se volvió de pronto sumamente cooperativo en este aspecto. Los judíos parecen tener una vez más, el control total de la situación económica e ideológica en los estados bálticos. La capital letona, Riga, se ha transformado en el centro de la élite financiera judía en los estados bálticos, según Eesti Ekspress. (29 de octubre de 1993, A 7.) Así los Latvianos se han puesto bajo custodia en materia de asuntos internacionales que también son importante para el Sionismo internacional.

Una extensa indicación de esta situación fue la apertura de la Logia Masónica Fooniks (Fénix) en Tallinn a mediado de junio de 1993. Ésta será la principal herramienta de los sionistas en Estonia. Los fondos para financiar la Logia venían de Suecia.

Ya hay representantes de la organización Masónica judía internacional B'nai B'rith en Estonia. El abogado judío León Glickman en Estonia, se unió como miembro a esta organización en1989, según una entrevista publicada en Eesti Ekspress. (20 de agosto de 1993).

A los círculos gobernantes en Tallinn les gustaría ver a Estonia en la Unión Europea. Ellos no están interesados en el bien del país.

Las autoridades de la ocupación comunista en Estonia causaron un enorme daño a la sociedad Estonia. Envenenaron el ambiente espiritual y físico, destruyeron la moral de las personas con mentiras audaces e hipocresía, dañaron la salud pública con el alcohol barato y la comida chatarra y limitaron las oportunidades de desarrollo espiritual de las personas.

El régimen soviético dañó a Estonia también económicamente. La ocupación le costó a Estonia 10.000 millones dólares por año desde 1940, según información que fue hecha pública en la televisión sueca el 5 de julio de 1991. Los otros países comunistas fueron similarmente afectados y China, Vietnam, Cuba y otros estados Comunista restantes, todavía están sufriendo bajo este sistema.

Los niños con retardo mental en instituciones cerradas recibieron un tratamiento mucho peor en Estonia que los animales reciben en occidente. En 1965, antes que turistas Occidentales fuesen permitidos en Estonia, las autoridades soviéticas dieron órdenes para reunir a todos los inválidos de guerra que mendigan en las calles y plazas en un solo día. Los que tenían mejor salud fueron enviados a los campos de concentración especial en la isla Valam, dónde fueron puestos a trabajar. Los otros fueron destruidos.

Esto es suficiente. Es imposible de describir todos los crímenes de los Comunistas aquí. Las oscuras fuerzas financieras y los líderes comunistas judíos se niegan a asumir culpa o responsabilidad.

¿Quién llevará esta culpa entonces, por todas las personas que fueron degradadas, oprimidas y desvalidas en los grilletes del Comunismo? La desvalidez es debida al hecho que el sistema comunista permite sólo a un grupo especialmente escogido de esclavos convenientes, que serán los que sobrevivirán, un grupo que no tiene la visión o el juicio para liderar a los otros.

Cuando tal nación mal herida, en gran desorden y con graves deficiencias, lentamente intenta volver nuevamente a la vida, es fácil engañar a las masas con ostensibles nuevas ideas, promesas justas y fantásticos planes de reestructuración (también en el mapa político), todo bajo aparentes nuevos líderes con un nuevo aparato de control.

La situación hace recordar un chiste húngaro muy conocido: al final de la Segunda Guerra Mundial, había un grupo de judíos en un refugio anti-aéreo en Budapest. Estaban discutiendo sobre la situación. Cuando el bombardeo había acabado, decidieron enviar a un muchacho judío afuera para averiguar en que orden estaba la sociedad, para que ellos pudieran adaptarse para satisfacerlo desde el mismo principio. El muchacho preguntó: "¿Cómo lo sabré?" Un judío más viejo contestó: "Es muy simple. Si los judíos jóvenes están en el poder, es Comunismo, pero si los judíos viejos están en el poder, entonces es Capitalismo."

Aquí es necesario citar al judío danés, Samuel Beskow, que dijo lo siguiente en un discurso público el 8 de diciembre de 1935: **"Nosotros los judíos hemos tomado nuestro lugar al centro de la sociedad: mercados accionarios, bancos, ministerios, periódicos, editoras, cortes de justicia, compañías de seguros, hospitales y universidades. Nosotros estamos por todas partes, ya que no es sólo una cuestión de tomar la posesión del oro en nuestra lucha contra los Gentiles".** (Berlingske Tidende, 9 de diciembre, 1935.)

El líder socialista sueco y Miembro de Parlamento, Arthur Engberg, declaró en el periódico Arbetet el 12 de marzo de 1921: "**Hay justificación en la denuncia que la Dictadura del Proletariado en Rusia en realidad significa la Dictadura del Judío sobre el Ruso.**" Engberg era el jefe de redacción del periódico Arbetet en Malmo.

¿Puede el hecho que los judíos extremistas no se han disculpado, significar, que ellos piensan continuar sus actividades en el futuro?

SUMARIO: ALGUNAS CONCLUSIONES

El Comunismo soviético cayó el 24 de agosto de 1991, después que las tropas de elite de la KGB, las tropas Alfa, se negaron a obedecer los órdenes de los Comunistas de línea dura.

Subsecuentemente, la Unión Soviética fue abolida oficialmente el 25 de diciembre de 1991 a las 7:33 de la tarde. Ya no había otra alternativa.

Es más, los nuevos planes se habían puesto más urgentes - los planes de fundar una nueva Unión Soviética usando engaños, con otra ideología (el mundialismo) y bajo un nuevo nombre, la Unión europea dónde la economía del mercado gobernaría.

La verdad sobre la maldad del Comunismo ha comenzado a aflorar ahora en una magnitud jamás vista antes, a pesar que muchos Comunistas, principalmente judíos, nos dicen: "¡No hay que excavar en las tragedias y crímenes del pasado! ", "¡Debemos olvidarnos de la historia! " (Expressen, 6 de julio de 1992).

Aquí uno podría hacer la pregunta: ¿Qué clase de futuro podemos esperar si no nos atrevemos a enfrentar la verdad? El gran filósofo y doctor Paracelsus (Theophrastus Bombastus von Hohenheim, 1493-1541) escribió: "Es justamente necesario comprender las cosas malas como las buenas, ¿Quién podría saber lo que es bueno sin conocer lo que es malo? "

En Suecia, ningún secreto importante se ha revelado. El gobierno ha hecho lo imposible incluso, para evitar que se vea la televisión rusa, ya que comenzaron a mostrar la disolución del socialismo. Ésta era una experiencia desagradable para los socialistas suecos, que prefirieron ignorar la verdad.

Aftonbladet escribió en su editorial, el 5 de noviembre de 1989: "Una disolución de la Unión Soviética no es algo deseado". Aftonbladet creía que el Imperio soviético era un factor para la paz.

El Socialista Ministro del exterior, Sten Andersson, declaró incluso que Estonia no estaba ocupada por la Unión Soviética, una declaración que perturbó a los bálticos. ¿Adivine quién alabó la declaración de Andersson?. Sí, los judíos Marxistas en los países bálticos. Leí allí sobre esto en varios periódicos.

El paraíso comunista murió. Miles de personas en Moscú exigieron: "Nunca más Lenín!" El dinosaurio dejó caer su malvada cabeza y murió en paz. La Unión Soviética pereció como el escorpión, que toma su propia vida cuando está rodeado por el fuego. El escorpión es un símbolo de la destrucción.

Pero permanece la pregunta si el escorpión del Illuminati se reencarnará nuevamente en un nuevo cuerpo. "Aquel que controla nuestra historia sostiene nuestro futuro en sus manos", para citar al escritor George Orwell.

Por esta razón es todavía muy difícil de obtener los verdaderos hechos sobre el Comunismo. También es la razón por qué nunca ha habido un "Nuremberg 2" para castigar los crímenes de los Comunistas - durante ese juicio quedaría rápidamente claro quién organizó los asesinatos masivos de rusos y de miembros de otras razas en el nombre del Partido Comunista Soviético.

Tal investigación causaría la peor repercusión negativa imaginable contra los racistas Sionistas. Por eso no pueden revelarse los nombres de los verdugos. Los abogados de la justicia en Suecia han estado notablemente callados sobre los horribles crímenes del régimen soviético.

Sería bastante justificable llamar al régimen soviético un Chernobyl espiritual - una catástrofe social terrible. Pero el Comunismo, el Socialismo, el Nacional Socialismo, el Fascismo y el Capitalismo son de hecho, todos, solamente síntomas de una enfermedad que es mejor llamarla Illuminismo. Ya que el nombre de la Bestia es el Illuminati.

Occidente estaba totalmente en contra de la independencia de los estados bálticos al principio del proceso de liberación. En Suecia se mofaban a menudo del líder lituano Vytautas Landsbergis. Él decía francamente: "¡Occidente está ayudando a la Unión Soviética para destruir nuestra libertad! " (Expressen, 9 de mayo de 1990)

No obstante, el Partido comunista se hundió como el Titánic. Nadie sin una visión de la situación real allí, lo creía posible. Yo lo predije ya a mediados de los años ochenta. La era de la Unión Soviética era una era de mediocridad y diletantismo. Los talentosos tuvieron un tiempo muy duro.

Para impedir que suceda nuevamente, aquellos que saben, no deben quedarse callados. Si lo hacen, compartirán la responsabilidad de esos crímenes contra la humanidad y la falta de historia causada por la propaganda de los Illuministas.

Edmund Burke dijo: **"Todo lo que es necesario para que el mal tenga éxito es que los hombres de bien no hagan nada". Es también contra la ley ocultar un crimen.**

Siempre hay personas ingenuas e ignorantes que han intentado justificar el mal. Uno de ellos fue el periodista sueco Peter Kadhammar, que agradeció a Lenín y le dio el adiós en un artículo después del derrumbe del régimen soviético. (Expressen, 25 de agosto de 1991). El Comunismo puede considerarse por consiguiente también como una piedra de tope, que revela el nivel de desarrollo de una persona a través de su actitud hacia él.

Pero después que las personas se habían librado del Comunismo que, como un diablo, había gobernado sus vidas, ellos descubrieron que este diablo se había implantado en sus propias mentes y cuerpos. El Comandante en jefe Estonio, Aleksander Einseln, un coronel norteamericano que retornó a su patria, confirmó: "Los estonios son una nación enferma. Ya no hay ninguna ética o moral u honestidades aquí." {Expressen, 5 de enero de 1994, pág. 24.)

Los Comunistas dejan atrás una Rusia dónde en algunas regiones, la mitad de los niños nacen deformes (Dagens Nyheter, 13 de mayo de 1992).

Había ya 20 millones de alcohólicos en la Unión Soviética en 1987. Más de 50 millones de personas viven en un ambiente completamente destruido. El número de víctimas de cáncer aumenta un dos por ciento todos los años. Cuatro millones de personas viven junto al seco Mar de Aral, antes el cuarto lago más grande del mundo. Enormes cantidades de sal del fondo muerto del mar, son llevadas lejos por los ventarrones, destruyendo la fecunda tierra. Lo que está pasando en el Mar de Aral también puede llamarse un genocidio ecológico de los Karakalpakianos.

Los recién nacidos son objetos de ataques químicos, ya que varios venenos ambientales son desperdigados junto con la sal. El agua para beber está en gran parte contaminada. Los niños tienen sus cerebros dañados. Pero lo más aterrador son los cambios genéticos. Entretanto, una de cada cuatro mujeres rusas que tienen un aborto, queda estéril. 10 millones de mujeres han quedado estériles de esta forma en 1992.

Un médico ruso confirmó en la televisión sueca en abril de 1994: "¡Somos una nación agonizante!" Desde 1992, mueren más rusos de los que nacen. Unos de cada cuatro niños rusos vivos, está enfermo, según la televisión sueca Televisión-Aktuellt (TV noticias) 1º de agosto de 1994.

Nadie alguna vez le exigió a Moscú que debía cesar su destrucción ambiental. Todo sucedió bajo el eslogan: "Nosotros no necesitamos ninguna limosna de la naturaleza. Nosotros tomamos todos lo que queramos de ella." El resultado fue una catástrofe incomparable. Un tercio de Ucrania, alguna vez una tierra tan fecunda, está ahora inutilizable.

Después de la Segunda Guerra Mundial, el Ejército Rojo descargó 300.000 proyectiles de gas venenoso en el Mar báltico. Éstos se han transformado ahora en una seria amenaza a este ya contaminado mar. Muchos lugares también están contaminados con substancias radiactivas y se han transformado en áreas peligrosas de desastre. La contaminación radiactiva en Rusia es un asunto muy serio.

Todos tendremos que pagar un precio muy alto por la locura de los Comunistas.

Últimamente Rusia ha comenzado a señalar las partes culpables. Muchos judíos se asustaron de la posible reacción cuando aflore la verdad sobre el rol de los judíos extremistas en la opresión comunista. Emigraron a Israel, a pesar de sus privilegios en Rusia (esto fue realmente admitido por Dagens Nyheter que había antes, diseminado el mito sobre el antisemitismo sancionado por el gobierno en la Unión Soviética).

Ellos se han transformado ahora, en una carga para el servicio médico público israelita, ya que un tercio de todos los judíos que padecen cáncer en el país, vienen de la ex Unión Soviética. Los judíos rusos son menos del 9 por ciento de la población, según el periodista israelita Nurit Wurgaft. (Dagens Nyheter, 15 de agosto de 1993).

La inmigración masiva comenzó en 1988, cuando los crímenes y el status privilegiados de los judíos extremistas durante el tiempo de los Comunistas, comenzó a ser cuestionado y discutido más a menudo.

El nieto de Stalin, Yevgeni Dzhugashvili, mostró a los asombrados periodistas occidentales, una lista de funcionarios responsables en los diferentes Comisariatos del Pueblo, que practicaron el Gran Terror contra la población entre 1936 y 1939. Cada nombre estaba marcado con un símbolo.

Una estrella significaba que la persona en cuestión era un judío, una pequeña raya que él era ruso. "¡Son virtualmente todas estrellas! " dijo Yevgeni Dzhugashvili. (Expressen, 18 de agosto de 1991)

Es debido a esos terribles eventos que por lo menos una sexta parte de la población rusa es definitivamente antisemita, según varias encuestas de opinión. Ellos están convencidos que existe una conspiración judía internacional (Dagens Nyheter, 4 de enero de 1991, A 11).

Los principales escritores rusos, Valentin Rasputin, Vasili Belov, Valentin Pikul, Yuri Bondarev y Viktor Afanasyev , todos ellos, han percibido el poder oculto de los judíos extremistas en Rusia. Vasili Belov escribió una novela, llena de hechos reales, que muestran que fueron judíos comunistas quienes cargan la responsabilidad por la increíble brutalidad de la colectivización forzada.

Entretanto, un o dos funcionarios judíos, incluyendo a Rubanovich, también han dicho en la televisión sueca que ellos nunca se disculparán por sus crímenes.

Los activistas judíos prefieren dejar la escena cuando otras personas necesita ayuda. Al principio de la guerra civil en Abkhasia, muchos médicos judíos emigraron a Israel, dejando a miles de heridos morirse sin atención. (Dagen, 18 de diciembre de 1992.) Un ejemplo fino de la ética médica.

Muchos judíos criminales también se han arriesgado para emigrar a occidente (también a Suecia). Un gran número de estos inmigrantes se transformaron en notorios gángster, despiadados en los Estados Unidos, según The New York Times (4 de julio de l989, pag. 38).

El judío ruso Boris Kagarlitsky, incluso afirmó en Dagens Nyheter (6 de julio de1990) que el socialismo no estaba muerto. Pero que definitivamente no funcionó, ya que el 90 por ciento de las fábricas poseídas por el estado, los kolkhozes y las granjas del estado habían quebrado. Ellos sólo se habían mantenido vivos con los aportes.

La profecía del Social Revolucionario judío, Alexander Herzen, en 1850, se ha hecho realidad ahora: "El Socialismo se desarrollará hasta que alcance su propio extremismo y absurdidad. Entonces un grito de rechazo saldrá del corazón de una minoría rebelde. Una vez más, la batalla de vida o muerte se luchará, o cuando el Socialismo tome el lugar que mantiene el conservadurismo ahora o cuando sea derrotada en el futuro, por fuerzas revolucionarias ahora desconocidas". (Alejandro Herzen, "Desde la Otra Orilla", Tallinn, 1970, pág. 106.)

"El Socialismo ha sido una tragedia para nuestro pueblo. Era algo malo que nos tenía que pasar. Habría sido bueno si hubiese sucedido en un país más pequeño", proclamó el Presidente ruso Boris Yeltsin en septiembre de 1991 (Svenska Dagbladet, 7 de septiembre de 1991).

En Suecia la falsa "versión" soviética de esta tragedia es tragada sin pensarlo dos veces. ¿No fue Napoleón quien dijo?: "¿Que es la historia sino un mito que todos hemos aceptado?.

La mayoría de los suecos ha aceptado muchos mitos sobre el Comunismo. Era tan agradable creer en los cuentos de hadas, los cuales afirman entre otras cosas, que los ciudadanos de los países comunistas tenían por lo menos un seguro social. ¡Era ciertamente un tipo refinado de seguridad, con agentes de seguridad y espías por todas partes!.

También se afirma que los ciudadanos soviéticos tenían el derecho para trabajar. Los esclavos normalmente no podrían trabajar bajo opresión por dinero sin valor que sólo podría usarse en tiendas dónde no había nada de valor para comprar. También puede demostrarse que los obreros en los países comunistas tenían una salud más pobre que aquellos en occidente.

El 13 de diciembre de 1991, el editor cultural judío de Expressen, Leif Zern, publicó un artículo de Claudio Magris que llora y lamenta la caída del imperio soviético: "Creo que debemos considerar la trágica caída del Comunismo con respeto e incluso con cariño. Sólamente tenemos que pensar en los miles de hombres y mujeres que murieron por esta creencia." Este escritor detesta intensamente la lectura de artículos reveladores sobre Lenin. Él no lloraba por las más de 300 millones de víctimas del Comunismo. Él estaba en el lado de los Verdugos.

El cientista político judío, Amos Perlmutter, advirtió en The Washington Post, en septiembre de 1989, que la disolución de la Unión

Soviética podría ser incómoda para los Estados Unidos. Él creía que los nuevos estados, no serían capaces de hacer algo sensato con su libertad. También mantenía que a los estados bálticos les faltaba una tradición democrática.

La élite financiera internacional está muy preocupada sobre las consecuencias de la caída de la Unión Soviética, ya que ahora, que la libre discusión ya no es considerada como un grave crimen en Rusia. Por eso los medios de comunicación de masa han aprovechado cada oportunidad de hablar del "terror fascista" del régimen de Stalin, de Mao Tse Tong y Deng Xiaoping, Pol Pot y los otros.

Ellos no quieren que aquellos crímenes sean etiquetados como Terror Comunista. En cambio, ellos quieren que el fantasma de Lenín, de Stalin y otros asesinos masivos escapen vía la puerta trasera del inmenso matadero que ellos construyeron y dirigieron con tanto éxito.

Ninguno de los líderes Occidentales quiso detener el Comunismo, a pesar del hecho que su ideología estaba basada en el odio y en la agitación, que era dirigida contra todas las personas inteligentes. Todo era, sólo un gran circo de charlatanería.

Una sensación golpeó a la Rusia soviética el 26 de agosto de 1990 cuando fue publicado el "Catecismo para los Judíos de la Unión Soviética". Este texto contenía instrucciones secretas, que habían sido desarrolladas por los Sionistas en Tel Aviv en 1958. Pero esta no fue la primera señal de marcha atrás. Hubo judíos que, en la prensa, informaron al público ruso de la existencia de tales textos para distanciarse públicamente de ellos.

El 26 de octubre de 1989, el periódico Chelyabinsk de Rabochy, publicó la carta de un lector judío, S. Peisner, quien decía ser fiel a Rusia y que se distanciaba del "Catecismo para los Judíos de la Unión Soviética". Citó los pasajes más cínicos del texto instructivo y escribió:

"Soy Judío, pero no Sionista. ¿Por qué no hay nadie allí que pueda detener sus actividades criminales? ¿Cómo se sentirían si alguien publicara 'el Catecismo para los Judíos de la Unión Sovietica? Entonces todos podrían entender que todas sus actividades a pequeña y gran escala fueron estratégicamente planeadas y tácticamente determinadas".

Los Sionistas se quedaron completamente en silencio. Los nacionalistas rusos habían logrado obtener copias de las "instrucciones" entretanto. Aquí están algunas citas típicas de estas directivas:

"Es necesario ayudar a nuestros judíos jóvenes a tomar las principales posiciones. Los ruso no son capaces de un pensamiento profundo, de análisis... ellos son como los cerdos... Todo lo que pertenece a ellos hoy, en realidad es nuestro - sólo están usando temporalmente todos esto. Dios nos ha ordenado que tomemos todo lo de ellos...

Los goys [los gentiles] son tontos y primitivos, ni siquiera pueden mentir...

Calumnie a sus personas más eminentes que sean capaces de hacer discursos... nuestro lema es la audacia decorosa...

Acuse todos aquellos que intentan trabajar contra nosotros de antisemitismo y etiquételos de antisemitas. Constantemente haga declaraciones acerca del eterno sufrimiento del pueblo judío que ha sido perseguido en el pasado y ahora son discriminados nuevamente. La táctica del 'Pobre Judío' ha vindicado a sus practicantes por miles de años.

Dios quiso que nosotros los judíos gobiernen el mundo y eso es lo que hacemos.

Mantenga los medios de comunicación y las herramientas de información en nuestras manos.

Los pueblos sin historia son como los niños sin sus padres. Ellos deben comenzar todo de nuevo y entonces será fácil de darles nuestra visión del mundo y la forma de pensar. De esta forma podemos liquidar razas completas. Ellos deben perder su historia y sus tradiciones, después de los cual , seremos capaces de moldearlos a nuestra manera...

A través del matrimonio con Judías, hay una posibilidad de traer a los rusos bajo nuestra influencia y en nuestra esfera de interés.

Compre, destruya y prevenga la publicación de libros que revelen nuestras tácticas y estrategias.

Los goys nunca deben saber las razones reales detrás de los pogromos Judío.

Deben ser obligados a escoger entre el caos o nosotros. Cuando intenten hacer algo sin nosotros, debemos causar el caos más completo. Asegúrese que el desorden permanezca hasta que el sufrimiento y la tortura haga que los gentiles desesperadamente deseen nuestro régimen de vuelta.

Los gentiles deben trabajar bajo nuestra dirección y deben sernos útiles. Aquéllos que no nos son útiles debemos expulsarlos. Quién no está con nosotros está contra nosotros 'Ojo por ojo, diente por diente', eso fue lo que Moisés nos enseñó.

"¡El dinero es nuestro Dios!"

El médico judío, Jacob Nussbaum, que es un alto funcionario en una organización internacional con base en Viena, también dijo casi virtualmente la misma cosa al escritor Lars Gustafsson, que también es judío: "No hay nada, nada entre nosotros [es decir judíos en la principales posiciones. - J. Lina.] y el caos, ya no más". (Svenska Dagbladet, 10 de abril de 1983, pág. 14.)

Él también afirmó: "Europa... en la organización internacional es, por supuesto a una gran magnitud, simplemente una expresión del universalismo judío... Sin el universalismo judío y sin la fe judía en la estabilidad de valores, no habría ningún lugar para Europa."

Él no podría expresarse probablemente, de una manera más insolente.

El Comunismo-Socialismo también era una expresión del universalismo judío qué provocó más de 300 millones de víctimas, sociedades arruinadas y medio- ambiente destruidos. Los Sionistas-Frankistas, a través de la ceguera de los pueblos, han podido engañarnos con todos esos 'ismos' que ha llevado a una reingeniería social impotente e idiota.

En este libro que puede ser considerado como un estudio de mal, he intentado informar al lector sobre el trasfondo real de este universalismo criminal e impotente y disipar la falsedad histórica que presenta a Lenín como un ejemplo inmortal de fuerza moral de alto nivel (el libro de Gorbachev "Perestroika"), la colectivización de agricultura como algo positivo y otros mitos similares.

He intentado recuperar, por lo menos, una parte de nuestra historia que las fuerzas oscuras nos han robado. Estoy seguro que el material que he logrado coleccionar para este libro es solamente la punta del iceberg. Estoy seguro que en un futuro oiremos hablar de secretos aún más horribles.

¿Qué nos espera ahora? La élite financiera internacional quiere reemplazar ahora a la ex Unión Soviética con la Unión Europea, según el libro del científico político austriaco, Dr. Karl Steinhauser "EU - La Super URSS del mañana" (Viena, 1992).

Karl Steinhauser muestra que los francmasones están en el proceso de crear un nuevo Superestado Federal, cuya capital será Bruselas y qué tendrá a sus ciudadanos controlados por medios electrónicos. Un sistema de control con un número personal (ID) de 18 cifras, que ya ha sido construido. Nunca podremos pasar por ciertos puntos de control sin ser identificados. El sueño del líder Masónico e Illuminista Giuseppe Mazzini de los Estados Unidos de Europa parece hacerse realidad.

El 30 de septiembre de 1992, el periodista húngaro Andras Bencsik, jefe de redacción de Pesti Hirlap, publicó en su periódico el artículo "El Arte de Aplastar el Hard Core (la facción de los dispuestos a todo)" dónde describió alegóricamente los problemas básicos que cada sociedad post-comunista tiene que tratar.

Andras Bencsik declaró: "La crisis política interna en la República de Hungría es el resultado de la trampa cuya naturaleza es tirar la sociedad que cae en ella, mientras más trata la sociedad de liberarse, más adentro de la trampa se mete. Si la nación esperara pacientemente y aceptara su destino, todavía no tendría la certeza de tener seguridad.

Esta trampa recuerda al tejido de una araña, dónde la mosca capturada, zumbando sus alas desesperadamente intenta soltarse. La mosca pareciera romper las cuerdas más finas del tejido separadamente, pero la araña que esta oculta al borde del tejido, siente la fuerza de los filamentos y pacientemente espera, fuera de la vista de la mosca, llega a ser casi invisible. Pero no es porque ella sea tímida.

... Este drama es trágico para la mosca. Trata de la vida de la mosca. Para la araña esto es natural - así es cómo ella se alimenta.

Es realmente una lucha por la sobrevivencia. La naturaleza de la lucha es que ambos lados creen que ellos están en lo correcto. Por eso los posibles resultados finales también son similares. O el orden social de las moscas o el orden social de las arañas será el victorioso. Si ganan las moscas, no habrá muchas oportunidades que les serán dejadas a las arañas. Si las arañas ganan, la sociedad de las moscas degenerará en mero alimento de granja. Ellos simplemente procrearán para alimentar a las arañas. En la sociedad de las moscas, hay democracia dado que en la sociedad de las arañas hay dictadura. Hoy nosotros conocemos ambas formas.

Sólo unos pocos entre nosotros han descubierto que, mientras nuestra querida y vieja tela de araña se ha secado y marchitado, nuevas arañas han puesto otra, una nueva y deslumbrante red tejida bajo nosotros, para que nuestra liberación signifique que más tarde, caeremos en una más nueva, con un tejido más fuerte en lugar de poder volar libremente.

Las arañas, que habían organizado su nación parasitaria en una facción dispuesta a todo, tenían una situación más ventajosa cuando ellos empezaron a reorganizar la estructura de sociedad que se había roto en pedazos separados. Su ventaja yacía en el hecho que conocían muy bien su propia cultura y no tenía ninguna duda que su posición se había puesto considerablemente mucho peor. El mundo no fue creado para las arañas, pero el testamento celestial también tenía un lugar para ellas, tal como para los mosquitos. Podemos expresarlo de esta manera; que esto pasó para que las criaturas pacíficas no empezaran a sentirse demasiado seguras... "

Ésta es la mejor analogía que he visto con respecto a la situación actual en Europa.

El escritor húngaro y Miembro del Parlamento, Istvan Csurka, escribió un artículo dónde él dijo derechamente que había una conspiración, que conscientemente había dañado a Hungría. Los Judíos, los Liberales y el FMI (Fondo Monetario Internacional) dirigen la Conspiración. Por supuesto, estalló un gran escándalo. No se permite describir las propias creencias si ellas son desagradables y perturbadoras.

Los planes para la Europa futura ya estaban de antemano listos. Count Richard Coudenhove- Kalergi (1894-1972), quién fue el primer presidente de la Unión Pan-europea fundada en 1923, escribió lo siguiente en su libro "Praktischer Idealismus" / "Idealismo Práctico" (1925): "El hombre del futuro será un perro mestizo. En cuanto a una Pan-Europa, deseo ver allí una mezcla eurasiana- negroide con gran variedad en los tipos de personalidad ... Los judíos tendrán las posiciones principales, ya que la buena providencia le ha dado a Europa una espiritualmente superior raza de nobleza, llamados judíos." (Páginas 22 y 50.)

Encontré los planes de los francmasones para la futura Europa en Wiener Freimaurer Zeitung (Viena, septiembre de 1925 y octubre de 1926).

El francmasón Coudenhove-Kalergi afirmó en su autobiografía que la Unión Pan-Europea, al principio, fue patrocinada por un círculo de banqueros judíos liderados por Rothschild y Warburg.

En 1925, la Gran Logia en Viena hizo un llamado a las diferentes federaciones Masónicas a apoyar el movimiento Pan-Europeo de Kalergi.

Incluso los judíos suecos han usado el mito racista que los judíos son el Pueblo Elegido y admitieron que hay una conspiración particular contra la humanidad. Herman Greid escribió muy ofensivamente lo siguiente: "Pero Dios no los ha escogido porque ellos son una raza santa, sino que ellos son sagrados porque a Dios le agradó escoger esta raza para completar cierta tarea en su plan para la humanidad." (Judisk Kronika, No. 4, 1971, pág. 4, columna 2.)

En este libro he intentado mostrar lo que este llamado plan ha significado para todos nosotros.

¡No gracias, a todos los crímenes, terror y opresión en formas camufladas! Para detener este proceso, es necesario recrear nuestra historia y evitar nuevos errores. No poniendo la fe en las nuevas, traicioneras acciones de la élite financiera. Estos planes han incluido hasta ahora, la manipulación con los comestibles inferiores (propaganda para la comida basura y el aspartamo), alimentos irradiados y manipulados genéticamente, manipulación económica, tal como aquella practicada por el judío húngaro, George Soros, supresión de invenciones ambiente-amigables y fuentes de energía...

La élite financiera ya ha tenido éxito destruyendo nuestra vida cultural. La música moderna es torcida y estupidizante, con su ritmo fuertemente mecanizado. El Arte evidencia muchos síntomas de decadencia, y la mayoría de las novelas están espiritualmente vacías. Al mismo tiempo, ellos están intentando acostumbrarnos a una entretención que abierta e insolentemente propaga la violencia como una forma de resolver los problemas.

¿Pero ha visto alguna vez el lector que el llamado holocausto sea aprovechado como entretención de violencia?

La élite financiera manipula la ciencia, esconde los hechos sobre ciertos fenómenos bajo las categorías 'inexplicable', 'discutible' e 'inexistente.' Las escuelas descargan 'idiotas útiles'...

En lugar de Comunismo, que realmente es un terrible fantasma suelto por Europa que causa rabias espirituales dondequiera que va, hay mundialismo ahora (le monde = el mundo) qué involucra un peligro aun mayor. Es una nueva ideología que es levantada para justificar así la construcción de la Unión europea.

El revelador libro de Igor Shafarevich, "La setta mondialista contro la Rusia" / "La Secta Mundialista contra Rusia" fue publicado en Parma en 1991. La meta principal de los mundialistas, según este libro, es eliminar el sentido de nacionalidad; destruir las mentes de las personas jóvenes con la música Hard-Rock, películas violentas, pornografía y drogas; imitar el estilo de vida norteamericano en su peor forma; borrar la memoria histórica; mezclar las razas por medio de la inmigración masiva...

El asunto de mundialismo que es puro Illuminismo en un nuevo forma, ha sido hasta aquí evitado en Suecia.

La meta de los mundialistas es un gobierno mundial. El francmasón Mikhail Gorbachev habló de esta meta en Fulton, Estados Unidos el 6 de mayo de 1992, cuando admitió que había una oportunidad para crear a un "gobierno mundial" después de "la guerra fría".

Incluso Lenín sugirió la formación de los Estados Unidos del Mundo (la Unión Mundial de Repúblicas Socialistas) en el periódico Socialdemokrat (No. 40) en 1915. Lenín afirmó que no existirían estados nacionales en el futuro.

Los francmasones, con las nuevas versiones de sus viejos trucos, están a la cabeza de todas las grandes naciones. En Suecia (con, entre otros, Anders Bjorck como un importante y de alta jerarquía francmasón) o en Czechia (Vaclav Havel que fue iniciado francmasón del grado 30 en el "Ritual de Caballero Kadosh" en 1968 en los Estados Unidos) o en Rusia (Presidente Vladimir Putin). El ex Presidente norteamericano, Bill Clinton, es un francmasón del grado 33.

El Presidente actual de EE.UU., George W. Bush, es miembro del illuminista Bohemian Club, fundado ya en 1872 en Monte Río, a 100 Km. al norte de San Francisco.

En los años cincuenta, años 60 y en los 70 la KGB infiltró eficazmente varias Logias Masónicas importantes y usó éstas para sus propios propósitos. Junto con la CIA, la KGB estaban realmente entre los patrocinadores de la Logia Masónica P2 en Italia. (Stephen Knight, "La Hermandad", Londres, 1985, pag. 271-289, y según una entrevista con el ex agente de la CIA, Richard Brenneke en la televisión italiana en el verano de 1990.)

Hay ahora, algunos planes muy especiales para Rusia. El Fondo Monetario Internacional (FMI) - la herramienta principal de la élite financiera internacional - ya tiene el cuidado de los recursos materiales de la ex-Unión Soviética. Al mismo tiempo, a la nación le faltan planes y recursos para construir una industria de producción avanzada.

El Capitalismo no fue reintroducido en Rusia sólo debido a la perturbadora decadencia del Comunismo , sino también para saquear la producción real más efectiva y totalmente y transferir la plusvalía sobrante creada por los asalariados en especulación y en manipulación económica, como en el occidente hoy en día.

¡La tercera alternativa, la de una economía sin el interés y sin inflación, está fuera de todo asunto, ya que tal economía dejaría a la élite financiera sin poder!

Hay todavía algunas personas sensatas en Rusia que han podido percibir el juego que se está llevando a cabo. Komsomolskaya Pravda escribió lo siguiente el 6 de octubre de 1990: "Los rusos han sido saqueados durante 73 años, y por ello han caído en la pobreza humillante. Alguien piensa que esto no es suficiente y ha decidido continuar el saqueo hasta que no quede nada".

Los principales políticos judíos (Gaidar, Kozyrev, Primakov, Yasin y otros) se aseguraron que el 60 por ciento de los recursos rusos (petróleo, fábricas, aerolíneas, bancos) quedaran en las manos de judíos criminales "empresarios" en Rusia a principios de los años noventa. Ellos saquearon el país. El tristemente famoso criminal judío Boris Berezovsky, se transformó en el nuevo dueño de la aerolínea Aeroflot. (Oleg Platonov, "La Historia del Pueblo Ruso en el Siglo XX", Moscú, 1997, parte II, pág. 672.)

El judío Yegor Gaidar era el motor más poderoso detrás de la llamada Terapia de Shock en Rusia. El consejero de la Terapia de Shock más importante en el bloque Oriental era el judío norteamericano, Jeffrey Sachs que devastó la economía de Bolivia en los años ochenta. La prensa de oposición rusa ha empezado a advertir sobre el mundialismo. Éste no es el caso en Suecia o Alemania.

Un resto de Comunistas y de las fuerzas Nacionalistas menos informados (los idiotas inútiles) en Rusia, ingenuamente creyeron que aún podían actuar libremente en la escena política y en el control del desarrollo. Esa fue la razón por la cual esos Comunistas intentaron, una vez más, tomar el control de Rusia intentando deponer a Boris Yeltsin en septiembre de 1993. Pero su tiempo definitivamente de había terminado. La élite financiera internacional se aseguró que ellos se mantuvieran alejados, tal como los francmasones lo hicieron con el inconformista nacionalista Lavr Kornilov de agosto-septiembre, en 1917 .

Era obvio que el francmasón Boris Yeltsin iba a tener grandes dificultades para aplastar la rebelión al principio, ya que el ejército quiso permanecer neutral en el conflicto. El 4 de octubre de 1993, el Ministro de Defensa Pavel Grachev, ordenó a las brigadas de élite de la división de

Tamansk marchar a Moscú. Les prometió nuevas casas a los soldados si ellos obedecían. Grachev quería 10 grupos por lo menos, pero sólo cuatro se le unieron. Comenzaron a disparar contra el edificio del parlamento. La fuerza anti-terrorista especial se negó a asesinar a los enemigos de Yeltsin. Sólo una parte de las fuerzas Omon de la policía (policía anti-disturbios) y la guardia presidencial se unió a la batalla.

Yeltsin no se atrevía a confiar en éstos completamente, tal como el periodista ruso Vladimir Alexandrov, lo reveló en Rusia y en el extranjero, y así Yeltsin estuvo de acuerdo en tener a 35 miembros del Grupo Sionista terrorista internacional, Betar, que fueron enviados a Moscú. (The Spotlight, 22 de noviembre de 1993)

Cuando este grupo intentó por primera vez, forzar su entrada al edificio del parlamento, los cosacos los obligaron a retroceder.

La cosa interesante fue que había (según asombrados periodistas extranjeros) tantos judíos entre los defensores del parlamento. Esa pandilla no había entendido todavía que la época de pretextos comunistas era un capítulo cerrado.

Se enviaron después a veteranos de Afganistán y a delincuentes de las bandas organizadas que trabajaban en Moscú a que atacaran el edificio del parlamento. Betar, comenzó brevemente después el uso de sus tácticas de shock. Uno podía escuchar las comunicaciones internas de radio que revelaban cómo Betar avanzaba dentro del edificio.

Betar fue fundada en 1923 por Zeev Jabotinsky en Riga, Letonia. El propósito del grupo era "combatir el anti-semitismo con actos de terror". Es muy típico de tales movimientos que también practican el terror contra judíos civilizados que están en el camino de sus Utopías racistas y alucinaciones religiosas.

La revuelta fue aplastada el 4 de octubre de 1993, ya que los Comunistas ya no eran bienvenidos en la arena política rusa y les faltaba el apoyo de los Estados Unidos. Los malos Comunistas habían podido avanzar antes, principalmente debido al apoyo de la elite financiera y la complacencia de personas buenas.

En el entretanto, el activista judío, Vladimir Zhirinovsky (en realidad Wolf Edelstein), había entrado en escena, por supuesto no sin ayuda. Le habían obligado a que ocultara su origen judío para aprovecharse demagógicamente de las actitudes antisemitas en Rusia. En 1988 era un miembro del Concejo del Grupo Sionista soviético, Shalom. Su ex camarada en el Concejo, Yuli Kosherovsky en Israel, reveló esto. (Dagens Nyheter, 18 de diciembre de 1993).

El periódico israelita Ma'ariv escribió el 17 de diciembre de 1993 que Zhirinovsky tenía parientes en Israel. Zhirinovsky también fue, como agente de la KGB, expulsado de Turquía por espionaje en los años sesenta.

El propio Zhirinovsky dijo al periódico Ma'ariv que él nunca quiso ocultar el hecho de ser judío. Señaló: "Los judíos tienen un rol especial en Rusia. El 90 por ciento del Partido de Lenín eran judíos. También el 90 por ciento de mi Partido son judíos".

El "Partido Democrático Liberal" de Zhirinovsky fue fundado el 31 de marzo de 1990 por la KGB, por orden del Partido Comunista para que Boris Yeltsin no recibiera demasiados votos. Este movimiento fascista se transformó en el segundo Partido más grande después del Comunista. Zhirinovsky no es de derechas. Muchos verdaderos patriotas rusos dicen: "¡Zhirinovsky es un títere de la KGB. Usted debe estar hablando en broma si dice que es derechista! "

Zhirinovsky es un lunático político común que, entre otras cosas, ha amenazado con cometer genocidio, dijo: "Si costara las vidas de 90.000 rusos eliminar un millón de estonios, sería una buena causa". (The Baltic Independent, N°. 135, 1992, pág. 6.)

Es obvio que el rol de Zhirinovsky es controlar y dirigir las actitudes anti-Semitas de los rusos y asustar a varias naciones pequeñas para unirse a la Unión Europea. Aquí debo mencionar un proverbio sueco: "Los necios se apresuran en dónde los hombres sabios temen entrar."

Zhirinovsky es un espantapájaros útil para ciertas fuerzas. Porque es útil donde él está no le han permitido mucha deriva. Los enemigos realmente peligrosos para el Sionismo, son simplemente asesinados - esto fue lo que pasó al mejor experto en Sionismo en Moscú, Yevgeni Yevseyev, en 1990. Trabajaba como investigador en el Instituto de Estudios Filosóficos en la Academia de Ciencias.

Virtualmente cualquier cosa es posible para la élite financiera internacional que controla 80 por ciento del capital global. El poder de los prestamistas crece y la sala de los políticos para maniobrar las contracciones tal como los déficit estatales de los países industriales también crece. Las deudas nacionales de los países industriales han subido a la cantidad astronómica de 15.000 billones de dólares durante los últimos 20 años. Los super-capitalistas, por supuesto, se han hecho cada vez más ricos en el proceso. El saqueo de los países industriales continúa a toda velocidad.

El resultado puede ser la quiebra, la hyper-inflación o la obediencia total a la élite financiera. En el mejor caso imaginable, nuestros bisnietos podrían estar libre de los impuesto-esclavitud si ellos gastarán todo su dinero en pagar los intereses y sufren penurias mientras sus parásitos crecen aún más ricos.

Rusia está siendo saqueada en forma especialmente intensiva. Hay una o dos voces alzándose en protesta (incluyendo al ex alcalde de Moscú, Gavril Popov) contra la terapia de shock de los consejeros judíos (Sergei Shakhrai, Sergei Stankevich) que ha significado que Rusia ha sido nuevamente arruinada y se ha subordinado a los monopolios internacionales.

Las políticas de los países bálticos son decididas por un grupo secreto compuesto de diplomáticos de alto-rango de diferentes países. (Svenska Dagbladet, 28 de marzo de 1994) Las directivas aún vienen de ciertas fuerzas financieras.

El The Financial Times escribió el 1º de noviembre de 1996: "Los banqueros - varios de los cuales son miembros importantes de la comunidad judía de Rusia - temieron que podrían volverse el blanco de un contragolpe extremista nacionalista".

Esos banqueros (Boris Berezovsky, Vladimir Gusinsky, Mikhail Khodorovsky, Piotr Aven, Mikhail Friedman y Alejandro Smolensky) controlan aproximadamente el 50 por ciento de la economía rusa. Ellos constituyen el poder detrás de Boris Yeltsin.

Las fuerzas oscuras que transformaron a Rusia en un caldero del mal, deben cuidar ahora que Rusia no se vuelva una fuente de esclarecimiento para el mundo entero.

Los mitos sociales y las falsas ideas del Illuminati tuvieron consecuencias catastróficas que yo he mostrado en este libro. Desgraciadamente, sus actividades continúan en las nuevas y camufladas formas. Por eso no debemos olvidarnos de la paradoja burlesca que el escritor francés Jules Verne ha formulado: "Mientras más parecen cambiar las cosas, más permanece la situación igual". Y tal como el filósofo alemán, Georg Wilhelm Friedrich Hegel determinó: "La única cosa que nosotros aprendemos de la historia es que nadie aprende de la historia."

La Unión europea también fue fundada bajo el signo del Escorpión - el 1º de noviembre de 1993. El lector podría preguntarse si hay realmente algún paralelo entre la Unión Soviética y la Unión Europea.

Desgraciadamente, hay un montón de ellos.

El Parlamento de la UE es simplemente un órgano asesor sin poderes legislativos. El parlamento de la ex Unión Soviética (el Soviet Supremo) no tenía ningún poder legislativo.

El Concejo de la UE (el gobierno) es dependiente de las proposiciones de la Comisión de la UE para tomar sus decisiones. El Concejo Ministerial de la Unión Soviética, también, era incapaz de tomar cualquier decisión sin las directivas del Politburó.

La Comisión de la UE tiene el poder real y puede tomar decisiones con 8 de los 17 miembros presentes. Las deliberaciones no son públicas y las minutas son secretas. El órgano supremo del Partido Comunista en la Unión Soviética, el Politburó (normalmente con 15 miembros), también tenía el poder real. Sus deliberaciones se guardaban igualmente secretas.

Cuando la UE fue fundada el 1º de noviembre de 1993, el Presidente de la Comisión de la UE, Jacques Delors (Socialista y francmasón), recibió más poder que los gobiernos de los estados miembros. Todos los candidatos para el puesto de Comisionado tienen que ser aprobados por el Presidente. El Secretario General del Politburó también tenía el poder totalitario que, en parte, es recordativo de los poderes investidos en el Presidente de la Comisión de la UE cuando se fundó en 1993.

Hay muchos funcionarios de alto rango en la UE, que también son francmasones y que organizan crímenes dentro del armazón de las Logias Masónicas del Gran Oriente y la Mafia Cosa Nostra italiana, según la información del libro de Brian Freemantle "El Pulpo: Europa en las garras del Crimen Organizado" (Londres, 1995). También en la URSS, funcionarios de alto rango organizaron crímenes junto con organizaciones criminales.

Francmasones de alto nivel dentro de la CEE, y después en la UE usaron sus conocimientos de astrología para fortalecer su posición. Fue de esta forma que el francmasón de alto nivel jerárquico, François Mitterand, que llegó a ser Presidente de Francia, encontró la mejor fecha para llevar a cabo un referéndum en el Tratado de Maastricht. Él también pidió hacer los horóscopos de varios miembros del gobierno socialista de ese momento. (Svenska Dagbladet, 9 de mayo de 1997)

Las mismas fuerzas financieras y Masónicas (los Rothschild, Warburg y la familias Rockefeller) quiénes crearon la Unión Soviética, también están detrás de la Unión Europea y su "economía de libre mercado". Ellos utilizan su conocimiento de astrología para aumentar y extender su secreta base de poder.

Oficialmente, la astrología es sólo superstición, sin alguna base en la realidad. ¡Por tanto - no crea todo lo que estos falsos traficantes del poder le dicen!

¡Piense por sí mismo y los secretos del mundo comenzarán a abrirse delante de usted!

Incluso el poder secreto del Illuminati puede romperse. El Illuminati no puede resistir la luz de la verdad y busca evitarla, así como el escorpión se esconde del sol. El deseo de las fuerzas oscuras fallarán inevitablemente y la luz una vez más alcanzará el alma de los hombres.

Un símbolo Masónico: "Anillo de las Organizaciones de Francmasones Europeos por la Reforma de la Masonería". El lector atento notará una cierta similitud con la bandera de la Unión Europea actual.

JÜRI LINA

BIBLIOGRAPHIA SELECTIVA

Agraniants, Oleg, "What is to be Done? or Deleninisation of our Society", London, 1989. Ahlwardt, Hermann, "Mehr Licht" / "More Light", 1925.
Aleksinskaya, T., "The Memories of the Russian Socialist", Paris, 1923.
Allen, Gary, "None Dare Call it Conspiracy", 1971.
Allen, Gary, "Rockefeller File".
Allen, Gary "Say 'NO!' to the New World Order", California, 1987.
Antelman, Marvin S., "To Eliminate the Opiate", New York, 1974.
Aronson, Grigori, "Russia at the Dawn of the Revolution", New York, 1962.
Arutiunov, Akim, "The Phenomenon Vladimir Ulyanov/Lenin", Moscow, 1992. Avtrokhanov, Abdurakhman, "The Mystery of Stalin's Death", Frankfurt am Main, 1981. Avtrokhanov, Abdurakhman, "The Technology of Power", Frankfurt am Main, 1976.
Bakunin, Mikhail, "God and the State".
Bakunin, Mikhail, "Polemique contre les Juifs" (Polemic Against the Jews).
Barruels, Abbe, "Memoirs, Illustrating the History of Jacobinism".
Bieberstein, Johannes Rogalla von, "Die These von der Verschworung 1776- 1945", Frankfurt am Main, 1978.
Berge, Anders, "Flyktingpolitik i stormakts skugga. Sverige och de sovjetryska langarna under andra varldskriget" / "Refugee Policy in the Shadow of a Super Power. Sweden and the Soviet- Russian Prisoners during the Second World War", Uppsala, 1992.
Bjorkegren, Hans, "Ryska posten" / "The Russian Post", Stockholm, 1985. Braudo, Alexander, "Notes and Recollections", Paris, 1937.
Brooks, Pat, "The Return of the Puritans", North Carolina, 1976. Bunich, Igor, "The Party's Gold", St. Petersburg, 1992.
Carr, William Guy, "Pawns in the Game".
Carr, William Guy, "The Red Fog Over America", 1968.
Chomsky, Noam, "Man kan inte morda historien" / "You Cannot Murder History", Gothenburg, 1995.
Chuyev, "Thus Spoke Kaganovich", Moscow, 1992.
Conquest, Robert, "Harvest of Sorrow: Soviet Collektivization and the Terror- Famine", Alberta, 1986.
Coudenhove-Kalergi, Richard, "Praktischer Idealismus" / "Practical Idealism", Vienna, 1925. Cowan, A.., "The X Rays in Freemasonry", London, 1901.

Curtiss, John Shelton, "The Russian Revolution of 1917", New York, 1957.
Dall, Curtis B., "The Military Order of the World Wars", The Army-Navy Club, Washington, 1973. Deutscher, Isaac, "Den ojudiske juden" / "The Un-Jewish Jew", Stockholm, 1969.
Des Griffin, "Descent Into Slavery", South Pasadena, 1984. Dichev, Todor, "The Terrible Conspiracy", Moscow, 1994.
Disraeli, Benjamin, "Lord George Bentinck: a Political Biography", London, 1852. Disraeli, Benjamin, "Coningsby", London, 1844.
Dolgun, Alexander and Watson, Patrick, "Alexander Dolgun's Story. An American in GULAG", 1975.
Engel, Leopold, "History of the Order of the Illuminati", Berlin, 1906.
Engels, "The Situation of the Working Classes in England", Leipzig, 1845.
Ekholm, C. M., "100 000 Foreign Words", Stockholm, 1936.
Ervast, Pekka "The Freemasons' Lost Word", Helsinki, 1965. Fedoseyev, Anatoli, "About the New Russia", London, 1980. Felshtinsky, Yuri "Collapse of the World Revolution", London, 1991.
Fikentscher, Henning, "The Latest Developments in Research of Schiller's Mortal Remains". Fischer, Louis, "The Life of Lenin", London, 1970.
Freemantle, Brian, "The Octopus: Europe in the Grip of Organised Crime", London, 1995. Gargano, Michael di, "Irish and English Freemasons and their Foreign Brothers", London, 1878. Gates, John, "The Story of an American Communist", New York, 1958.
Gohier, Urbain, "The Old France", 1922.
Govorukhin, Stanislav, documentary "The Russia We Lost".
Gumilev, Leon, "The Ethnosphere — The History of Man and Nature", Moscow, 1993. Gumilev, Leon, "The Discovery of Khazaria", Moscow, 1996.
Gurin-Loov, Eugenia, "The Great Holocaust", Tallinn, 1994. Halliday, E. M., "Russia in Revolution", Malmo, 1968.
Heckethorn, Charles William, "Secret Societies", Moscow, 1993.
Heller, Mikhail and Nekrich, Alexander, "Utopia in Power", London, 1986. Hericault, Charles de, "La Revolution".
Herzen, Alexander, "From the Other Shore", Tallinn, 1970. Hess, Moses, "Rome and Jerusalem", 1860.
Hess, Moses, "Selected Works", Cologne, 1962.
Istarkhov, Vladimir, "The Battle of the Russian Gods", Moscow, 2000.
Ivanov, V., "The Secrets of Freemasonry", Moscow, 1992.
Johnson, Paul, "The Intellectuals", Stockholm, 1989. Johnson, Paul, "Modern Times", Stockholm, 1987.
Josephson, Emanuel M., "Roosevelt's Communist Manifesto", New York, 1955.

Jaaskelainen, M., "Ita-Karjalan kysymys: kansallinen laajennusohjelman synty ja sen toteuttamisyritykset Suomen ulkopolitiikassa vuosina 1918-20" / "The Question of Eastern Karelia: The Beginnings of the National Extension Program and Attempts of Finnish Foreign Policy to Realise it in the Years 1918-20", Helsinki, 1961.
Kahan, Stuart, "The Wolf of the Kremlin: Stalin's Right-Hand Man", Stockholm, 1988. Keesen's "Archiv der Gegenwart", Part XV, 1945.
Knight, Stephen, "The Brotherhood", London, 1985.
Kobistyanov, Y., Drizdo, A., Mirimanov V., "The Meeting of Civilisations in Africa", Tallinn, 1973.
Kunzli, Arnold, "Karl Marx: Eine Psychographie", Vienna, 1966.
Kuznetsov, Viktor, "The Secret of the October Coup", St. Petersburg, 2001. Laar, Mart, "The Forest Brothers", Tallinn, 1993.
Lacis, M., "The Cheka's Struggle against the Contra-Revolution", Moscow, 1921. Larseh, "The Blood-Lust of Bolshevism", Wurttemberg, 1925.
Laurency, Henry T., "Livskunskap Fyra" / "Knowledge of Life", Vol. 4, Skovde, 1995. Leers, Johan von "The Power behind the President", Stockholm, 1941.
Lenin, "Collected Works", Moscow, Vol. 44. Lenin, "Collected Works", 4th edition, Vol. 35. Lenin, "Collected Works", 2nd edition, Vol. 29.
Lenin, "Selected Works", Vol. 2.
Lenin, "Theses about the Tasks of the Communist Youth". Levin, Isaac Don, "Stalin's Big Secret", New York, 1956.
Levin, Don, "Estonian Jews in the USSR, 1941-45", Yad Vashem Studies, Vol. 2, Jerusalem, 1976. Levinson, Charles, "Vodka-Cola", Essex, 1979.
Machiavelli, Niccolo, "The Prince", 1532.
Margiotta, Domenico, "Adriano Lemmi", Grenoble, 1894.
Margiotta, Domenico, "Le Palladisme: Culte de Satan-Lucifer", Grenoble, 1895.
Martin-Saint-Leon, Etienne, "Les Deux C.G.T., syndicalisme et communisme" Paris, 1923. Marx, Karl, "Collected Works", Vol. I, New York, 1974.
Marx, Karl, "Das Kapital".
Marx and Engels, "Collected Works", Vol. I, New York, 1979. Marx and Engels, "The Communist Manifesto", 1848.
Marx and Engels, "From Early Works", Moscow, 1956.
Marx and Engels, "Selected Works" (in German), supplement. Marx and F. Engels, "Works", Moscow, Vol. 33.
Melgunov, Sergei, "The Red Terror in Russia", Moscow, 1990, Melgunov, Sergei, "The Preparations for the Palace Coup".
Mlynar, Zdenek, "Nachtfrost" / "Night-frost", Cologne/ Frankfurt am Main, 1978. Monus, Aron, "Verschworung: das Reich von Nietzsche", Vienna, 1995.

Mousset, Alfred, "L'Attentat de Sarajevo", Paris, 1930.
Morner, Carl, "An Account of the History of Paraguay and the Pertaining Jesuit Missions from the Discovery of the Country to 1813", Uppsala, 1858.
Nabokov, Vladimir, "The Provisional Government and the Bolshevik Coup", London, 1988. Nabour, Eric Le, "Le pouvoir et la fatalite" / "Power and Destiny".
Nechayev, Sergei, "The Catechism of the Revolution". Nechayev, Sergei, "The Catechism of the Revolution".
Nikolayevsky, Boris, "The Russian Freemasons and the Revolution", Moscow, 1990.
Nordling, Carl O., "Defence or Imperialism? An Aspect of Stalin's Military and Foreign Policy", Uppsala, 1984.
Ostretsov, Viktor, "Freemasonry, Culture and Russian History", Moscow, 1999. Paganuzzi, A., "The Truth About the Murder of the Tsar's Family", U.S.A., 1981. Payne, Robert, "The Life and Death of Trotsky", London, 1978.
Payne, Robert, "The Unknown Karl Marx", New York University Press, 1971.
Pike, Albert, "Morals and Dogmas of the Ancient and Accepted Rite of Scottish Freemasonry". Pinay, Maurice, "The Secret Driving Force of Communism".
Platonov, Oleg, "The History of the Russian People in the 20th Century", Moscow, 1997.
Platonov, Oleg, "The Secret History of freemasonry", Moscow, 1996.
Quigley, Carroll, "Tragedy and Hope", New York, 1966.
Raddatz, Fritz, "Karl Marx", Germany, 1975.
Ragnerstam, Bunny, "Arbetare i rorelse" / "Workers in Action", Stockholm, 1986. Raisin, Jacobs, "The Haskalah Movement in Russia", Philadelpia, 1913-1914.
Robison, John, "Proofs of a Conspiracy", London, 1796.
Roosevelt, Clinton, "The Science of Government, Founded on Natural Law". Rositzke, Harry, "KGB", Helsinki, 1984.
Saint Andres, Pouget de, "Les auteurs caches de la revolution francaise".
Salisbury, Harrison E., "The Russian Revolutions", Stockholm, 1979.
Salluste, "Les origines secretes du bolchevisme", Paris, 1930. Scholem, Gershom G., "Cabbala", New York and Scarborough, 1974.
Scholem, Gershom G., "The Messianic Idea in Judaism", New York, 1971.
Scholem, Gershom G., "Sabbatai Zevi", New Jersey, 1973.
Schurer, Emil, "Geschichte des judischen Volkes im Zeitalter Jesu Christi" / "History of the Jewish People in the Age of Christ", Leipzig, 1890.
Sedilot, Rene, "The Cost of the French Revolution".

Shafarevich, Igor, "La setta mondialista contro la Russia" / "The Mondialist Sect against Russia", Parma, 1991.
Shahak, Israel, "Jewish History, Jewish Religion: The Weight of Three Thousand Years", London, 1994.
Sheinman, Mikhail, "Paavstlus" / "The Papacy", Tallinn, 1963.
Shumsky, Vladislav, "Hitlerism is Terrible, but Zionism is Worse", Moscow, 1999. Shturman, Dora, "The Dead Grasp after the Living", London, 1982.
Simanovich, Aaron, "Memoirs", Paris, 1922.
Skott, Staffan, "Sovjetunionen fran borjan till slutet" / "The Soviet Union from Beginning to End", Stockholm, 1992.
Solomon, Maynard, "Mozart", Stockholm, 1995. Soloukhin, Vladimir, "In the Light of Day", Moscow, 1992.
Solzhenitsyn, Alexander, "Collected Works", Paris, 1984, Vol. 13. Somoza, Anastasio and Cox, Jack, "Nicaragua Betrayed", Belmont, 1980.
Steinhauser, Karl, "EG - Die Super UdSSR von Morgen", Vienna, 1992.
Stern, Mikhail and August, "Iron Curtain for Love", Stockholm, 1982.
Still, William T., "New World Order: The Ancient Plan of Secret Societies", Lafayette, Louisiana, 1990.
Strobl, Johann Baptist, "Babo, Impressions from Human Life".
Sutton, Antony, "Wall Street and the Bolshevik Revolution", Morley, 1981.
Sutton, Antony, "Western Technology and Soviet Economic Development", Standford, 1973. Sutton, Antony, "The National Suicide" Melbourne, 1973,
Sutton, Antony, "The Best Enemy Money Can Buy", Billings, 1986.
Suvorov, Viktor, "The Ice-Breaker", Moscow, 1992.
Suvorov, Viktor, "M Day", Moscow, 1994.
Toll, Sofia, "The Brothers of the Night", Moscow, 2000.
Trotsky, Leon, "The History of the Russian Revolution", Vol. 1, London, 1967. Trotsky, Leon, "Problems of the Development of the Soviet Union", Paris, 1936. Trotsky, "What is the Soviet Union and Where is it Going?", Paris, 1936.
Trotsky, Leon, "Portraits: Political and Personal", New York, 1984.
Valentinov, Nikolai, "The Lesser-Known Lenin", Paris, 1972.
Vietor, Karl, "Goethe", Stockholm, 1953. Volkogonov, Dmitri, "Trotsky", Moscow, 1994. Volodin, Alexander, "Herzen", Tallinn, 1972.
Voslensky, Mikhail, "Mortal Gods" / "Sterbliche Gotter", Erlangen/Bonn/Vienna, 1989. Voslensky, Mikhail, "Nomenklatura", Stockholm, 1982.
Walton, Terry, "KGB in France", Moscow, 1993. Webster, Nesta, "World Revolution", London, 1921.

Webster, Nesta and Kerlen, Kurt, "Boche and Bolshevik", New York, 1923. Weissin, Franz, "The Way to Socialism", Munich, 1930.
Wells, George, "The Fate of Homo Sapiens".
Whalen, William J., "Christianity and American Freemasonry", 1987.
Wilgus, Neal, "The Illuminoids", New York, 1978.
Wilson, Colin, "The Occult", London, 1971. Wilson, Derek, "The Rothschild Family".
Winrod, Gerald B., "Adam Weishaupt - a Human Devil".
Zeman, Z. A. B., "Germany and the Revolution in Russia, 1915-1918. Documents from the Archives of the German Foreign Ministry", London, 1958.
"Ancient Oriental and Jewish Secret Doctrines", Leipzig, 1805.
"Grosse Absichten des Ordens der Illuminaten" / "Great Purposes of the Order of the Illuminati", with Professor Joseph Utzschneider's testimony.
"Einige Originalschriften des Illuminaten-Ordens" and "Nachtrag von weitern Originalschriften" / "Some Original Documents of the Illuminati Order" and "Supplement of Further Original Documents", Munich, 1786.
"Guidance for Freemasons", Stockholm, 1906. The Greater Soviet Encyclopaedia, 1933.
Meyers Enzyklopadisches Lexikon. Brockhaus Enzyklopadie.
"Rheinische Jahrbucher", Vol. 1, 1845.
Judisches Lexikon, Berlin, 1929, Vol. 3, p. 1363.
The collection "Lenin and the Cheka", Moscow, 1975. "Decrees of the Soviet Power", Moscow, 1964.
The collection "Chernyshevsky and Nechayev", Moscow, 1983. "The Secret Inauguration of the 33rd Degree".
Encyclopaedia Judaica.
"The Ugly Truth About the ADL", Washington, 1992.
Encyclopedia of Jewish Knowledge, article "Schiff", New York, 1938.
"Protocol and Stenographic Notes from the Communist Party Congresses and Conferences".
The collection "Voices from the Ruins", edited by Alexander Solzhenitsyn and Igor Schafarevich, Stockholm, 1978.
"The Writings of Thomas Jefferson", New York, 1899, Vol. 10. "The Shorter Biography of Lenin", Moscow, 1955.
"The Book of Russian Judaism", New York, 1968.
"Papers Relating to the Foreign Relations of the United States, 1918, Russian", Volume 2. Lenin's article "The Present Tasks of the Soviet Power" in Pravda and Izvestiya, April 28, 1918.
Svenska Dagbladet, 13th April 1983 and January 27, 1948 (Alexei Shchusev's article "Den oforglomliga kvallen" / "The Unforgettable Evening").

Strana i Mir Magazine, Munich, No. 3, 1988, p. 94. Jewish Chronicle, London, 4th April 1919.
Wiener Freimaurer Zeitung, Vienna, September 1925 and October 1926.
La Vieille France, March 31, 1921.
Archives Israelites, 6th June 1889.
The Economist, the 26th December 1992.
New York Times, 23rd August, 1921 and 25th June 1963. Literator, St. Petersburg, No. 38, 12th September 1990.
Illustrated Sunday Herald, February 8th, 1920.
Literaturnaya Rossiya, 8th March 1991, Yuri Chernichenko's article: "Who Needs the Farmers' Party and Why?".
Rodnaya Zemlya, No. 1, 1926.
Novaya Zhizn, No. 174, 1917, Gorky's article "To Democracy". Ogonyok, No. 39, October 1997.
Novoye Vremya, March 1911. Obozreniye, Paris, November 1985.
The Illustrated Sunday Herald, 8th February 1920, Winston Churchill's article "Zionism Versus Bolshevism". Krasnaya Gazeta, 31st August 1919.
Executive Intelligence Review Nr 39, 30th September 1988. American Jews' News, 19th September 1919.
Molodaya Gvardiya,No.9, 1989; No. 8, Nr 11, No. 19, 1990; and Nr 2, 1991.
Kommunist, Kharkov, 12th April 1919, M. Kogan's article " Services of Jewry to the Working Class".
Peiewische Vordle, 13th January 1919. Postimees, Tartu, 31st December 1919. Le Contemporain, 1st July 1880.
Novoye Russkoye Slovo, New York, August 1, 1986, Professor N. Pervushin's article "The Russian Freemasons and the Revolution".
American Hebrew, 31st October 1919, 8th September, 1920, and 10th September, 1920. The Times, September 18, 1920.
Pravda, December 25, 1918; Nr 18, 1929.
Sovershenno Sekretno, Nr 6, 1993 and Nr 9, 1995.
Fontanka, St. Petersburg, November 9, 1993. Berlingske Tidende, 9th December, 1935.
Pesti Hirlap, 30th of September 1992.
The Financial Times, 1st of November 1996. The Baltic Independent, No. 135, 1992.
The Spotlight, 22 October 1979.
Bulletin du Grand Orient, June 1843. Komsomolskaya Pravda, 26 December 1995.

Otros libros publicado por Omnia Veritas

www.ingramcontent.com/pod-product-compliance
Lightning Source LLC
Chambersburg PA
CBHW050119170426
43197CB00011B/1645